百科集趣

于永昌 编著

第五辑

- 名人逸事
- 奇事珍闻
- 未解之谜

中国文史出版社

前　言

大千世界，社会生活，奇事种种，妙趣多多。

在人们看到、用到、吃到和有兴趣、想了解的事物中，很多都包含着丰富的文化内涵和深厚的历史底蕴，并融入了许许多多新奇、有趣的记载。这套《百科集趣》具有科学性、知识性，尤其侧重情趣，将十几个方面新鲜、好看、有意思的资料筛选后讲述出来。诸如糖葫芦、饼干、比萨饼的诞生；转魔方最快和最慢的人分别是谁；植物有语言，有情感，能自卫，也贪杯；动物有爱心，讲义气，也会因犯法被判刑；早期的空战轰炸是用手将炸弹掷向地面的；大炮也可为乐团伴奏……

捧起书，读者会发现，缤纷世事可印刷折叠，古闻新知能装订保鲜。每翻开一页便能读到一篇妙文，便可打开一扇观赏世间的窗口。从天上到地下，从山川到海洋，从古代到今天，从宏观到微观，从已知到未知，等等，荟萃了大容量知识和情趣的历史记载、馆藏资料与最新信息扑面而来。一览之下，让人在开阔眼界、增长知识的同时会由衷感叹：不读不知道，世界真奇妙！

愉快的读书称作悦读。这套书力求以引人入胜的内容和浓郁的情趣，让人看得高兴，看得快乐，进而感受到人生的美好、生活的多彩，使心灵受到启迪，唤起创造更多奇迹的热情。在补充课堂书本以外知识的同时，还能为整日忙于学习、工作的人们，缓解疲劳，放松身心，平添轻松快慰的好心情。好的心态、心情是艰苦生活的润滑剂和跋涉路上的滋补品，看到书中的有趣内容，难免让人忍俊不禁，发出会心一笑。多看看这套书，长知识，增情趣，会有不少收益。

目　录

名人逸事

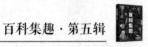

奇事珍闻

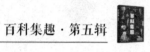

未解之谜

5

名人逸事

1. 名人的志向

志向指人们在某一方面决心有所作为的努力方向。自古以来,具有不同世界观和人生观的人有不同的志向。

春秋时期,越国军队被吴国军队打得落花流水。越国国君勾践被迫与妻去吴国为奴。几年后勾践被释放回国,他立下了洗雪国耻的志向。为了不让安逸的生活把自己报仇的决心消磨掉,他晚上睡在柴草堆上(卧薪),在屋里还吊了一只苦胆,每天几次尝苦胆的味道,使自己不忘亡国之耻。勾践的发愤图强,终于使越国兵强粮足,一举灭掉了吴国,做了春秋时期最末一个霸主。

西汉名将霍去病抗击匈奴屡立战功。汉武帝加封霍去病为"冠军侯",还下令为他建造了一所雕梁画栋、富丽堂皇的住宅,并让他去看看满意不满意。霍去病感谢皇恩,但慷慨陈词:"匈奴未灭,何以家为!"体现了他报国的志向。

东汉军事家班超年轻时家里很穷,靠帮官府抄写公文勉强度日,当他听到匈奴屡屡侵犯边境,气愤至极,说:"大丈夫怎能埋头书房呢,应该去边疆立功!"他就这样立下了投笔从戎的志向,投身到抗击匈奴的军队战斗中。一次他奉命联合鄯善国一起攻打匈奴,发现匈奴的使者也来了,便以"不入虎穴,焉得虎子"的气概,趁夜色带领随从杀掉了匈奴的使者,成功联合了鄯善国。

东晋时名将祖逖慷慨陈词,要求皇帝允许他带兵北伐,收复中原。左丞相司马睿只给了他不多的给养,要他自己去招募军队和制造兵器。祖逖带领随从他的一百多人,乘船劈波斩浪,渡江北上。船行中祖逖用楫(船桨)击水,立下志向说:"我祖逖不收复中原,决不回去!"祖逖到达北方,很快组建起一支数千人的军队,三年后收复了黄河以南的大部分地区。

南宋时词人辛弃疾曾拜田园诗人刘瞻为师。一日刘瞻问弟子们的志向是什么。有人说做官,有人说发财。辛弃疾告诉老师:"我一不想做官,二不想发财,我要用词骂尽天下所有的贼,用剑杀尽天下所有的贼,这就是我的志向。"后来辛弃疾果然实现了自己的志向,文武双全,成为著名的豪放派词人。

1904年,鲁迅来到日本仙台医学专门学校学医,希望用医学把古老的中国从昏暗愚昧的落后状态中拯救出来,使中国走上独立和富强的道路。一次学校放映幻灯片,鲁迅看到日俄战争中一个中国人要被枪毙,一群围看的中国人对同胞的死,竟无动于衷,神情麻木。这让鲁迅感到,改变人的精神才是最紧要的事,而可以改变精神的是文艺。鲁迅毅然立定了弃医学文的志向,并终其一生。

2. 名人的爱憎

爱憎的意思是好恶。

俄国作家屠格涅夫出生在一个农奴主家庭,他的母亲就是一个残暴的农奴主。屠格涅夫却从小就有正义感,他憎恨自己的家庭,同情农奴。一次他得知母亲要把一名年轻的女奴路莎卖掉,就悄悄把路莎藏到一户农民家里。买奴的女地主带打手找来,还威胁要控告屠格涅夫煽动农民谋反。屠格涅夫临危不惧,掏出手枪瞄准打手,吓得恶徒们避匿远逃,让女奴路莎躲过了一劫。

俄国作家托尔斯泰一直生活在一座亚斯纳亚·波良纳庄园里。他一生的大部分时间都在这里生活,对庄园有深厚的感情。可到了晚年,他却憎恨起了这座庄园。他在日记里写道:"在我的生活的四周是一片不应当有的穷苦和贫乏。"他同情广大的穷苦农民,认为他们悲惨的处境是少数富人的特权和残酷剥削造成的。为此他毅然从庄园出走。

丹麦童话作家安徒生在国外旅行时,结识了不少好友,德国的奥古斯登堡就是其中之一。1864年普鲁士侵入丹麦国土,这种侵略行为引起安徒生的极大愤怒。四年后安徒生到德国的法兰克福城旅行,一位朋友告诉他:"奥古斯登堡公爵夫妇在家里等您,公爵本要来迎接您的,临时有重要的会来不了⋯⋯""我不愿去见他们!"安徒生斩钉截铁说道,"奥古斯登堡参加了四年前侵略丹麦的战争,给我的祖国带来了深重灾难,我决不要再见到他们!"

20世纪二三十年代,鲁迅在北京曾被北洋军阀政府免职通缉,受到一些文人的攻击和伤害。在上海又遭受当时国民党统治者的种种威胁和迫害,处境十分险恶。在这样的背景下,鲁迅写了七言律诗《自嘲》。其中"横眉冷对千夫指,俯首甘为孺子牛",是全诗的核心和精髓,表达了作者对人民深厚的爱和对敌人强烈的憎,表现了他在敌人面前毫不妥协和为人民鞠躬尽瘁的崇高品德。

人民的好战士雷锋出生于湖南长沙。他一生忠于党和人民,舍己为公,立足本职,在平凡的岗位上创造出了不平凡的业绩。他的全心全意为人民服务的精神影响了中国一代代人。雷锋在一则日记中写道:"对待同志要像春天般的温暖,对待工作要像夏天般的火热,对待个人主义要像秋风扫落叶一样,对待敌人要像严冬一样残酷无情。"这几句话是他鲜明爱憎观的生动写照。

3. 名人的爱国

爱国是民族精神中最崇高、最珍贵的感情。

楚国大夫屈原,忠心报国,却遭朝中奸臣贼子陷害被放逐。在夏口,一个幼年时的朋友看到屈原落拓的模样,说:"楚王不重用你,以你的才能,不论你去到哪国,还怕他们不封你为相吗?"屈原不以为然道:"一个人难道可以为升官发财而丢掉自己的祖国吗?"他见那人还要劝他,便言:"我生为楚国人,死为楚国鬼,绝不干那些朝秦暮楚的事!"说罢头也不回向前走去。

汉臣苏武出使匈奴,却被扣押,匈奴人先是用荣华富贵诱骗他投降,后又把他关入地窖折磨。苏武始终不屈,便被流放到北海荒野上放羊。苏武抱着汉朝的旌节在荒原上放了19年的羊,后来他终于返回了祖国。他的头发胡子都白了,他做的第一件事就是把旌节交还给皇上,这时旌节上的毛已经没有几根了。

南宋诗人陆游,目睹金兵蹂躏中原民众,曾多次上书朝廷要上阵杀敌,收复失地,都未能实现。他忧国忧民,病势沉重。但他"报国计安出,灭胡心未休",知不久于人世,遂写下一首《示儿》:"死去元知万事空,但悲不见九州同。王师北定中原日,家祭无忘告乃翁。"表达了自己的爱国情怀。

1830年11月初,波兰作曲家肖邦决定到外国深造,为祖国争光。他辗转维也纳、伦敦、巴黎等地,通过他的艺术增进了西欧民众对当时正在受难的波兰民族的同情和了解。在不安定的生活中,他患了重病。临终之前,他告诉陪伴他的姐姐,波兰反动政府是不会允许把他的遗体运回华沙的,"但我要回到祖国去,至少把我的心脏带回去"。最终姐姐帮他实现了这一爱国遗愿。

原籍波兰的居里夫人和丈夫在矿物研究中,意识到有一种放射性极强的新元素。居里夫人从小就热爱祖国波兰,她对丈夫说:"假如这种新元素能得到证明,我想叫它钋,以纪念我的祖国——波兰。"这提议得到了居里的赞同。居里夫妇紧张地工作,没日没夜地对矿物成分进行研究,他们终于分析出了新放射元素钋。"钋,波兰!"居里夫妇一起发出了欢呼。

法国微生物学家巴斯德在细菌学研究方面卓有成效,饮誉欧洲。1870年爆发了普法战争,德国军队侵占了法国大片领土。这时德国波恩大学给巴斯德寄来了名誉学位证书。这光荣称号曾是巴斯德非常想得到的,但此时巴斯德却将证书塞进信封,寄回德国波恩。朋友看到不解:"为什么退回去?科学是没有国界的。"巴斯德语气坚决地说:"科学虽没有国界,但学者却有自己的祖国!"

4. 名人的气节

气节指坚持正义,指人的志气和情操。

1941 年 12 月,日本侵占了香港。留居在香港的著名京剧表演艺术家梅兰芳蓄起唇髭。他之所以要留起胡须,是为了应付日本鬼子的纠缠,不为他们演戏。不久他回到上海,住在梅花诗屋,闭门谢客,时常在书房中作画,靠卖画和典当度日。上海的几家戏院老板见他生活窘迫,邀他出来演戏,均被他婉言谢绝。

1937 年七七事变后的一日,著名画家齐白石在家门上贴了一幅告白:"从来官不入民家。官入民家,主人不利。谨此告知,恕不接见。"以此拒绝和日本军阀、特务来往。日本侵略当局恼羞成怒,让日本宪兵抄了齐白石的家。白石老人对侵略者更加憎恨了,他常借诗画影射和咒骂敌人,画出《群鼠图》等画作斥责日寇的侵略罪行。

在日本侵华北平沦陷期间,日本人多次邀请著名京剧表演艺术家程砚秋参加亲日活动,均被程砚秋坚决拒绝。面对公益会请他为日本人捐献飞机的义演,程砚秋表示:"义演献机用来屠杀中国人,我程某人宁死在枪下也决不从命!"当日本宪特将他关入监狱,他仍不屈服。程砚秋出狱后归隐西山青龙桥畔务农,住土屋,吃农家饭,与农户一起下地种田。至抗战胜利才重登舞台。

1948 年夏季,散文家朱自清害了严重的胃病,却无钱治疗。这天文化界友人吴晗找他签名,纸上写的是"抗议美国扶日政策并拒绝领美援面粉"。朱自清看清了内容就要签名。吴晗看朱自清的家境太贫苦了,又想抽回签字纸,不想让他签。朱自清推开吴晗的手一字一顿坚决地说:"宁可贫病而死,也不领取这种侮辱性的施舍。"然后在宣言上一丝不苟地签上了名字。

1836 年,俄国莫斯科发行的《望远镜》杂志因刊登了猛烈抨击尼古拉一世反动统治的文章,被官方下令停刊了。别林斯基是这个杂志的撰稿人和编辑。杂志停刊让他陷入了贫困和饥饿的境地。他到处奔走,可是经常连买个面包的钱也无法弄到。这时,一批反动文人正在筹组一个刊物,企图以高价拉拢别林斯基进行合作。别林斯基看穿了他们的用心,拒绝了反动文人的邀请,义正词严道:"我不能为了钱与他们同流合污,即使把我从头到脚都撒上金子也不稀罕!"

5. 名人为真理献身

自古以来,有不少仁人志士为维护真理和正义事业抛头颅,洒热血,捐躯献身,受到后人敬仰。

公元 391 年,昏聩的罗马皇帝下令禁止一切异教,不准学习数学、天文学等自然科学。然而杰出的女数学家海帕西娅却继续钻研数学,宣传科学知识。一些基督教暴徒威胁要烧死她,海帕西娅坦然自若。一天她在街上被暴徒抓住,他们毒打后问她是要数学,还是要命。海帕西娅坚定地回答:"数学!"暴徒把她投入了熊熊大火。海帕西娅虽然被焚身亡,但她却用生命之火刺破了宗教的乌云,给了人类以光明。

1553 年,欧洲几个国家同时出现了一本没有作者署名的书:《基督教徒的复兴》。奇怪的是,书中内容宣传的却是医学,提出"心脏是最初的本源",这与教会支持的"血液产生于肝脏"观点是对立的。于是书遭到查封,作者受到侦缉。不久书的作者西班牙人塞尔维特被捕了。他毫不畏惧地说道:"我知道我将为自己的学说、为真理而死,但我决不会屈服。"在将被烧死之前,被问到是否放弃自己的学说,他做出了否定的姿态,从容就义。

1600 年 2 月的一天,罗马鲜花广场上堆起木柴,意大利哲学家布鲁诺被押上柴堆。布鲁诺原先也是教职人员,他读了哥白尼的《天体运行论》,相信行星环绕太阳运行的说法是符合事实的,于是脱下道袍,四处宣传哥白尼的学说。这就触犯了教会的教义,遭人出卖被教会抓了起来。布鲁诺坚信他宣传的是真理,在地牢饱受折磨仍不屈服。在被判处死刑,面对火焚之前,布鲁诺说:"真理是不可战胜的,为真理而斗争是我人生最大的快乐。"

清末戊戌变法失败后,维新派的骨干纷纷避难。有人劝谭嗣同赶快出逃,他不同意,慨然说道:"大丈夫不做则已,做事则磊磊落落,一死何足惜!且外国变法,未有不流血者;中国变法流血者,请自谭嗣同始。"结果他和几位变法骨干相继被捕。在狱中,他在墙壁上题诗:"望门投止思张俭,忍死须臾待杜根。我自横刀向天笑,去留肝胆两昆仑。"抱定了以身殉义的决心。临刑时他慷慨陈词:"有心杀贼,无力回天,死得其所,快哉快哉!"

李大钊,河北乐亭人,毕业于日本早稻田大学。1919 年参与领导了五四运动,是中国共产党主要创始人和早期领导人之一。他始终把自己的学识与拯救国家和民族的命运紧紧联系在一起,奋不顾身,英勇战斗。1927 年 4 月,他在北京遭奉系军阀逮捕,身受酷刑,就义于绞刑架上。他对信仰和真理矢志不移,为传播和实践马克思主义英勇献身,真正做到了他所言"勇往奋进以赴之""殚精瘁力以成之""断头流血以从之"。

6. 名人的英雄壮举

古往今来,为了国家和民族的解放事业,中外都有有志之士前仆后继,不怕牺牲,演绎出可歌可泣的英雄壮举。

南宋抗元名将文天祥率军抗击元军,兵败被俘。坐土牢三年,锐气不减。元世祖忽必烈亲自劝降他,并许以丞相之职,他不为所动,反而斩钉截铁地说:"唯有以死报国,我一无所求。"在刑场上,他不愿听监斩官再相劝,喝令刽子手:"快动手吧!"文天祥死了,他在《过零丁洋》诗中一句"人生自古谁无死,留取丹心照汗青",铿锵有力,激励了后世众多仁人志士为理想而奋斗。

1903年,民主革命家陈天华留学日本。当时沙俄军队侵占了满洲,又逼迫软弱的清政府签订不平等条约。陈天华听到消息,悲愤欲绝。他同章太炎等爱国志士一道召开了拒俄大会,回到宿舍,想到灾难深重的祖国,大哭了一阵后,突然咬破了自己的手指,滴出血来,往纸上写"血书"。他用血陈述亡国的悲惨,号召同胞起来斗争。他连写了几十幅,终因流血过多晕倒了,嘴里还在喊:"救国! 救国!"血书从万里迢迢的日本寄回国内各学校,点燃了同胞的爱国热情,声援了国内反帝国主义侵略的斗争。

1931年日本侵占东北以后,杨靖宇率领抗日联军坚持对日战斗。抗日联军条件异常艰苦,缺少弹药、粮食,但他们仍然打得敌寇心惊胆战。到了1940年冬,杨靖宇带领少数战士掩护部队转移,被敌人包围在一片山林里,杨靖宇战斗到最后,中弹牺牲。日本人对杨靖宇的遗体进行了解剖,发现他胃肠中除了树皮就是棉絮。他就是靠吃这些坚持战斗了5天5夜。日本人不由得称杨靖宇是一位"神人",并哀叹中国是一个不可征服的国家。

抗战时期,国民党军第5战区右翼兵团总指挥张自忠将军的部队在拼杀中被日军包围了。敌军越聚越多,并用大炮进攻。张自忠左臂受了伤,坚决不下火线,继续指挥将士杀敌。他还带领士兵向敌人阵地猛冲,一连身中六枪。部下要给他包扎,这时又有两颗子弹射中了他。将军自知必死,大声喊道:"死不怕,为国家,为民族,我死得光荣!"

7. 名人的清白

清白主要指品行端正、无污点及廉洁自律等。

古希腊哲学家苏格拉底是一个严于律己、品德高尚的人。平时,他总是要求自己不能做一件亏心之事,要洁白无瑕,不让一点污垢沾身。他不幸遭受陷害,在处死刑前,狱卒问他还有什么话要交代。"噢,我想起来了,我还欠了邻居家一只鸡,没有付钱给他家。我请求你叫我家里人一定要偿还。"一句遗言昭示了他清白的一生。

公元前99年前后,西汉史学家司马迁在朝中做太史令。一天,朝中最得势的一名官员送来一件礼物。司马迁打开精致的盒子,见里面放有一对珍稀的玉璧。他观赏着玉璧,惊叹道:"这样圆润,这样光洁,真是'白璧无瑕'。但我是一个品位低下的小官,若收下这样的礼品,我身上的瘢痕污点就增添了一分。"这样想过,赶紧包好玉璧交给来人带回。

东汉年间,荆州知府杨震发现王密才华出众,便向朝廷举荐王密为昌邑县令。数年后杨震调任路过昌邑,王密往杨震官邸拜谒,捧出黄金十斤,谢栽培之恩。杨震见状连连摆手拒绝,可王密仍力争说:"反正是黑天,又无外人知道。"杨震正色道:"即使无人知道,也是天知,地知,你知,我知!以为无人知道就宽容自己,这是很要不得的。"这话说得王密满面羞愧,只好夹起金子谢罪而去。

明代官至兵部尚书的于谦,一生看重和实践"清白"二字。他当了进士后,被授为御史,巡抚河南、山西,即执法不苟,以身作则。从河南即将返京时,人们给他送来一些礼品做纪念,他一件不取,还咏诗一首谢绝和训喻,诗曰:"手帕蘑菇与线香,本资民用反为殃。清风两袖朝天去,免得闾阎话短长。"他所作的《石灰吟》诗:"千锤万凿出深山,烈火焚烧若等闲。粉身碎骨浑不怕,要留清白在人间。"正是他一生的写照。

1925年2月,我国民主革命先驱孙中山病危时,留下一份《家事遗嘱》:"余因尽瘁国事,不治家产,其所遗书籍、衣物、住宅等一切均付吾妻宋庆龄,以为纪念。余之儿女已长成能自立,望各自爱,以继余志。此嘱。"中山先生为中国的独立和解放,奔波不息,艰苦奋斗了几十载,功勋卓著。但他终生廉洁清白,从未为自己和子女亲属置办过田地财产。一所住宅也是海外华侨为他募捐购买的。

8. 名人的廉洁

廉洁意即不以权谋私,清正高洁。

东汉时,刘宠任会稽郡太守,他廉洁奉公,使一方平安富足。当他调任京城时,人们牵儿带女沿街为他送行。一些老人每人托出一百文钱送他路上用。刘宠再三推辞,老人们坚决要送,他只好从每人手中拿了一文钱作为收下的象征。作别上路后,刘宠将收下的钱投放在河水中。人们听说了这事,称刘宠为"一钱太守"。

东晋时,吴隐之接任广州刺史一职。他一反前几任贪腐、鱼肉乡民之恶行,当众做出廉洁誓词。他说到做到,生活简朴,只用青菜和干鱼下饭。一切收入都上缴公库。对政务昼夜操劳,严明法纪。吴隐之为官几年,卸任北归时行装毫无添置。他听说妻子节衣缩食买了一斤沉香,打算到北方换钱家用,随手就将沉香抛进湖里。

晋朝官员王恭廉洁为公,生活简朴。王忱去他府中闲坐,觉得铺着的竹席光滑凉快,十分喜爱。王恭就把席子卷起送给了他。王忱后来听说王恭只一领竹席,给了他后自己只好坐草垫。他又见到王恭时,抱歉道:"我本来以为你在南方任职,会有很多竹席,才拿去了。谁知是你的唯一,对不起啊!"王恭笑言道:"我向来没有什么多余的物品呀!"

北宋初期,范质任宰相。一次范质病倒了,宋太祖赵匡胤去范府探望。范质请皇帝用茶,拿出的都是粗瓷盘杯。赵匡胤留了心,又几次进到范府,看到范质用的是硬板床,铺着旧棉被。皇帝派人送来了好床好被,范质仍用旧物。他对皇帝说:"陛下给我那么多俸禄,岂能置不起好家具?只是我在家接待的人多,一味讲究享受,影响朝廷风气啊!"一句话说得宋太祖感叹不已。

北宋文学家杨亿中进士后,任翰林学士。他每次写公文,字斟句酌,写得像诗文一样精粹,还受到宋真宗的赏识。按惯例,翰林批示公文是会收到钱的,名为"润笔"。谁写了公文,润笔归谁拿。杨亿得的润笔比别的翰林多很多。他发愁,急得搓手:"拿这么多,有伤廉洁呀!均分,一人一份,才得心安。"他把润笔一一送到同僚手中,回回如此,被传为佳话。

北宋时,政治家、文学家王安石官至宰相,患上了严重的气喘病。据说服用紫团参有显著疗效。他一手提拔的官员薛向正巧调京任职,薛向来自人参产地,听说恩相治病有需要,就带了几两紫团参前往相府赠送。王安石婉言谢绝了。部下有人劝他,应该留下参治病。王安石幽默以对:"我平生没有紫团参,不是也活到今天了吗?你们不用为此操心了。"

9. 名人不收礼

向官员送礼,往往是有求于人。拒绝收礼,常常是关闭了营私舞弊的大门。

五代时期的南朝,顾协被梁武帝拜为通直散骑侍郎,负责给皇帝起草诏书命令。一些人看他权高位重,就想拉拢他,送礼的人络绎不绝,他一一拒收财礼。这天,他从前的一个学生来看他,送上二千钱。顾协十分恼火,为制止送礼风,命令家人将送礼人重打二十大棍。消息很快传开,从那以后再也没有人敢给顾协送礼了。

宋代时,刘温叟是朝中要员,他为官清廉,从不接受别人馈赠的礼品。一天刘温叟的一个学生找上门来,说备了一车粮草,送给老师,聊表感恩之情。刘温叟推拒再三,拗不过只得把东西留下。他想决不能白要这东西,便叫家人把他新做的一套好衣服送到学生家里去。这衣服的价值远超过那车粮草。其他想送礼的人看难达到拉拢他的目的,便都绝了行贿的念头。

明代成祖年间,周新曾担任按察使一职。他上任后不少人给他送礼,都被他一一拒绝。一天,有个人到他府上,放下一个大盒子,转身就走。周新没能拦住,打开看到盒子里是一只肥嫩的大烤鹅。这可怎么是好?处理不当还会有人来送东西。他拿定主意,吩咐人把鹅挂到屋后。多日后那鹅变得又干又硬,沾满了灰尘。以后再有送礼的人来,周新就领他们去看那悬挂的烤鹅。送礼的人看到这样的结局也就不送了。

明代时,廖钦在河内县(今河南省内)当了八年县丞,既廉洁又讲究办事效率,颇受称道。调任后因事贬戍边疆,久之以老病获准还乡。路过河内,百姓闻之,竟持羊、酒招待,还纷纷馈赠他细绢,顷刻竟达几百匹。廖钦再三辞谢,众人仍坚持叫他收下。廖钦没办法说服大家,趁人不备,只好逃之夭夭。

清代乾隆年间,首席军机大臣刘统勋在政事堂与文武官员议事,他坐在前面,满脸怒气点了一个用钱买官的人,大声呵斥道:"你知道吗?半夜三更叫门,不是正当人的行为!"原来这个人为讨好刘统勋,趁着夜深前往刘府去送厚礼。刘统勋非常生气,拒而未见。第二天刘统勋决定公开这件事,当众揭露这个人,同时也警告一下其他想送礼的人。刘统勋在教训了他一番后,又大声说:"今后,明人不做暗事,不许偷偷摸摸到家中搞名堂。"众人听了,纷纷点头称是。

10. 名人的自律

自律出自《左传·哀公十六年》，指在没有人在场监督的情况下，通过自己要求自己，自觉遵循法度，约束自己的一言一行。

东汉时，甄宇在京城洛阳的太学里担任教学博士。这年年底，皇帝派人到太学宣读诏书，赐给博士们每人一只羊，用以过年。羊只赶来，大小不等，肥瘦也不一样，怎样分让太学的长官犯了难。有人主张抓阄，有人提出宰杀均分。甄宇说："还是一人牵一头吧，我先牵。"大家望着他，有人嘀咕：先牵的牵大的，剩下的谁要啊！出乎一些人意料，甄宇牵走的是羊群里最小最瘦的。人们不再争执，而是你谦我让，各牵上一只羊欢喜而去。这事传扬开，人们称赞甄宇为"瘦羊博士"。

宋代的陈省华任谏议大夫，三个儿子也都做了高官，一家富贵。陈省华却让老婆带着儿媳下厨房做饭，他说："官职越高越要严以律己，才能取信于民哪！"大儿媳不愿下厨，跑回娘家哭诉。其父也在朝为官，上朝路上请陈省华免了女儿为一家人做饭。陈省华告诉他说："谁让她一个人做啦，她只是给她婆婆打打下手。"这亲家听说是亲家母主持着做饭，感动地说："是我的不是了，我的小女就烦你多多教育吧！"

北宋时期，王沂公中了状元后，回青州老家探亲。他刚踏上青州地界，只见路边凉亭聚集了黑压压的人群。一问才知是太守让父老们敲锣打鼓迎接他。王沂公一听，连忙掉头转入小路，换了衣服进城去见太守。看太守吃惊他独自而来，王沂公忙说："我深知自己没什么才能品德，侥幸中了个状元，哪敢烦劳郡守、父老迎接呢？我是避开他们，悄悄来见您的。"

宋元之际，学者许衡和旅伴们经过河南河阳地区。这一地区刚打过大仗，荒无人迹。正是中午日晒，赶路者一个个口渴难耐。有人发现前方有一棵大梨树，枝头长满了黄梨。大家赶过去，摘的摘，吃的吃，大快朵颐。看许衡坐在一边，有人走来关照他，让他也去摘梨吃，解解暑气，许衡说："吃人家东西要付钱，人家梨主不在，哪能随便吃人家的东西呢？"这时又有人走来讥笑他说："你傻呀，这梨反正没有主，不吃白不吃。"许衡手指心口窝说："梨没有主，难道自己的心也没有主吗？"他硬是没有去摘梨吃。

11. 名人的节俭

　　节俭指的是在生活上俭省,有节制。节俭是一种美德,是提升思想道德素质的一个途径。

　　南北朝时,北齐名将斛律光功勋卓著,在生活上非常节俭,不营财利,杜绝贿赂。但他却遭奸臣诬告,被昏君所杀,还被抄家。受指派前往抄家的邢祖信率众前往斛律府,入内抄没家产,却只抄到"弓五十张,宴射箭一百,贝刀七口,赐稍(古兵器)两张",另有责罚人用的枣树棍二十根。看到这些抄没的"家产",邢祖信完全了解了斛律光的节俭清白,不禁叹道:"折损了栋梁啊,这个国家快亡了!"

　　抗日战争时期,学者闻一多在昆明西南联大任教授。他住在简陋的农舍里,一间小房挤住了八口人。早上一家人去小河边洗脸,为的是节省一点火炭。他领着孩子去稻田捉蚂蚱、青蛙,以改善一下生活。他经常靠借贷度日,典当了仅有的一件大衣。当时,像闻一多这样有名望的学者要想生活好些并不困难。有人想方设法发国难财,有人则用笔为财主、达官贵人写墓志铭换取钱款。闻一多对此却不屑一顾。"富贵于我如浮云",是他安于清贫节俭的忠实信条。

　　1895 年,28 岁的波兰女青年、化学家玛丽和 36 岁的法国物理学家彼埃尔·居里要举行婚礼了。他们珍视自己的婚礼,更迷恋崇高的科学事业。当时在法国,通常的婚宴上,都要穿华贵的礼服,戴金首饰,举行宗教仪式。而居里夫妇在婚礼当日穿上自己喜爱的衣服,告别了亲友,各骑了一辆自行车,去了租好的乡间别墅。婚后回到巴黎,住处有书架、一张普通的床、一张白木桌子,桌上放着一个插有鲜花的花瓶和一盏煤油灯。桌子两侧是两把椅子。房间布置得简单而清爽。

　　1909 年夏,日内瓦大学为爱因斯坦颁发荣誉博士学位。在隆重的授学位仪式上,来宾皆穿着华贵的燕尾服,头戴平顶丝织黑礼帽。唯有爱因斯坦戴一顶草帽,穿着平时上街的衣服,这让台下人惊愕,由此他也得了个"草帽博士"的雅号。爱因斯坦生活节俭,从不追求华美。"每一件财产都是一块绊脚石。"这是科学巨匠对生活的格言。他用的家具简陋:床、床头柜、桌子、椅子,还有一个书架和一把躺椅。没有铺设地毯,没有桌布,也没有挂画。这就是他寓所两间小屋的全部摆设。

12. 名人的执法

法令是政权机关所公布的指令、决定、法规等的总称。执法是指要依照法定职权和程序,行使和实施法律的活动。自古以来,那些能公正执法的人深受后人的敬重。

春秋时期,吴王请军事家孙武来训练军队。为考查孙武能力,吴王先让他训练宫中美女。孙武把美女们分成两队,让吴王最喜欢的两个美女担任队长,要求她们听从军令。孙武下令向后转,美女们嘻嘻哈哈不动。孙武说:"我再说一遍,谁违反军令就砍谁的头,决不轻饶!"他又一次下令向后转,美女们仍不动。孙武便让人将两美女队长绑起,推向刑场。吴王为美女求情,但孙武还是杀了她们。从此吴国军队军法严明。

春秋时期,晋文公的狱官李离因偏听部属的话,错杀了人。李离到晋文公殿前请罪,请求伏剑自尽,以正国法。晋文公已下赦令,对李离说:"部下有过,不是你的错。"李离言道:"我担任的职位高,没有让位于部下;我受的俸禄多,没有分利于部下;如今我偏听错杀了人,怎可把罪过推给部下?"李离据理力争,慷慨陈词,终不接受赦免,伏剑而死,以身正法。

东汉末年,曹操任丞相。他曾号令将士不得践踏麦田,否则斩首示众。一次出征,曹操在骑马行进中,坐骑忽受鸟叫惊吓窜入麦田,踩坏一片麦地。曹操叫来随行官员治自己的罪,并说这是自己亲口下的军令,抽出腰间佩剑,就要自刎。部将拦阻说,丞相统领大军,重任在身,不可。曹操沉思良久,用剑割断头发,掷地说:"就让它代替我的头吧!"古人讲"身体发肤受之父母",在当时的人看来,曹操当众割发与割头没什么两样。

北宋时期,包拯一生清廉为官,执法铁面无私。他不避权贵,对皇亲国戚的不法行为一律绳之以法。自己的侄儿贪赃枉法,同样判斩刑。他大力平反冤狱,替百姓伸张正义,故有"包青天"之称,深受处于水深火热中的下层平民的爱戴,是清官中的典型。

明代时,海瑞匡正时弊,严肃法纪,刚正不阿。对一直有恩于他的老丞相徐阶也毫不留情面,将徐家仗势侵占的大片良田退还原主,将欺压良民的徐阶两个儿子和众多家丁依律问罪。他在任上的除暴安良、同情百姓、改革落后的封建习俗之举,受到百姓的广泛赞扬。

13. 名人的守信

守信即严守信誉,言而有信,说到做到。

秦末有个叫季布的官员,一向说话算数,信誉颇高。许多人同他建立了深厚的友谊。当时甚至流传说"得黄金百斤,不如得季布一诺"。这就是成语"一诺千金"的由来。

春秋末年时,思想家曾子之妻有一天要去赶集,孩子哭闹要跟她去。妻子便哄孩子说:"你不要去了,我回来杀猪给你吃。"她赶集回来,见曾子真要杀猪,连忙上前拦阻。曾子告诉她说:"你欺骗孩子,孩子就不会再信任你,还会让他以后也不讲信誉,贻害很大呀!"说着把猪杀了。曾子以此教育了妻儿,培养了孩子要讲信用的美德。

战国时期,商鞅在秦孝公支持下主持变法。为推进变法改革,商鞅下令在都城南门外立起一根三丈长的木头,并当众说了诺言,谁能把这根木头搬到北门,赏金10两。围观的人不相信如此轻而易举就能得到重赏,于是没人肯出手一试。商鞅将赏金提高到50两。重赏之下终于有人将木头扛到北门。商鞅即兑现承诺,赏他50两黄金。商鞅的这一举动在全城引起震动,在百姓心中树起了威信。秦国接下来的变法很快便推广起来。

国家名誉主席宋庆龄从小注重信誉。她上小学时,一天全家人要去一个朋友家做客。孩子们都换穿礼服,唯有宋庆龄不动。母亲问到她,她表示很想到朋友家去,可是和一个同学约好,要来家里向她学叠花。母亲说以后再教她嘛。宋庆龄说:"我答应了别人的事,怎能随便改变呢。"她最终一个人留下来等待同学。20世纪50年代,宋庆龄有一次与一所小学约定好去看望小学生。可是快到约定时间时,天降大暴雨。学生们以为宋庆龄不会来了,但宋庆龄冒着风雨按时赴约,让全校师生大为感动。

当代著名画家李苦禅为人爽直,凡答应给人作画从不食言。有位老友请他画一幅画,李苦禅有事在身,未能及时完成,不料他很快接到那位老友的讣告。他顿觉心中有愧。旋即画了一幅"百莲图",郑重题上老友名字,加盖自己印章,然后去到后院,将画焚烧。他对陪在一旁的儿子说:"人不可失信啊!"

14. 名人的诚实

诚实即忠诚老实,不说谎,不作假,不为不可告人的目的而欺骗别人。中国古代的思想家们都把"诚"和"信"作为立身处世的基本道德要求。

南北朝时,有一位叫明山宾的人,家境贫寒。一次青黄不接,只好牵起黄牛到集市上贩卖。卖掉牛后他往回走,忽想到一事,又跑回集市寻找到买牛人,告诉他:"这牛害过漏蹄症,虽治好了,但过分劳累也许会复发。这点必须向你说清。"买牛人听说,抓住明山宾说不该把病牛卖他,要扣回一部分钱。明山宾并不争执,退还买牛人相当多的钱。听说了这件事的人,都赞扬明山宾的诚实不欺。

北宋真宗年间,词人晏殊素以诚实著称。在他 14 岁时,有人把他作为神童举荐给真宗皇帝。宋真宗召见了他,并要他与一千多名进士同时参加考试。试卷发下后,晏殊发现考题是自己几天前做过的,太过容易,便如实向真宗报告,请求改换其他题目。宋真宗非常赞赏晏殊的诚实品质,便赐予他"同进士出身"。

美国开国总统华盛顿上小学时,拿着自己的小斧头,想试试刀锋快不快,结果几下就砍倒了父亲的一棵樱桃树。过后其父见心爱的樱桃树被砍,怒气冲冲地扬言要给砍树的人一顿教训。眼见父亲震怒,华盛顿还是毫不犹豫地承认是自己做的。其父被感动了,称华盛顿的诚实比所有樱桃树更加宝贵。

美国第 16 任总统林肯曾担任过一个小邮局的局长。邮局只林肯一个人,他既是邮递员,又是会计。林肯却干得很认真。后来这个邮局停办了,没人要求林肯整理账目,林肯却把邮局的账算得清清楚楚,把账本和钱装好,吊在房梁上。一年后林肯碰到邮政部门的一个官员,拉他到家,把存放的账本和钱交给了他。人们知道了这件事后,都叫他"诚实的林肯"。

德国作曲家门德尔松有一次在英国访问,前往白金汉宫为维多利亚女王表演。署门德尔松之名的一曲《伊塔尔兹》演奏后,备受女王赞赏:"单凭这一个曲子,就可证明你是天才。"门德尔松听了并未喜形于色,而是安详地告知女王:"不,那是我妹妹的作品。"门德尔松妹妹芬妮亚也是位有极深音乐造诣的作曲家。尽管门德尔松誉满国内外,艺术才华出类拔萃,但他并不想掠人之美,贪他人之功为己功。

15. 名人的胆识

胆识指胆量和见识。人在世间应世，需要有很多本领，胆识就是必备的重要条件之一。

古希腊的地心体系学说认为，地球处在宇宙中心不动，日月星辰都环绕着地球运行。这种学说流传了一千多年，在中世纪后期成为维护教会黑暗统治的重要理论支柱。出生于波兰的哥白尼从年轻时起，对这种传统观念产生怀疑，以自己的胆识，不顾《圣经》的权威、教会的处罚、世俗的偏见，前后经过40年的深入研究，提出了"日心说"，写成了《天体运行论》一书。他冒着遭迫害的危险把书出版了。这位70岁的老人最终抚摩着爱书安详地闭上眼睛，离开了人世。

雷电会打死人，是可怕的。美国物理学家富兰克林却想揭开雷电的秘密。他在一个阴雨天到野外放风筝。风筝的顶端安了铁针，线绳末端拴了一把铁钥匙。雷雨中他的衣服湿透了，他却对雷击毫不畏惧。当头顶亮起闪电，他感觉牵绳的手麻酥酥的，他高兴地大叫："我捉到电啦！"他把铁钥匙和莱顿瓶连接起来，为莱顿瓶蓄了大量的电。富兰克林就这样以自己的胆识和缜密的方法，揭开了有关雷电的古老神话之谜，为电学的发展贡献了力量。

二百多年前，在英国一个县医学会上，医师詹纳向众人报告用牛痘接种可以使人免除天花。会场上的人一听炸了锅，有说他亵渎神明的，有说他把人当作牲口的，还有人提议表决把他开除出县医学会。这样强烈的反对，并没有使詹纳屈服，他不理会这些世俗的偏见和恶意的攻击，对牛痘接种继续研究并加以宣传。后来的事实证明，正是有了他的发现，才拯救了无数人的生命，打开了免疫学的大门。

德国30岁的气象学家、探险家魏格纳也是位有胆识的年轻人。一天他观看地图，发现南美洲巴西的一块突出部分和非洲西岸凹进去的部分形状相似，他想如果移动这两个大陆，使它们靠拢，不正好吻合吗？再细看，亚洲和欧洲、澳大利亚和南极之间也有类似情况。魏格纳经过两年研究，大胆地提出了"大陆漂移说"。指出地球的大陆原先是一个整块，大约三亿年前开始分裂，向四方移动，于是成了如今的模样。这种学说提出后，当时并不被正统派所接受。然而在魏格纳死后几十年的研究中发现，他的学说是有科学根据的可靠理论。

16. 名人不畏艰险

　　人类社会的发展离不开探索和开拓。对地球的许多认知，无不是有志者不畏艰险，前赴后继探察才得以实现的。

　　意大利旅行家马可·波罗在 17 岁时，跟随父亲和叔叔离开了威尼斯，前往中国。一路上，他们遇到过强盗抢劫，丢了钱财；遭到过饿狼袭击，险些丧命。在帕米尔高原上，他们呼吸困难，寒冷饥饿。最困难的是在沙漠里迷了路，只能喝尿解渴。就这样长途跋涉，历尽艰辛，经过 4 年终于到达中国，受到元朝皇帝忽必烈的接见。马可·波罗在中国游览了很多地方，写成的《马可·波罗游记》对欧洲的影响巨大。

　　明代初期，为宣扬国威，广结友好，宦官郑和奉旨出使西洋。郑和是一个志向远大、勇往无前的人，他率领船队在"洪涛接天，巨浪如山"的险恶条件下，不畏艰险远航，一次次战胜了风浪肆虐和海盗侵袭，化险为夷。郑和的船队七下西洋，航海足迹遍布亚非 30 多个国家和地区，向各国表达通商友好的诚意。其航行规模之大，航海技术之先进，充分显示了明朝国家之强大。

　　意大利探险家哥伦布在 1492 年带领着三条帆船组成的船队在大海颠簸了 70 天，登上了美洲陆地，发现了新大陆。他在附近考察了一阵后返航。船队在途中遇到飓风，船桅折断，船身倾斜。哥伦布快速把他发现新大陆的经过写在羊皮纸上，封入椰壳投海，希望这段经历能保留下来。幸运的是他在飓风中逃过了一劫，以后继续他的航海事业，又带船队三次到达美洲。

　　葡萄牙探险家麦哲伦坚信地球是圆的，认为穿过美洲大陆，可以从另外一个方向回到欧洲。于是他带领着船队劈波斩浪，半年多后抵达阿根廷南部，修整后又航行了两个月，来到一处海峡。虽然这里有很多港汊，麦哲伦边摸索边航行，经过 28 天终于走了出去，进入了一片大洋，并安全地航行。麦哲伦把这个大洋叫作"太平洋"。船队顺利回到欧洲，完成了环球航行。

　　北极是一个神秘难测的冰雪世界。1913 年，探险家斯蒂芬森率领着探险小分队向北极进发。他们所带的食品吃光后，便猎取海豹为食，用鲸脂燃烧取火，将冰块融化为水。困难虽多，动摇不了斯蒂芬森揭开北极奥秘的决心。他和同伴以异乎寻常的毅力抵达目的地，在北极共逗留了 11 年之久，完成了多项考察。斯蒂芬森也成了世界上第一个在没有燃料粮食的情况下，到达北极并在那里长期留驻的探险家。

17. 名人面对挫折

人在人生道路上总会遇到各种坎坷。许多名人在挫折面前并不气馁，而是奋发图强，迎难而上，最终取得了事业上的成功。

1601年，生命垂危的丹麦天文学家布拉赫在病床上告诉他的学生开普勒，他一生以观察星辰为己任，要得到一张星表，目标是一千颗星，现观察到750颗，希望开普勒能完成他的遗愿。开普勒谨记老师的嘱托，勤奋工作。但是他的继承引起了布拉赫亲戚们的嫉妒，他们合伙把布拉赫的底稿收走。巨大的挫折没有使开普勒屈服，他重新整理好所余的观察记录，迎着病魔、贫困，顽强地进行实地观测。经过20多年努力，他终于完成了老师的遗愿。

明末史学家谈迁勤奋好学，立志编写一部可靠的历史书。他从29岁开始撰写《国榷》。由于家境贫困，买不起书，有时为了收集一点有用的资料，要带上铺盖和食物跑上百十里路。27年过去，他写出了500多万字的《国榷》初稿，不想却在一天夜里被人偷去了。这是多么沉重的打击啊！但谈迁没有灰心，他打起精神从头开始。虽上了年纪，体弱多病，但他不畏劳苦，四处奔波调查，核对事实，连一块残碑也不放过。又经过近十年的努力，他终将《国榷》编写完成。

19世纪法国著名科幻小说家凡尔纳在1863年写出他的第一部科幻小说《气球上的五星期》。他先后把书稿寄给了15家出版社，但一次次都被退了回来。他一气之下，打算把书稿投进壁炉付之一炬。他的妻子夺过书稿，让他不要泄气，不要灰心，告诉他："再试一次，也许能交上好运呢！"凡尔纳听了妻子的劝告，把书稿抱到了第16家出版社，结果书稿顺利出版。《气球上的五星期》问世后，立即受到广大读者的欢迎。从此，凡尔纳的科幻小说名声大噪，到处风行。

名声显赫的英国小说家约翰·克里西年轻时有志于写作，他屡屡向许多出版社和文学报刊投稿，得到的却是743张退稿信。面对着众多的失败和挫折，克里西仍照写不误，并不退缩，他说："不错，我正在承受着人们所不敢想象的大量失败考验。如果我就此罢休，所有退稿信都变得毫无价值。但我一旦获得成功，每一张退稿信的价值都要重新计算。"他的坚持和努力终于让他的作品问世了。在他75岁去世时，他共写了564本书，共计4000多万字，堆叠起来高达2米。

18. 名人身处逆境

逆境是困难的处境,它能使人消沉,一蹶不振,也可以磨砺人的意志,让人发愤图强。

西班牙作家塞万提斯一生创作了许多小说、剧本和诗歌。而他的写作环境一直是很恶劣的。他的公寓位于一个喧闹的都市地段,书房底下是个下等酒馆,经常有酒鬼在下面撒酒疯、撕打,劣质酒的呛人气味总往上蹿。书房上层开着妓院,走动笑骂闹个不休。家里人口也多,小孩子总爱围绕着他的书桌玩耍。就是在这嘈杂混乱的环境中,塞万提斯却能静下心来,并写出《唐·吉诃德》等名著。

俄国百科全书式的科学家罗蒙诺索夫 8 岁时丧母,后来不断受到继母的虐待。小罗蒙诺索夫从早到晚有做不完的家务活,还会时时受到责骂。他身处逆境,却以刻苦读书学习和命运抗争。夜晚钻进寒冷的板棚,顶着霉味,燃起蜡烛,趴在一只底朝上的木桶上看书不停。经不懈的努力,罗蒙诺索夫后来在电学、光学、天文学、地质学等方面都做出了杰出的贡献。

为了让更多的人认识到奴隶制度的罪恶,美国女作家比彻·斯托在 1850 年开始创作小说《汤姆叔叔的小屋》。那时斯托夫人已经 39 岁,受着疾病和贫困的折磨。其丈夫斯托在大学教书,可家里有三个孩子,家务完全由她负担,既要烧饭、缝洗,还要给顶小的孩子哺乳,细心照料,经常还要给报纸写点短文赚稿费补贴家用,忙得不可开交。斯托夫人在逆境中咬牙坚持写作,小说出版后受到了广泛欢迎,在反对奴隶制斗争中发挥了巨大作用。

英国女作家艾米莉·勃朗特家境贫寒,她从小就承担起全家的劳务,烤面包、烧菜,还有大堆的衣服要洗。虽然身处家务劳动的困境,勃朗特却忙中偷闲,坚持写作,忙碌中不时拿出纸笔,记下些什么。不管是揉面、洗衣,想到作品的故事细节、词句,她会赶紧擦了手记下来。就在如此困难的写作环境条件下,她写出了名著《呼啸山庄》。

有着正义感的年轻音乐人冼星海漂洋过海,来到法国巴黎学习音乐。他没有经济来源,每天早晨 5 点起床,在餐馆干杂活,不停地洗盘子,还要端菜上饭,经常忙到夜深。半夜回到住处,虽然又累又困,他还是抓紧时间练琴或写他的曲子。在这样的逆境中,他努力提高自己的音乐水平,回国后在延安创作出《黄河大合唱》等著名作品。

19. 名人面对贫困

贫穷会让人志短,但贫困的生活也能激励有志者自强,历尽甘苦而在事业上取得成果。

车胤、孙康、匡衡几个人家里都很贫穷,连点灯的油也买不起。但他们都心怀大志,刻苦读书。夏天的晚上,车胤用布缝一个口袋,捉一些萤火虫放进去再扎住口,借着萤火虫发出的光亮看书。孙康在严寒的冬夜坐在雪地上,利用白雪的反光苦读。匡衡则是在墙上凿了个小洞,"偷"邻居家的一点灯光看书。成语"囊萤映雪""凿壁偷光"所讲的就是这样几个故事。

清代小说家吴敬梓家境贫穷,一家五口人挤住在南京城一间简陋的茅屋里,靠卖菜维持生活。下雨天屋子到处漏水,天旱蔬菜干枯。家里人经常吃不上饭。冬季天冷无火烤,他两手冻得麻木,难以执笔,便约上几个穷朋友绕城墙行走,边走边谈,称其为"暖足"。回家后身体暖和了,他赶紧捉笔书写。就是在这种贫困境况中,吴敬梓经过多年艰辛写作,写出了名著《儒林外史》。

英国批判现实主义作家狄更斯年幼时家庭贫困。其父因债务入狱,只有十几岁的狄更斯要照顾六个弟妹,他要变卖零星家具换取食物,还要去探望父亲。为了生活,他在作坊学制皮鞋油。雇主还把他放在街道橱窗里,让路人像看动物园动物一样看他干活。他和弟妹因交不出房租从住处被驱赶出来,只好和父亲同住到监狱中。这些贫苦屈辱的日子,狄更斯是难以忘怀的。这就是人们在他的作品中,常可见到苦孩子遭遇的一个原因。

法国大作家左拉年轻时生活穷困,找不到工作时,便经常饿着肚子坐在公园椅子上写诗。一天天气寒冷,左拉照例坐在公园里,一个相识的女子走来,说她没钱,一天一夜没吃东西了,希望左拉帮助她。左拉想说:"我也同样啊!"却脱下上衣递给她,让她拿去换钱。他自己仅穿了一件衬衫,在寒风中走回住处。他后来回忆贫困情景说:"那时我有了面包和马铃薯便高兴至极,能搞到一支蜡烛让我夜里读书,真有升天似的快乐。"

诺贝尔奖历史上只有一对父子同时得到了这个奖项,这就是英国的布拉格父子。父亲亨利·布拉格小时候家里很穷,上学的时候只能拖着一双又破又大的鞋,经常被同学耻笑。但他并不在意,听到人笑他便会更努力地用功学习。一天学校的学监在布拉格口袋里看到布拉格父亲写给儿子的纸条,上面写道:"孩子,再过一两年,你穿在脚上的鞋就不嫌大了。将来你有了成就,正是穿着我的破皮鞋而取得的,我会感到自豪。"正是在父亲的鼓励下,布拉格才在物理学方面获得了重大成功。

20. 名人面对名利

"天下熙熙,皆为利来;天下攘攘,皆为利往",此语出自《史记》,意为普天下芸芸众生为了自己的利益而劳累奔波,乐此不疲。然而也有很多人在名利诱惑面前一身正气,不为所动,受到敬佩。

文征明是书画名家,生活却极俭朴。皇室官宦慕名用重金聘请他,他称病不往。他的诗文书画很少被达官贵人所得。诸亲王想用珍宝玉玩收买他,他看也不看就叫来人拿回去。文征明活到 90 岁,其清白正直的一生给后人留下了深刻的印象。

英国科学家戴维以不懈的努力发明了安全灯,这不仅使井下工人的劳动条件大为改善,也为资本家带来了巨大利益。矿主赠给他一个价值 2500 英镑的纪念盘,同时,还有人建议他领取专利。但是,这些全被戴维谢绝了。他说:"我的发明只是为了能挽救人的生命。"

物理学家爱因斯坦成名后,一家美国电台以每分钟 1000 美元的酬金请他做广播演说,他拒绝了。可是为了支援西班牙人民反法西斯斗争,他却同意将他的《论动体的电动力学》论文重抄一遍拍卖,所得款项 600 多万美元全部捐给了斗争中的西班牙人民。

我国当代作家巴金诞生在四川成都正通顺街,故居已不复存在。1985 年四川省作家协会打报告后,省里决定恢复巴金故居。巴金知道后致信有关部门:不要花国家的钱搞我的纪念,可以在旧址上钉一个牌子,写上旧居即可。1993 年巴金 90 诞辰时,四川省作协又提出以巴金的名字设立基金会和文学奖,被巴金谢绝。同期,人民文学出版社出版《巴金全集》时,拟出版两卷《巴金日记》,巴金认为是"浪费资源",也谢绝了。面对名利,巴金三次说"不"。

电影表演艺术家孙道临生活在理想和奉献的年代,但也受到了商业大潮的冲击。当时有企业以 1 万元为报酬请孙道临为宾馆做宣传,他坚决不肯。还有当地的企业出重金请他去剪彩,参加开业仪式,也都被他一一拒绝。在消费主义和娱乐经济大行其道时,这位老影人仍保持着自己的价值观。

21. 名人面对嘲讽

人生中难免会遇到误解、嘲讽、讥笑。有人把这转化为激励自己进取的积极力量,创立功业;也有人面对挖苦、嘲笑,予以机巧的反讽而不失风度。

西晋时,左思出身寒门,虽有很高的文学才华,却在当时门阀制度下屡不得志。他想写《三都赋》证明自己。一个叫陆机的文人挖苦他说:"这儿有个不知天高地厚的家伙,居然想写《三都赋》,写出来也就当废纸盖酒瓮!"左思坚定志向,不懈努力了10年,写出了《三都赋》,闹得"洛阳纸贵"。在事实面前,挖苦他的陆机唯有叹服而已。

唐代开元年间,18岁的李白在寒窗苦读之后,开始闯荡天下。他来到渝州,见到了渝州刺史李邕。酒席之上,以长者自居的李邕对做事不拘小节的李白颇为不满,教训中露出轻慢之意。李白也不爽,临别留诗一首,有句曰:"宣父犹能畏后生,丈夫未可轻年少。"对李邕明褒暗贬,一吐心中不快。

俄国科学家、学者罗蒙诺索夫家境贫寒,徒步两千公里到莫斯科求学。他好不容易进入一所拉丁学校,一进教室,里面都是十三四岁的孩子,有人嘲笑他"二十岁的大傻瓜也来学习"。老师的冷淡,别人的讥笑,罗蒙诺索夫全不在意,只是用心听讲,刻苦学习,进步很快,让老师对他另眼相看。他的座位也从后排逐渐前移,不久坐到了第一排位置上。罗蒙诺索夫成名后仍埋头研究学问,生活俭朴,不讲究穿着。一次一个不学无术又自作聪明的人看他衣袖肘部有个破洞,指着窟窿挖苦他说:"从这里可以看到你的博学吗?"罗蒙诺索夫冷言回敬道:"不能,从这里只能看到愚蠢。"

一次,德国诗人歌德在公园散步。在一条只能通过一个人的狭窄通道上,歌德遇到一个曾对他的作品提出挑剔批评的评论家。这评论家一见迎面而来的歌德,大声喊道:"我从来都不给傻子让路!"歌德却满面含笑,应对他说:"我恰恰相反,先生。"说罢让到一边,既化解了僵局,又反讽了对方。

著名剧作家萧伯纳身体消瘦。一天,他遇到一个很有钱的肥胖资本家,资本家以嘲笑的口吻对他说:"萧伯纳先生,看到您我确切知道世界上还存在着闹饥荒的现象。"萧伯纳听了一笑回答:"而我一见到您,也确切知道了世界闹饥荒的原因。"资本家本想挖苦萧伯纳,却让萧伯纳以巧妙的回答弄了他一个没趣。

22. 名人忍受屈辱

中外一些有志之士在屈辱面前，能够忍受下来，并发愤图强，最终实现了自己的愿望和志向。

西汉史学家司马迁继承了史官父亲的遗愿，书写史书。他因在案件中为李陵说情，触怒了汉武帝，受到了残酷的"腐刑"。这一辱刑给他精神上造成极大的痛苦，他想到自杀，可又想到书写史书的使命。于是鼓起勇气，藏起痛楚，只一门心思地写他的史书。历经 14 年，司马迁写成《史记》一书，全书 130 篇，52 万多字。一部《史记》对后世影响很是巨大。

秦末，少年韩信在贫困中长大，流浪街头时常被一些人欺侮。一天，韩信佩剑在街上走，被一群无赖围住。一个为首的泼皮指着韩信说："你也配挂佩剑吗？有胆量你就拔剑把我杀了，不敢就从我裤裆下爬过去。"韩信想到今后的志向，强压怒火，从那家伙两腿间爬了过去。他就此更加发愤做人，终成为汉初杰出的军事家。

中世纪时，欧洲教皇的权力很大，可以废掉国王。国王亨利四世对教会不满，发生冲突后被教皇废除王位，国内敌对势力也趁机攻击他。亨利审时度势，决定先向教皇屈服。他穿过阿尔卑斯山，来到教皇门前，在雪地站了 4 天。经很多人帮他求情，教皇才接见了他。他向教皇忏悔，并忍受了教皇对他的侮辱。在恢复国王身份后，他回国励志图强，抓住机会，最终打败了教皇。

五代时，南唐画家钟隐苦心学画。他听说画师郭乾晖擅画花鸟，鹧鸪画得尤为出色，就想去投师。而这个郭乾晖生性保守，画法从不示人。钟隐为了学画，便隐瞒了自己身份，用卖身为奴的办法进到郭家。他甘当奴仆，愿听吆喝，侍奉主人捧烟上茶，并从旁窥视主人作画。这事后来被郭乾晖知晓，他很感动，破例收钟隐为徒，实现了钟隐学画的心愿。

戴维是 19 世纪英国化学权威教授。爱好物理和化学研究的法拉第对戴维极其崇拜。他写信给戴维，说很希望在戴维身边做点事，让他喜出望外的是，戴维同意他到皇家学院实验室给他当助手。这年 10 月，戴维带新婚夫人去欧洲大陆旅行，让法拉第随行。戴维夫人待人傲慢、苛刻，对法拉第更是蛮横无理，整天当奴仆使唤，有时还不让吃饭。气得法拉第几次想中途离去，可是为了事业，他忍气吞声下来。在旅途中虽受了戴维夫人凌辱，却也让他大开了眼界，认识了欧洲大陆上的不少科学家，学到了在实验室学不到的许多知识。

23. 名人在狱中

一些有志之士会利用一切条件开创自己的功业，即便是身陷囹圄也不放弃追求。

西汉时期，时任丞相长史的黄霸受牵连入狱。关押中他了解一起获罪的狱友夏侯胜是著名学者，尤长于《尚书》，就请他讲解。夏侯胜叹息犯了死罪，没几天活头，还学什么《尚书》啊！黄霸指着沿墙根移动的阳光说："时光本就不多，怎能白白让它过去。古人说，早上听了有益的道理，晚上死了也值得。您就收了我这学生吧！"夏侯胜受到感动，就开始教黄霸学《尚书》。三年过去黄霸学业大进。当他俩被赦免出狱时，黄霸也成了一位对《尚书》研究有很高造诣的人。

西门子公司创始人冯·西门子曾因事被判处 5 年监禁。他住大牢单间，没人打扰他，很觉舒适。便托外面的朋友为他送来需要的试验用品和工具，在监房中大搞实验。他研究发明了金属镀金和镀银的方法，通过朋友把发明卖出。听说俄皇在筹备皇后的生日庆典，他又发明了一批五颜六色的焰火，大受俄国皇后的喜爱，赚到了巨额财富。普鲁士国王听说了西门子的事，下令释放他。而西门子正在发明兴头上，竟然不愿出狱。

俄国革命家、作家车尔尼雪夫斯基出生于一个神父家庭，18 岁进入彼得堡大学文史系，因宣传进步思想在 1862 年被沙皇政府逮捕。在囚禁和流放中，车尔尼雪夫斯基毫不沮丧，倾力进行文学创作，《怎么办》一书就是他在狱中所写的名著。这部小说的显著特色是以欢乐的情调、明朗的画面展示了新人的故事。人物新，故事新，思想新，正是俄国解放运动进入第二阶段的标志。

"二战"期间，反抗德国法西斯侵略的捷克作家伏契克被捕入狱，被打得遍体鳞伤。他昏迷了几个星期，刚一清醒就挣扎着爬起来，说："我要斗争！"他找到纸笔，冒着头晕、伤口疼痛，顽强写作，一刻也不肯停下来。他说："我的生命正走近死亡，我不能歇息。"伏契克在柏林被杀了。他的妻子寻到了他的手稿，经整理就是人们读到的名篇《绞刑架下的报告》。

当代中国杰出的经济学家薛暮桥在 1927 年加入中国共产党，由于蒋介石叛变革命而入狱。在牢狱不能为革命工作，他就认真学习。他通过读列昂节夫著的《政治经济学》和日本河上肇编著的《资本主义经济学之史的发展》等，对经济学产生了很大兴趣。他还阅读了大量政治和历史读物，自学了英文、日文和世界语。三年半不平凡的狱中经历，为他后来在政治经济学的研究打下了坚实的基础，被誉为"牢监大学"毕业的经济学家。

24. 名人的团结

团结即为了集中力量,实现共同理想或完成共同使命的联合或结合。

战国时期,赵国的赵惠文王任命蔺相如为相国。大将军廉颇听到,怒说道:"他凭着一张嘴,就爬到我头上。我路上撞着他,非给他好看不可!"一天蔺相如出门,廉颇就用车马堵来堵去,蔺相如便退回官邸。手下说蔺相如官大,不明白为什么退让于廉颇。蔺相如说:"不是怕他,将相不和不利于赵国啊!"话传到廉颇耳朵,他才知道蔺相如有气量,自己错了。他裸着上身,背着荆条,跑向蔺府请罪。二人和好,协力治国,使别国不敢犯境。

三国时,曹操率军在官渡之战中将袁绍打败,清点战果时发现一批书信,其中一些是京城许都和曹营中一些人暗中写给袁绍的。曹操翻了一下,见有的是吹捧袁绍的,有的是准备投靠袁绍的。曹操的亲信说,他们吃里爬外,都应该抓起来。曹操却叫人把信都烧了,放过写信的人。此事传出,暗通袁绍的人都放下了重压,感觉曹操度量大,能团结部下,愿跟随他。曹军的军心更稳。

唐代时,郭子仪和李光弼同为朝中大将,但两人之间有些矛盾,碰到一起也不说话。发生了"安史之乱"后郭子仪被任命为朔方节度使率兵出征,李光弼则成了郭子仪的部将。李光弼担心郭子仪要寻机报复他,硬着头皮向郭子仪认错说过去是自己不好。郭子仪不等他说完,跑下座位紧抱住李光弼说:"现在国家危急,需要的是我们共同效力,决不能再有个人恩怨!"郭子仪说到做到,自此将帅协同,平息叛乱,战功卓著。

德国化学家维勒和李比希两人的性格形同水火。1829 年,维勒给李比希发出一封希望合作的信,李比希回信同意,于是两人的团结合作就开始了。李比希性情爽朗、自信,好奋斗、肯牺牲,是个风风火火的人。而维勒性格温和,有耐心、有见识,遇事不动声色。一个是"一团烈火",一个是"一盆冷水",但由于二人致力科学的志趣相投,性格互补,团结合作,相得益彰,共同成为有机化学的创始人。

德国化学家本生和物理学家基尔霍夫一起进行科学研究已经好长时间了。为了发明分光器,他们有时趴在一起绘图,有时分开各自去找材料,有时轻声交谈,有时又激烈地争辩。一天,实验室里像是有人在吵架,人们赶紧推门进去看,原来是两位科学家又在大声争吵,一个比一个嗓门大。无数个不眠之夜过去了,两个人团结合作终于发明了分光器。伴随着不时的争吵和交谈、交流,两人不久又发现了元素铯和铷。

25. 名人的友谊

友谊即朋友间的交情。一些名人在与朋友交往中建立了深厚的友谊,并传为佳话。

相传,西汉时,阎敞和第五常是朋友,两人往来密切。后来第五常调往京都做官。他不便带很多银两,便把130万薪水存放在阎敞家。第五常到京城后,染上瘟疫,一家人都死了,只剩一个9岁的孙子。第五常临死前告诉孙子,有30万贯钱存在阎敞家。这孩子长大,来到阎敞家。阎敞把存款拿出交付他。第五常之孙一看是130万贯,忙问是不是搞错了。阎敞思索了一下说:"你爷爷确实寄存在我这里130万贯,他说30万贯,那是因为病重,头脑不清,说错了。我和你爷爷是好友,我不能取昧心钱……"

汉代时,学者荀巨伯有一次去看望生病的朋友,碰上打仗,敌军攻破了城池,城里人争相逃难。朋友说自己病重动不了,催荀巨伯逃命。荀巨伯表示:"我远道而来看你,你病着,我岂能扔下朋友自己逃走呢?"他说着又给朋友端药倒水。敌兵冲进门来,喝问荀巨伯为何不跑。荀巨伯指着朋友说:"我这朋友病重,我不能扔下他。即使要我代替朋友去死,我也绝不皱眉。"士兵听了很受感动,推门离去。

晋代人朱晖和同乡陈揖是好朋友,两人常在一起读书讨论,切磋学问。可惜陈揖在妻子怀孕不久死去了。陈揖妻生下个孩子叫陈友,朱晖代朋友抚养、教育孩子,鼓励孩子上进。后来朱晖的一个朋友当了南阳太守,派人来找朱晖让他的儿子去做官。朱晖想到与陈揖的友情,就把陈友推荐了去,让陈友当了官。后人称赞朱晖是"千古一朋",是古往今来难得的一个好朋友。

俄罗斯作曲家柴可夫斯基在1876年与梅克夫人通信相识。梅克夫人是一位富有又有很高音乐修养的寡妇。她非常喜爱柴可夫斯基的作品,也深爱着这位才华横溢的作曲家,常常慷慨资助他。但他们除了在信中交谈音乐见解和在音乐会上相见外,偶遇街头,也只是微笑点头而已。可在他们心中,都怀着对对方的真挚情谊。柴可夫斯基精心创作的《第四交响乐》,在乐谱封面题写"献给我最好的朋友",这朋友就是梅克夫人。梅克夫人听了演奏后写信给作曲家:"在你的音乐中,我听到了我自己……我们简直是一个人。"

26. 名人破陋俗

自古以来，一些名人勇于破除封建迷信、社会陋俗、旧礼教，受到赞许。

明代嘉靖年间，戚贤在浙江归安做知县。这年暑热时节久旱不雨。有人出面张罗，收敛钱物，到萧总管庙祈雨。新任县令戚贤不信有什么鬼神，也来到现场，三天后并无雨降，他指着神像责骂："你既是神道，理当消灾，大家求你三天，你一滴水也下不来，要你这脓包何用！"他喝令差人把神像推倒，沉到河里。很多人担心这会带来祸殃，结果几天后却连降好雨。以后借鬼神骗钱的人又把萧总管神像弄出来，想制造人心混乱，又被戚贤识破，加以惩处。

女子缠足是中国封建社会遗留下来的摧残妇女身心健康的陋习。清末革新派领导人康有为年轻时就对缠足深恶痛绝，他坚决不让女儿及诸侄女缠足，并认为一家禁缠足影响甚微，必须扩及社会，遂与开明人士一起创建了"不缠足会"。他提笔起草了会例，倡导乡人女子放足。后他还把禁缠足当作变法维新运动中的一项政治措施来施行。1898 年 7 月，康有为又上书光绪皇帝请禁天下缠足，光绪准令。禁缠足虽受守旧势力责难，仍开了全国禁缠足运动的新风。

1892 年，孙中山毕业于香港西医书院，以后就投身于推翻帝制的革命事业。一天他参加革命活动，看到一程姓好友未到，一问才知是程的妻子难产，接生婆说凶多吉少，叫程家准备后事了。孙中山问清情况，赶到程家，自告奋勇要亲自动手接生。这在那"男女七岁不同席"的封建时代，会被认为是离经叛道、有伤风化的行为。出于志同道合，程以主人的身份表示欢迎。孙中山凭精湛的医术，为濒临死亡的产妇平安接生下一个男婴，抢救了母子两条性命；成为那时少有的为妇女接生的男大夫之一，也是科学战胜愚昧，新的伦理道德战胜旧的传统观念的良好范例。

鲁迅从日本留学回国的第二年，在故乡绍兴府中学任监学。晚间回家要经过一片坟地。这晚他走过坟地，四周阴森森的，显得恐怖。突然鲁迅发现路边一座坟前立起一个白影，影子一会儿高，一会儿低，就像人们盛传的鬼一样。鲁迅是不相信有什么鬼怪的，继续朝前走。白影忽然移动起来，竟走向鲁迅。鲁迅想世上只有鬼怕人，哪有人怕鬼的？倒要见识见识。白影离鲁迅不远停住了，缩起身影。鲁迅撩起长衫下摆，快步走上去，大喝一声："你是什么东西，敢在此作祟！"接着飞起一脚踢过去。白影大叫一声"哎哟"，仓皇逃走。原来这是个盗墓的，披了一块白绸。

27. 名人的修养

　　修养指人的认识、情感、意志、信念、言行和习惯的修炼和涵养。古人从很早起就提出修身养性，以个人修养作为一种无形的力量，约束自己的行为。

　　春秋时期的思想家、道家的创始人老子在《道德经》中说："我有三宝，一曰慈，二曰俭，三曰不敢为天下先。"实为他的修养箴言。他认为宽容是"慈"的核心，若能宽以待人，以德报怨，必受人尊重，人际关系和谐。指出"俭"为养性之根。他的"不敢为天下先"，其精髓是不争、处下、柔顺，体现了他的"无为"思想。事事争强好胜，争名夺利，易遭众人所恶。老子的所提值得人们细细品味。

　　战国时期的哲学家庄子主张要少私、寡欲、清静。他的弟子依据他的文章整理成的《庄子》一书写道："平易恬淡则忧患不能入，邪气不能袭，故其德全而神不亏。"庄子认为，"私"是万恶之源，百病之根。如果让私欲缠身，就会使人内心终日不得安宁，思绪不能止息，贻害无穷。他所主张的"忘我""无欲"理念，逐渐丰富并形成体系，对后世很有影响。

　　自古以来，流传下来的修身养性名言众多，如："吾日三省吾身""温故而知新""知之为知之，不知为不知，是知也""见贤思齐，见不贤而内自省也""路漫漫其修远兮，吾将上下而求索"等，读之让后人警省、获益。

　　在国外，一些名人也很注重自己的道德修养。美国科学家富兰克林为避免在生活上犯错误，曾给自己制定了 13 条道德准则，包括节制欲望、自我控制、沉默寡言、有条不紊、信心坚定、节约开支、勤奋努力、忠诚老实、待人公正、保持清洁、心胸开阔、谨言慎行、谦虚有礼等。富兰克林的道德准则有他不可避免的局限性，但他在道德修养上毕竟是严肃认真的。

　　俄国作家契诃夫在 26 岁时，写给他哥哥尼古拉一封信，信中提出了做人的八项修养，计有：有礼、规矩、常想帮助别人；有同情心，帮助别人，自然也帮助家人；欠债必然还债；诚实；不求别人怜悯；没有虚荣心，不夸张自己；为了天才，宁愿牺牲酒、女人、虚荣等；爱美、干净，喜欢的女人要端庄、秀丽等。这一条条修养准则一直得到契诃夫的遵循。

28. 名人的忘我

　　中外一些科学家、文学家、艺术家之所以能取得卓越的成就,与他们"忘我"的精神是分不开的。

　　瑞典化学家、发明家诺贝尔自 1860 年开始从事硝化甘油炸药的研究。在 4 年的时间里,他进行了 400 次试验,发生了几次惊险的爆炸事故。有一次整个实验室炸飞,诺贝尔的弟弟和其他 4 个助手当场炸死。他因不在现场,得以幸免。诺贝尔却表示:"创造新事物哪能没有危险。"他完全不把个人安危放在心上,继续忘我试验。不能在市区试验,他就把仪器、材料搬到船上。在一次爆炸中,诺贝尔被炸得浑身冒血,但炸药研究成功了。

　　19 世纪末的一个晚上,在英国一间实验室里,化学家辛普森和他的两位助手对坐闲聊,看来很快活。过了一会儿,他们说话开始变得口齿不清,接着像醉酒一样昏昏沉沉,再往后便都不动了。原来他们这是在做一项科学实验,使用一种能解除病人动手术时痛苦的药剂。为检验这种药水的效能,辛普森和助手完全不顾自己的生命安危,冒风险去嗅它的气味。当他们昏睡过去时,一种较为理想的麻醉剂——氯仿也就诞生了。

　　德国化学家卡尔·肖莱马是马克思、恩格斯的战友,他一面从事革命活动,一面进行科学研究。他在向科学难题求解时做实验,有时会发生爆炸,弄得身上伤痕累累。一次他被氯气熏倒在地,昏了过去。人们把他救醒,叫他别干了。他摇头拒绝,以忘我的精神又坐到工作台上。他就这样坚持实验,终于分别用德文和法文写成了一部百科全书式的巨著《化学教程大全》。

　　1906 年一个秋日,年迈的法国画家塞尚来到乡间小河边,坐下来作画。他突然感到浑身发冷,头昏目眩,一头栽倒在地。乡邻发现把他抬回家里。第二天他感觉浑身酸痛,四肢无力,却仍只想着画画。他又背起画架走到野外。发现了动人的画面,立刻摆画架掏笔,用颤抖的手慢慢画起来,其他什么都不想。淋了秋雨,他病倒起不来了。直至心脏停止跳动,塞尚也不想放下画笔。

　　鲁迅把自己的全部精力都投放到文化事业上。他的忘我,表现在忘食、忘寒暑、忘昼夜方面。鲁迅习惯于通宵工作,次日起迟了,往往顾不上吃饭又开始动笔,常要到晚上才用膳。为节省吃饭时间,他还不吃鱼,说把时间花在防鱼刺上不值得。不管天气寒暑,房间里冷热,他总是抓紧时间看书写作,不知道休息。有时接待来访者,送走时夜已深,他不是关灯就寝,而是又投入紧张的写作中,睡意袭来,难以支撑,也就和衣倒在床上打一个盹儿。晚年他在上海也是这样,这让了解他的朋友感到心疼。

29. 名人的敬业

有些人投身于热爱的事业,呕心沥血,尊崇而为,简直是达到了极致。

元末明初时,戏曲家高则诚决心写一部感人的戏剧。为了使所写的戏合乎格律,便于演唱,每写一个曲子,他都要一手拍几案,一脚踩地板打拍子。发现不合声律或拗口,就反复修改。由于经常这样唱改,日子久了,不断口吐白沫,声音也嘶哑了,但他仍苦练不停。三年过去,他写成了《琵琶记》。只见几案上手拍的地方,指痕竟有一寸多深;脚踩的地板处,显现出一个窟窿。

欧洲文艺复兴时期,和达·芬奇、拉斐尔并称为"画坛三杰"的意大利美术家米开朗琪罗终生都从事雕塑和绘画的创作。米开朗琪罗在教堂的台架上进行艺术绘画时,常常是一连几天都不下架子。有一次,他穿的牛皮靴子破烂了,想脱下来换穿一双,不料在脱下旧靴时,竟连带把脚皮也扯下一大块。原来他为了艺术一直没有很好地休息,已经好几个月没有脱过靴子。由于他长年累月站在台架上劳作,最后身体也变得畸形。

1673 年 2 月的一个晚上,法国巴黎剧院上演喜剧《无病呻吟》,主演是创作者本人莫里哀。演出前他的妻子劝他说,病成这样不要登场了吧。莫里哀表示:"观众等待着我的表演,能演就一定要演。"剧中的主演是个江湖骗子,没病装病,而扮演的人是真正有病,不时痛苦地皱眉咳嗽。观众还以为是莫里哀表演得逼真,热烈鼓掌喝彩。最后莫里哀支持不住,大笑着倒在台上,就此离开了人世。

1844 年的一个晚上,78 岁的英国物理学家、化学家道尔顿步履艰难地走进实验室,摸索出他的记录天气的簿子。50 多年来,他夜复一夜始终做着这平凡的工作,已经写下了 20 万次的数据。老科学家拿笔的手发抖,吃力地记下了气温,在最后一格里写下"微雨",然后慢慢放下笔。辛勤劳累了一生的道尔顿倒下了,睡着了,从此再没有醒来。

瑞士数学家欧勒研究出一种计算行星轨道的方法,就以此计算一颗行星的轨道。开始他以为很好计算,可算了一天也没有结果。经检查他相信自己是对的,继续计算,忘了吃饭,忘了睡觉。他隐约看到了自己要抓到的东西,他双眼刺痛流泪,却无法放下笔。直到第三天他才看到他想见到的美妙数字。可这数字在他眼前又模糊了。因为长期劳累,欧勒的一只眼睛竟然累瞎了。

30. 名人的工作

工作指从事的劳动。中外有不少人是竭尽心力,情愿付出所有代价去做好自己热爱的工作的。

英国化学家戴维在一次试验中受伤倒地。他脸上鲜血直流,右眼剧烈疼痛。戴维对赶来的医生说:"我把一种新金属放到水里,引起爆炸,这可能是因为生成了某种物质……"医生顾不得听他的化学分析,吩咐快拿清水清洗眼睛。戴维脸上的伤口好了,右眼却失明。戴维说道:"幸而只瞎了一只眼,我还是能继续工作的。"他又投入到紧张而又危险的工作中,分解制得了钾、钠、钡、镁等。

美国发明家爱迪生常常废寝忘食地工作,他的妻子怕他累倒,提出找个他喜欢的地方让他休养休养。爱迪生拍拍头说:"有了,明天就去吧!"妻子满意地为他准备行装,第二天却找不见丈夫。寻到实验室看到丈夫在忙着。爱迪生告诉她:"这就是我喜欢的休养胜地,这里工作很多,我一刻也放不开。"

法国作家巴尔扎克42岁时已创作了100多部作品,这与他的勤奋努力是分不开的。在他的书房里,放有一座拿破仑的小石膏雕像,他在这位征服者的凝视之下写道:"彼以剑所未竟之业,我将以笔锋竟其业。"目标确定后,他就奋不顾身地写作,不分昼夜,每天工作16个小时。巴尔扎克曾宣称:"我的放纵就是我的工作。"这种对事业的投入和"放纵",可以说是他成功的最主要条件之一。

日本作家德永直从事革命活动,见证了日本工人阶级许多英勇斗争的景象,他想把亲见亲闻写成小说。虽然他生活贫困,身体又患有重病,仍扎在屋子里写作。一个月、两个月过去了,朋友来看他,他营养不良,面黄肌瘦,但他仍然整日伏案工作。他坚持工作了三个月,终于写出了被誉为战前日本无产阶级文学代表作的长篇小说《没有太阳的街》。

美国的约翰·洛克菲勒是19世纪第一个亿万富翁,人称"石油大王"。他终身热爱自己从事的事业和工作,从不把工作视为毫无乐趣的苦役,却能从工作中找到无限快乐。他认为工作是一项特权,它能带来比维持生活更多的事物。工作是所有生意的基础,所有生活的来源,也是天才的塑造者。

31. 名人的刻苦

刻苦指的是吃苦耐劳,有时是自找苦吃。刻苦是一种进取精神,是一个人建功立业的基础。

唐代画家韩干以画马著称。年轻时他在长安一家酒店当伙计,门外拴满了客人的坐马。韩干耳濡目染,产生了把马的形象生动画出来的创作欲望。他于是抓住干活的空隙,用一支带毛的竹棍在泥地上习画。依据脑子里积累的大量原始素材,勾勒马的形象轮廓,再对照实物涂饰点染。他天天勾画,刻苦练习,一丝不苟。画的马匹体形优美、飘逸,神气生动。经长时间的努力,他画的《牧马图》成为传世名画。

意大利画家达·芬奇14岁时拜名画家弗罗基俄为师。老师给他上的第一课是画鸡蛋。以后一连几课也还是画鸡蛋。达·芬奇问老师,小小的鸡蛋有什么好画的。老师告诉他说,同一个鸡蛋,角度不同,投来的光线不同,画出的都不一样,因此画鸡蛋是基本功。达·芬奇记住了老师的话,对着鸡蛋一丝不苟认真作画。几年过去,他画鸡蛋用的草纸堆得老高,艺术水平也超过了老师,成为一代绘画大师。

奥地利作曲家舒伯特出身贫寒,他虽然13岁就能写出曲子,但他有时穷得连买五线谱纸的钱也没有。他穷不移志,顽强刻苦地坚持音乐创作。他经常写作到深夜,往往连眼镜也不摘就和衣而睡。清晨一醒爬起来就又伏在五线谱上工作。一天他家里断炊,饿得不行,走进一家酒馆。从桌子旧报纸上看到一首小诗,让他想起儿时妈妈哼的"小宝宝,睡吧"的温柔曲调,他熟练地谱写出一首《摇篮曲》,换到了一份土豆烧牛肉。

德国作曲家贝多芬也以刻苦从艺闻名。他在租住的小楼上弹钢琴,时间长了,手指在键盘上磨得滚烫,为了继续弹下去,他在琴旁放了一盆凉水,把手指浸在水中泡凉后再弹。不知不觉中,很长时间过去,水撩在地板上积少成多,最后顺板缝漏到房东屋子里。女房东经常为此大喊大叫,后来贝多芬不得不搬家。

画家齐白石也是个篆刻爱好者。他刻苦练习篆刻,把一担础石挑回家,夜以继日地习刻,一边刻,一边拿古代篆刻艺术品对照观摩。刻了磨平,磨平再刻。手上磨出血泡也不管,仍专心致志刻个不停。日复一日,年复一年,础石越来越少,而地上淤积的泥浆却越来越厚,最后一担础石都化为泥浆了。凭着这础石的磨砺,齐白石的篆刻艺术也达到了炉火纯青的境地。

32. 名人的坚持

中外一些人在事业上有成就，很重要的一个方面是他们能够潜心苦修、苦练，并能长年累月地以恒心坚持。

唐代书法家郑虔年轻时家贫，他想练字，但买不起纸张。苦恼之际听说长安城南慈恩寺里贮存了几屋子的柿子树叶，他跑去看，找到寺里和尚租了一间破房。从此郑虔住到寺里，闭门不出，终日练字。他往柿叶上写，写了正面，再写反面，经长年坚持书写，把寺里贮存的几屋子柿叶都写了一遍。他终于写出了一手好字，成为著名的书法家。

元末明初的文学家陶宗仪年轻时考取进士落榜，便隐居松江，一面种地，一面钻研学问。在劳作间隙，他总是抓紧时间思索，联系读书心得，有所领悟就记下来。买不起纸，就记在老树叶上。他的体会是，一点点坚持积累，积少成多。一晃十几年过去了，他写心得的树叶竟积了十多坛。他打开坛子，拿出一片片树叶逐条整理，最终完成了一部三十卷的大著《南村辍耕录》。

德国画家门采尔一生坚持勤奋作画。他总是随身带着铅笔和画纸，遇上他觉得有意思的画面，就一定把它画下来。一次，他走过一条泥沟，鞋子陷进泥里，他拔出鞋子一看有了灵感，便坐下来专心致志地画他那满是泥污的鞋。门采尔就是这样无论何时何地都手不离笔。有人开玩笑说他患了绘画"狂热症"，门采尔听了则诙谐地表示："我希望我的这个病永远治不好。"

法国作家巴尔扎克51岁时心脏病发作，医生劝他注意休息。巴尔扎克完全不把医生的劝告放在心上，还像往常那样生活和写作：从午夜写到旭日东升，九点钟又开写至下午五点。晚上仅睡4小时，就又开始了新的一天的写作。他的这种每天坚持12—14小时的写作生活，持续了二十几年。当他离开人世时，留下的是他写的由90多部中长篇小说组成的《人间喜剧》。

美国作家海明威在获得诺贝尔文学奖后，不止一次表示："我要坚持学习写作，当个学徒，一直到死。"他说到也做到了。每天不管睡得多晚，也不管夜里失眠多久，早起都要坚持写作几个小时。动笔前他总是先重读一遍已经写好的部分，以便沉浸到情节中去，然后再把情节展开，他认为这样写作就不会"卡壳"，而变得顺畅，是他多年坚持写作积累的经验。

33. 名人的求实

求实即求真务实,要做到这一点,也是要有勇气和历尽艰辛的。

汉代史学家司马迁在写《史记》时,写到秦国灭魏国,引黄河水灌进魏都城大梁,淹死许多人。为考证真实性,他亲至大梁(今河南开封),沿城垣攀上爬下,寻找水淹的痕迹。又遍访当地人,搜寻线索,最终肯定了秦国水淹大梁的事实,这才写入书稿。为证实《尚书》中记载的一件事,他夜以继日地搬运查阅了上百捆竹简书册,这才得出了翔实的结论。

东晋时,雕塑家戴逵雕成一座寿佛木雕,足有 5 米多高,身姿魁伟,颇有气势。他很想听到对他作品的真心评论,便在佛像两侧挂上锦帐,大开庙门,供人参观。自己则躲在帐后,偷听参观者对佛像评头品足。他常常在帐后一坐就是一天。三年中,戴逵听到了数不清的批评意见。他对佛像进行了精心的改动,集众家之长,形神更佳,成了有口皆碑的佳作。

施耐庵在写作《水浒传》时,多次写到了打虎的场面。为了了解老虎的习性,他对有经验的猎户进行采访,又走进深山寻虎观虎。夜间他守在林间树上,观察等待着。震耳的虎啸和蹿出的斑斓猛虎都是他急于听到和看到的。饿虎扑食的场景和老虎矫健的身姿都给他留下了深刻的印象,这才使他在名著中将打虎场面写得栩栩如生。

明代时,蕲州有一种毒性很强的白花蛇,是治疗风痹、癣瘀等疾病的好药。医药学家李时珍对这种蛇是什么样子,为什么能治病,一无所知。为了识别这种蛇,鉴定一味药材,李时珍背上干粮进入九峰山,他按照当地人的指点,不顾个人安危,寻蛇捕蛇,终于捕捉到了白花蛇,为研究这种蛇的药效找到了实物依据。

在 16 世纪以前,人们对人体各部分的构造了解得并不多。比利时医生、解剖学家维萨里决心要填补这一空白。为了得到确切的数据,他需要解剖用的尸体,便在夜间冒着盗尸的死罪,偷偷摸到绞刑架下,解下一具尸体背起就跑。看到有人追来,他急忙用刀割下尸体的头颅逃掉了。就这样,维萨里不知与尸体打了多少年的交道,终于写成了《人体构造》一书,他也成为世界上第一个正确解开人体结构秘密的专家。

34. 名人的勤学

中外一些名人为了在事业上进取,好学,勤学,在学习上不遗余力,留下了不少生动感人的事例。

三国时期,书法家钟繇自小勤勉好学,长大后曾跑到千里之外拜名师学习书法。他听说韦诞藏有汉末名书法家蔡邕的字迹,多次苦求韦诞借他学习临摹,因借不到伤心哭死过去。后韦诞病故,传闻将蔡邕字迹同葬。钟繇竟设法找人挖了出来,如获至宝拿在手中,细细凝看,连蹲在厕所里也要看个不住。就这样他凭着刻苦研习而成了书法大家。

德国的音乐大师塞巴斯蒂安·巴赫也以勤奋和苦学著名。他15岁时自食其力在教堂当了一名乐童。为了学习名家的表演艺术,他多次步行30英里,到汉堡聆听一曲名家赖恩根的演奏。还曾跋涉60英里,去听乐队的演奏。在步行中由于没有钱,就靠在客店外面的屋檐下过夜。贫穷、劳累、艰难,都没有动摇巴赫学习音乐的决心和毅力,他终于成为举世闻名的音乐大师。

德国考古学家施里曼在酒店学徒时,一天有个客人喝多了,突然背诵起古希腊文的《奥德赛》。施里曼不懂古希腊文,但那铿锵有力的诗句使他着了迷。他拿出自己积攒的钱为客人付了酒钱,央求他再朗诵一次,并暗下决心要学会阅读《奥德赛》史诗的原本。自此他一早起来就背诵单词、课文,忍饥受冻也要把省下的钱买书和缴纳学费。几年下来,他熟练掌握了英、法、拉丁、古代希腊和现代希腊等21种语言,成为一代著名学者。

著名爱国将领冯玉祥早年家贫,只上过三个月私塾。失学后,又没有学习用具,为了继续求学和练字,他砍下竹管,在顶端扎一束麻当笔;从山上挖来黄泥,冲成稀黄泥水为墨;再找来一块废旧的铁皮做纸,在上面练写字。听说方砖上也能练字,他又带上"笔""墨",寻找有方砖的地方练习楷书。凭着日复一日、坚持不懈的苦学苦练,他写出了一行行遒劲有力的好字,连书法家对其也有很高的评价。

杰出的无产阶级革命家董必武喜欢书法,在工作之余经常练字。晚年时他到户外活动总是拿着一根手杖,走累了坐下休息,他便把手杖当笔,在地上写写画画,然后认真地查看写在地上的字的架构。散步时,他以手杖练握笔、运笔的腕力;看影剧、坐汽车时,则掏出一管竹笔帽,或干脆用中指在膝上写画,勤写不停。他活到老学到老,由于他勤学苦练,墨迹字形清秀、挺拔,集中了颜、柳诸家之长,又自成一体。

35. 名人的惜时

"时间就是生命。"有事业心的人，无不了解时间的宝贵和价值。

英国生物学家达尔文一生勤奋有为，成就卓著。老年后患病坐路边藤椅上晒太阳，一个年轻人走过达尔文身旁，知道老人就是写了著名的《物种起源》等作品的达尔文时，停下问道："您这样病弱，怎么能做出那许多的事情呢？"达尔文回答道："我从来不认为半小时是微不足道的很小的一段时间。"年轻人听了若有所思。

德国诗人歌德在事业上勤奋，从不肯浪费时间。他说："善于利用时间的人，总能得到充裕的时间。"他抓紧时间读书，因此知识渊博；他抓紧时间写作，写出了《少年维特之烦恼》《浮士德》等名著。有人问他有多少财产，他在纸上写道："我的产业是这么美，这么广，这么宽！时间是我的财产，我的田地是时间。"

法国作家巴尔扎克视时间为财富，从不虚度光阴。一次他连续写作了几个小时，实在支持不住，告诉一个来访的朋友他要睡一会儿，一小时后叫醒他。一小时到了，朋友看他睡得香甜，不忍心把他叫醒。巴尔扎克惊醒后大声责怪道："为什么不叫我？耽误了我多少时间啊！"他理也不理朋友的解释，趴桌又写起来。朋友摇头叹息：真是惜时如金啊！

英国物理学家卢瑟福是严肃从业的科学家，为了争取时间，常有异常之举。一次做实验成功，他读着硫化锌的闪烁读数叫助手记下来。一时不能到另一个房间拿记事本，他叫助手记在了袖子上。事后他向助手道歉说："我们要抓紧时间，若是记不下数字，实验就要重做，浪费的时间就太多啦！"

苏联园艺学家米丘林是个非常珍惜时间的人。在他眼里，一分一秒都是宝贵的。他常常把工具放在身边，为的是用时不必找，节约时间；他的手杖上有尺寸，走在园林里便能测量树木的高矮，节省时间。十月革命前，有位市长找到他家里想见他，家里人告知他，他摆手说："我一分钟都不愿意白白地度过！"说完又忙着去剪修一棵果树。

苏联诗人马雅可夫斯基在做革命宣传工作时，白天忙碌了一整天，晚上回家还要挑灯写作。深夜瞌睡老是让他头沉难抬，只得躺到床上休息一下。但他又怕睡过了头，为了抢到时间，他头枕了一块有棱有角的劈柴，睡梦中翻个身，头硌在劈柴棱上就会惊醒。他于是一骨碌爬起身，又坐回桌前写作。

36. 名人不"闲过"

时间在某些人眼里是那么的宝贵,以至于他们对生活中的每一天,甚至每一刻都十分在意和珍重,不让光阴虚度。

法国作家福楼拜写作勤奋,多年如一日,从不停笔。他住在鲁昂附近塞纳河畔的克鲁阿斯,书房的窗户面临塞纳河。福楼拜习惯于夜里写作,书房桌上终夜亮着有绿罩的灯,直到晨光熹微时灯光才熄灭。每夜通宵达旦亮着灯光的福楼拜窗口,就成了塞纳河上渔夫们的灯塔。过往船只上的人都以福楼拜窗口为导航目标呢。

俄国画家列宾身患重病,医生不允许他再动画笔。每日作画的他闲坐手痒,趁医生不在,悄悄拿起画笔,打开颜料盒,又画起来。医生突然进门看到他作画,不由分说拿走了他的画具。列宾在苦恼之际,不愿让时间白白浪费掉。他忽然看到了烟灰缸的烟灰和桌上的墨水,灵机一动,把烟灰和墨水混合,制成一种"油彩",找到一块画布,就又画将起来。

美国物理学家富兰克林有一次乘轮船远行。旅客都进舱休息了,唯独富兰克林在甲板上忙来忙去,又是远眺,又是俯瞰水下,还不时往本子上记着什么。有个认识他的水手问他在忙什么,他说在测量海流的速度和温度,并请水手协助。水手帮他做了,并不明白为何做这事。富兰克林说:"时间不可空过,热爱生命就别浪费时间。航行的空隙也是可以做些研究的。"

出生于德国的现代物理学家爱因斯坦有一次在柏林一座桥上来回踱步,时而低头沉思,时而掏出纸笔记下些什么。他的一位朋友偶然看到了他,知道他在等人,说这岂不是可惜了您的时间吗。爱因斯坦含笑告诉朋友:"真的没有。等他的空当,我对研究的课题突然想到了一个解决的办法,已经记下了。"他开心地拍拍放有纸笔的口袋。

现代画家齐白石年过九旬仍然每天挥笔作画,一天至少五幅。他说:"不教一日闲过。"并把这句话写下来,挂在墙上借以自勉。一次他过生日,送走最后一批客人已是深夜。年老的人,精力自是差些,他便睡了。第二天起床后他顾不上吃饭,进入画室一张接一张画起来。画完五张,他规定的一天"作业"完成了。饭后他又继续画。家里人怕他累坏,劝他停下来。白石老人说:"我要追画几张,以补昨日的'闲过'呀。"说罢接着作画。

37. 名人的着迷

有些人对自己热爱的事业过于专注,过于投入,有时就会进入一种着迷的状态而难以自持。

英国科学家牛顿在科学研究中是个容易着迷的人。苹果落在地上让他着迷,他就此发现了万有引力定律。小孩子放的风筝让他着迷,他从中发现了向心力和离心力。牛顿着迷时就爱犯糊涂,有一次看书时把怀表当鸡蛋煮了。另一次他请朋友到家中吃饭,又去忙实验室的事。朋友左等右等,饿极了就先把鸡吃了。牛顿从实验室回家吃饭,看到桌上的鸡骨头,竟以为自己吃过饭了。

法国17世纪古典主义作家拉辛喜欢一边走一边思索他的作品,有时缓步而行,有时又会发疯般地急行疾走。一次,他在花园里为他的新作《米特里达特》搜索枯肠,围着花园的池塘走了十几圈。一位修饰草坪的园艺匠正在一旁,看着他直愣愣的眼神和慌乱的脚步,还以为他要寻短见,赶忙拉住了他。拉辛缓过神笑了,园艺匠才知是闹了误会。

法国作家巴尔扎克写小说也容易着迷。有一天,一位老朋友去看望他,他突然走到老朋友的跟前,大声叫道:"你,你这个不幸的少女自杀了!"朋友被他弄得莫名其妙,吓得后退好几步,忙问巴尔扎克出了什么事。巴尔扎克定了定神,这才抱歉地告诉朋友他正在构思小说《欧也妮·葛朗台》,精神太过集中。他所说的少女,原来就是这部小说中的人物欧也妮。

明代剧作家汤显祖在写《牡丹亭》时,也因着迷而入戏太深。一日中午,家人找他吃饭,遍寻卧室、书房不见。后有人在后院门旁一间柴屋听到汤显祖发出了哭声。汤夫人闻讯赶来,推门看到汤显祖满脸泪痕,忙问他为何哭泣,汤显祖告诉她:"我是图这里清静,才跑到这里来写东西的。刚才写到《牡丹亭·忆女》一场,情发于中,忍不住就哭出声来了。"

戏曲艺术家程砚秋年轻时,对练台步很着迷。一天,他在街上看到几个人抬轿子行走,脚步走得稳健和谐。他情不自禁跟在后面,一边揣摩,一边学着走。不知不觉竟走出好几里路。返回家门后,他接着又练开了。为增加难度,还在头顶放一碗水,一步一步地练,不顾腰酸腿痛,练个不停。就是这样投入心神入迷苦练,程砚秋最终创造出一套稳重、端庄、灵活的台步,为表演增添了不少美感。

38. 名人的用心

一些人在事业追求中倾注全力,煞费苦心,痴迷专一,被传为佳话。

春秋时期,被誉为我国木匠祖师的鲁班用心发明了多种工具。当时没有锯,只有斧头,砍树很吃力。一次,他主持一项大工程,使用木料量很大。他上山看要砍的树,爬坡时拉了一把野草,手被划破流血。这草怎会这样锋利呢?鲁班细看小草,发现草叶上长着密密的一排小齿。他的心受到触动,想到用带齿的工具锯树不是比用斧砍好得多吗?锯子就这样被发明出来。

唐代诗人贾岛写诗异常用心,遣词造句总是反复斟酌。一天他游走在长安郊外,看到掩映在林间的庙宇和池边飞翔的禽鸟,有了诗兴,咏出"鸟宿池边树,僧推月下门"一句。可他又觉得"推"字不确切,想改用"敲"字。为了定下一个,他不住地做着推门和敲门的手势,伸手、举手,比画来比画去。后人便把对文章和诗句反复琢磨叫作反复推敲,"推敲"二字就是这么来的。

元代初期时,画家赵孟頫画马非常用心和下功夫。一天,他的妻子突然听到书房里传出很大的声响,她从门缝往里看,只见丈夫在地上打滚,一会儿跳起来,一会儿又扑到地上,嘴里还发出声音。其妻以为他疯了,赶紧进门问他怎么了,赵孟頫从地上爬起来,告诉她自己是在模仿马的姿势、体会马的神态呢。

俄国画家苏里科夫创作《女贵族莫洛卓娃》画作时,画面需要有一个带着狗的流浪人的形象。他画了几十张草图,那条狗怎么画都让他不满意。于是他到街头巷尾转,用心查看过往的狗。这天,他看到一个老太太牵着条微跛的小黑狗,那狗的形体把苏里科夫吸引了。他赶上去素描。老太太发现有人跟踪,以为碰上坏人,惊慌逃避。苏里科夫追了两条街,追上了她,告之原委,扶老人坐台阶揉腿,为狗连画了几张速写。

英国电影艺术家卓别林在构思一部新影片时,在街头遇到了一个流浪汉,他想到了影片中的角色,就把流浪汉请到一个酒吧里,然后让他吃了个痛快。酒足饭饱后流浪汉滔滔不绝地讲起自己的生活和遭遇,碰上的一些好事和坏运气,等等。卓别林用心听着,观察着他的表情、动作和姿势,分析着他的性格和心理。分手时卓别林真诚地向流浪汉道谢,看流浪汉惊讶,卓别林说流浪汉已经为他的影片帮了大忙。

39. 名人的睡梦

生物学家解释，做梦是人在睡眠时局部大脑皮质继续活动的表象。日有所思便会夜有所梦。在文化史上流传着不少在睡梦中解决难题，获得成果的佳话。

睡眠前的枕上思索，是很多名人学者的癖好。宋代的欧阳修说他生平所作的文章，多在"三上"，即马上、枕上、厕上。司马光介绍读书法，认为"书不可不成诵。或在马上，或中夜不寝时，咏其文，思其义，所得多矣"。画家齐白石谈道，他"平生所作的诗大部分是出门坐车或在枕上未睡着的时候作的"，并有诗云："哪有工夫暇作诗，车中枕上即闲时。"其枕上功夫真不可等闲看之。

古代梦中得诗也有记载。北宋元祐年间，苏东坡为礼部尚书，梦到有人送他喜雪诗，是王仲至所写，醒后只记下前四句："晓雪谁惊最后时，土膏方得助甘滋。岁功已觉三元近，春事何忧一览迟。"他将梦中得诗告诉王仲至后，仲至续补四句曰："不著寒梅容触冒，半留红杏惜离披。神交彼此无劳辨，更为公题述梦诗。"上下半首有梦有醒，融为一体，有景有情，很是有趣。

为得到枕上难得的成果，北宋画家李怀衮在自己的卧室多处摆放纸张笔墨，为的是睡意蒙眬中，灵感一来，起身就能作画。

有"歌曲之王"称号的奥地利作曲家舒伯特，他有睡觉不摘眼镜的习惯。这可以使他睡梦中一旦涌现灵感，爬起身就能写成曲谱。他的名曲《鳟》就是半夜醒来，乐思大发，俯在床上写成的。

科学家的梦境发明更有不少。法国哲学家笛卡尔在梦中想象到数学和哲学的结合，从而创立了一种新的学科。

俄国科学家门捷列夫根据梦中的幻象，又通过大量实验分析，总结出《元素周期律》。

德国科学家凯库勒长期试图为苯分子找出一个结构式，冥思苦想不得其解。突然在一个夜晚，他于睡意蒙眬中，仿佛看到原子排列成蛇的形状，围成一个圆圈不停地旋转。猛然间他受到启发，想到了苯分子的环状结构式。在这个基础上，他做出了假设和推理，从而奠定了芳香族化合物结构式的基础，对有机化学理论做出了重大贡献。凯库勒在向年轻学者介绍自己的研究成果时曾风趣地向大家忠告："先生们，让我们学做梦吧！"

40. 名人的"纸条"

纸条是人们常写常见之物，但它在有些人那里又能聚成"锦囊"和"宝盒"。

唐代时，诗人李贺创作刻苦。他为了搜集素材，经常背着一个锦囊，骑着驴游历在荒郊野外，留心观察各色各样的事物，以捕捉灵感。一旦触景生情，想到一个好的诗句，立即扯一张纸条记上，然后投入背上的锦囊之中。返回家里后，再把锦囊中的纸条倒出来，分门别类加以整理，写成一首首诗篇。就是这样的苦心创作，他写出了不少好诗，一些诗篇至今还在为人们所传诵。

北宋诗人梅尧臣在诗歌创作中也十分下功夫。一次乘船出行，他与同船乘客唱和诗文，出口成章，佳句连连。有人注意到他在船上或静心思索，或细心观察，然后奋笔疾书，写下一些纸条放入一个布囊里。一个好奇的乘客趁梅尧臣上岸散步，打开了他的布囊，见里面有上百个纸条，写有诗句，有的仅有上联，有的只写了几个字。同船乘客这才感悟到，梅尧臣诗之所以写得好，完全是他用心苦思和认真积累的结果。

美国作家杰克·伦敦在从事写作时，喜欢在窗帘、衣架、柜橱、床头、镜子等各处都贴上形形色色的小纸条。小纸条上有的写着美妙的词汇，有的写有生动的比喻，有的写有一些资料和提示。睡前、穿衣、刮脸时，他都会读看小纸条。外出时他也会把小纸条装入衣袋，以便随时掏出一阅。他的很多创作灵感就是在看小纸条时获得的。他所偏爱的小纸条也成了他房间内独一无二的装饰品。

美国畅销书作家阿勒·史密斯也是个善用纸条的人。他喜欢到处行走旅游，把日常生活中有趣的所见所闻都记在小纸条上，放入一个空的奶酪盒子里。当空盒子被纸条充满，他就把纸条倒出，分出种类，再构思、排列组合内容，撰写故事。使用这种方法，他写出了一大批畅销欧美的幽默小说。他称自己的空奶酪盒是"宝盒"。

1900年，爱因斯坦从瑞士苏黎世联邦理工大学毕业，失业两年后才在伯尔尼联邦专利局找到一份工作。他负责审查发明专利申请书，工作做完，空闲很多，他就埋头研究物理学问题。这里规定不准搞其他研究，爱因斯坦就想到了化整为零，用小纸条进行计算。他听着房间外的动静，往纸条上紧张书写，写好一张收藏起来，又开始写下一张。几年后，爱因斯坦发表了轰动世界的《相对论》。

41. 名人论天才

有人到头来一事无成，却爱说"我不是天才"而心安理得。什么是天才？一些名人以自己从不懈怠的勤奋努力对天才做出了诠释。

美国发明家爱迪生被誉为"世界发明大王"。他发明的留声机、电影摄影机和电灯，对世界产生了巨大的影响。他拥有的发明超过 2000 项，仅在美国名下就拥有 1093 项专利。而他在发明的过程中历尽艰辛，面临着一次次的失败。在研制电灯的过程中，他先后使用了 1600 多种不同的耐热材料做灯丝，包括竹草、柳丝、人发、猪鬃等，结果都不理想。后来他以碳化棉纤维装入灯泡，通电后发光，足足亮了十多个小时，让棉线丝电灯第一次照亮了世界。他的许多重要发明都是在他饱含心血、坚持不懈的努力下完成的。说到天才，爱迪生认为："天才百分之一是灵感，百分之九十九是汗水。"

作家高尔基出身贫困家庭，只上过三年小学，他的青少年时代大半是在每天十几个小时的繁重劳动和打骂下度过的。他在困苦中抓紧一切时间读书，获得知识，并打下了文学创作的基础，经顽强的努力取得了丰硕的成果。他创作出版了《母亲》《童年》《在人间》《我的大学》等 6 部长篇小说、多部中篇和短篇小说，还有散文、话剧、游记等。高尔基认为他的成功是由于他的辛勤劳动而获得。为此他说："天才就是劳动，人的天赋就像火花，它可以熄灭，也可以燃烧起来，而让它燃成熊熊大火的方法只有一个，就是劳动再劳动。"

鲁迅曾说，他取"鲁迅"这个笔名的原因之一，是取愚鲁而迅速的意思。他认为自己较笨拙，只有更加勤勉，才能在一定时间内收到和别人一样的效果。他的努力和付出的心血给他带来了卓厚的回报，他出版了《呐喊》《彷徨》《故事新编》小说集，《中国小说史略》等学术专著 4 种，杂文集《华盖集》《二心集》《三闲集》《且介亭杂文》等 9 种，翻译作品《小约翰》《爱罗先珂童话集》《域外小说》等多达 30 多种。鲁迅完成了这么多优秀文学作品，为此有人当面称赞他是天才的文学家，鲁迅却感慨道："哪里有天才？我是把别人喝咖啡的时间都用在工作上的。"

一代文豪郭沫若在文学创作、历史文化研究中也是成果丰硕。他创作出版了小说、诗歌、散文、戏曲、电影文学剧本、历史小品、论著等 60 余种，译著 20 余种。他的研究成就都是他刻苦钻研、呕心沥血取得的。他在谈到天才时说："有几分勤学苦练，天资就能发挥几分。天资的充分发挥和个人的勤学苦练是成正比的。"

42. 名人的深入生活

艺术作品源于生活。一些文学家、艺术家下足了深入生活的功夫,遂创作出感人至深的作品。

美国作家杰克·伦敦为了深入生活,来到欧洲,走进了伦敦东区穷苦人聚居的地方,他衣衫褴褛,让人以为当地又多了一名穷汉。他到穷人家里串门,出没于难民收容所,与难民一起排队领取面包。他结识了一些穷朋友,和他们闲聊,似乎对任何事都有兴趣,老听不够。他把众多了解到的素材,记下来装了一手提箱。回国后写出了名扬一时的著作《深渊里的人们》。

法国作家左拉在创作中,特别注重研究社会状况。他不辞辛苦,深入各地了解民众生活。他常到煤矿去,与矿工一道采煤,一起饮酒;他也到集市上去,看商贩们怎样做买卖。坐在火车上,他会找乘务人员打听火车发生事故的经过;路过打仗的地方,便仔细寻找战争的遗迹和线索。教堂、学校、剧场他都去,甚至流氓恶棍出入之处他也走到。凭着深入生活,搜集素材,左拉写出了由 20 部长篇小说组成的名著《卢贡-马卡尔家族》。

英国作家狄更斯在创作的空闲时间,总爱深入到社会生活中,搜集素材。他常出现在商场和各类娱乐场所,连刮风下雨的恶劣天气也不例外。有时他像个侦探,打量往来的行人,竟然会尾随人身后,听人高谈阔论或轻声低语,悄悄把听到的话记在一个小本子上。靠着历尽艰苦,深入生活,觅取素材,狄更斯创作出了《大卫·科波菲尔》《雾都孤儿》等名著。

俄国作家托尔斯泰创作小说《战争与和平》时,写到俄法双方在鲍罗京诺会战一节时,总觉描写得抽象,不具体。他便到昔日战场考察。踏上鲍罗京诺土地后,他仔细巡视了历史战场的一切遗迹,记下一处处地形地貌,还特地画了图,标明地平线、树林、村庄、河道等名称,还了解到当年会战时太阳移动的方向等。通过实地深入考察,他心里有底了。返回家中后,重写了那一节,写得不仅具体、生动,而且色调明朗、场面壮观。

鲁迅写《阿 Q 正传》时,写到阿 Q 赌钱一段时卡住了。因为他不会赌钱,难以描写这个情节。为填补这一空白,鲁迅结识了一名叫王鹤照的工人。此人对绍兴的民俗和平民生活非常熟悉,他便将赌场押宝、推牌九的方法及赌钱时的场景,细细讲给鲁迅听,还绘声绘色哼起了赌钱时唱的小调。鲁迅听得认真,做了记录,然后把了解到的素材写进作品里,将一个阿 Q 赌钱时的生动场面呈现在读者面前。

43. 名人的调查研究

没有调查就难获得真知。一些人不畏艰难，认真开展调查研究，从而取得了令人信服的业绩。

英国化学家波义耳很注重调查研究。一次，他带入实验室的一束紫罗兰花偶然溅上了盐酸，他忙用水清洗，发现深紫色的花变红了。这一现象引起了波义耳的好奇，他带着助手做调查研究，取了几种酸做实验。试验了酸，又试验碱。在大量实验中，波义耳发现植物石蕊遇酸变红，遇碱变蓝，于是发明了世界上最早的一种指示剂。至今，石蕊作为指示剂在化学上一直得到广泛应用。

德国画家门采尔是 19 世纪著名素描大师。一次，他受托为名作《腓特烈二世的史实》画插图。由于不了解这位著名国王的生活习性，便着手调查。他查阅了大量历史书籍，又到陈列室对腓特烈用过的书桌、钢琴、琴谱和他喜爱穿的衣服都做了研究。在面对腓特烈一件便服时，端详许久，竟抚摸夹层拆开了一道缝，以"破坏先王遗物"引起轩然大波，后事件总算平息。经反复调查研究，门采尔弄清了腓特烈的性格特点及各种生活细节，把反映国王神态的插图画得惟妙惟肖。

明代科学家徐光启是江南人。一天，他在一个学生家里见到蔬菜芜菁。学生家长告诉他，这是山东菜，在南方不能种，种了会长成白菜。徐光启在《唐本草》等书上也看到过这种说法，但他不太相信，就弄了些芜菁种子在上海试种。经过琢磨，他以浇水粪和用干粪分两畦种。收获时，浇水粪的果然像白菜，而用干粪的一畦却长成了芜菁，说明芜菁可在南方"安家落户"。徐光启告诉学生："不可迷信书本，一些道听途说的话并不可靠。对与不对要经试验方知。"

明末清初时，学者顾炎武治学有一个显著特点，就是注重求实。在 54 岁时，他游学旅行，行至一些关隘要塞，便去找老兵退卒，仔细询问有关地理、历史等情况，如果有人说的与书上记载的不相符，他就马上去实地考察，一处一处核对清楚，并详细做好笔记。他的长途游历足迹遍及鲁、冀、辽、晋、陕、甘等省，行程二三万里。事后写出了一部专论山川要厄边防战事的《肇域志》。由于是实地考察之作，书中所引用的资料都有根有据，无懈可击。

44. 名人的观察

观察即仔细查看事物或现象。一些文学家、艺术家在艺术创作中是很善于观察的。

唐代画家韩干画马形神兼具，甚至被认为画的马"通灵"。他之所以能将马画得活灵活现，与他善于对现实中的马进行仔细观察研究是分不开的。唐玄宗赏识他，召入内廷叫他画马，并让他向画马名家陈闳学习。他虚心学了一段时间，感到光模仿着画不行，就跑进御马厩去，对各种马匹的形体、习性做具体的揣摩和写生，有时甚至搬到马厩里住，与马朝夕相处。玄宗听说后问到他向名家学得如何，韩干答道："陛下马棚内的马，才是臣真正的老师啊！"

意大利画家达·芬奇在创作《最后的晚餐》画作时，画的是耶稣的门徒犹大出卖耶稣的故事，耶稣在最后的晚餐中指出有人出卖了他。达·芬奇在绘画中一直拿不准犹大是什么形象，他先后画了几百个犹大，但都不满意。他决定到现实生活中去找，每天外出四处观察罪犯、小偷和赌徒，看他们的所作所为。终于有一天他大叫道："我知道犹大是什么样子啦！"达·芬奇把观察到的融合起来，画出了那个卑鄙的犹大。

法国作家莫泊桑在文坛初露头角时，一次到乡下去看望大作家福楼拜。闲谈中福楼拜告诉他，有了故事不要急于写出，应该走出门多做些观察再写。莫泊桑照福楼拜说的去做了，果然尝到了甜头。在以后的一些年里，莫泊桑几乎天天跑到外面去观察、体验、感受生活，然后再用生动自然的语言把看到的事物描绘出来。他的《点心》等名篇都是这样写出来的。

美国作家马克·吐温生长在密西西比河畔。从事文学创作后，很是注重观察。他熟悉水面上形状起伏的波涛和辨别航向的树桩，更是了解了社会上各式人物的音容笑貌。他在船上接触过市侩、赌棍、奸商、歹徒等，见识了他们的丑恶嘴脸和把戏，也感受到了下层穷苦民众的朴实与善良。这些观察所得都为他提供了丰富的写作素材，并写出了批判现实主义的《密西西比河上的生活》等名著。

在 20 世纪 30 年代，音乐家聂耳创作了一批反映工人生活的作品。但他总觉得作品中还缺少振奋人心的力量，力度不够，于是便进行观察搜寻。一次，他和朋友坐黄浦江边闲聊，他忽然叫朋友别说话，指着码头侧耳倾听，那里响着有节奏的劳动号子，简单而不断重复的"吭唷吭唷"之声，听来动人心魄。"有了！"聂耳大声兴奋说道。以后他在其《开路先锋》《大路歌》等名曲中都对"吭唷吭唷"加以运用，成功地塑造了最早的中国工人阶级的音乐形象。

45. 名人的探索

世间一些真相的揭开，一些发明、发现的出现，都是人们通过探索才完成的，而探索离不开尝试的勇气、顽强的毅力和百折不挠的精神。

古希腊哲学家泰勒斯是米利都学派的创始人，他兴趣广泛，对天文学、数学、气象学都有研究。他为了探索宇宙的奥秘，经常入迷地眺望星空。一天，他走到郊外一个水坑前，只顾向上看，一脚踩空，跌入水坑里。当路人将他救起，他抚摸着摔痛的身躯却说道："上方的云告诉我明天有雨。"转过天来真的下雨了。

古希腊哲学家亚里士多德有一条定律是：落体的速度与落体的重量成正比。长期以来，人们对这一定律深信不疑。但是，意大利物理学家伽利略对它提出了质疑。因为他通过钟摆的实验发现，在可以忽略空气阻力的条件下，落体的速度与重量无关。为了证实不同于亚里士多德的想法，伽利略和学生继续进行探索实验。他和学生登上比萨斜塔，从二层、三层、五层和塔顶，依次让不同重量的物体同时往下掉落，结果每次不同重量的物体从同样高的角度落下来，都是同时到达地面。伽利略就是以这样的探索实验将亚里士多德的"定律"推翻。

瑞典地质学家阿加西斯决定到北极冰川一处腹地考察探索。同伴陪同他来到冰川一个深洞前，明知危险大，阿加西斯还是要求同伴用绳索把他吊下去。下降中他发现洞壁呈现不同的蓝色，上面是绿蓝，往下逐渐变成了深蓝。下降到120英尺时，他坠入冰水里，打信号让吊他起来，上边误会了又往下降。他沉着再发信号，大声呼喊，才得提升出洞，虽冻得浑身发抖，考察却大有收获。

明代地理学家、旅行家徐霞客在考察了许多名山大川后，来到雁荡山脚下，看到山下的大龙湫瀑布，便想探寻它的源头。他上山攀了很久，登到峰顶，把包脚布也用上了，结成带子，抓住悬空而下。悬吊中带子被石棱磨断，他跌了下去，幸好被树丛拦住。他又尽力攀爬，脱离险境，最终找到了瀑布源头。

徐霞客旅游到湖南，听说附近有个麻叶洞，洞里有神龙，从没有人敢进去。徐霞客决心进洞看个究竟。他来到洞口，见里面暗暗的，云雾缭绕。他走进去看，有的地方狭窄，要慢慢爬过去，有的地方又很宽阔。走了许久，他进入一个大洞，里面的钟乳石千姿百态，神奇壮观。他在里面逗留了半天，才恋恋不舍地出洞。村民看他平安出洞都很惊讶。他则告诉村民洞内并无可怕的东西，倒是个美妙之地。

46. 名人的读书

高尔基说："书籍是人类进步的阶梯。"自古以来，为增进学识而刻苦读书的人不胜枚举。

北宋时期，史学家司马光一生好学。他为了抓紧时间读书，在卧具上放了一个圆木枕头。枕头是硬邦邦的，放在硬木板上，只要一翻身，枕头就会滚到一边，头就会撞到床板上。司马光睡这样的枕头，让他吃了不少苦头，但他却很爱枕这枕头，因为这枕头可使他不致贪睡，有益于读书。他为此还给枕头取了个有意思的名字——"警枕"。

诗人陆游自幼刻苦勤学，"少小喜读书，终夜守短檠"。他的读书生涯持续到晚年，退居山阴，将住的房屋叫作"书巢"。他住在里面，终日孜孜不倦地苦读，若是没有人打扰，外面打响雷他也不觉得。他曾说："饮食起居，疾痛呻吟，悲忧愤叹，未尝不与书俱。"这就是说，他屋内柜中装的是书，面前堆的是书，床上铺的枕的也都是书。他在《寒夜读书》一诗中咏道："老死爱书心不厌，来生恐堕蠹鱼中。"直至八旬，这位老诗人仍痴恋着书本。

我国杰出的经济学家、《资本论》的译者之一王亚南一生最大的乐趣是读书。他在中学时代，为了多读书，把睡的木板床一个腿锯去半尺。读书到半夜，上床睡一觉，睡梦中一翻身，床会咕咚一声向矮腿方向倾斜，把他震醒。他便揉揉眼睛继续读书，天天如此，从不懈怠。经过刻苦砥砺，他后来成为精通文、史、哲、经济等多种学科的著名学者。

无产阶级革命家蔡和森自小家境贫寒，直到 16 岁才进入学校。为了尽快赶修小学课程，他一天要学别人几天的内容，每天都要看书学习到深更半夜。夏天蚊子在脚上叮得厉害，又没钱买蚊香，他就在木桶里放了水，把双脚浸泡在桶里，这样就避免了蚊叮，他就能集中精神读书了。读书如此努力，他只用了半年时间就学完了初小的全部课程。

抗日爱国将领冯玉祥小时候家贫，没机会上学。入伍后就抓紧时间刻苦读书，有时甚至通宵达旦，彻夜不眠。为了不影响营房内别人睡觉，他找来一只木箱，开个口子，在里面点上油灯，再把头放进去，就着灯火用心苦读。油烟把他的脸熏得乌黑，形容狼狈，但他全然不在乎。努力读书增进了他的学识，使他文武双全，被称为"儒将"。

47. 名人的藏书

古今中外一些人购书、惜书、藏书，其爱书之情让人感佩。

秦末，刘邦率军攻入秦都咸阳，许多将士冲向府库去抢东西，唯独事务官萧何跑进了秦王朝的丞相府、御史府，把所有的图书、律令收藏了起来。在随后的楚汉相争中，刘邦凭借萧何缴获的图书资料，认真查看当地的险关要塞、地形民情等，提早做出判断，占得先机。萧何惜书、护书，刘邦用书，为打败项羽、建立统一的西汉王朝发挥了作用。

北宋司马光读书刻苦，藏书也多，对书十分爱惜。他每次读书前，要将桌面反复揩抹，然后把书平铺桌面阅读。他从不卷书而读，以免把书弄皱。翻页时先把衬着书页的边沿掀起，再轻捏翻动，这样就不易将书页的边角揉折。每年初伏和重阳间，他都要选择晴朗天气搬书到户外晒太阳，年年如此。他的藏书经过他几十年的翻阅，依旧崭新。

英国科学家卡文迪许发现了氢气，是英国皇家学会的会员。他节衣缩食，把自己所有的钱全买了实验仪器和图书。他还建起了私人图书馆，认识他的人都可以到他的图书馆里借阅图书，但必须办理严格的借阅手续，并按期归还。就是卡文迪许自己从自己的图书馆里取书，也要办理借阅手续并如期归还。

英国作家考贝特很爱读书，但家境贫寒。一天他赶路走过一家书店，看到橱窗里摆放着《一只桶的故事》，这是他十分想看的书。书价三便士，考贝特摸摸口袋，正巧有三便士，这是买饭填补肚子的。他犹豫了一下，求知欲战胜了饥饿感，掏钱把书买下，走到田野上，坐下就贪婪地读起来。直至夜幕降临，无法辨认字迹，他才抱书和衣而睡。一路上，这本书就成了他的至宝和伴侣。

高尔基从小家庭贫困，只上过两年学。为养家糊口，他四处奔波。但他始终没忘记读书。他当学徒、打杂，从事过很多种繁重劳动。在恶劣的生活环境中，他总是抓紧一切时间、一切机会读书。没有蜡烛，他就借着月光或自制的油灯照明。在作坊里面揉面，也会偷偷把书翻开阅读。他爱书如命，一次住的房间失火，他首先抢救书籍，把书抱起往窗外扔，不愿被烧毁一本，最后险些葬身烟火里。通过爱书读书，高尔基具备了高深的文化水平和渊博的学识，为一生的文学创作打下了坚实的基础。

48. 名人的抄书

由于买不起书,买不到书,或由于一些其他原因,奋笔抄书的大有人在。

北宋时期,文学家黄庭坚为提高写作水平昼夜苦读诗书名著。一天他在开封相国寺得到一本宋子京写的《唐书》初稿,回家便如饥似渴地阅读起来。这本初稿经宋子京多次修改,空白之处写满了密密麻麻的蝇头小字,非常难认。但黄庭坚并不退缩,他把修改前的文字抄在一个本子上,再把修改后的文字另抄一个本子,前后对比,探索作者增删的原因,找出修改的道理和用意。通过这样的抄写研究,他的写作能力大有提高。

明初时的政治家、文学家宋濂从小就喜欢读书,可是家贫买不起书,只好向别人家求借。每次借书都讲好期限,从不违约。读到好书,宋濂就坚持抄写,留存下来细细品阅。夏夜蚊虫多,把他手都叮肿了,他也不顾。一次他借到一本书,越读越爱不释手,便决定抄。可还书的期限要到了,他只好连夜抄个不住。正是隆冬季节,母亲看他手冻得僵硬,叫他别抄了,说人家也不等书看。宋濂说不能失信于人,不顾天寒,坚持连夜把书抄录一遍,按期将书归还。

明末时,文学家张溥自年少即酷爱读书。为加深记忆,以求深刻领会至融会贯通,"所读书,必手抄"。每得精彩之文,即认真抄写,诵读再三后焚毁,然后再抄再读,"如是者六七始已"。他将自己的书房也取名"七录"。由于长年累月抄书,右手握笔管处生了厚茧。寒冬腊月他的手指冻僵,皮裂流血,他将手在温水中浸泡片刻仍苦抄不辍。如此苦抄苦读,张溥终成为一代名家。

鲁迅少年在"三味书屋"读书时,听说汉朝有一种叫"怪哉"的虫子,冤气所化,用酒一浇又会消失。他问老师,得不到答复,于是自己探求。他积下钱来,买了《毛诗品物图考》和《花镜》,仔细阅读。有的书买不起,他便设法借抄。单是关于草木虫鱼方面,就抄了《野菜谱》《释草小记》《释虫小记》,继而又抄《茶经》《耒耜经》《五木经》等。从此,鲁迅养成了抄书的习惯。

20世纪50年代,语言学家季羡林在北京大学讲授语言学。一天一个学生来向他借一本语言学方面的书籍。季羡林犯了难,因为此书是极其珍贵的孤本古籍。他想了一下,让学生过一个星期来取。一个星期后学生接过递到他手里的"书",看到它只是一沓厚达几百页、装订整齐的信纸,上面写满了蝇头小楷。季羡林看学生惊讶,告诉他说:"我没能把原本借你,是它太珍贵,打算捐给国家。可我完整地把书抄下来了,看这个吧!"学生听明白了,表示理解,并对老师辛苦抄书表示感谢。

49. 名人的书斋

一些文化名人著书、写作都有自己的书房,有的还被主人冠以别具一格的斋名。

南宋诗人杨万里常在自己的书房吟诗会友。杨万里所敬重的力主抗金而遭贬的张浚也曾走进他的书房,勉励他凡事须正心诚意。杨万里据此意将其书房取名"诚斋"。

明末清初时期的史学家黄宗羲作文惜字如金,力求简洁,他把自己的书斋取名"惜字斋"。

清代诗人舒位为人谦和,他曾把自己的知识和创作成就比作从汪洋大海中汲取的一瓶水,他还将自己的书房取名"瓶水斋"。

现代作家鲁迅因为支持学生运动,被当时一班"正人君子"诬为"学匪"。为此鲁迅将自己的斗室称为"绿林书屋",回击那些无耻之徒。

爱国诗人闻一多将自己家乡湖北浠水的斗室称为"二月庐"。这是因为他当时在清华大学读书,每逢暑假返乡,就会充分利用两个月时光在斗室读书写作。

近代小说家张恨水抗战时期居住在重庆市郊三橡茅。由于茅屋破陋,雨季水流如注,大作家便将茅屋取名"待漏斋"。

另一近代作家沈从文青年时期居住在北京湘西会馆。由于房屋窄小、潮湿,经常散发出霉味,故他戏题居室为"窄而霉斋"。

近代教育家叶圣陶在 20 世纪 20 年代末期将斗室定名为"未厌居",取"涉笔从严,未能厌倦"之意。

现代作家姚雪垠在自己的斗室中写出了数百万字的长篇历史小说《李自成》。他将书房取名"无止境斋",以示虚怀求索之志。

外国作家不讲究为自己的书房取名号,但他们的书房也各具特色。美国作家马克·吐温的书房是一间长满青藤的八面形小屋。小屋七面有窗,坐在里面可尽赏周围的风光。

著名剧作家萧伯纳的书房,是一间可以移动的木制斗室。冬天可把它移到向阳的位置,夏天又可搬到阴凉处。

俄国作家车尔尼雪夫斯基创作名著《怎么办》的"书房",是阴森的牢房,这是一间狭小的石头屋,既冷又潮,充满霉烂臭味。车尔尼雪夫斯基就是在这里,度过了漫长的 678 个日夜。

50. 名人做笔记

一些人研究学问，常常爱做笔记，或摘录资料，或记录心得。他们舍得把大量时间、精力花费在笔记上，"积学以储宝"，当然也是能取得重要成果的。

北宋时期，科学家沈括在学术等研究方面见解独到，并十分注意积累亲历亲闻。把了解到的事件、经验、教训和见闻、感触，一条一条详细记录在本子上，40多年如一日。晚年他把这些笔记分类整理成30卷巨著《梦溪笔谈》。这部综合性书籍不仅是我国研究古代科学文化的重要资料，也深得海外学者赞赏。

俄国作家托尔斯泰外出时，随身总携带着笔记本。不论是在散步，还是陪同客人喝茶，他都不时拿出来，记下一些什么。他对人夸耀他的笔记本说："这是我藏有万物的百宝囊，它总是随我到处走。"托尔斯泰的笔记本内容多样，有记录作品构思、情节、词汇的，也有与社会各阶层人物接触、听取他们谈论的。晚年时他从笔记本中把最合乎心意的箴言挑选出来，并加进自己所写的箴言，汇编成书，取名《为了每一天》。

法国科幻小说家凡尔纳一生注重摘录笔记。内容包括天文、地理、数学、物理、化学、词汇等各方面。他在40年中共创作科幻小说100部，为了写出这么多的作品，他摘录资料的笔记本竟多达25000多本。为了写《环游月球》，他就阅读了500多册书，记下了满满儿大本笔记。他不但能不辞辛苦地做笔记，而且十分善于使用笔记，使笔记发挥了重要作用。

苏联革命导师列宁在读书时很喜欢做笔记。翻阅列宁的《哲学笔记》可知，他读书看到满意的地方，会写下赞语；看到不满意的论述，会提出尖锐的批评。他更主要的是把自己的心得和见解大量地记上去。据列宁夫人克鲁普斯卡娅回忆："在他（列宁）的笔记簿上保存有很多的摘录。后来他都反复地阅读过，这从他所标记的那些符号和着重号上可以看得出来。"

苏联教育家、作家马卡连柯身边总是带着记事本，走到哪里记到哪里。听人讲故事，他记；做客看到室内的布置，他记；外出遇雨躲在屋檐下，他记雨景；街头听到对话、争吵等，也都罗列于他的本子上。马卡连柯曾说："记事本能使人养成善于观察和认真记录的本领。不要由于懒惰、忙碌和忘记而有一日间断。这样的记事本终会使人受益。"马卡连柯正是从勤奋记笔记中有效地提高了写作水平的。

51. 名人写日记

　　日记是一种应用文体,在古今中外都很流行。有些人写的日记反映了时代的风貌变化,具有很高的历史和学术研究价值。

　　俄国作家托尔斯泰从 19 岁开始养成了写日记的习惯。他每天晚上临睡前坚持写日记,通过日记总结一天的生活和学习,记录这天学习计划的执行和完成情况,以及接触到的人的举止、言行、交往场景等,整理从生活中所获得的感想。写日记成了他观察现实问题,积累创作素材的工具。他坚持写了 50 多年的日记,直至他逝世前 4 天。他早年的小说《昨天的事》就完全是从日记里构思出来的。

　　我国气象学家竺可桢从 1917 年开始记日记。他记录每天的天气情况,无论是在旅途中,还是在病床上,他的气象日记从来没有中断过。在他去世的前一天,他仍然习惯地伸出手,想亲笔写下日记,但已经拿不起笔了,只好口述,由家人记录:"1974 年 2 月 6 日,晴转多云,最低气温零下 7 摄氏度……"这是竺可桢的第 13916 篇日记,也是他最后一篇日记。

　　廖仲恺与何香凝之女廖梦醒早年追随孙中山从事民主革命,是社会活动家。1961 年她患风湿等病去上海治疗。廖梦醒是个凡事认真的人,治疗期间她特意订了《斗病日记》的本子,专门记录自己病症的变化和医生的处治,包括打针、用药、电疗、针灸、推拿、按摩等各种方法。以后《斗病日记》便延续写下来,直至晚年。战胜了病痛,便会大书特书。《斗病日记》记录了她的斗病过程,记录了她的心情,也为医生诊疗疾病提供了参考。

　　"二战"期间,法西斯德国占领荷兰,大肆屠杀迫害犹太人。犹太人弗兰克一家躲进一处密室。家中女孩安妮刚满 13 岁,正是她应该享受阳光、快乐和友情的年龄,却在与世隔绝的暗室里忍受恐惧、饥饿、病痛的折磨。安妮每日写下日记,倾诉心中的一切感受,艰难度日,直至两年后被德寇抓走。《安妮日记》记载了法西斯战争给犹太人和广大民众带来的残暴伤害,是德国法西斯罪行的铁证。

　　《雷锋日记》是人民的好战士雷锋自 1957 年开始写的日记合集。雷锋走过了 22 年的生命历程,他只有初中文化,却留下了几百篇闪耀着共产主义思想光辉、充满着理性思考的日记。与历史上许多英雄人物轰轰烈烈的事迹相比,雷锋的故事略显平凡,然而由于这些小事在日记中不断积累,才真正体现了雷锋精神在本质上的升华。《雷锋日记》曾再版了几十次,还被 28 个国家翻译成了 32 种文字出版。

52. 名人重语言

语言是文学创作的要素。一些作家非常重视对语言的收集、运用、锤炼,使写出的作品生动感人。

俄国作家契诃夫很注意收集、积累语言。在和一些客人闲谈时,听到对方说出有趣的话,便会兴奋地请人再说一遍。他还会拿过本子和笔,赶紧做记录。

俄国诗人普希金住在乡下时,常叫老保姆讲故事给他听。他还会到集市上去,听穷苦的瞎子唱歌谣,从中摘取优美而有趣的语汇,丰富他的诗歌创作。

英国作家斯考德非常愿意在搜集语言词汇上下功夫。他经常骑马下乡,花钱请乡邻吃饭,随意闲谈,然后记下有趣的方言俗语。他还住进乡民家,请老者讲民俗风情,说故事,唱歌谣,由此懂得并掌握了许多民众的口语词汇。

俄国作家托尔斯泰在写作过程中,对每个词都要深思熟虑。他曾对朋友说:"如果我是沙皇,我就要颁布一项法令,作家要是用了一个自己不能解释其意义的词,就剥夺他的写作权利,并且打一百棍子。"他自己在写作用词上更是反复斟酌,力求使每个词都运用得准确而生动无误。

有人统计,英国剧作家莎士比亚在剧作中使用的词汇达一万六七千之多。由于莎翁掌握了极其丰富、生动、优美的语言,他剧本中人物的对话总是各具特色,妙趣横生。

与高尔基同时代的俄国犹太作家肖洛姆·阿莱汉姆非常善于搜集词汇。他幼小丧母,后母对他很不好,经常折磨、咒骂他。变换着的尖酸、刻薄的辱骂听多了,他就在晚间躺下后记下来,日久天长,竟记了一大本。后来阿莱汉姆就把这一堆骂人的词汇整理出来,按照字母顺序,编成小词典,取名《后母娘的词汇》。这成了他的第一部作品。后在他的作品中,不少诅咒、刻毒的话,也都是从后母咒骂他的词汇中"借"来的。

我国语言学家赵元任是一个有着超强语言能力的人。他不光会说33种汉语方言,而且精通英、法、德、俄等多国语言。他能迅速地穿透一种语言的声、韵、调系统,总结出一种方言,乃至外语的规律。他曾表演过一段口技,名曰"全国旅行",从北京出发,走遍大半个中国,每"到"一地,使用当地的方言介绍名胜古迹和土货特产,他表演得惟妙惟肖,说了近一个小时。让人不能不惊叹他驾驭语言的能力。

53. 名人重修改

一些名家完成了作品后,会不厌其烦地进行修改。其对读者和后世负责的精神,令人肃然起敬。

晚唐诗人杜牧一生写下一千多首诗。他为了不给后人留下不理想的诗,在年老体弱卧病不起时,以顽强的毅力审查、修改全部诗作,把他认为不满意的七八百首诗稿抽出,统统烧掉了。现在保留下来的四百多首诗,只有二百多首是他留给后人的,其余二百多首得益于他的外甥,为他保留才得以流传至今。

北宋文学家欧阳修在老年时想把自己写的文章编成一个集子,于是重把那些文章修改一番。在修改过程中,常常弄到深更半夜还不能歇手。他的夫人打趣他说,你又不是小学生,这么用心改文章,还怕先生责怪吗?欧阳修认真说道:"我这年纪当然不会有先生来责怪,可是这集子是留给后人看的,仔细修改就是怕文章里还有毛病,怕后人笑我呢!"

法国作家巴尔扎克每创作一部作品,总是将原稿和修改稿保存起来,装订成大厚一本。他的修改稿数量很大,一部作品修改的稿子,常常相当于原稿的十倍。巴尔扎克一生创作了160多部作品,他每写一部,少则几遍,多则十五六遍进行修改。可想而知,巴尔扎克在自己的创作生涯中,仅修改就倾注了多少心血!

俄国作家托尔斯泰在修改作品上下的功夫也很大。报纸刊登作品前要寄他底页,由他校对。经他修改,底页经删改往往难于辨认。由夫人为其誊清后,这清稿经托尔斯泰修改又会满纸纷乱,只得再誊写一遍。托尔斯泰在创作小说《复活》时,仅女主人公玛丝洛娃的形象,就进行了20次修改。在初稿中"她是一个瘦削而丑陋的黑发女人",第三稿删去了"丑陋",改为"高高的个子,带着凝神和病态的样子",到了第二十稿,她的形象是"一个小小的年轻女人","头上扎着头巾,明明故意地让一两绺头发从头巾里面溜出来","面色显出长久受着监禁的人的那种苍白","两只眼睛又黑又亮,虽然浮肿,却仍旧放光,其中有一只眼睛稍稍有点斜睨"。经反复修改后,女主人公就显现出了鲜明的形象。

鲁迅在作品修改方面也是典范。他曾说:"写完后至少看两遍,竭力将可有可无的字、句、段删去,毫不可惜。"鲁迅的诗经过修改,增强了思想性;文章经过修改,避免了片面性,又突出了重点。鲁迅为了文章更加生动形象而仔细修改,也有为文章精练而割爱,还有连标题也改过的。翻阅鲁迅的手稿、日记和书信,都能看到许多修改的字迹。

54. 名人的写作习惯

名家在创作作品时,作品的内容和风格有许多不同,他们的写作习惯也因人而异,有的还很奇特。

唐初时,诗人王勃在创作作品前先研好墨,然后卧床引被覆面。起来后提笔就写,一蹴而就。他这种"腹稿"的构思也有流传。唐代诗人李白一生嗜好饮酒,每饮必醉,醉后又能吟出好诗。他的不少名篇都出自醉酒之中。唐诗人贾岛则乐于骑在驴背上构思作品,推敲诗句。

宋朝翰林学士杨大年每逢作文,就找来门人、宾客,饮酒下棋,在笑闹中进行构思,但绝不会"走神"。他往往在说笑中已有妙想和意境并记下来。清代学者毛奇龄家境一直不好。他在外屋办私塾教书,一边回答学生的问题,批改作业,一边构思文章,时不时还会与里屋的夫人因家事争吵起来。就是在这样的环境里,他居然写出不少好文章。

鲁迅惯于"坐中思"。常常在饭前饭后半倚在藤椅上,双目微闭,一言不发。据许广平回忆,只要见先生起身走动说话了,便是他的文章胸有成竹了。

在国外,丹麦的安徒生喜欢去森林中构思他的作品。俄国的契诃夫年轻时喜欢站在嘈杂的临街窗台前写作。果戈理习惯于站在有斜面的写字台前写作。苏联犹太作家爱伦堡喜欢在咖啡馆里写作。苏联作家费定在写长篇小说时,夜间有大海呼啸声伴着,他才写得安心,写得顺畅。英国的席勒通常是喝完半瓶香槟,把脚放在凉水盆里才开始写作。法国作家巴尔扎克平时不吸烟,也不喝酒,但在创作时却离不开浓咖啡。

俄国诗人涅克拉索夫习惯于躺在地板上写作,他告诉朋友说:"我躺在地板上,总是感觉又充实又舒适。"美国作家海明威写东西的时候,习惯于站着写。他认为站着能够造成身体的紧张,迫使他用最简洁的语言描述事物,为的是让句式、篇幅都短些、精练些。

法国作家大仲马善于梦中取材,闭眼半睡半醒构思创作。他还习惯于使用不同颜色的纸张,写小说用蓝色纸,写杂文用浅红色纸,写诗用黄色纸;笔也是分开的,而且从来不用蓝墨水。

55. 名人"闭门"有方

若想在某一方面有所成就,往往要经过闭门潜心研究。某些人有了名望之后,慕名者接踵而至,应酬之苦,古来难当。有心计的人是有其巧妙应付法的。

法国作家大仲马在写作时,有人拜访,他一手扬起打招呼,另一手执笔继续写下去,头也不抬。这似乎对客人"失敬",却能使无事闲谈的人坐不下去,主人因此少受打扰。

法国作家雨果在赶写一部作品时,为了不参加宴会及社交活动,使出了把自己半边头发剪去的妙术,以充分借口留在家中,不失礼貌地谢绝了各种邀请。

作家萧伯纳也很烦恼于无事寒暄。一次英王乔治六世入家访问,作家看客人迟迟没有离去之意,便从口袋里掏出怀表,看了又看,英王不得不起身告辞。

美国作家杰克·伦敦在创作时,有一个特殊的习惯,即当他把小说构思成熟后,就带上干粮和水,独自一人泛舟海上,在船舱里潜心书写。他这样做,对于避免好事的读者和小报记者们无休止的纠缠是非常有效的。不过有一次遇上了海上风暴,他险些付出了生命的代价。

法国思想家伏尔泰喜欢与人打交道,但也讨厌一些追名逐利之人。他病重之际,一个陌生的英国人要见他,他让仆人告诉他,人就要死了。那人还要见,伏尔泰说:"告诉他,我已到了魔鬼身边,真想见就下到地狱来吧!"

居里夫妇结婚后家具十分简单,除桌子、床、衣柜,只放置了他们坐的两把椅子。居里的父亲来信准备送他们一些家具。居里觉得可以再添一把椅子,以便招待客人坐。居里夫人问他说:"要是爱闲谈的客人坐下来,聊个没完怎么办?"于是他们回信给老父亲不添任何家具。

老舍喜欢交友,他对那些没有什么事又爱登门的来访者,有一套客客气气的应酬办法:备好充足的物品,客到后他先"请坐",继而"请喝茶",接着"请抽烟",最后"请看画报"。客气的"四请"之后,他便进屋自己写东西去了。

早期革命家邓中夏一生勤奋好学。他在北京大学读书时,给自己规定了严格的学习时间。为了不受一些人干扰,他写了一个"五分钟谈话"的纸条,贴在书桌上。有的人看了知趣地走开,有的人受纸条启发,也抓紧时间努力读书了。

56. 名人身残志坚

一些人身有残疾,但他们不向命运屈服,以顽强的信念和超过常人的努力,一步步取得了不平凡的业绩。

1914 年获得诺贝尔医学奖的奥地利人巴雷尼小时得了骨结核病,膝关节僵硬,成了残疾人。他勤奋好学。邻居是著名提琴手,教有钱人的孩子拉琴,巴雷尼就站在窗外认真听,用心琢磨,竟也学会了拉琴。提琴手惊讶他的聪明,愿意免费教他拉琴,巴雷尼谢绝了,他说:"您早已在免费教我了。我还要为我的弟弟妹妹做更多的事情。"就这样,有志气的巴雷尼开始研究医学,成为身残志坚有作为的人。

美国作家海伦·凯勒两岁时突发疾病猩红热,丧失了视觉和听觉。她积极面对生活,努力学习美式手语,后就读于聋人学校。进入哈佛大学是她的梦想,通过克服一切困难,经过长时间的考试,她终于被哈佛大学录取。她在此学习,课本要自己翻译成盲文,比别人要多花几倍的时间来学习每一页书。但她顺利完成了学业。凭着不屈不挠的努力,她成为有社会影响力的作家、教育家、社会活动家,还获得了总统自由勋章。

英国著名的"拐棍指挥"杰弗雷·泰特从小双腿长短不一,医生诊断为脊柱脊椎先天畸形,无法矫正。泰特从小聪明好学,青年时期迷上了古典音乐,立志当一名指挥家。但让一位靠拐棍才能走路的残疾人指挥乐队绝非易事。在屡遭打击后,泰特受到伦敦歌剧中心乐师青睐,经数年干杂务,看彩排,又经严苛考试,终领到了皇家艺术委员会颁发的学位证书。以后进步神速,成为享誉欧洲的音乐指挥大师。

中国残疾人的杰出代表张海迪从小患血管瘤导致高位截瘫,也从此开始了她独特的人生。张海迪 15 岁随父母下放到(山东)莘县,她教当地孩子文化,又自学针灸,为乡亲们无偿治疗疾病。她虽没有机会进入校园,但靠着自己认真自学,完成了小学、中学的全部课程,又自学了大学英语、日语、德语及世界语,并攻读了大学和硕士研究生的课程。1983 年她开始从事文学创作,先后翻译了数十万字的英语小说,编著了《生命的追问》《轮椅上的梦》等书籍。2002 年她的一部长达 30 万字的长篇小说《绝顶》问世。这部书的很多情节脱离了她的个人生活,涉及地理、物理、音乐、网络、基因等众多内容,从网络下载的文件资料就达 13000 多份。创作这部小说曾七易其稿。书出版后大受好评,被中宣部和国家新闻出版署列为向"十六大"献礼的重点图书,并获多项大奖。

57. 名人浪子回头

一些人在生活道路上曾走过一些弯路,但迷途知返,改辙更新,踏上了光明大道,这样的事例是不少的。

西晋时,年轻的周处为人蛮横强悍,骄狂使气,是当地一大祸害。与文兴河的蛟龙、山中白额虎共列为"三害"。有人劝说周处去杀死蛟龙和虎,希望三个祸害相互拼杀。周处逞强杀了猛虎,又与蛟龙搏斗了三天三夜,他杀死蛟龙出水后听到了乡里人以为他已死而庆贺的事,才知自己已成为当地大害,遂有了悔改之意。他拜名人为师,读书上进,终成为一位名臣。戏剧故事《除三害》就是以他的事例编写并演出至今。

三国时期,东吴大将甘宁年少时不务正业,聚集一些混混,携弓带箭,头插鸟羽,在郡中四处游荡,强取豪夺,大耍威风。20多岁时,甘宁猛然醒悟,不再为非作歹,而是开始读书,钻研兵法。他率兵先是依附刘表,后转投孙权,遇到明主,成为东吴有名的大将。

荷兰物理学家塞曼因发现"塞曼效应"而获得1902年的诺贝尔物理学奖。然而在塞曼年轻时,曾经有过一段荒唐的生活。那时的塞曼整日玩耍,追求享受,学习很差,考试经常不及格。母亲生气,常批评他,但塞曼仍我行我素。不久,他的母亲病重,临终拉着他的手说:"争优,争优——"母亲的遗言打动了塞曼,他一改坏习惯,发奋学习,钻研科学,最终成为著名的物理学家。

俄国著名作家托尔斯泰在年轻时,也曾有一段放荡的生涯。他不好好读书,考试不及格,被老师降班。他还赌博、借债、鬼混,足有一年的光阴在不务正业中送掉了。但不久他醒悟了,对自己表示十二分的不满。他把错误的原因详细找出来,记在本子上,有自己欺骗自己,有少年轻浮之风、生活放纵、缺乏反省等。经认真反省他决心改邪归正,不久,他跟随哥哥进入了高加索炮兵部队,并逐步走上了文学创作之路。

苏联作家班台莱耶夫曾经是流浪儿,也做过小偷,被送入苏维埃政府办的少年教养院和劳教学校学习。离校后他弃旧图新,尝试放电影、管理图书等工作。他又学习写作,下功夫写了一部描写劳教学校生活的长篇小说,出版经受挫折后,高尔基看到了书稿。高尔基并不因作者当过小偷而歧视他,将这部小说出版。以后班台莱耶夫又相继发表了不少优秀作品,成为颇负盛名的作家。

58. 名人大器晚成

　　一些人立定志向后顽强进取,有的毕其一生之力,直至中年,甚至晚年才得到了他想要的成果。

　　明代思想家李贽因家境贫寒,20岁离家自谋生路,在颠沛流离中消磨了青春。中年后又当了20余年小官吏。当他毅然弃官就学,立志著书时,已是54岁。他白天聚众讲学,投师访友,曾远道去拜一个比他小20多岁的人为师,恭恭敬敬地求教。夜间他便专心致志地读书和写作。年复一年,从不间断。他编著的《焚书》和《藏书》是在他晚年时先后完成的。

　　蒸汽机车的发明者、英国科学家斯蒂芬森小时家境贫寒,8岁当放牛娃,14岁去煤矿学徒,17岁还是文盲。后来和七八岁的孩子坐在一起念书。有了文化以后,他刻苦钻研各种采矿机器的原理和性能。常在下班后打开机器,观察机器内部构造。为彻底弄清蒸汽机的原理,他长途跋涉前往瓦特的故乡,去请教、实习。甚至当年轻的妻子病逝时,他强忍悲痛仍不放弃研究。后来,他终于制造出世界上第一台客货蒸汽机车,震惊了英国乃至欧洲。

　　历史上大器晚成者不在少数。向"上帝造人说"公开提出挑战的达尔文,在动植物和地质方面进行了大量的观察和采集,又做了5年的环球航行考察,经过综合探讨,形成了生物进化的概念。在他50岁时,写出了举世闻名的《物种起源》一书。他在书中提出的生物进化论学说,被恩格斯列为"19世纪自然科学的三大发明之一"(其他两个是细胞学说和能量守恒转化定律)。

　　爱尔兰作家奥凯西75岁时完成了代表作《主教的篝火》。墨西哥现实主义小说家阿苏埃拉76岁时创作出长篇小说《违禁的道路》。德国小说家托马斯·曼79岁时还在创作小说《费利克斯·克鲁尔》。法国作家罗曼·罗兰年满七旬以后,还以极大的热情写成了《伟大的贝多芬》和《贝吉传》。俄国作家托尔斯泰82岁时还写了一篇小说《我不能沉默》。萧伯纳93岁时写下剧本《牵强附会的寓言》。意大利画家米开朗琪罗在88岁时设计了圣玛丽大教堂。法国女钢琴家玛尔格丽特104岁时,在一次纪念大会上即席演奏,博得观众经久不息的掌声。

59. 名人青春有为

一些有名望的科学家、文学家、艺术家,早在其年少、年轻时就已显露出才华,并引人瞩目。

唐初四杰之一的骆宾王 7 岁时写了《咏鹅》诗:"鹅、鹅、鹅,曲项向天歌。白毛浮绿水,红掌拨清波。"语言生动,诗意清新。唐代诗人王维 9 岁就能写诗作画,16 岁时写了《洛阳女儿行》,17 岁写出了"每逢佳节倍思亲"的名句。唐诗人白居易五六岁即开始写诗,16 岁写下了"野火烧不尽,春风吹又生"的佳句。南宋诗人陆游 8 岁会写诗,20 岁已成名家,一生写了几万首诗。宋代科学家沈括 23 岁时,已主持"疏筑百渠九堰"等大规模工程,使 70 万亩土地受益。

鲁迅 23 岁写出了《自题小像》诗,27 岁发表了论文《摩罗诗力说》。郭沫若 29 岁出版了我国新诗奠基作——《女神》。巴金 27 岁写成长篇小说《家》。曹禺 24 岁创作话剧《雷雨》,26 岁写出《日出》。老舍 23 岁发表小说《小玲儿》,25 岁在英国任教,5 年间创作了《老张的哲学》《赵子岳》《二马》3 部长篇小说。冰心 21 岁出版了小说集《超人》、诗集《繁星》,26 岁出版了诗集《春水》、散文集《寄小读者》。冯德英 23 岁出版了小说《苦菜花》,24 岁又出版了小说《迎春花》。

无产阶级革命导师马克思、恩格斯合写《共产党宣言》时,马克思才 29 岁,恩格斯才 27 岁。列宁创办全俄第一张马克思主义报纸《火星报》时年仅 31 岁。印度诗人、作家泰戈尔 14 岁开始写剧本,15 岁写诗,在 20 岁前出版了诗集。德国诗人歌德自童年开始写作,22 岁发表《五月歌》等抒情诗开始出名。德国诗人海涅 20 岁开始发表诗歌,早期诗作分别编入《青春的苦恼》《抒情插曲》等诗集出版。丹麦作家安徒生 17 岁时发表了诗剧《阿哈芙索尔》。俄国诗人普希金 17 岁发表了政治抒情诗《自由颂》。俄国作家契诃夫 23 岁发表短篇小说《一个小公务人员的死》《胖子和瘦子》。俄国作家托尔斯泰 23 岁开始发表第一部自传三部曲《幼年·少年·青年》。俄国作家果戈理 21 岁出版浪漫故事集《狄康卡近乡夜话》。法国作家巴尔扎克 20 岁发表剧本《克伦威尔》,29 岁发表成名作小说《朱安党》。《国际歌》的作者、法国巴黎公社诗人鲍狄埃 14 岁就写出了以"自由万岁"为题的诗歌。

60. 名人的改名

一些知名人士，他们的名字是后来改的。为什么要改？有其深意。

老革命家徐特立原名懋恂。16 岁那年，他乘船去南岳衡山。一路上看到有些有权势的人经常无理责骂、欺辱船夫，他愤然不平地想：日后我读书若能取得科甲，就只做教官，不当欺压百姓的官吏。为此他改名"特立"，取"特立独行，高洁自守，不随流俗，不入污泥"之意。

近现代教育家陶行知，名叫陶文濬。青年时代，他信奉明朝理学家王阳明的"知是行之始"的学说，曾改名"陶知行"。在长期的社会工作实践中，他认识到"知是行之始"的谬误，而认识到应该是"行而后知"，"实践出真知"，于是他又将名字改为了"陶行知"。

近现代哲学家艾思奇原名叫李生萱。他年轻时就信仰马克思列宁主义，热爱马克思和伊里奇·列宁，后来就取二人名字各一字改名艾思奇。他的《大众哲学》等许多著作，对于马列主义在我国的传播起了积极的作用。

爱国民主人士李公朴原名李永祥，号晋祥。他在读书学习中发现自己的名字带有封建色彩，和自己想要做一个人民大众的仆人的志向格格不入。后来他索性把三哥找来，一起商量。将他三哥的名字永康改为"公愚"，自己的名字改为"公朴"，另取号"仆如"，朴者仆也，意即公仆。

音乐家聂耳，原名聂守信。他自幼对音乐就很有兴趣，听到歌曲过耳不忘，并能哼唱出来。有人便送他绰号"耳朵"。后来他专业搞作曲，索性便将名字改为聂耳。

近现代科学家、科普作家高士其小时父母为他取名高仕锒。他刻苦钻研，决心献身科学事业。为了表达自己的志向，他将名字改为"高士其"，并说："去掉'人'旁不做官，去掉'金'字不爱钱。"

献身于我国科学事业的彭加木原名彭家睦。1956 年，他自愿离开大都市上海，到艰苦的边疆去工作。在他书写的决心书上，他正式改名"彭加木"。他说："加木，合起来就是'架'字。我要为上海和新疆之间架设桥梁，为边疆'添草加木'。"

61. 名人的自学

一些人由于家境贫困等原因,没能进入课堂学习,他们在学业上的进步,完全是通过刻苦自学而实现的。

唐代开元年间,3 岁的弃儿陆羽由和尚抱回寺院喂养。9 岁时陆羽在寺院放牛,做种种苦工。虽终日劳累,但他坚持自学。削竹片当笔,拿牛背作"纸",练习书写。八年后他流落江湖,进了戏班子,更对读书着迷,对茶叶研究产生兴趣。陆羽实地考察茶叶产地 32 州郡,闭门著书,写出了著作 50 多卷,还完成了世界第一部茶叶专著《茶经》。

荷兰微生物学家列文虎克从小没上过什么学,16 岁进入杂货店当学徒,还做过流浪汉、码头工人等。他在几十年的工余时间,坚持自学,钻研科学,用全部精力研制放大镜,终于制成当时世界上精密度最高的显微镜,成为人类第一个发现细菌的人,为人类的防病治病做出了杰出贡献。

革命导师恩格斯只上过几年中学,全凭自学,系统地学习和研究了几乎涉及所有科学部门的渊博知识。

1887 年,17 岁的列宁进入俄国喀山大学学习,因参加革命活动被学校当局开除。但这并没有动摇列宁的学习信念。他为自己制订了严格的学习计划,自学大学法律系的课程。经过一年半的自修,他学完了大学法律系的几十门课程,以校外生的资格通过了毕业考试,获优等毕业证书。这种自学精神,列宁保持了终生。

我国复旦大学副校长蔡祖泉只读过三年小学,14 岁到上海药厂当童工,解放时只是复旦大学化学系的玻璃工。由于他刻苦自学,只用了七八年业余时间,就自学了中学数理化及大学物理、化学两系的基础课及有关专业课,还自学精通了两门外语。他经过不懈的努力,成功研制了数十种新型光源,成为国际著名的电光源专家。

相声表演艺术家侯宝林幼时家贫,只念过三个月义塾(慈善之人拿钱所办),以后全凭从艺间隙自学文化。他从表演的节目折子上识字,辨识店堂匾额字体。在演出段子之间很少的休息时间,他也抓紧读书。他的表演在语言上字斟句酌,表演过多个语言类精彩节目,是当之无愧的语言艺术家,被聘任为北京大学等多所院校教授。

62. 名人的"奖章"

奖章因取得功绩所得,是荣誉的象征。而一些人对自己所获得的奖章并不是很在意。

英国物理学家法拉第蜚声科坛,建树卓绝,荣誉奖章接踵而至。他一生得到94个头衔,奖章、勋章不计其数。可是他却把奖章全藏了起来,从不示人。有朋友想让他拿出奖章欣赏一下,大科学家憨然一笑说:"没什么好看的,我不能说奖章不珍贵,可我从来不是为了追求它们而工作的。"

居里夫人对获得的奖章也很随意。一天,她的一位女友到她家做客,看到她的小女儿正在玩英国皇家协会刚刚奖给她的一枚金质奖章。朋友惊问道,这奖章是极高的荣誉,怎么能给孩子玩呢?居里夫人笑说道:"我是想让孩子知道,荣誉就像玩具,只能玩玩而已,绝不能永远守着它,否则将一事无成。"

朋友到德国化学家罗伯特·本生家里做客,请教问题。有人提出想看看他获得的奖章。在殷切请求下,本生找起来,真找到不少勋章、奖章,有金的、银的、铜的,有圆的、长的,还有六角形的,金灿灿,白晃晃,五光十色,制作精巧。听到朋友赞叹,本生淡然道:"我拿回它们,就是为使我在世的母亲高兴,可惜她已经去世了。除了这一点,我实在想不出这些亮闪闪的东西还有什么价值。"

瑞典化学家舍勒发现了银盐的感光性,析出了氧气、氯气,发现了多种有机酸和无机酸,名扬欧洲。瑞典国王游历欧洲听说了自己臣民舍勒的贡献,回国后决定给舍勒颁发一枚勋章。承办此事的官员对舍勒一无所知,外出寻找无果,情急之下找了个与舍勒同名的人,硬把勋章给那人戴上,就回朝交差了。消息传到舍勒耳里,他一笑了之。有人怂恿舍勒找国王把勋章要回来,舍勒摇摇头说"不必了",又钻进了实验室。不久他就又有了研究的新成果。

鲁迅在南京江南水师学堂第一学期结束时,因考试成绩优异,获学校发给他的一枚金质奖章。他没有以此炫耀,却走到鼓楼街把奖章卖掉了。然后逛街买回几本心爱的书和一串红辣椒。他在灯下读书到夜深,感觉困倦,就摘下一只辣椒,撕开放嘴里咀嚼,直嚼得额头冒汗,周身发暖,困意消除,再用心读书。

63. 名人养动物

有些人饲养小动物乐此不疲,因而自古有"玩物丧志"一说。然而若饲养动物得当,有人也能在某些方面提高技能,给事业的发展带来裨益。

在国外,有的运动员养动物是让它们陪练,提高成绩。1930 年足球世界杯冠军乌拉圭国家队主力队员安德拉德精心喂养了一笼鸡。训练时他会把鸡赶到球场上,然后徒手抓鸡,抓到放回鸡笼。凭着这种独特的训练方法,他练就了带球灵巧过人,矫健奔袭破门的绝技,带领球队连连获胜。

国画大师齐白石在案头摆放一只大海碗,碗里养了几只活蹦乱跳的小虾。他不时到跟前观察虾的游动、钳斗,看得津津有味。以前,白石老人画的虾,长臂和躯干变化不多,长须也大都画成平摆的六条长线。经过细致的观察,他发现虾在冲跃时躯干伸展,长须是急甩于后的;虾在慢浮时,双臂弯曲,长须又是缓缓摆动的。后来画虾他一一做了修正,画面上的虾也更加神态多变、生动传神了。

京剧表演艺术家盖叫天喜欢饲养动物。20 世纪 20 年代,他在上海戏院演出时,买了一峰高大的骆驼,调训后在新编《四大金刚斗悟空》剧中派上用场,成了戏台上的活道具。身披红绿彩片的骆驼,背驮身着小红袍的弼马温,人畜同台,场面有趣。接下来孙悟空骑驼与四大金刚对打,紧锣密鼓,刀枪挥舞,那畜生全然不怕,奔来走去,有条不紊,让观众看得耳目一新。

京剧表演艺术家梅兰芳多年一直喜欢养鸽子,天蒙蒙亮便放飞鸽群。他养鸽子是有原因的。梅兰芳年少时双目眼皮下垂,眼神不能外露,迎风还要流泪,眼珠转动也不灵活。这对于一名舞台演员来说,不能不说是个致命的缺陷。梅兰芳于是想到了用养鸽子、观鸽飞来锻炼眼力。鸽子飞起来后,放鸽人在下面要放眼辨别鸽子的飞行,追随着鸽子移动,极目远眺。梅兰芳数年坚持养鸽、放鸽、观鸽,不知不觉眼睛就变得有神了。

评剧著名演员谷文月排演《牡丹仙子》一剧时,担任主角,却感觉总掌握不好那风雅飘逸的动作,心里很是着急。回到家她对着鱼缸发呆,鱼缸里拖动着长尾的热带鱼游来游去,忽然让她眼前一亮:这鱼长长的尾巴不就是水袖,这灵巧摆动的鱼身不就是演员优美的身段吗?从这以后,谷文月每日仔细观鱼,精心为鱼喂食、换水,并仿照鱼的姿势刻苦练习甩袖等身段。观众看到台上那仙气飘然、身形潇洒的"牡丹仙子"时,谁又能想到她的"形体老师"竟是热带鱼呢。

64. 名人的识才

一些人慧眼独具,识才,知人善任,从而使有能力的人在他们能发挥智力的位置上大显身手。

春秋时代,晋国大将祁黄羊因年老向晋悼公提出辞职请求。晋悼公很惋惜,问可派谁接替他,祁黄羊说出解狐的名字。悼公不解道:"解狐是你的仇人呀!"祁黄羊说:"大王只问我谁称职,我也只回答可任者。"解狐上任,却患急病死去。悼公再让祁黄羊荐人,祁黄羊提了祁午。悼公又纳闷,问:"祁午不是你的儿子吗?"祁黄羊道:"大王问我谁能担当此职,我也如实回答他行。"祁午上任后跟他父亲一样,赏罚分明,很得好评。

春秋时期,齐国发生内乱。鲍叔牙辅佐公子小白当了国君,为齐桓公。护送公子纠回国抢夺王位的管仲曾对齐桓公进行暗杀,失败逃到鲁国。齐桓公发兵攻打鲁国,逼迫鲁国交出管仲。管仲被押送回齐国,鲍叔牙亲自到城外迎接他,还把他推荐给齐桓公。桓公说:"他想要我的命,你还想叫我重用他?"鲍叔牙说:"以前是各为其主,主公要理解。论本领他比我强很多。主公要是能重用他,他将为你取得天下。"桓公觉得这话在理,接管仲进宫,听他讲述富国强兵之道,并任命他为相国,鲍叔牙反做了管仲的副手。管仲对国家治理有方,齐国很快成为春秋时期的第一个霸主。

瑞典化学家柏济力阿斯特别爱惜人才。他发现了好的人才苗子,便会收为学生,请到家里来,住下。在实验室里,他会分给学生一角,分发一套化学仪器,包括白金坩埚、洗瓶、吹管、天平等,配备得和自己用的完全一样。一些青年化学家在他这里先后就学,学成走向社会多有业绩。1823 年,维勒也来到柏济力阿斯门下拜师。师徒二人朝夕相处,合作愉快,建树颇丰。柏济力阿斯发现了硒、钍、硅等多种元素,维勒发现了铝、铍元素,从无机物合成有机物,动摇了唯心主义的"生命力学说"。

英国数学家巴罗是剑桥大学数学讲座的首任教授。巴罗发现牛顿是一个很有希望的学生,就让牛顿来到自己的身边,给自己当助手,使牛顿得到进一步深造。经过巴罗两年多的精心培养,牛顿对当时科学前沿的情况已了如指掌。又过了两年,牛顿在学业、知识、创造性的新理论研究等各个方面,都已有了长足的进步和发展。巴罗看到自己学生的快速进步,并正在超过自己,为此感到十分高兴。为了给牛顿创造独立工作和晋升的条件,年仅 39 岁的巴罗,在任职六年之后,毅然决定让贤,推荐牛顿当上了数学讲座的教授。

65. 名人的谦虚

一些名家在他们从事的领域有着卓越的贡献,却十分谦虚,在品格上也令人敬佩。

法国化学家得维尔制成了纯净的铝,这种白亮亮的物质质地好,分量轻,在当时被认为比金子还贵重。有人劝说得维尔做出发现铝的声明。得维尔明白,要是没有德国人弗维之前炼出的不纯净铝,是不会有如今的铝的。为此,当他得到了足量的可熔铝时,首先想到铸一枚纪念章,刻上"弗维"和"1827",送给那位德国化学大师。"我只是在弗维开辟的道路上多走了几步。"这就是得维尔的谦虚声明。

英国物理学家牛顿晚年躺在病床上,奄奄一息。亲友相继来探望他,问候中有人称他是这个时代的伟人,不愿他离开。牛顿听称他"伟人",真诚地道:"不要这么说,我不知道世人会怎样看我,不过我自己只觉得好像一个孩子在海边玩耍,偶尔拾到了几只光亮的贝壳。但对于真正的知识大海,我还没有发现呢。"这就是牛顿临终前的心声。

俄国现实主义画家列宾创作了《伏尔加河上的纤夫》等大批珍品,获得巨大成功,但他为人却极谦逊。听到有人称他是"伟大的画家",竟像一个受表扬的小学生,脸都红了,感到无地自容。他诚恳地表示说:"我是个平凡普通的人,假如您把我送到一个宏伟的高台上,看到一个渺小的人站得那样高,也会发笑的。"这是他的真情流露。

瑞典科学家诺贝尔正在实验室里紧张地忙碌,他的哥哥找来,让他写份自传,为家族添彩。尽管哥哥劝说再三,诺贝尔还是不同意,他语气坚定地说:"在宇宙旋涡中有恒河沙粒那么多的星球,而无足轻重的我们,又有什么值得写的?"诺贝尔不答应,看哥哥叹息而去,便又埋头做实验。

苏联教育家、作家马卡连柯的《教育诗》要出版了,出版社请他寄一张单人照片,登在书的扉页上。马卡连柯谢绝了出版社的请求,认为不值得把自己的照片登出来。出版社再次致函,提到读者看到好书,必然想看看作者是谁。马卡连柯拗不过,又不想把著作成果记在自己一个人账上,于是寄上一张他曾领导过的教养院的全体教师和流浪儿的合影,并让写明他们才是《教育诗》的真正作者。

66. 名人的豁达

豁达指心胸开阔，能容人容事，是一种大度和完善，是一种美德。这在一些名人遇事中有充分的体现。

三国时期，蜀汉丞相诸葛亮去世后由蒋琬主持朝政。属下有个叫杨戏的人，性格孤僻，少言寡语。蒋琬和他说话，他只应不答。有人在蒋琬跟前嘀咕说，他如此怠慢于您，太不像话了。蒋琬坦然一笑说："人都有自己的脾气秉性，叫杨戏当面说赞扬我的话，不是他的本性；让他当面讲我的不是，他会觉得我下不来台。所以他常常不作声，这正是杨戏的可贵之处。"蒋琬如此能容人、理解人，从他这里以后便有了"宰相肚里能撑船"之说。

古希腊哲学家苏格拉底的妻子脾气暴躁。一天哲学家正和他的一群学生谈论学术问题，其妻突然闯进来，不由分说就大骂一通，接着又把一桶水泼到苏格拉底身上。学生们以为老师一定大怒。然而苏格拉底只是笑了笑，风趣地说道："我就知道打雷后，一定会下雨的。"学生听了哈哈大笑，他妻子也害羞地退了出去。

美国总统林肯年轻时，一天与妻子在公寓餐厅用早餐。林肯不意间说了两句妻子不爱听的话，美貌的妻子端起一杯热咖啡，便朝他泼去。这位丈夫当着众人的面受了窘，竟一言不发。女房东赶来忙将他的脸和衣服擦干净。林肯这种突然"加之而不怒"的豁达表现，使妻子深感羞愧。她也逐渐改掉了暴躁的坏脾气，赢得了林肯的爱。林肯获选总统后，对政敌素以宽容著称。有议员对他说，你不应该试图和那些人交朋友，而应该消灭他们。林肯笑说道："当他们变成了我的朋友，不是已经被我消灭了吗？"此言让人领悟到，多一些宽容，公开的对手或许就是我们潜在的朋友。

美国在职时间最长的总统是罗斯福，曾连任四次。他也是挨骂最多的一位总统。收到了大量攻击他的信件，他并不是嗤之以鼻，而是把这类信件归纳成集，着人细阅，从中寻找有益的成分，然后作为私人之物妥善保管，还为它们取了个诙谐的名字——"花束和石块"。罗斯福去世后，这些信件和他的集邮收藏品一起拍卖，仅52个没有礼貌的信封，就卖了525美元。

作家萧伯纳享年94岁，他长寿的原因之一是豁达开朗。萧伯纳家境贫寒，15岁辍学做工，他并不自卑，而是以乐观的精神、豁达的胸襟面对生活。他积极刻苦地从事写作。在家庭生活中与妻子和睦相处。对朋友待之以诚，一旦有朋友误解和论敌攻击，他都能持超脱与镇静的态度，用机智的语言化解和答辩。

67. 名人的幽默

　　幽默即有趣、可笑而意味深长。幽默常会给人带来快乐,其特点表现为机智、调侃、风趣等。一些名人在这方面做得尤为突出。

　　俄国古典作家、寓言大师克雷洛夫迁居彼得堡时,住到一处公寓。房东给他立下了契约,写明如果不慎把房子烧毁,就要赔偿一万五千卢布。克雷洛夫看了契约,二话不说,提笔在赔款数额后面添加了两个零。房东又惊又喜,说:"赔一百五十万?!"克雷洛夫答道:"这对您有利,对我反正都一样,多少都赔不起。"

　　作家萧伯纳一次应邀赴一个丰盛的晚餐,席间一个青年在大文豪面前滔滔不绝地吹嘘着自己的天才,似乎通晓天南地北的事儿,大有不可一世的气概。起初萧伯纳还洗耳恭听,后来越听越不是味,终于忍不住开口道:"年轻的朋友,只要我们两人联合起来,世界上的事情就无一不晓了。"看那人惊愕,萧伯纳接着讲道,"看来你精通万物,就是不知道夸夸其谈会使丰盛的佳肴变得淡而无味。而我刚好明白这一点,咱俩合起来,岂不就无一不晓了吗?"他的不失身份的幽默话语一扫了席上的不愉快气氛。一天萧伯纳在大街上行走,一个骑自行车的人撞上来,把他撞倒了。那人连忙扶起他要道歉,萧伯纳说道:"你不幸啊,你要是多用些劲,撞死了萧伯纳,可就有名了。"一场可能发生的尴尬纷争,被友好风趣的话语所化解。

　　当代漫画家方成所画的漫画作品,韵味隽永,被誉为"无声的相声""幽默的银针"。友人说方成其人傻得善良,呆得可爱。方成的机智来源于他的幽默实践和对幽默理论的研究。向他约稿的海内外报刊、出版社有上百家,可他常常忙里偷闲,在幽默中享受生活。他幽默地说道:"古代皇帝什么营养都足,有一样'营养药'——笑,他却没我多。这东西花多少钱都买不来,我自己能造,还有富余,所以至少能活一百岁!"他真的活到了一百岁。

　　相声表演艺术家马三立从艺80多年。他一生保持乐观,不爱着急,不爱生气,为人平和,幽默风趣。在长期的艺术实践中,马三立结合自身条件,形成了一种轻松自然的表演风格,他的"马氏相声"包袱藏而不露,言语通俗而不庸俗。他的《逗你玩》《开粥厂》《开会迷》等都是脍炙人口的相声名段,给千千万万观众带来了欢乐。马老还热心公益事业,一次他应邀赴监狱帮教失足青年,下车后两位民警上前搀扶他进大门。他说:"有一位扶着我就行了,不然照片一见报,人家看到两个警察架着我,会说'马三立(抓)进去啦!'"

68. 名人的自嘲

自嘲即自我嘲笑,自我解嘲。有研究认为,最高境界的幽默就是自嘲。而真正情商高的人更懂得自嘲。

英国的铁腕传奇首相丘吉尔一生中政治生活一波三折。他的幽默本来和政治所代表的严肃势不两立,然而丘吉尔却能将两者巧妙地结合起来,甚至将他的幽默为政治所用。丘吉尔的幽默段子俯拾皆是:1922 年他因做了阑尾切除手术,不能进行讲演导致竞选失败。他自嘲道:"转眼之间,我发现失去了职务,失去了党派,失去了席位,甚至还失去了阑尾。"在暮年面对死亡,丘吉尔也不忘幽默自嘲一把,他调侃道:"我已经准备好去见上帝,至于上帝是否准备好了忍受见到我的折磨,那就是另外一回事了。"

土耳其当代首富萨班哲为了充实生活和获得乐趣,将自嘲发展到极致。他专门兴建了以他的名字命名的博物馆,其中的一间陈列室里,挂的全部是他的漫画。萨班哲请来著名的漫画家,让他们画自己,怎么丑怎么画,越丑越好,摆满一屋子。他进入到里面,观赏着一幅幅丑态百出的漫画,感到开心,在这里找到了在外面被人、鲜花、镜头簇拥、恭维所难以得到的平衡,更让他洞悉人生。对他而言,这样"丑自己"非但无损自己,反而是在颐养天年呢。

老舍在 40 岁时,曾写过一个自传,其中也不乏自嘲之语:舒舍予,字老舍,现年四十岁,面黄无须。生于北京。三岁失怙,可谓无父;治学之年,帝王不存,可谓无君。无父无君,特别孝爱老母,布尔乔亚之仁未能一扫空地。幼读三百篇,不求甚解。继学师范,遂奠教书匠之基。及壮,糊口四方,教书为业,甚难发财,每购奖券,以得末彩为荣,亦甘于寒贱也。二十七岁发愤著书,科学、哲学无所懂,故写小说,博大家一笑,没什么了不起。三十四岁结婚,已有一男一女,均狡猾可喜。闲时喜养花,不得其法,每每有叶无花,亦不忍弃。书无所不读,全无所获并不着急。教书、做事均甚认真,往往吃亏,亦不后悔。如此而已,再活四十年,也许有点出息。

国学大师、书法家启功早在 1978 年 66 岁时便自撰墓志铭,字里行间诙谐幽默,谦词朴实无华,自嘲中难掩豁达,被广为流传。铭文为三字句:"中学生,副教授。博不精,专不透。名虽扬,实不够。高不成,低不就。瘫趋左,派曾右。面微圆,皮欠厚。妻已亡,并无后。丧犹新,病照旧。六十六,非不寿。八宝山,渐相凑。计平生,谥曰陋。身与名,一齐臭。"

69. 名人的爱情

古今中外一些人为追求、忠实于自己的爱情,不离不弃,矢志不渝,为人们所津津乐道。

东汉初年,光武帝刘秀在偏殿召见大司空宋弘。其时刘秀的姐姐湖阳公主刚死了丈夫,她听说宋弘人品好,对弟弟说想嫁给他。刘秀知宋弘有妻子,还是召宋弘说之。宋弘同妻子感情很好,遭奸臣迫害时曾患难与共,这样的妻子怎能中途抛弃呢?他跪说道:"贫贱之交不可忘,糟糠之妻不下堂啊!"刘秀见宋弘态度坚决,只好作罢。

北宋年间,官至通判的刘庭式在年少时和同乡一个姑娘议定了婚约。他中了进士,偏巧那姑娘眼睛瞎了。姑娘家穷,男方又当了官,地位悬殊。娶盲女进门,连姑娘父亲也觉不落忍。姑娘的妹妹长得漂亮,有人劝刘庭式娶她妹妹。刘庭式严肃道:"我早已把心交给妻子了,怎能悔约呢? 谁要是只图美色,以后妻子衰老了,岂不也没了爱吗?"刘庭式娶进盲女,夫妻恩爱幸福。

温莎公爵原是英国国王爱德华八世。他登上王位时还没有结婚,王后的宝座一直空着。其实爱德华已经有了心上人,是一个曾经离过两次婚的美国女子。当时的王室传统规定王后必须是贵族出身,离过婚的女人更要被排除在王后人选之外。是与自己的心上人结婚,还是继续做国王,在这两者之间,爱德华毅然选择了前者。他当国王不到一年,便自动从王位上走了下来。继任的英国国王册封他为温莎公爵。

1927 年中国大革命失败后,广东工人运动的领导人周文雍与党的妇女干部陈铁军在广州建立了秘密联络机关,对外假扮夫妻。1928 年初,二人双双被捕,他们面对严刑拷打,坚贞不屈。他们在严酷的斗争中,相互了解,心心相印,已建立了深厚的爱情。当他们被宣判死刑,戴着手铐脚镣走上刑场时,相约并向送别的人群呼喊:"我们要结婚了。就让国民党刽子手的枪声,作为我们婚礼的礼炮吧!"周文雍牺牲时 23 岁,陈铁军牺牲时 24 岁。他们"刑场上的婚礼"是人世间最为可歌可泣的婚礼。

70. 名人的婚礼

　　一些事业心强的名人有时会达到忘乎一切的境地,以至于在自己的婚礼上也会做出匪夷所思的事情。

　　法国化学家巴斯德在举行结婚典礼的那一天,新娘和岳父岳母到场了,宾客们也陆续来了,唯独不见新郎。大家只好分头去找。一个熟悉巴斯德脾气的老朋友赶往巴斯德的实验室,终于找见了他。这时的巴斯德正全神贯注伏在工作台上做着他的实验,完全不知道这天是什么日子,他应该去做什么。

　　1871年的圣诞节,是美国发明家爱迪生举行结婚典礼的日子。那时他的自动电报机正在试验的节骨眼上。下午举行完婚礼,爱迪生悄悄对新娘玛莉说:"亲爱的,我有件要紧事到工厂去一下,回来陪你吃晚饭。"结果直至深夜,爱迪生还在工厂实验室做着试验。有人找来走过亮灯的窗前,发现里面晃动着的身影是爱迪生,喊叫他时,这位"新郎官"才大吃一惊,连说:"糟糕,糟糕!"

　　物理学家爱因斯坦于1903年1月6日和同班同学米列娃结婚。在吃完喜庆酒席之后,爱因斯坦带着新娘前往新租的一套便宜住房。走到门口,他一摸口袋,钥匙没带在身上,他只好转身返回办公室去取。新娘只好单身只影站在门口等他,不免嗔怒想道:唉,这个人脑子里在想些什么呀!原来,这一时期爱因斯坦正酝酿着对传统物理学来一次革命,心思全在研究上,对生活物品丢三落四也就好理解了。

　　我国现代学者闻一多结婚那天,家里张灯结彩,热闹非凡。贺喜的亲友一大早就拥入家门。大家见新郎不在,都以为他更衣打扮去了。直到鞭炮炸响,唢呐齐鸣,花轿即将进门的时候,家人才在书房里找到了"新郎"。闻一多此时穿的还是一身旧衣服,手里捧着书,读得兴味正浓。这让家里人又好气又好笑,说他不能看书,一看就醉,该做的事也全抛到脑后了。

　　婚礼一般都是热热闹闹的,亲朋满堂。而也有名人不喜欢这样的婚礼。年满41岁的俄国大作家契诃夫和莫斯科艺术剧院女演员克尼碧尔在1901年5月25日结婚。事先,不但契诃夫的朋友们不知道,连他家里的人包括同他关系最密切的妹妹玛丽雅也不知道。契诃夫在举行婚礼前一小时遇到弟弟伊凡,也只字未提结婚的事。当天到教堂参加仪式的只有当时法律要求的四个做傧相的证人。礼毕,契诃夫携新娘只去看望了一下岳母,便乘火车悄悄离去。这真是最不张扬的婚礼。

71. 名人的爱妻

一些名人成亲后,妻子或许有种种不足,但丈夫对妻子不离不弃,忠诚专一,令人感动和赞叹。

中国共产主义运动的先驱李大钊在 10 岁时,由老家祖父主持给他早早完了婚。妻子赵韧兰比他大 8 岁,是个缠足不识字的乡村女子。李大钊在国内求学,再到日本留学,所用的学费几乎全靠妻子在家勤俭操劳、典当和挪借维持。1918 年李大钊被聘请为北京大学经济学教授兼图书馆主任,他携妻到北京后,许多人不相信这位没文化的小脚农村妇女就是李夫人。李大钊同妻子爬山游玩,妻子脚小,爬山不便,他就扶她而行。他们在北京居住期间,常有知名人士来访,李大钊每次都把妻子请出来同客人见面。为了对客人表示礼貌,他帮妻子换衣服,系扣子,细心拉平她衣服上的皱褶。那时李大钊三十出头,风华正茂,又是著名教授,而妻子年已四旬,红颜渐老。但李大钊对妻子的体贴未减半分,从来没有嫌弃过。对于李大钊的人品节操,就连持有敌对政见的人也不得不加以称赞。

德国物理学家、世界上第一个诺贝尔奖获得者伦琴不仅在学术上卓有成就,还是一个忠于爱情、体贴妻子的模范丈夫。他的妻子安娜一生多病,一直没有生育,后又患上了肾结石病。这些都未使伦琴产生半点怨言和烦恼,他对妻子一往情深,十几年如一日精心护理妻子。在妻子病重的最后几年,他每天要为她注射五次吗啡以减轻疼痛。妻子病逝后,伦琴十分悲痛,日日思念,为了表达对妻子的爱,他每天都要对着妻子的遗像读报,讲新闻。他读得那样认真,讲得那样有感情,仿佛他那死去的妻子真能够听到一样。每逢妻子的生日,伦琴还有专门的纪念。

我国无产阶级革命家任弼时的妻子陈琮英出身贫苦,曾是长沙一家制袜厂的童工,从小没读过书。经人介绍,她与任弼时订了婚约。1924 年,任弼时在苏联学习后回国,到上海负责共青团中央的工作,并成为上海大学的教授。对于英俊干练的任弼时,不少人张罗为他介绍年轻貌美的对象。但任弼时不为所动,仍一心一意爱着陈琮英。不久他把陈琮英接到上海,不仅从生活上关心她,而且从各方面帮助她,引导她走上了革命道路。二人结婚成家后,任弼时在革命斗争中也一直关怀、呵护妻子。他们同甘共苦,历尽艰险,为新中国的诞生立下了功勋。

72. 名人的独身

古往今来,一些人为了将全部的精力投入事业,放弃了婚姻幸福,而选择了单身。

英国物理学家牛顿从小对宇宙科学着迷,年轻时也曾谈情说爱。一次他和相识的姑娘坐在一起,握着姑娘的手,正当姑娘想听他表白的时候,他的思绪忽然错了位,满脑子净是符号和公式。到这时他就要抽烟,他把姑娘的手指当作捅烟斗的捅条,痛得姑娘大叫起来。牛顿这才从数学王国里惊醒,赶紧道歉,并说:"我这样不行,我得离开爱情的圈子。"牛顿终身未娶。

丹麦童话作家安徒生青年时一次坐车赶路,遇到三个姑娘搭车,其中一个姑娘认出了他是有才华的作家,邀请他去家中做客。安徒生赴约了,交谈中,姑娘表达了对安徒生的爱慕之情,安徒生虽然也很喜欢这个漂亮纯真的姑娘,但还是拒绝了她的爱。他告诉她:"我的爱情在童话里。"说完告辞而去。以后安徒生一直怀念着这位姑娘。临终时他还向朋友讲起这件事,说:"我为我的童话放弃了我的婚姻幸福。"

英国哲学家斯宾塞专心于哲学的探讨,以至于终身未娶。一次他的一位大学朋友问他:"大哲学家,您不为您的独身主义选择后悔吗?"斯宾塞愉快地答道:"不,恰恰相反,我感到快活!因为我常常这样想:在这个世界上,有一位漂亮的姑娘因为没有嫁给我而获得了幸福,我是多么伟大呀!"

瑞典科学家诺贝尔一生也没有结婚。固然有他忙于科学实验,不十分在意的原因,另外他在爱情上也屡遭挫折。他在旅行中,曾结识了一位"美丽而善良"的少女,相爱后少女却患肺结核撒手人寰。他43岁时曾对他的女秘书——一位伯爵的千金表达过爱慕之情,但遭到拒绝。同年他在维也纳一家花店爱上了一位犹太裔姑娘,后因彼此性格迥异分手。诺贝尔爱过人,也被人爱过,终身未婚只能说是一件憾事。

我国现代妇产科奠基人林巧稚在20岁时,到上海参加北京协和医学院考试。考英语时天热,有同学中暑晕倒在考场,林巧稚中断答题,将同学扶至阴凉处,回考场耽误了考试。主考官看她各科成绩不低,破格录取她入学,毕业后一直在北京协和医院从事医疗工作。自她走上医学岗位,几十年间精心钻研医学,带领医护人员深入城乡,考察妇女和儿童疾病,对妇产科等许多方面进行研究,并取得众多成果。她亲手接生了5万多个婴儿,被尊称为"生命天使"。在她的一生中,她心中只有妇女和儿童的安危,在生活和事业不可兼得的情况下,为事业她终身未婚。

73. 名人的敬母

　　母爱母教对子女的影响之大,有史可鉴;而子女对母亲的爱与崇敬,同样感人。

　　三国时期的学者陆绩6岁时到袁术家玩。袁术热情招待他,拿出橘子给他吃。陆绩见橘子个大新鲜,酸甜可口,便想拿回家给母亲尝尝,于是趁人不注意,把一个橘子揣在怀里。当他要回家向袁术告别躬身施礼时,一不小心让怀中的橘子滚落到地上。袁术看到逗陆绩说,没吃够吗?不然为什么要揣上呢?陆绩如实禀告说:"小侄见橘子好吃,想带回一个给母亲享用,还望伯父成全。"袁术惊奇这小孩子有这样大的孝心,索性多给了他些橘子,让他拿去孝敬母亲。"陆绩怀橘"的故事也成为美谈。

　　美国第16任总统林肯9岁丧母,父亲再婚后继母莎腊对他们姐弟爱护有加,关怀备至,这也让林肯对继母非常崇敬。在林肯参加总统竞选活动中,继母不想妨碍他,只是悄悄站在人群中。林肯看到了继母,即刻从马上跳下来,与她拥抱。林肯曾表白:"我的一切都属于我天使般的母亲莎腊。"他最敬重他的继母。林肯遇刺身亡,莎腊在接受探访时感叹道:"他从来不曾对我说过一句使我难堪的话。"

　　鲁迅很敬重母亲,他做事遵循母亲的教导。以饮酒说,母亲常提到鲁迅的父亲喝了酒脾气变得怎样坏,因此告诉鲁迅长大不要多喝酒。据许广平回忆说:母亲说的话给鲁迅留下了很深印象,"所以饮到差不多的时候,他自己就放下杯子,无论如何劝进也是无效的"。鲁迅知道母亲爱看小说,就经常买些小说寄回家,给母亲浏览消遣。鲁迅虽然过着漂泊不定的生活,却经常给母亲写信请安。在《鲁迅书简》中,就收有鲁迅写给母亲的平安家信50封。

　　著名爱国将领冯玉祥一生对母亲非常孝顺。其母病故后,他痛苦伤心,大病了一场。他难忘母亲的生养之恩,为此在1945年写了一首《十月怀胎》悼母诗,并刻碑留存。诗曰:"娘怀儿一个月不知不觉,娘怀儿两个月才知真情,娘怀儿三个月饮食无味,娘怀儿四个月四肢无力,娘怀儿五个月头晕目眩,娘怀儿六个月身重如山,娘怀儿七个月提心吊胆,娘怀儿八个月不敢笑谈,娘怀儿九个月寸步艰难,娘怀儿十个月才到世间。"此诗情真意切,字里行间洋溢着敬母、爱母、惜母之情。

74. 名人的教子

一些名人在严于律己、恪尽职守的同时,对子女的教育也是很用心思,很下功夫的。

东晋田园诗人陶渊明生有五个儿子,他对孩子的教育十分严格。在一首《命子》诗中,他希望孩子能勤奋读书,成为有才干的人,"既见其生,实欲其可"。五个孩子非一母所生,陶渊明临终前写了《与子俨等疏》,以自己一生的坎坷经历,勉励孩子们相互团结,以古代"兄弟同居,至于没齿""七世同财,家人无怨色"的事例教育他们。告诫他们,不相关的人尚能"四海皆兄弟",又何况你们是同父异母的手足呢!

北宋时,大文豪苏东坡的长子苏迈要去江西德兴做县尉。临行前,苏东坡送给儿子一方砚台,上刻四句铭文,文曰:"以此进道常若渴,以此求进常若惊,以此治财常思予,以此书狱常思生。"意思是说,用这方砚台学习,应当是如饥似渴的;进求上进时,应该经常有所清醒;写治理财政规章,要多考虑给予民众利益;写断狱的文告,应想到让犯人悔过,求得新生。在这一方小小砚台上,苏东坡对儿子的学习态度、为官宗旨,加以教诲,言有尽而意无穷,堪为后世作家长者的借鉴。

清代书画家郑板桥一生不重官职,而重品德。他52岁始得一子,曾教导儿子说:"读书中举,中进士做官,此是小事;第一要明理,做个好人。"他不溺爱孩子,让孩子学会自食其力。病危时,他说想吃孩子亲手做的馒头。孩子赶紧向厨师请教,动手操作,做好送到父亲床前,父亲已经咽气。伤痛之际儿子看到了父亲的遗书,上写:"淌自己的汗,吃自己的饭,自己事业自己干。靠天靠地靠祖宗,不算是好汉!"其父希望儿子早日成为一个自食其力者的良苦用心,溢于言表。

英国生物学家达尔文从小就喜欢收集生物标本,还有种种出人意料的奇思幻想。他的父亲并没有阻拦和强行扭转,而是因势利导地鼓励他去做研究。和谐的家庭环境是促使达尔文成才并取得研究成果的重要条件。老达尔文良好的教育方法,经由儿子传至下一代。达尔文对他的三个儿子也是因材施教,一个继承父业,是有名的生物学家;一个善观天象,成了天文学家;还有一个喜爱电器,成为物理学家。达尔文尊重孩子的意愿,宽松的育儿方式,对有些家长能有所启迪。

75. 名人多才艺

一些名人兴趣广泛，多才多艺，在主业之外的艺术造诣也不容人小觑。

宋代的苏东坡在文学史上享有盛名，在自然科学方面他也有建树。在医学领域，他与沈括合著了《苏沈良方》一书，共18卷，总计处方170余例，被称为"济生之具"，至今在日本流传甚广。他还著有《养生说》等养生书籍。在科学普及方面，他为官曾推广过湖北农民插秧用的秧马，四川制盐的"筒井用水鞴法"。在《牡丹记序》中记载了他所研究过的生物变异性，在《酒经》中详细介绍了制曲和酿酒技术，在《杂书琴事》中剖析过古代"雷琴"。这些记载至今仍有一定的科学参考价值。

南宋爱国诗人陆游一生从事诗歌创作，他对医学也很有研究。陆游在任成都府路安抚司参议官时，每到一地都慷慨施药济民。晚年在山阴家乡居住时，经常骑着毛驴，带着药囊为乡民行医治病。由于救活了不少贫苦之人，一些人家的孩子便以他的姓命名。在他的一首诗中写道"驴肩每带药囊行，村巷欢欣夹道迎，共说向来曾活我，生儿多以陆为名"，说的就是这件事。

印度诗人泰戈尔才华横溢，几乎在文学艺术的每个领域都留下了他涉猎的足迹。他多才多艺，在音乐作曲方面也很有造诣。现在的印度国歌就是由他填词谱曲的。他创造了印度音乐的记谱法，在深入研究印度古典音乐和民间音乐的基础上创造了独树一帜的泰戈尔音乐。一生中他给人们留下了多达2000多首优美和充满诗情画意的音乐作品，至今仍在印度民间广为传唱。

《红楼梦》一书的作者曹雪芹是文学巨匠，也是烹饪高手。书中大小宴席所列的菜肴争奇斗艳，琳琅满目，颇见作者对美食研究和熟悉的功力。据曹雪芹的好友所写《瓶湖懋斋记盛》载，在一次朋友聚会时，请曹雪芹当厨。只见曹雪芹把鱼煎好，浇上白花酒，顿时鲜香四溢。鱼身剞了花刀，很像河蚌的外壳。以筷拨开鱼腹，竟露出晶莹光洁的明珠，入口味极鲜美，一问才知这叫"老蚌还珠"。在众人的称赞声中，曹雪芹却谦虚说只是学了江南菜的一点小门道。

京剧表演艺术家梅兰芳在从事舞台演出的同时，一直喜欢绘画。在绘画中他体会到："从事戏曲工作的人钻研绘画，可以提高自己的艺术修养，变换气质，从画中吸取养分，再运用到舞台艺术上去。"他后来拜齐白石为师，绘画更有长进。抗日战争中，梅兰芳蓄须明志，生活困顿，他竟是以作画、卖画和典当渡过难关的。

76. 名人倡"短"

写作文章精练,是一种好文风。而长篇大论却言之空洞,是文坛的通病。倡"短"符合人们所愿,一些名家在这方面也做了典范。

北宋时期,文学家欧阳修习惯将写好的文章贴到墙上,不时走过,边读边改。他这日写了一篇《醉翁亭记》,开头一段把滁州城外四周的山都描绘了一番。写后他看来看去,不够满意。数日后他又到滁州城外散步,环顾了周围景色后,灵机一动,觉得只需五个字便可将滁州山景描绘出来。他返回家中,将原文第一段统统勾去,写下五字曰:"环滁皆山也。"这一改字不多,却含义深广,简洁凝练。

俄国寓言作家克雷洛夫为使作品短小精练,更是在修改方面下大功夫。他写出寓言便字斟句酌,直到句子掷地有声,形象生动为止。例如他写的一篇寓言,手稿原有 200 多行,而后来发表这篇作品只有 21 行,不足原稿的十分之一。

美国作家海明威为把文章写得简短精练,除站着写,只用一只脚踮着地,还用饿着肚子"折磨"自己,甚至大冷天只穿一件单衣。他在获诺贝尔文学奖后介绍自己的写作秘诀时说道:"这些写作时不愉快的感觉,使我不得不尽量少写多余的文字。"

法国作家维克多·雨果在完成了他的长篇小说《悲惨世界》后,随即寄给了出版社。过了一段时间,他给出版社寄去一信,信的全文是:"? —— 雨果。"出版社编辑回信曰:"! ——编辑室。"不久,震动文坛的巨著便问世了。这简短到没有文字的通信也传为美谈。

英国历史上最著名的首相丘吉尔,领导着英国人民渡过了"二战"的动乱灾难,迎来了国家重建,是个充满传奇色彩的人物。这天人们请他到大礼堂里讲一讲他的成功秘诀,等待着听他精彩的演讲。然而丘吉尔的演讲却完全出乎所有人的预料,他上台只讲了一句话:"努力,努力,再努力。"说罢就走下讲台。全场静默了两分钟,接着响起了热烈而经久不息的掌声。这世界上最简短的演讲,虽短却概括出了成功的过程、人生的哲理,足以胜过那洋洋洒洒的高谈阔论。

77. 名人的名言

自古以来,一些名人在著书、演讲、题词时,道出很多名言警句,其中有不少字字珠玑,振聋发聩,有很强的教育、振奋和激励作用。

苏轼:"不识庐山真面目,只缘身在此山中。"

陆游:"位卑未敢忘忧国。"

文天祥:"人生自古谁无死,留取丹心照汗青。"

培根:"知识就是力量。"

但丁:"走自己的路,让别人去说吧!"

莎士比亚:"事实胜于雄辩。"

拿破仑:"不想当将军的士兵不是好士兵。"

马克思、恩格斯:"全世界无产者,联合起来!"

孙中山:"革命尚未成功,同志仍须努力。"

马克思:"在科学的道路上是没有平坦的大路可走的,只有在崎岖小路的攀登上不畏劳苦的人,才有希望到达光辉的顶点。"

鲁迅:"其实地上本没有路,走的人多了,也便成了路。"

爱默生:"自信是成功的第一秘诀。"

歌德:"如果是玫瑰,它总会开花的。"

富兰克林:"时间就是生命。"

契诃夫:"对自己的不满足,是真正有天才的人的根本特征之一。"

勒纳:"天才就是最强有力的牛,他们一刻不停地,一天要工作十八个小时。"

高尔基:"书是人类进步的阶梯。"

笛卡尔:"读一本好书,就是和许多高尚的人谈话。"

托尔斯泰:"一个人就好像是一个分数,他的实际才能好比分子,而他对自己的估价好比分母。分母愈大则分数值就愈小。"

裴多菲:"生命诚可贵,爱情价更高,若为自由故,二者皆可抛。"

伏尔泰:"生命在于运动。"

78. 名人的自喻

一些名人依据个人的思想、性格、抱负、行为，常会将自己比喻为某个物象。

汉魏之际的曹操胸怀大志，却以"老马"自喻。他在《龟虽寿》中说："老骥伏枥，志在千里。烈士暮年，壮心不已。"

唐初诗人骆宾王受诬入狱，他在《在狱咏蝉》诗中吟道："西陆蝉声唱，南冠客思深。"以"秋蝉"自喻，表明自己高洁的品性。

唐代诗人杜甫吟诗"新松恨不高千尺，恶竹应须斩万竿"，以"松"自喻，表达自己扶善除恶的心态。

南宋诗人陆游在《梅花绝句》诗中吟道："闻道梅花坼晓风，雪堆遍满四山中。何方可化身千亿，一树梅花一放翁。"诗人在这里以傲骨铮铮的"梅花"自喻。

南宋末年民族英雄文天祥在《扬子江》一诗中吟道："臣心一片磁针石，不指南方不肯休。"把一片报国忠心喻为永指一方的"磁针石"。

元代戏剧家关汉卿为表白自己不同黑暗势力同流合污，以"铜豌豆"自喻，说自己是"蒸不烂、煮不扁、炒不爆、响当当的一粒铜豌豆"。

作家鲁迅自喻为"牛"。他说："我好像一只牛，吃的是草，挤出的是牛奶、血。"他还在诗中写道："横眉冷对千夫指，俯首甘为孺子牛。"

科学家李四光以"煤块"自喻。他表示：煤的可贵，在于无私释放光和热。地质工作者要有作为，就应舍得点燃生命之火。

诗人艾青在诗中写道："即使我们是一根火柴，也要在关键时刻有一次闪耀。"他在这里自喻为"火柴"。

印度诗人泰戈尔自喻为"绿叶"，他在散文诗中写道："果实的事业是尊贵的，花的事业是甜美的，但是让我们做绿叶吧，叶是谦逊地专心地垂着绿荫。"

英国物理学家法拉第自喻为"蜡烛"，希望自己像蜡烛一样"有一分热，发一分光，忠诚踏实地为人类伟大事业贡献自己的力量"。

物理学家居里夫人赞赏并自喻为"蚕"，她说："那些蚕细心地工作着，不懈不怠，令我大受感动，我看着它们，觉得我跟它们是异物而同类……"

79. 名人的座右铭

"铭"是古代一种文体,常刻于器物上,放置座右,多用于规诫。

少年时代的鲁迅有一天早上上学迟到了几分钟,被老师批评了。他并不因家里有事耽搁而原谅自己,在桌角上刻了一个"早"字,以此为座右铭,激励自己珍惜光阴,认真读书。

周恩来在南开中学读书时,在立镜旁贴了面"纸镜",上书"面必净,发必理,衣必整,纽必结;头容正,肩容平,胸容宽,背容直;气象勿傲勿暴勿怠,颜色宜和宜静宜庄"。铭如其人,周恩来的一生就是这样注重仪表气质的。

陈毅曾请人在自己心爱的砚盒上刻下 17 个字:"满招损,谦受益,莫伸手,终日乾乾,自强不息。"陈毅毕生以高洁的品质为其铭文留下了注脚。

近代著名文学家林琴南一生创作了大量文学作品,翻译了 170 多部外国文学著作。林琴南自幼勤奋好学,曾在居室的墙上画了一口棺材,其旁写道:"读书则生,不则入棺。"

现代画家李可染曾在画板上刻下一个"王"字,作为自己的座右铭。"王"与"亡"同音,寓托着学不成画就宁亡的意义。学画的决心与毅力果然把他磨砺成为具有独特风格的一代画师。

在国外,一些科学、文化名人也写有座右铭。法国微生物学创立者巴斯德的座右铭是:"意志、工作、等待,是成功的金字塔的基石。"德国生物学家洪堡的座右铭是:"伟大是谦虚的别名。"英国物理学家法拉第的座右铭是:"拼命去争取成功,但不期望一定成功。"加拿大生理学家班廷的座右铭是:"最大的快乐不是在于占有什么,而是在于追求什么。"法国作家司汤达的座右铭是:"谁要干白纸上写黑字这一行,别人说他笨拙,就不应该惊讶或者动气。"司汤达对待批评正是持有了这种谦虚的态度,才使他的创作日臻完善。

以座右铭来规范自己的行为并非只是年少者的事。我国老无产阶级革命家吴玉章在 81 岁高龄还立下一则座右铭:"我志大才疏,心雄手拙。好学问而学问无专长,喜语文而语文不成熟。无枚皋之敏捷,有司马之淹迟。是皆虚心不足,钻研不深之过。年已八一,寡过未能。东隅已失,桑榆非晚。必须痛改前非,力图挽救。戒骄戒躁,毋怠毋荒。"吴老将此铭语记取,虚怀若谷,勤学不辍,为后人做出了楷模。

80. 名人的墓志铭

墓志铭是一种特殊的文化载体。一些名人逝世后,他们的墓碑上留下了自拟或别人代写的碑文,很多写得简明、幽默,闪烁着思想的火花。

"宛如芦笛、簧鼓和竹哨,他葬于斗争的风暴。"——法国巴黎公社时期无产阶级诗人欧仁·鲍狄埃自拟碑文。

"恨不抗日死,留作今日羞。国破尚如此,我何惜此头。"——爱国抗日名将吉鸿昌碑文。

"睡在这里的是一个热爱自然和真理的人。"——法国思想家卢梭碑文。

"印刷工富兰克林。"——美国科学家富兰克林碑文。

"在我的头上是浩瀚的星空,在我的心中是道德的法则。"——德国哲学家康德碑文。

"希望我的坟墓和她(妻子)一样,这样,死亡并不使人惊慌。就像是恢复过去的习惯,我的卧室又靠着她的睡房。"——法国作家雨果碑文。

"米兰人亨利·贝尔安眠于此,他曾经活过、写过、爱过。"法国作家司汤达自撰碑文。

"这儿安葬着普希金和他年轻的缪斯,还有爱情和懒惰,共同度过愉快的一生;他没做过什么好事,可就心情来说,却实实在在是个好人。"——俄国诗人普希金自撰墓志铭诗。

"他的母亲路易莎·哈格和他的幼子柯立亚,乘船遇难淹死在海里;他的夫人娜塔利雅患结核症逝世;他的 17 岁女儿丽莎自杀死去,他的一对 3 岁的双生儿子患白喉死亡。而他只活了 58 岁! 但是苦难不能把一个人白白毁掉。他留下 30 卷文集,留下许多至今像火一样燃烧的文章,它们今天还鼓舞着人们前进。"——俄国作家赫尔岑碑文。

"我演的喜剧落幕了。"——法国 16 世纪喜剧大师拉柏森碑文。

"我早就知道无论我活多久,这种事情一定会发生的。"——作家萧伯纳碑文。

"一个文艺界尽责的小卒,睡在这里。"——作家老舍碑文。

81. 名人的尊师

一些名人在事业上取得成就,他们虽然名声显赫,但都有饮水思源、不忘师恩的美德。

北宋时期,杨时读书用功,中了进士,他不愿做官,继续访师求教。当时程颢、程颐是全国有名的学问家。杨时先拜师程颢,学到不少学问。四年后程颢去世,杨时40岁了,又拜程颐为师。一天午后,杨时约了好友游酢去老师家请教问题,守门人说程颐在睡午觉。二人不想打扰老师午睡,便站门外等候。天上忽飘起鹅毛大雪,且越下越大,冻得他们浑身发抖,仍一声不吭站立。好长时间过后程颐醒来,听说他们在雪地等了多时,忙叫他们进门。这时门外的雪已积了一尺多深,遂流传了"程门立雪"的故事。杨时能够尊敬师长,虚心向老师求教,后来也成了全国知名的学者。

鲁迅对自己的老师也十分尊敬。他18岁到南京读书,每当放假回到绍兴,无论多忙,总要抽空去看望启蒙老师寿镜吾先生。鲁迅后来远涉重洋,东渡日本留学,七年间他经常向寿老先生汇报自己在异国的学习情况。1906年6月,鲁迅奉母命从日本回绍兴,与朱安女士结婚,在绍兴只停留了短短四天,但他仍专程前往寿老先生家中探望。

梅兰芳师从齐白石学习绘画,经常为齐白石磨墨铺纸,全不因为自己是名演员而自傲。一次齐白石到朋友家做客,因穿着自然寒酸,不引人注目。梅兰芳的到来则使人们蜂拥上前,同他握手。梅兰芳看到齐白石被冷落一旁,让开人群,叫着"老师",和齐白石寒暄问安。在座的见状都很惊讶,齐白石更为之深受感动。

在尊重老师,向老师虚心学习的同时,对老师学说的失误加以纠正,这也是尊师的表现。20世纪初,英国科学权威汤姆生提出了关于原子结构的"西瓜模型"理论,后来他的学生卢瑟福经过试验,大胆纠正了导师理论上的错误,提出了原子结构的"行星模型"。然而卢瑟福的模型也有缺陷,他的学生玻尔又加以补充、完善,建立了以师生二人名字命名的"卢瑟福-玻尔模型",把人们对原子的认识又提高了一步。经过虚心学习,不断创新,一代人超过一代人,是事业兴旺发达的标志。

82. 名人的成名之前

一些名人在成名前由于家境贫寒,也和普通民众一样为生计奔波,甚至从事最卑微的工作。

法国 18 世纪杰出的资产阶级启蒙思想家、文学家卢梭出生于瑞士一个贫苦家庭。14 岁外出谋生,当过学徒、仆役、乐谱抄写员、私人秘书等,一生颠沛流离,备历艰辛,靠着刻苦自学,终成正果。

英国剧作家莎士比亚青少年时期酷爱戏曲表演,23 岁进入了戏院。为了得到深造机会,他在戏院打杂,伺候来看戏的绅士们,帮他们照顾马车。他利用一切机会学习,很快掌握了戏剧的基本知识。一次有配角生病,莎士比亚替他登台,打杂的莎士比亚就此成了配角莎士比亚。他写的剧本演出后也大受欢迎,这才成了剧作家。

萧伯纳因家境贫困,只上到中学就当了缮写员、会计。20 岁开始写作,想以此为生,但在长达九年的时间里,他才得到 6 镑稿酬,其中 5 镑还是靠写广告得来的。他毫不气馁,终于得到了成功的回报。

美国作家斯蒂芬·金从小家贫,他喜爱读书,14 岁时看到父亲收藏的一些恐怖小说,很着迷,也学着写作。他曾在汽车修理站打工,在大学图书馆打杂,干过许多兼职工作。还给中学看过大门,让他获得灵感,创作出了《魔女卡莉》开头的一幕。他白天为生计忙碌,晚上苦写。1974 年他的第三部恐怖小说《嘉莉》成为畅销书,使他走出了经济困境。他的代表作有《闪灵》《肖申克的救赎》《末日逼近》等。

我国当代画家李苦禅原名英杰,出生于贫苦农家。考入北京美术学校西画系,靠夜间拉人力车维持生计。同学见其困苦,赠他"苦禅"二字,他欣然接受。他挣得几个铜板,买玉米面煮粥,熬好晾凉划分为三份,每餐吃一份,不至断炊。若能撒上虾米皮,便是他的美餐了。可以说李苦禅成名前是以粥为生的。

相声表演艺术家侯宝林四五岁大从外埠被带到一户姓侯的贫穷旗人之家。他只上了三个月义塾,就参与了家中生计,捡煤核儿、捡破烂、卖冰核儿、卖豌豆、卖报、帮人拉水车卖水、(为办丧事人家)打执事、去粥厂打粥,还要过饭。12 岁去天桥拜师学艺,撂地唱戏,每晚背着师兄去"八大胡同"妓院演唱,饱受折磨。以后他离开天桥,加入鼓楼后的"平民市场"戏班演出。他在这里第一次说相声、唱太平歌词。逐渐提高了技艺后,侯宝林在 23 岁时与郭启儒到天津演出,一炮打响而红。

83. 名人做广告

世界上的广告林林总总,五花八门。其中也有一些广告是名人撰写的,颇有情趣。

北宋绍圣年间,苏东坡被贬谪到海南岛儋县,当地有一老婆婆经营了一间卖环饼的小店铺。出售的环饼虽好吃,生意却不景气,老婆婆知道了苏东坡是大诗人,便恳请他为小店作一首诗。东坡怜悯她生活凄苦,就为她写了一首七绝:"纤手搓来玉色匀,碧油煎出嫩黄深;夜来春睡知轻重,压匾佳人缠臂金。"四行诗勾画出环饼匀细、色鲜、酥脆的特色,形同美人佩戴的环钏。老婆婆把诗悬于门上,顾客盈门,生意兴隆起来。

南宋诗人陆游在河南宛丘时身体一度不好,后来他从当地一家粥铺学到药粥制法,很快恢复了健康。故此他为粥铺写了一首诗,作为答谢。诗曰:"世人个个学长年,不悟长年在眼前;我得宛丘平易法,只将食粥致神仙。"诗人现身说法,以自己的切身体验宣传药粥的神奇功效,自然让粥铺收到了很好的广告效果。

法国作家巴尔扎克也曾在作品中巧做广告。他有个好友裁缝布依松手艺精巧,喜爱文学,曾为巴尔扎克做了不少漂亮得体的服装。但他的生意并不景气,生活颇为窘迫。为帮助他,巴尔扎克在小说《人间喜剧》中巧妙地插进了"裁缝布依松"这个人物,如实写下了布依松的店名和地址,并赞为名店。小说问世后,这一广告产生很大影响,顾客慕名找布依松定做服装,从此门庭若市,名声大噪。

法国作家雨果在他的代表作《悲惨世界》中,也曾为一家陶器店写过一首广告诗,诗曰:"祖传老店哥伯雷,小罐酒提请来买。还有花盆、瓦管、砖,凭心出卖红方块。"这首诗以简朴凝练的语言,概括了这家商店的历史、商品种类和经营作风,起了招揽顾客的作用。

苏联诗人马雅可夫斯基视广告诗为"诗人的副业",曾用诙谐、风趣的语言,专门为婴儿使用的奶嘴写下了广告诗,句式精短:"这样的奶头/空前绝后/我愿吮它/直到高寿。"诗人天真烂漫的性格跃然纸上。

1934年12月《论语》半月刊连载老舍的长篇小说《牛天赐传》。文尾尚余空白,校样时老舍提笔撰写广告一则如下:《牛天赐传》是本小说,正在《论语》登载。《老舍幽默诗文集》不是本小说,什么也不是。《赶集》是本短篇小说集,并不去赶集。《猫城记》是本小说,没有真事。《离婚》是本小说,不提倡离婚。《小坡的生日》是本童话,又不大像童话。《二马》又是本小说,而且没有马。《赵子曰》也是本小说。《老张的哲学》是本小说,不是哲学。中国文人为自家的作品撰写广告,老舍恐为第一人。

84. 名人写诗词

写诗不是诗人的专利。一些名人情之所致,诗兴大发,也能写出名篇,留传后世。

唐末农民起义领袖黄巢少有诗才。他率众起兵攻入长安,建立"大齐"。《不第后赋菊》便是他借助咏菊的托物言志之作:"待到秋来九月八,我花开后百花杀。冲天香阵透长安,满城尽带黄金甲。"他以凌厉豪迈的笔触、雄浑壮阔的气魄,表达了自己志满天下的抱负。

《满江红·怒发冲冠》一词为南宋抗金名将岳飞所作。上半阕写作者悲愤中原重陷敌手,痛惜前功尽弃的局面。"莫等闲,白了少年头,空悲切。"则是在表达作者要努力进取,立功报国的心愿。下半阕抒写了对敌人的深仇大恨。全词抒发了岳飞"精忠报国"的壮志胸怀,从而成为反侵略战争的名篇。

明代开国皇帝朱元璋读书不多,也有才华。一次他到翰林院与学士们饮酒赋诗,朱元璋先铺纸写道:"鸡叫一声撅一撅,鸡叫两声撅两撅。"众人看后无不暗笑。谁知朱元璋续下后面两句:"三声唤出扶桑日,扫败残星与晓月。"众翰林学士看后,无不拍案叫绝。朱元璋在这里用的是"逆挽"法,后两句的出现,有力地补救了前两句,这样既出乎意料,又符合题意,从而收到了创新意境的效果。

抗日爱国将领冯玉祥军功赫赫,在文化上也有建树,当时被称为"丘八诗体"的一种新诗,就是由他倡导的。他读《东周列国志》,从管仲作上山歌、下山歌中受启发,也亲自编写了《战斗动作歌》《利用地物歌》《山地行军歌》等歌词,教官兵唱诵。他写有一首"我"的诗:"平民生,平民活,不讲美,不求阔。只求为民,只求为国,奋斗不已,守诚守拙。此志不移,誓死抗倭。尽心尽力,我写我说,咬紧牙关,我便是我。努力努力,一点不错!"此诗通俗易懂,朗朗上口,曾在军中传诵一时。

毛泽东主席是党和人民的伟大领袖,也是著名的诗词家。几十年间他所写的诗词,经收集整理出版的有近百首。在他的诗词中蕴含着极其丰富的关于党和人民、人生与哲学、斗争与胜利的思想内涵,是哲学化的诗,也是诗的哲学。诗词中充满了大美的气象,这源于革命的情怀、人民至上的理念和艰苦卓绝的斗争精神。在毛主席所写的诗词中,《七律·长征》《沁园春·雪》《七律·人民解放军占领南京》《蝶恋花·游仙》《浪淘沙·北戴河》《水调歌头·游泳》《满江红·和郭沫若同志》等,很多一直在国内外广为传诵。

85. 名人写信

自古以来，一些在事业上有建树的人，留下功名，留下著作，有的还被人珍藏了他们书写的信件，为后人提供了研究的史料。

三国时期，蜀国丞相诸葛亮在外领兵征战，曾向儿子寄《诫子书》，信中言道："夫君子之行，静以修身，俭以养德；非淡泊无以明志，非宁静无以致远。夫学须静也，才须学也；非学无以广才，非志无以成学。淫慢则不能励精，险躁则不能冶性。年与时驰，意与日去，遂成枯落，多不接世。悲守穷庐，将复何及！"此书信字语不多，但流传至今的警言不少。

民国时期，思想家胡适以《我的儿子》为题，给孩子写信曰："我实在不要儿子，你自己来了。'无后主义'的牌子，于今挂不起来了！譬如树上开花，花落偶然结果，那果便是你，那树便是我。树本无心结子，我也无恩于你。但是你既来了，我不能不养你教你，那是我对人道的义务，并不是待你的恩谊。将来你长大时，莫忘了我怎样教训你：我要你做一个堂堂的人，不要你做我的孝顺儿子。"这封信写得平实有趣，却也有着期望。

美国作家马克·吐温是一位常年笔不释手、精力充沛的人，在一天的创作之余，尚有就笔书信的余兴。他写的书信颇多，一生所写竟达 7000 多封。这与他所处的时代有关，正值邮政方兴未艾之时，很多人以收到名人的书信为荣，马克·吐温也就信笔难收了。

书信都是写给别人的。而德国医学家欧立希却给自己写过几封信。1907 年他在给自己的一封信里写道："亲爱的欧立希，7 月 8 日是你父亲的生日，可别忘了给他送去一块大蛋糕，庆祝寿辰。欧立希于 7 月 4 日。"三天后，欧立希收到了这封信，连忙买了蛋糕，去给父亲祝寿。当时欧立希正在研究一种新药，没日没夜地忙碌。他给自己写信，就是提醒自己不要忘了父亲的生日。

《两地书》是鲁迅与许广平在 1925 年 3 月—1929 年 6 月的互寄书信合集，共收信 135 封，由鲁迅编辑修改而成。书信分为三部分，第一部分都是女师大的事，第二部分是厦门与广州间的通信，第三部分是北京与上海间的通信，后两部分虽生活琐事居多，关心之情已溢于言表。从书信中可感受到，鲁迅与许广平的感情，是从革命斗争的情谊而至爱情的。"十年携手共艰危，以沫相濡亦可哀。"《两地书》正是二人肝胆相照、爱情生活的写照。

86. 名人写书

　　作家写书是"分内"的事。一些名人"越界"写文学书则令人产生兴趣,乐于看个新鲜。

　　法国前总统戴高乐不仅是一位杰出的军事家、政治家,还是一位文学创作者。戴高乐早在15岁时就开始了文学创作。18岁时写过一部中篇小说,讲述了一个在殖民地服役的军官与一个女奴的爱情故事。在政坛赋闲期间,他写出了享有世界性声誉的《战争回忆录》。戴高乐一生有过六部主要作品,由于他军事家、政治家的身份过于显赫,公众一直忽略了他的作家身份。直到2000年法国权威的伽利玛出版社将他的著作收入世界著名的《七星经典丛书》,他的作家身份才得到公众正式确认。

　　美国第39任总统吉米·卡特退职后以国际和平调解人的身份著称。但他在国际上到处奔波的同时,又迷上了文学撰著。1994年,卡特的诗集出版发行。一年后他又与女儿艾米合作撰写了儿童读物《小贝比斯努格·弗莱吉尔》,内容是卡特在艾米小时候讲给她听的故事。这本书由美国时代图书公司出版发行,售价17美元。发行后的一个月即售出近三千册。

　　利比亚前总统卡扎菲有"领袖文豪"之称。早在2001年中国长江文艺出版社就出版了《卡扎菲小说选》,共辑纳了12篇短篇小说。虽然冠之以"小说",但无传统意义上的情节、人物,文章类型更接近于随笔、杂文。卡扎菲有着浓厚的乡村情结和反全球化情结,突出的主题是讴歌乡村,批判工业文明。另有对死亡、孤独、信仰、权力的思考。行文激健,语势强劲。卡扎菲曾是利比亚的强势总统,是利比亚作协的名誉主席,他的小说在利比亚国内曾人手一册。

　　中国前女排名将赵蕊蕊退役后走上了文学创作的道路。2010年她出版了第一部科幻小说《末世觉醒》,两年后又出版了《彩羽侠》。她的这第二部作品介于科幻与奇幻之间,讲述了参加地球轮回的外星高级生物、有七彩翅膀的彩羽侠,与混血魔兽黑褐魔做殊死斗争的故事,让读者在神奇灵异的魔法中领略由宇宙、自然、宗教、文化、爱情与幻想合筑的神秘世界。这部书曾获得第四届全球华语科幻星云奖最佳长篇科幻小说银奖。

87. 名人的对联

对联是"中国文艺园地一朵别致的小花"（诗人臧克家语）。千百年来，出现在我国文化生活中的对联浩如烟海，其中不乏名人的精彩之作。

三国时的孔融六岁即能文善对，一次有人当众取笑他头上的发髻，念一联曰："牛头喜得生龙角"，孔融即以"狗嘴何曾出象牙"对答之。

宋代诗人王禹偁8岁时随父去太守家赴宴。太守席中说出一上联："鹦鹉能言难似凤"，众人无以应对。王禹偁在旁脱口说道"蜘蛛虽巧不如蚕"，满座称好。

明代才子谢缙自小善对对联。十岁时，一天他在门外玩，一个有钱有势的老爷从旁经过，看谢缙穿着绿袄，就戏要说出一联："出水蛙儿着绿袄，美目盼兮。"解缙抬头看，见是位穿红袍的老爷，就顺口答对说："落汤虾子穿红袍，鞠躬如也！"这一来，想要取笑小孩子的老爷，反被小孩子说得哭笑不得。

明代才子祝枝山文采出众。一次他和一位姓徐的师爷相遇。这师爷依附权贵，蛮横自负。他当众让祝枝山出上联，夸口说没有难得住他的对联。祝枝山稍加思索言道："三塔寺前三座塔……"徐师爷接口对曰："五台山上五层台。"祝枝山笑说道："我的上联并没有说完，它是：三塔寺前三座塔，塔，塔，塔。"徐师爷不能连说五个"台"，被难住了，当众闹了个没趣。

明末清初的文学批评家金圣叹对《水浒传》《西厢记》等书及杜甫诸家唐诗都有评点。他一生文笔幽默，尤善对联。一晚他到金山寺游玩，与长老寺宇聊了又聊，他问长老已是何时辰，长老说："半夜二更半。"他听出这是副上联，却答不出下联，入睡后也没睡好，一心想把下联对出来。长老劝他不必太认真，说也许这是绝联，对不出的。金圣叹表示一定能对出，对不出就是欠了债，此债就是到死也要归还。金圣叹在清顺治年间，涉"哭庙案"被判斩。当寺宇长老拿着月饼食盒送到金圣叹面前时，金圣叹完全没把生死放在心上，脑中灵光一闪，他告慰长老说："我欠你下联的债清了，它是'中秋八月中'。"

金圣叹在刑场上虽心中难过，却仍难忘对联，对来拜别他的孩子说："哭有何用，我出个对联你们对：'莲（怜）子心中苦。'"看儿子哭得上气不接下气，没心思对下联，他安慰道："别哭了，听我替你们对下联：'梨（离）儿腹内酸。'"这副上下联一语双关，对仗工整，可谓出神入化。

88. 名人的过年

逢年过节,自古以来一些名人有其不拘一格的过年方式。

盛唐时期,边塞诗人岑参曾两次出塞,在西域度过六年时光。他多次在冰天雪地中度过除夕,在一首《玉关寄长安李主簿》诗中吟道:"东去长安万里余,故人何惜一行书?玉关西望堪肠断,况复明朝是岁除。"诗中表达了对亲友的思念,抒发了相距遥远,应多通信祝愿安慰之情。

唐代诗人贾岛以"吟安一个字,捻断数茎须""二句三年得,一吟双泪流"的苦吟精神写下了许多美诗警句。《唐才子传》说每到一年除夕,贾岛都要把全年写的诗摆放于桌面,焚香再拜,洒酒祝告,然后痛饮几杯,送走旧岁。这也是他热爱写诗至深,年至除夕对自己一年写诗吟句必做的总结。

严禁鸦片、主持虎门焚烟的林则徐遭投降派诬陷,流放新疆。在流放的除夕之夜,他忧愤满怀,写下四首《壬寅除夕书怀》诗,其中咏道:"流光代谢岁应除,天亦无心判莞枯。裂碎肝肠怜爆竹,借栖门户笑桃符。"这低吟当哭的除夕诗,表达了林则徐对祖国前途的忧虑之情。在这佳节除夕之夜,他难以高枕无忧,便反复吟诗抒发自己的爱国热诚。

过年,鲁迅经常是在写作中度过的。在他心目中,"过年本来没什么深意义,随时哪天都好"。1925 年除夕,他编成了《华盖集》;1926 年除夕,他创作了《厦门通信(三)》;1933 年除夕,他编成了《南腔北调集》;1934 年除夕,他翻译了西班牙作家巴哈的小说《少年别》。除写作,鲁迅在除夕还要整理好写了一年的每日必写的日记,用牛皮纸整齐包装起来,然后把朋友惠赠或自购的日历挂起来,年年如此。

作家老舍喜爱中国的对联艺术,在过年期间,曾多次书写春联。他在文章中写道:"大红的纸,黑亮的字,分贴门旁,的确增加喜气。"新中国成立后,老舍在北京居住期间,为抒发情怀,寄托过年的欢快心情,他书写了"诗吟新事物,笔扫旧风流""酒热诗歌壮,梅红天地新"等新时代春联。1962 年除夕又值立春,老舍写下一副春联:"除夕立春,同日双庆;随时进步,一刻千金。"春联字句真诚而朴实,又充满了美好的祝福和喜庆的吉祥。

89. 名人的游历

游历是开阔眼界、增长见识、强壮身体之举,自古受到很多人喜爱。

北宋文学家苏轼平生喜欢打猎、射箭、野游等户外活动。祖国许多名山大川都留有他游览的足迹。在游历中,他经常联想翩翩,慨叹历代豪杰驰骋的英姿。正是有了开阔的胸怀、独到的眼光见识,他才写出了许多豪放的诗词,如《念奴娇·赤壁怀古》:"大江东去,浪淘尽,千古风流人物。故垒西边,人道是:三国周郎赤壁。乱石穿空,惊涛拍岸,卷起千堆雪。江山如画,一时多少豪杰。"通过对月夜江上壮美景象的描绘,借古抒怀,雄浑苍凉,大气磅礴,给人以撼魂荡魄的艺术力量,被誉为"古今绝唱"。

明代旅行家徐霞客自幼好读书,最喜看历史、地理和探险游记一类书。长大后对科举做官不感兴趣,抱有遍游全国名山大川的心愿。他从 22 岁起,开始了旅游生活,他跑得最远的一次用了四年时间,进入了 16 个省区。所到之处,他不是一般的游玩,而是做科学考察,如他对长江和盘江考察后,写出了《江源考》和《盘江考》。他对各地的地形地貌、山水形势、地质构造等都做了详细记载,成果是巨大的。特别是对我国西南的石灰岩地貌,如桂林峰林等加以研究和记录,科学价值很高,比外国人对这方面的研究要早一百多年。

当代国画大师张大千酷爱旅游。"老夫足迹半天下","五洲行遍犹寻胜",这两句诗是他丰富多彩游历生活的生动写照。他手书"画家要以天地为师"条幅作为座右铭。提出:"行路与读书,两者要相辅而行。名山大川,熟于心中,胸中有丘壑,下笔自然有依据。"旅游中他把千姿百态的山光水色摄入心中,孕育自己的审美情趣,构思自己的创作图景。他曾泛舟长江、富春江,览黄河龙门之胜,三赴敦煌千佛洞探奇,东游泰山,西上峨眉,南登罗浮,涉足莫干、天目,两攀华山,三上黄山,足迹遍及青城山 36 峰。在扶曾农髯师灵柩回湘途中,他顺便登临了衡山祝融峰;抗战时转移大后方,他顺路游览了桂林、阳朔。这位"东方毕加索"还游历了朝鲜金刚山、印度大吉岭、花都巴黎、古城罗马等。1968 年身在异国的张大千凭着当年旅游所得印象,画成了高 53.2 厘米、长 1979.5 厘米的巨构《长江万里图》,把从都江堰到长江入海口的山川名胜尽收笔底。"外法造化,中得心源",就是张大千旅游的最主要收获。

90. 名人的散步

人在散步时,心肌收缩加强,血液流动加快,供给大脑所需的氧气和营养物质随之增多,此时散步者头脑清醒,思维敏捷,"散步出智慧"的道理就在这里。

很多名人的成功是得力于散步的。法国数学家笛卡尔解开一道久未解开的数学几何难题,就是有一天在海边散步时,脑子里突然想通的。俄国诗人普希金写出的很多美好诗篇,也常常是在散步中构思得到的。德国诗人海涅曾深有感触地说:"我最宝贵的思维及其最美好的表达方式,都是在我散步时出现的。"

俄国作曲家柴可夫斯基更是酷爱散步,他把散步列为每日必做的要事,散步对于他是休息,也是工作。散步时,他沉湎于音乐创作之中,思考和酝酿新作品,当大量的乐思涌现出来时,就停步将它们记在随身携带的笔记本上。著名的《第六交响曲》等作品,就是他在克林镇居住时散步构思写就的。他在旅居意大利期间,漫步佛罗伦萨街头,还曾向一位民间艺人采集到一首旋律优美的民歌《佛罗伦萨之歌》。

散步在一些名人上了年纪后,主要用于健身。法国作家雨果曾流亡国外,他常常呼吸着清爽的海风,沿海岸线散步。海洋的气息激发着他的诗情,出水的旭日点燃了他的灵感。他在"流亡者礁石"上完成了《悲惨世界》等名著。无论冬夏,他天天在海边散步,虽已年过六旬,还有着壮年人的身体。

我国女词人李清照冬日喜欢与夫赵明诚踏雪散步。在银装素裹的江宁城,二人披着蓑衣,头戴竹笠,脚踩沙沙作响的雪,穿街过巷,登上城楼,望钟山巍巍,长江滔滔,赏江岸雪景,寻美好的词句,别有一番情趣在心头。

英国女王伊丽莎白二世年过九旬仍精力充沛。她几十年来一直坚持周末在温莎公园散步,而她散步的方式很特别,采用"皇室正步法",样子像操场上训练的新兵,抬头挺胸,目视前方,步速较快,持续向前,直到身体出汗。这样的散步有助于她肢体灵活,强健有力。

苏联生理学家巴甫洛夫一生注意锻炼身体,他也喜欢散步,80岁时还坚持负重散步,即背上东西走路。有一次还闹了笑话。几个孩子看到一个白发苍苍的老人背着包裹蹒跚而行,于是围上去,要抢夺包裹帮他背。这老人就是巴甫洛夫,他笑着告诉孩子们:"我是在负重散步,是在锻炼身体,你们快别抢了。"

91. 名人的静坐

俗话说:静坐当思己过。其实静坐时不一定非要自思过处。在我国古代,很多人不但喜欢静坐,还把它作为一种养生之道。

唐代农学家陆龟蒙有诗云:"无人尽日澄心坐,倒影新篁一两竿。"他是以静坐处身于诗一般的境地,尽享安闲自得。而诗人白居易吟诵"披衣闲坐养幽情",更是用坐来陶冶性情了。宋代文学家苏东坡还以静坐写过打油诗,诗曰:"无事此静坐,一日似两日,若活七十年,便是百四十。"这位大学士从静坐中领略到的简直是太多了。

晚清政治家曾国藩 29 岁出任七品翰林院检讨。他出入官场,疲于应酬,身体吃不消,生了一场大病。后来他听从朋友的建议尝试每日静坐半小时,收效明显,身体变好。以后他官职越升越高,不管军政事务如何繁忙,他每日静坐的习惯从未中断。他从静坐中体会到此法能去除浮躁,强大内心。每逢大事难事,需要做出决策,他都先去内室,静坐一炷香时间,然后再坦然处之。"先静之,再思之,五六分把握即行之",成了他的处事之道。他从静坐中修身、悟道,提升觉察力,开启内在智慧,缓解压力,祛除疾病,也是他养生的秘诀之一。

一代文豪郭沫若静坐的习惯是从他年轻时养成的。1914 年 6 月他在日本东京第一高等学校读书时,由于用脑过度,得了神经衰弱症,心悸,脑部阵阵作痛,一夜只能睡几小时。读书时看前忘后,记忆力下降,让他苦恼至极。一天他在东京一家旧书店偶然在王阳明文集里见到"坐忘之说",想到可能对调节神经有帮助,于是开始练习静坐。方法是行平静而有规律的呼吸,吸气宜长且缓,呼气宜短而促;呼吸要自然,使行呼吸于不经意间。他每天早起和临睡前各静坐三十分钟,坚持两个星期后,收到了显著的效果,睡眠时间延长,记忆力也好转。从此"静坐功"成为他的健身养生之道,一直坚持到晚年。

历史学家钱穆从年轻时起就迷恋以静坐健身。这种持之以恒的做法使他具有充沛的精力从事学术研究活动。钱穆指出,静坐必择时地,以免外扰。静坐时大腿平放,小腿要直,头颈正直,全身放松,然后排除杂念,达到调身、调心、调息的境地,进入一种似睡非睡的"入静"状态。一般每日两次,每次三十分钟。静坐后会感觉神清气爽,身体轻盈,收到强身祛病之效。

92. 名人与失火

失火是一场灾难。一些名人在火灾面前却也有着不同寻常的表现。

英国发明家瓦特在 1776 年制造出了第一批有实用价值的蒸汽机。在长期的研究过程中,他心无旁骛。一次邻居家失火,周围的人乱作一团,瓦特在家却不见他跑出来。消防警冲进他家,只见瓦特正注视着消防喷水管,拿着笔画着什么。警官喊他快逃,他似乎没听到。这时火苗已在他房内乱蹿,一根水管冒着蒸汽倒在他面前,这让他兴奋地高喊:"水管被灼热,蒸汽就会喷出……"这就是瓦特研究蒸汽机时的一个故事。

美国发明家爱迪生从小喜爱科学发明。12 岁那年,为减轻家庭负担,他到火车上卖报。有空闲时间就在行李车厢一角做实验。一天,一瓶白磷从桌上震翻下来,顿时火起,迅速蔓延。火扑灭了之后,脾气暴躁的老车长重重打了爱迪生几个耳光。爱迪生只觉右耳嗡嗡作响,以后就聋了。他揉着耳朵,想的还是没完成的实验。

波兰作曲家、钢琴家肖邦在法国期间,一次在巴黎旅馆演奏钢琴,诗人密茨凯维支也是听众之一。演奏中忽然外面发生火警,听众慌乱夺门奔逃。火警解除后,人们重返室内,只见肖邦一直在聚精会神地演奏,沉浸在美妙旋律中。那诗人也保持着老样子,凝神倾听,眼里闪着感动的泪花。对于刚才发生的骚乱,肖邦二人丝毫也没有察觉。

俄国作家托尔斯泰的家乡在 1883 年接连发生火灾,烧掉了不少人家的房屋。眼见失火,托尔斯泰挺身而出,冒着烟雾奋不顾身救火,抢救乡亲家的财产。事后又去灾民家看望安抚。他还叫儿子到银行去提取他的股份,以济灾民之急,又请哥哥为灾民代购麦种。在另一次火灾发生后,托尔斯泰亲挥利斧,与家人一起砍伐树木,资助灾民盖房。托尔斯泰认为许多灾祸源于疏忽,为此他还写了小说《忽略一颗火星烧掉一幢房子》。

英国前首相丘吉尔年轻时,于担任要职前在小城鲁特伦德度假。一晚不远处居民区发生火灾,消防队尚未赶到,年轻的丘吉尔临危不惧,头戴安全帽,手持灭火器,奋起救火。当他最后一次抢运出东西时,房顶塌落下来,使他险些葬身火海。丘吉尔的事迹传出后,当地美丽的少女霍齐娅热情向丘吉尔求婚,一场失火让二人喜结良缘。

93. 名人遇贼匪

在社会生活中,有的名人偶遇贼匪,巧与周旋,也被传为佳话。

北宋时期推行变法的政治家王安石二次被罢相后,在金陵建书堂,买活鱼放池塘喂养消遣。可鱼放入池塘便被人在夜间偷偷捞走,家人在池边张贴禁文也不见效。一天王安石和友人在塘边散步,眼见鱼塘空空无鱼,王安石按友人建议写诗一首,贴在塘边桥柱:"门前秋水碧粼粼,赤鲤跃出如有神。君欲钓鱼须远去,慎勿近前丞相嗔。"王安石以诗表明身份,自此塘中放养的鱼再无丢失。

清代画家郑板桥辞官后,只带了一条黄狗和一盆兰花回到了扬州。一晚他躺床正难入睡,有人闪进房门,他想到是来了贼,不敢声张,但也不想任由贼人胡来,便翻个身,吟诗两句:"月色朦胧夜深沉,梁上君子入我门。"那贼摸到床边,听到吟诗,伏下不动。接着又听到:"腹内诗书藏千卷,床头金银无半文。"贼人知道这里是个穷书生,转身便走,却又听到提醒:"出门休惊黄毛犬,逾墙莫损兰花盆。"那贼脱身到了院中,竟又听到送别语:"天寒不及披衣送,趁着月亮赶豪门。"

著名画家张大千 17 岁在外埠上学时与同学步行回老家,途中遭土匪掳去。土匪头目看张大千的字写得好,就逼他当了"黑笔师爷",就是给土匪绑票的人家里写信要钱、出告示、管账等。一次张大千跟随土匪去抢劫一个大户人家,土匪叫他拿东西,他挑选拿了一部《诗学含英》。以后这部书就成了他自学摸索写诗的启蒙书,他在匪窝里时常翻看,并学着诌上几句。他后来救下一位被土匪劫掳的受伤老人,了解到老人曾是位有过功名的进士,便向他求教作诗方法,为他以后成为书画诗文四绝的一代大师打下了基础。

一代喜剧表演大师卓别林也曾遭遇过盗贼。一天他带着一大笔款子,骑车驶往乡间别墅。半路遇到一个强盗,拿着手枪逼他交出钱来。卓别林答应了,但他恳求强盗在他帽子上打两枪,回去好向主人交代。强盗摘下他的帽子打了。他又要求强盗在他衣襟上打两个洞,强盗不耐烦地扯起他的衣襟打了几枪。卓别林再要求强盗往他裤脚上打枪,说这样逼真,主人才会相信。强盗骂着往他裤脚上开枪,可是连扣几下扳机枪也没有响,原来是没有子弹了。卓别林一见,拿上钱,跳上车,飞也似的逃走了。

94. 名人破谜案

千百年来,科学家发明研究取得了无数重大科研成果。有的科学家遇到案件,凭着高智商,也能很快将疑案查个水落石出。

美国发明家爱迪生年轻时有个好朋友亨利,两人都喜欢摆弄机器,搞些发明。一天两人来到亨利的实验室,亨利先去点天花板下的煤油灯,突然一声枪响,亨利应声倒地。亨利的妻子和他的堂弟闻声而来,等警察赶到后,亨利堂弟指认爱迪生是杀人凶手。警察相信了亨利堂弟的判断,要将爱迪生带走。爱迪生却不肯离开,要求和警察一起勘查现场,并很快有了发现。屋中圆柱下扔着一把手枪,柱上有钩钉,残留着被火药烧焦的痕迹。经警察还原,可知手枪是挂在钩钉上,枪口正对准去点油灯的亨利脊背。这足以证明当时还在屋外的爱迪生不是凶手。那枪是如何发射的呢?爱迪生观察了柱子后发现,柱子上埋设了一块电磁铁,通过线圈的架线连接地板下的蓄电池。当亨利站到点灯的位置,触动启动开关,在磁力作用下,手枪被拉引向前,扳机被钉子阻挡而击发,而由于后坐力,枪也会掉落在地上。有证据表明这套装置是亨利堂弟安装的。一桩突发的奇案也解开了谜团。

物理学家居里夫人在一个雨后清晨骑着自行车遛弯,忽然发现路旁有名警察腹部流血倒地。居里夫人跑过去,警察告诉她有个青年刺了他,抢了他的自行车,指了指凶犯的逃跑方向就咽了气。居里夫人报警后,随警察向前追去。追了一程,前面出现了岔道,两条路都是上坡路,追赶的警察为走哪条路犯了难。居里夫人观察了两边路面后让警察往右边路上追。她告诉警察,通常骑自行车重量落在后轮上,而上坡时骑车人朝前弯腰,重心前移,前后轮的痕迹就大致相同了。右边这条路上的痕迹就是深浅差不多的,凶犯应该是走的右路。警察急速追去,果然在不远处抓到了逃犯。

生理学家巴甫洛夫听说研究所里的一位工作人员的姐夫外出旅游刚回来,被自己豢养的爱犬咬死了。他向警察局了解案情,证实了该犬在主人外出一个月期间一直由那位工作人员代养,便告诉警察凶手就是自己研究所那位工作人员。警察说那人没有作案时间。巴甫洛夫肯定地说,他杀人的手段正是自己的研究成果。他讲解道:在遇难者外出期间,他的内弟利用"条件反射"原理对狗进行了特殊的训练,让它一听到电话铃声就扑上去撕咬穿戴和其姐夫相像的假人,然后回研究所上班。他可能抽空拨通遇害人的电话,而狗一听到电话铃声,便会扑向主人,发起致命攻击。根据巴甫洛夫的推断,破案人员进行深入的侦讯,结果不出巴甫洛夫所料,凶手正是遇难者的内弟,杀人的过程也正和巴甫洛夫推测的相仿。

95. 名人应对失眠

失眠是一种常见病,指无法入睡,导致睡眠不足。一些名人应对失眠有着自己的一套办法。

法国著名思想家卢梭年轻时患有严重的失眠症,有心悸、耳鸣、气虚等症状。他并没有使用药物,而是以"从事轻微的体力劳动"来治疗。在从事写作的空闲时间,他外出采药、打猎,在家中栽花、养鸽子,保持一定的体力活动。久而久之,这些轻松怡情的活动方式,使他精神愉快,体魄强健起来,失眠的现象也逐渐消失了。

美国作家海明威也曾患有失眠症。他的应对之策是驾驶快艇出海,劈波斩浪,痛快玩上一阵子,再洗一个海水澡,然后倒在床上,就能安然入睡了。他说:"快艇在大海上的漂摆,是我摆脱失眠的良方妙药。"

德国诗人歌德曾一度被魏玛的官场生活和艰苦的文学创作折磨得夜不能寐。他应对失眠的"妙方"是化装出走,远赴意大利漫游。改变环境,放松心态,神经衰弱和失眠症都远离了他。

俄国作家托尔斯泰在创作长篇小说《安娜·卡列尼娜》时,一度严重失眠。他便在自己的书房旁设置了一个体操房,写作一段时间,就进去做几套体操。经过这样的调解,心态平和了,失眠也消除了。

法国作家大仲马对付失眠不吃药,而是每晚临睡前必吃一个苹果。他发现苹果的芳香气味对神经有镇静作用,靠着吃苹果来控制自己按时睡觉和起床,闹了一阵子的失眠症被他征服了。

英国作家狄更斯在长期的写作熬夜中也得了严重的失眠症。他偶然发现头南脚北的睡眠方向有益于入睡,于是每天这样睡,在他确也治好了失眠症。有研究认为,地球是一个大磁体,形成大磁场,地球上的生物都受这个磁场影响。头南脚北的睡眠方向适应地球磁场,有助于人安然入睡并睡得香甜。

我国当代文学家茅盾也曾有失眠的苦恼,不吃药就难以入睡。家人为他拿药,怕他过于依赖药物,暗地将一种无副作用、不治失眠的药片给他吃,茅盾完全没有觉察。有趣的是这种"假"药也能起到"催眠"的效果。久而久之,茅盾竟不再失眠了。当他后来知道这个秘密后,高兴地说:"原来我的失眠症是无药而愈的。这是种精神疗法,还真能以假乱真。"

96. 名人在弥留之际

一些事业心强的人,哪怕即将走到生命的尽头,他们心心念念的仍然是自己的事业。

法国19世纪写实主义风景画家柯罗一生酷爱绘画。他所描绘的大部分画是景色柔和的清晨或傍晚,有时画面还笼罩着轻烟薄雾,有如梦如幻之美。有些风景画中加入了神话或传说人物,为画面增添了活力。柯罗勤奋一生绘画,临终前牧师问他有什么想法,他说:"我现在什么都不想,只希望在天堂里也有画儿画。"

德国诗人海涅自24岁发表诗作,以4卷《游记》和《歌集》闻名文坛。他游览了法国等欧洲国家,广泛接触社会。1843年与马克思相识,创作达到顶峰。1845年后他患了瘫痪症,在床上过了多年"床褥墓穴"的生活,但他笔耕不辍,至死也未停止写作。临终时他说的仍是:"写,我写,我的纸,我的笔……"

出生于波兰的物理学家居里夫人逝世前一年,每天在实验室工作12小时以上。她说:"我的余生虽然已是极端短促和脆弱了,但是我仍要工作,这正和蚕不得不作茧一样。"在临终前,她没有提她女儿们和其他亲人的名字,只是用不连贯的话语说着:"各章的分段应该一样……我一直在挂念着那部书(《放射学》)。"

我国明代地理学家徐霞客一生志在四方,足迹遍布今21个省、市、自治区,"达人所未达,探人所未知"。所到之处探幽寻秘,并记有游记,记录观察到的各种现象、人文、地理、动植物等状况。当他卧床不起,行将与世长辞时,还把自己从野外采来的岩石标本,放于床前,进行细心的观察和研究。

法国作家巴尔扎克在临终前一直惦念着他未完成的《人间喜剧》,他向医生说明意图,了解病情。医生问他还想要多少时间,他说6个月,医生摇头;他又说6星期,医生又摇头。巴尔扎克说:"6天总可以吧,我可以把50卷书稿校订一下。"而医生劝他立即写遗嘱。巴尔扎克还在问着:"什么?6小时也不行吗?"就这样问着,离开了人世。

出生于德国的物理学家爱因斯坦在76岁时,仍勤勉工作着。由于过度劳累,体质虚弱,以至一病不起。在他弥留之际,来探望他的友人问他需要些什么,他说:"我只希望还有若干小时的时间,让我能够把一些稿子整理好。"

97. 名人甘当配角

在演艺舞台上,没有哪个演员不想出人头地,大红大紫。但也有一些演员,有很好的演技,却甘当配角,愿做衬托"红花"的"绿叶"。

老一辈电影艺术家赵子岳一生曾参加拍摄了近百部电影,他所扮演的角色绝大部分是配角,有的一部片子只有一两个镜头,几句台词。但他从来都是把配角当主角演,他认为影片需要的人物,不论是主角还是配角,都应该是一个完整的艺术整体,而不能因为演的是配角,便放弃创造角色的责任。他把许多配角都演活了,虽然他没得过什么奖,但得到了电影界和观众的一致认可。

与赵子岳同时期活跃影坛的凌元出演了百多部影片,无一例外,演的也都是配角。20多岁时她第一次拍电影,导演就让她饰演"母亲"。当和她年龄差不多的男子叫她"妈"的时候,她也只能硬着头皮演下来。从那以后凌元的银幕形象一直没离开过"善良母亲"。她在《平原游击队》《红旗谱》《锦上添花》《黑三角》《甜蜜的事业》等影片中,都有出彩的表演。年近九旬时,她还应邀在电视剧《春风沐雨》中扮演一个部长的母亲。十几场的戏,凌元每场都是一气呵成,台词说得一字不差,令在场的晚辈叹服。凌元拍片无数,虽与各种电影奖项无缘,却受到了广大观众的爱戴。

喜剧明星赵丽蓉是深受欢迎的小品演员,在影视剧中也有获奖佳作。她原是评剧演员,一直演的也是配角,如《杨三姐告状》中的杨大娘、《花为媒》中的阮妈、《刘巧儿》中的李大婶、《小二黑结婚》中的三仙姑等。她演的虽是配角,但经她挖掘创造,人物特色浓郁,性格鲜明,在烘托主角的同时,把配角演得满堂是彩。她曾说:"干啥就得像干啥的样儿,演好不为别的,不能糟蹋了艺术。"凭着这种对艺术的追求精神,她不管演小品还是影视剧,都没有辜负观众的期待。

当代英国影视演员布劳德邦特,年仅4岁就曾在影片中亮过相。当他在演艺圈摸爬滚打了近40年,晚他出道的朋友们都功成名就时,他却仍是个默默无闻的角色。只是当当配角,在影片里出镜三五分钟。他总共饰演过上百个配角。但他并不气馁,始终如一地保持着甘当"绿叶"的精神,总是认真地把配角当主角一样去演绎。他的努力终于有了回报,1987年他凭借着《超人》第四集《寻找和平》进军好莱坞,以后演艺事业步入高峰。2002年《艾瑞丝》更让他获得了最佳男配角奖。他在总结自己成功经验时说道:"舞台上有主角配角之分,但在生命的舞台上,谁都是自己的主角。"

98. 名人与饮食

据不完全统计,我国有各式风味名菜五千多种。其中,不少名菜的创新和发展都与名人有着密切的关系。

儒家学派创始人孔子是我国古代伟大的政治家、思想家、教育家,他对于饮食也很有见地,最早提出了关于饮食卫生、饮食礼仪等观念。他在《论语》中提出了许多饮食卫生的原则和鉴别食物的卫生标准。如几种食物不能吃;吃饭应以主食的谷物为主,吃肉佐饭;吃饭、睡觉时不说话等,这些都很符合卫生原则。他主张的"食不厌精,脍不厌细"的饮食观,被认为是对中国饮食文化创建的一大贡献。

相传,中国第一个称皇帝的君主秦始皇喜爱吃鱼,每餐必备。但他性情急躁而暴戾,十分讨厌鱼刺,致使好几个厨师为此丧生。这日轮到三楚名厨做菜,他洗好鱼,想到自己的小命可能休矣,就狠狠地用刀背向鱼砸去,鱼砸烂了,鱼刺露了出来。这时太监来传膳,厨师急中生智,顺手将鱼肉在汤里氽成丸子。秦始皇吃了十分满意,还为其取名"凤珠氽"。

清代乾隆皇帝三下江南时,曾走入江南一家小饭馆就餐。店家苦无好菜,先将家常锅巴用油炸酥后,再用虾仁、熟鸡丝、鸡汤熬制卤汁,浇在锅巴上,顿时噼啪声响,香气扑鼻而来。乾隆品尝了这款"虾仁锅巴",称赞说:"此菜可称'天下第一菜'。"

中国饮食菜肴历经几千年的发展,博大精深。革命先驱孙中山在《建国方略》中专列一章,系统地论述了中国的饮食及烹调。他认为烹调是一种美的艺术,是一种文明。孙中山早年曾从事过医学研究,对中国的烹调和食品营养也很有了解。他列举了中国许多富有营养的大众化食物,如金针菇、木耳、豆腐、豆芽等,"实素食之良者,而欧美各国并不知其为食品也"。他还指出,人间之疾病,多半从饮食不节而来,提倡合理饮食,必须讲究食疗等,这也指导了民众的饮食之道。

丹青圣手张大千不仅在绘画上身怀绝技,也是饮食上懂吃、善做的厨界高手。张大千云游海内外,在饮食上百味杂融。他是四川人,喜欢的菜不仅是川菜,还有粤菜、鲁菜、杭州菜等。他会做菜,不仅知道一道菜的做法渊源,还深谙这道菜的食材。他下厨烹饪的菜肴颇多,经亲友记载的有"大千鸡块""大千烧鱼""大千三味蒸肉""大千鱼翅""大千鳝段""大千丸子汤"等。近年来,四川内江张大千故里的商业部门,根据张大千子女、亲友的回忆,搜集整理了"大千菜"20多个品种,不仅在当地大受欢迎,流传到欧美也很受喜爱。

99. 名人与零食

零食里有许多营养成分是一日三餐中没有或少有的。很多人喜欢吃零食,一些名人也有吃零食的嗜好。

晚清洋务派代表人物张之洞喜欢美食,在饮食上又有独特的怪癖。他最爱吃新鲜的水果、糕点和蜜饯。他的办公桌上除了摆放文房四宝和文件档案外,还放置了十多个盘子,盘子里都是各式各样的水果和零食。他想吃就吃,伸手便取。每次进餐之前,他都要先吃水果,然后喝点好酒,再进主食。喝酒的时候,他也不需要下酒菜,他的下酒菜就是各类水果。

鲁迅也喜欢吃零食,可见其在饮食上浪漫而不刻板。他爱吃的零食有羊羹、萨其马等。他在教育部供职时,每到发薪,就会顺路到一家法国面包房买两款奶油蛋糕。一银圆 20 个,较为昂贵。他买蛋糕主要用来孝敬母亲,自己也吃几个。他最喜欢的糕点是蜜糖浆黏的点心萨其马。

早年梨园一些大师也极爱吃零食。四大名旦之一的荀慧生不爱进大饭店,而偏爱地方小吃摊。他很少参加当地安排的饭局,而愿意一个人走街串巷,遍尝当地的特色小吃。四小名旦之一的张君秋不登台时,也喜欢沿街闲逛,品尝琳琅满目的各类小吃。四大须生之一的谭富英说自己天生没口福,越价高的菜肴越是吃不惯,倒是炸油条、炸油饼这些大众化的食品让他吃得顺口。他晚下戏回家,常会端起"白水羊头"小吃盘大快朵颐。

欧美许多政要也有吃零食的浓兴。美国前总统布什父子称得上是最爱吃中国美食的外国领导人。老布什 20 世纪 70 年代担任美国驻中国联络处主任,他经常骑着自行车穿行于北京的大街小巷,遍尝烤鸭、烤肉和各色北京小吃。美国第 40 任总统里根喜欢在饭后吃几粒软糖,代替吸烟,发现小小的软糖竟有戒烟的妙用。以后他不仅自己吃,还介绍给别人食用。他后来甚至把软糖带到内阁会议上,让大家边嚼边谈。以后竟然渐渐形成了一个习惯,里根不嚼软糖开不成会,做不出决议。随着里根入主白宫,小小软糖也身价百倍。会议桌上总放着一只漂亮的大型水晶玻璃瓶,里面盛满了五颜六色的软糖。人们称它为"第一糖果"。在庆祝里根就职的招待会上,共消耗了4000 万颗软糖。在一次讨论削减政府预算的会议上,里根非常幽默地对与会者说:"有人告诉我,紫色的软糖是有毒的。"他边说边随手拿起一粒紫色软糖放在嘴里嚼,以此表明他的态度:不管有人怎样反对,他还是要大大削减政府开支。

100. 名人与食粥

粥古称糜、糊等。食粥在我国已有三四千年的历史。粥不仅是解饥的恩物,也是治病的良方、养生的妙品,自古受到人们的青睐。

唐代有一种兰香粥,食之香气如兰。诗人李商隐喜爱食之,他咏道:"粥香饧白杏花天,省对流莺坐绮筵。"描述了诗人因食甜香的粥改换口味而自得的心情。

宋代徐州人爱喝一种热粥,以黄豆提浆,辅以无锡贡米,粥浓香而不粘碗。苏东坡品食后写诗赞云:"身心颠倒不自知,更识人间有真味。"可以想见,这位美食家粥入口中,感觉妙不可言,竟有些忘乎所以了。

北宋词人秦少游被贬官后,居家食粥度日,倒也安稳。他曾写诗曰:"三年京国鬓如丝,又见新花发故枝。日典春衣非买酒,家贫吃粥已多时。"

南宋诗人范成大也喜食粥。一次食粥后吟诗曰:"镂姜屑桂浇蔗糖,滑甘无比胜黄粱。"这里提到一种生姜桂皮粥,有理气健脾之功效。

食粥、咏粥,对粥倍加赞誉的南宋诗人陆游,其长寿的秘诀之一就是吃粥。他85岁时,以腊八粥为题写诗,诗云:"今朝佛粥更相馈,反觉江村节物新。"从诗句中可以领略到古人将粥煮好,送与人品食的情趣。

明代诗人张方贤写过一首《煮粥诗》,诗云:"煮饭何如煮粥强,好同儿女细商量。一升可作二升用,两日堪为六日粮。有客只须添水火,无钱不必向羹汤。莫言淡薄少滋味,淡薄之中滋味长。"诗人在此以通俗的语言,从勤俭持家的角度,把食粥的好处讲述得淋漓尽致。

清代"扬州八怪"代表之一的郑板桥在当县令时,常以粥养廉,门前贴有"瓦壶天水菊花茶,白菜青盐粳米粥"的座右铭。他在给弟弟的家书中写道:"十冬腊月,凡乞讨者登门,务饷以热粥,并佐以腌姜。"他以为只有自己清寒过,才能了解别人清寒的窘境。中国文人与粥的这种不同一般的感情,也多从他们自身的贫苦体验而来。

《红楼梦》的作者曹雪芹也是一位食粥大家。《红楼梦》书中有不少章节都具体写了"各样细粥",充分表现出作者的粥文化意识。曹雪芹之所以精于粥文化,是有其家学渊源的。其祖父曹寅曾得康熙皇帝宠信,也是一位有声望的文化人,《粥品》书就是由他所撰。曹雪芹秉承了家学,这才能将"各样细粥"描述得细致入微。

101. 名人与饮茶

　　茶叶源于中国,是世界三大饮料之一。不少古今名人喜爱饮茶,对茶叶的营养以及饮茶方法有很多研究。

　　北宋时苏东坡精于茶道,还亲手种过茶。在被贬黄州时,他曾向大冶长老乞得"桃花茶"树种,栽培在自己开垦的东坡上,收获后烹制成甘美的"桃花绝品",邀请文友品尝。他掌握了一整套"煎茶旧法出西蜀,水声火候犹能谙"的烹茶技巧,被传为佳话。他还有一个食后用浓茶漱口的习惯,"每食已,辄以浓茶漱口,烦腻既去而脾胃不知,齿便漱濯"。从医学观点看,以浓茶漱口简便可行,是宜于防治口腔疾病的。

　　宋代女词人李清照与金石学家赵明诚结婚后,在山东青州故乡隐居十几年。他们的物质生活并不富裕,精神世界却有情趣。每到饭后,二人就在书屋煮上茶,然后随便讲一件史事,谁先说出这个故事的出处,谁就可以先饮茶。李清照知识广博,才思敏捷,常常占先,"中即举杯大笑"。这样的饮茶方式,能提高艺术修养,也是一种高雅的娱乐活动。

　　民主革命的先驱孙中山一生酷爱饮茶,对茶文化很有研究。辞去中华民国临时大总统后,孙中山去了杭州,在一家小茶馆品饮了龙井茶。然后登六和塔,逛虎跑寺,在虎跑寺掬泉品茗,感慨道:"味之甘美,天之待浙何其厚也。"而后,他在《民族主义》第六讲中写道:"中国人发明茶叶,至今为世界之一大需要,文明各国皆争用之。以茶代酒,更可免了酒患,有益人类不少。"这表明中山先生对茶十分重视,并有着深厚的感情。

　　鲁迅也堪称"茶迷"。早在20世纪20年代,鲁迅就喜欢品茶。他说:"茶清香可口,一杯在手,可以与朋友作半日谈聊。"那时他常在广州的"陆园""北园""妙奇香"等茶室品茶会友。鲁迅认为:"有好茶喝,会喝好茶,是一种清福。"鲁迅在书房写作,经常是左手握着烟斗,右手不停地挥笔疾书,茶壶则伴在一旁。茶是他少不得的"伴侣",在他倦乏之际,茶起了很好的醒脑提神作用。

　　周恩来总理生前爱饮龙井茶,1949年后还曾五次去茶区视察工作。同茶农一起上山采摘茶叶,和采茶能手亲切交谈。在他的亲切关怀下,我国名茶生产得以迅速恢复和发展。他在龙井茶区视察时提议,凡有条件的地方都可以种植茶树,公园、庭院也可将茶树作为绿化树,既美化了环境,又增加了经济收入。

102. 名人与饮酒

酒的化学成分是乙醇,有麻痹神经的作用。酒能提神助兴,饮酒无度也会损害健康。名人嗜酒在这方面的事例是很多的。

北宋文人苏东坡几杯下肚,情涌毫端。黄庭坚说他:"至酒酣放浪,意忘工拙。"气势磅礴、流传千古的《念奴娇》便是东坡醉后所书的得意之作。南宋诗人陆游亦常在醉后奋书,曾自吟道:"酒为旗鼓笔刀槊,势从天落银河倾。"又道,"今朝醉眼烂岩电,提笔四顾天地窄。"醉墨淋漓,常有神来之笔。

而"诗仙"李白与酒更结有不解之缘。他活了 62 岁,饮酒就有 50 多年。每次饮酒总要一醉方休。在他看来,唯其酣醉,才算极乐,为此自诩为"酒中仙"。在李白的诗中,写酒的多达 170 篇,足以表明他对酒的兴趣。他一生乐于与酒为伴,"但愿长醉不复醒","一日须倾三百杯",让酒灌个够。就在这不知不觉中,酒精严重损害了诗人的健康。李白 55 岁时,已不能登山远游,几年后患"腐胁疾"(肺脓肿)去世。他嗜酒,也逝于酒。

欧美一些作家也嗜好饮酒,他们酒后无德,不仅与自己的声誉不相称,有些人还断送了生命。美国作家海明威酒醉后凶狠残暴,寻衅滋事。晚年后因酗酒情绪低落,饮弹自尽。美国诗人爱伦·坡嗜酒如命,死前醉倒在巴尔的摩一个酒吧前的阴沟里,年仅 40 岁。美国"歌曲大王"福斯特一生创作了 200 多首歌曲。他饱受出版商盘剥,入不敷出。为了消愁,常常喝得酩酊大醉。几年之内从一个充满生气、健康的青年,变成一个未老先衰的人。醉倒而死时年仅 38 岁。

《红楼梦》作者曹雪芹避居香山"黄叶村",每日著书均离不开酒。家境困窘,他过着"举家食粥酒常赊"的生活。在他 40 岁时,天花病流行,让他仅有的一个儿子死于病灾中。他悲痛伤感,酒也喝得更凶。忧能伤身,鸩酒杀人,在这一年除夕,曹雪芹离开了人世。在他逝去后,他生前存放书稿的遗箧上留有其继妻题诗,其中有"不怨糟糠怨杜康"句,道出了曹雪芹早逝的原委。

鲁迅生前喜爱饮酒,在他日记中有不少记载。但他酒量不大,饮酒从不过量。在他一生中,也有几次醉酒的时候。"女师大"事件以后,黑暗势力的迫害,所谓"正人君子"的卑劣,使鲁迅积愤成疾。那段时间他经常不眠不食,整日纵酒泄愤。反动文人又乘机丑化攻击他,有人干脆盼着鲁迅死在酒上。为此,晚年时鲁迅宣布"我戒酒了",并表示:"我的戒酒,以望延长我的生命,倒不尽是为了我的爱人,大半倒是为了我的敌人。"

103. 名人与音乐

音乐能给人以听觉上的愉悦,陶冶人的情操,净化人的心灵。一些名人对音乐有着强烈的爱好和深刻的理解。

德国诗人海涅在欣赏肖邦的演奏时,描述说:"我感觉好像从故乡来了亲人,他把我不在时所发生的奇异事情讲给我听。有时我真想打断他问:那个戴着银网的水神近来可好? 我们的玫瑰花又在盛开吗? 我们的树还在月光下曼妙舞动吗?"这些都是诗人在聆听音乐家演奏时产生的一连串幻想。

法国女作家乔治·桑在欣赏肖邦演奏一首前奏曲时,感到"在阳光灿烂的晴空下,有孩子的欢笑声,远处传来忧郁的六弦琴声,潮湿的树叶中响着啁啾鸟鸣,雪地上开出了小而苍白的玫瑰花……"这是悦耳乐声传来时她所产生的丰富联想。

俄国作家托尔斯泰生长在一个音乐之家,19 岁时曾拜德国籍钢琴家为师,学弹钢琴。这个时期他整日泡在琴声和五线谱里,钻研乐理知识,并写出了关于音乐的长篇论文:《音乐的基本原理及其学习法则》。中年时他写长篇小说《安娜·卡列尼娜》,在艰苦紧张的创作中,他也没有忘记音乐,经常每天弹上三个小时的钢琴。托尔斯泰成名后,两次出国,结识了不少音乐名家。1876 年,他在莫斯科见到了柴可夫斯基,并在演奏会上靠近聆听了柴可夫斯基的演奏。据柴可夫斯基回忆说:"很可能,我一生中从来没有过像列·尼·托尔斯泰坐在我身旁,流着泪听我演奏的四重奏时那样高兴。"托尔斯泰在临终前的最后一年里曾对人说:"如果全部欧洲文明都崩溃了的话,我所感到惋惜的,也只有音乐。"

苏联革命导师列宁博学多才,他在音乐艺术方面也很有修养。他出生在一个音乐家庭,从小喜欢音乐,弹过钢琴。他创建领导了苏联十月革命政权,工作极为繁忙,百忙中仍尽可能地去参加一些音乐会。他喜爱古典音乐作品,并有深刻的理解。他欣赏了柴可夫斯基的《第六(悲怆)交响乐》演奏,表示:"是以骄傲的心情"体会到音乐家的创造。他听了贝多芬的《热情奏鸣曲》,激动地对高尔基说:"我还不知道有比《热情奏鸣曲》更好的音乐,我真想每天都听到它。"在克里姆林宫列宁旧居的珍贵遗物中,至今保留着贝多芬 32 首钢琴奏鸣曲两个不同版本的乐谱和《月光奏鸣曲》《悲怆奏鸣曲》的单行本。

104. 名人与集邮

世界上喜欢集邮的人很多，一些名人对小小的邮票也有着青睐。

美国第 32 任总统罗斯福曾说："集邮，是探讨人类关系的科学。"他自幼喜爱集邮，搜集内容广泛，涉及世界各国。主政白宫后，他要求美国国务院把国外的来信都送到自己办公桌上，以便随意挑选自己还没有的邮票。晚上则常以欣赏邮票自娱。他曾让人把美国已发行的各种邮票排列在巡游车上，并装上邮票印刷机，在国内做示范表演。他还修改了联邦政府在发行邮票上的某些限制，对美国的集邮活动起到了推动作用。

革命导师马克思在工作中会收到很多国内外人的信件，信件上贴有图案十分精致的邮票。这使马克思的小女儿爱琳娜有了收集邮票的爱好。晚餐后，爱琳娜就会拉着父亲坐在一起，拿剪刀把邮票从信封上剪下。马克思就会慈爱地呼唤她拿来温水盆，帮女儿把邮票泡水、洗下、晾干、压平。积累的邮票多了，马克思就把邮票上印的历史人物或图案故事讲给小女儿听，这也成了他家中一项娱乐活动。马克思说："如果我也算是个集邮爱好者，那得归功于小女儿。"

鲁迅一生虽然写作繁忙，但精神生活仍很丰富，爱看电影、看戏，喜欢文化收藏，也爱好集邮。在他的日记和信函中都有不少集邮的记载。如 1913 年 10 月 10日："寄许季上信，又自寄一信，以欲得今日特别纪念邮局印耳。午闻鸣炮，袁总统就任也。"1932 年 11 月 3 日，鲁迅在致许寿裳的信中说："邮票已托内山夫人再存下，便中即呈。顷得满邮一枚，便以附上。"可见鲁迅是一个集邮爱好者。他的广博知识与他多方面的爱好是分不开的。

法国前总统萨科齐的坏脾气在法国是出了名的。与前妻婚姻破裂后，继任夫人布吕尼为帮助丈夫改掉暴躁脾气，咨询专家，想到了以集邮来磨炼萨科齐的耐性。消息传开，世界不少国家的政要，包括英国伊丽莎白女王，都为萨科齐收集、投寄了邮票。萨科齐和妻子也在爱丽舍宫成立了"集邮俱乐部"，以方便圈内的朋友交流。萨科齐也由晚上聚餐喝酒，改为在家收集邮票，欣赏邮票。通过整理、翻阅邮票，让他忘却了疲劳，逐渐还成了集邮的行家。他说话谦和了，处事方式舒缓了，脾气也有了明显改变。

英国女王伊丽莎白二世是英国在任时间最长的君主。她也喜欢集邮。但她可不是以集邮为娱乐消遣。邮票是女王皇室中重要的资产。珍邮、仙灵汉姆庄园与珠宝首饰是女王资产中的三"最"。一直以来，女王收集了许多非常稀罕、价格昂贵的邮票。所有这些邮票的价值比皇家地产总额加起来还多，是女王资产中份额最大的部分。

105. 名人的收藏

除了集邮，一些名人对收藏形形色色的各种收藏品也饶有兴趣。

英国生物学家达尔文从小被认为是一个平庸、智力不高的孩子。他被父亲送入神学院后，在课堂上没学到什么有用的东西，而是靠自学得到了知识的营养。他喜欢收藏，狂热地搜集昆虫和植物标本，身边多了硬币、图章、贝壳和化石等杂七杂八的物品。为了做化学试验，他在花园小棚里堆积了曲颈瓶、长颈瓶、试管、烧杯等器皿。他的卧室摆放了大量的收藏品，每个物件上拴有标签，俨然一座小型博物馆。达尔文热爱科学，广泛收集生物标本，不断探索，终于用事实向世界说明了物种和人类起源的真相。

许多名人把收藏与人生的信仰、追求联系在一起，收藏因名人更具活力，名人也因收藏更显风采。鲁迅的收藏除了作为一种休闲消遣，更多的是收集古器古籍作为研究和探讨之用。他在北京收集到收有碑帖拓印 300 余种的《寰宇贞石图》，随之对此书进行了考证和整理。鲁迅对汉画像石拓片的收藏也下过一番功夫，并取得很大成果。

救国会"七君子"之一的沈钧儒特别喜爱石头，他将收藏了石头的书斋叫作"与石居"。他所收藏的石头林林总总，来自四方，有来自八达岭的，有列宁从事革命活动藏身地的，有鸭绿江国界桥边的，有罗盛教烈士墓地旁的，等等，都是从特殊之地捡拾而来，成为"行旅的采拾，朋友的纪念，意志的寄托"。

"五四"时期新文化运动的风云人物胡适是我国最早的火花收藏家。他在 1938—1942 年出任驻美国大使期间，喜爱并热衷于搜集火花。消息传出后，美国的火花收藏家向他赠寄了大批火花。他去美国各大学讲学，学生们也争先恐后向他赠送。在一些欢迎胡适的宴会上，举办者还把门票票价定为 100 枚火花，凡交足此数者，就可进入宴会厅，为胡适所得。胡适的火花数量达到了 5000 多枚，甚至超过了不少美国的火花收藏家，成为名副其实的华人"火花大王"。

当代作家老舍对收藏有自己的个性，收与不收全凭自己的喜好。他喜欢折扇，除了实用，更看重它丰富多彩的艺术含量。他曾收藏有一百把精致的折扇。每逢夏季到来，每天换用一把，一百把扇子更换使用了一遍，整个夏季就过去了。折扇伴老舍度暑，老舍视这一百把折扇如珍宝。

106. 名人与植树

植树造林,绿化环境,是我国自古以来的美好传统。历代有很多名人爱树如宝,传为美谈,流芳百世。

陕西黄陵县相传是中华民族始祖轩辕黄帝居住的地方。县城东部黄帝陵下的轩辕庙里,长有一棵全国最大的古柏,树高19.3米,下围10.3米,上围2米,得称轩辕柏,为黄帝亲手所植。

山东曲阜孔庙的大成门内有一棵合抱古桧,高20米,挺拔苍劲,相传为孔子种植。一旁石碑上刻有"先师手植桧"五个大字。据记载原树几经枯荣,此株为清雍正年间萌出的新枝。

唐代诗人白居易爱树成性,他出任忠州刺史,率先带领民众植树造林,并亲手在城东山坡上种了一棵柳树。他在做柳州刺史时,还写下"柳州柳刺史,种柳柳江边"的诗句。他不仅爱种树,对种树也有研究。在散文名篇《种树郭橐驼传》中,"植木之性,其本欲舒,其培欲平,其土欲故,其筑欲密",就是对植树技术的概括。

明代开国皇帝朱元璋深知植树造林在国计民生中的作用,便号令南京的臣民在钟山种植桐、棕、漆树。他还以法令形式昭告民众,凡有田五到十亩者,必须栽桑、种木棉各半亩,违者处罚。他还下令向农民免费提供种苗,对栽桑、枣等树者免交赋税。朱元璋对植树造林的一番治理,使造林业大有发展,全国每年植树不下十亿株。

民主革命的先驱孙中山一贯重视和倡导植树造林,他曾说:"我们研究防止水灾的根本方法,都是要造森林,要造全国大规模的森林。"我国在1915年规定每年的清明节为植树节。为纪念中山先生,1929年把植树节改为3月12日,即孙中山逝世纪念日。

抗日爱国将领冯玉祥对植树造林也情有独钟。他在《我的生活》一书中描述了他在北京南苑植树的情景:"我驻在南苑,除勤练部队而外,仍按照我的本色,做些有益于地方的事情。其中最使我发生浓厚兴趣的就是栽种树木。将南苑隙地划成若干区,分配各营种树,所种树类不同。"冯玉祥对部下种树要求很严,要求植距整齐,树下无杂草;并注意树木的管理,指示每个士兵要保活二至三棵树。冯玉祥当年在驻军河南新乡时,曾制定"马啃一树,杖责二十,补栽十株"的罚约。他还写过一首护林诗:"老冯住徐州,大树绿油油,谁砍我的树,我砍谁的头。"其爱树之情,足以令砍伐毁树者胆寒。

107. 名人与养花

　　花卉色彩纷呈,婀娜多姿,幽香四溢,美化环境,陶冶心灵。自古以来流传着很多名人爱花养花的佳话。

　　战国时期楚国大夫屈原喜爱兰花的清秀、高雅,愿以兰为佩,巡游四方,永远保持像蕙兰一样的气质和芳名。东晋田园诗人陶渊明偏爱菊花。他的"采菊东篱下,悠然见南山"为脍炙人口的名句。诗人赞颂菊花高洁,弃官隐居,亲手种菊,被誉为"爱菊诗人"。

　　唐代诗人杜甫也喜养菊。留居秦州时他吟道:"庭前有白露,暗满菊花团。"他很爱在月光下悠然散步,欣赏庭园中盛开的菊花。杜甫在成都草堂过了几年田园生活,向亲朋好友寻觅树苗、花苗,让身边花团锦簇。不想成都发生叛乱,杜甫流亡,待叛乱平息,杜甫重回草堂,花圃已七零八落。杜甫重新经营,凿井开渠,荷锄除草,才又使草堂松苍竹翠,繁花斗艳,充满生机。他晚年在《小园》一诗中吟道:"客病留因药,春深买为花。"他认为花可供观赏,入药还能治病。养花对年老多病的杜甫来说是很有益的。

　　唐代诗人白居易爱花、养花,对花木还有一些探索。他在《读汉书》和《问友》诗中,对"桃李与荆棘""兰与艾"的良莠混杂,提出了"问君合何如"的疑问。他利用闲暇栽植花木,并进行精心养护。他从江西将永丰柳植于长安皇家御花园中;把洛阳李树引种到四川万县;把庐山杜鹃引种到四川忠县;把苏州白莲引种到洛阳。

　　鲁迅自少年时代就喜爱花草,他在园子里种些鸡冠花、石菖蒲、月季、石竹、藤萝等,还喜欢把采集到的花草和书本图样进行对照比较。鲁迅成年后喜爱花卉的雅兴一直不减。1919年他举家迁到北京八道湾11号,在自家宅院他亲手植下两株丁香。以后,每到丁香盛开,阵阵香气就飘在庭院。鲁迅住到阜内西三条故居后,院内种满了太阳花,像地毯一样开得茂盛。鲁迅觉得树少,请花匠栽种。以后来做客的朋友都看到,丁香花开满枝,碧桃红中透白,青杨叶子摇曳,还有两株枣树枝条探过墙头。如今这里已建为鲁迅博物馆,当年栽植的花木一派生机盎然。

　　人民解放军总司令朱德一生酷爱兰花。他曾在井冈山的崇山峻岭之间采集兰花,1949年后悉心养兰,总结出很多养兰花的经验。他在参观公园花圃的兰花时曾对在场人员说:"兰花是中国名花,你们要养好兰花,让兰花进入寻常百姓家,还要争取用兰花换外汇。"他曾向北京中山公园、南昌人民公园赠送了广东墨兰、银边大贡、云南大红舌等名贵兰花品种,使公园养育和展出的兰花品种更为丰富。

108. 名人与登山运动

登山是一项强健筋骨、有益人体身心健康的运动。古今中外有不少名人是很喜爱这项运动的。

南朝山水诗人谢灵运在浙江永嘉任太守时，遍游浙南名山大川。他为了登山方便，特地制作了一种登山木屐，鞋底前后装有活铁齿，上山时去前齿，下坡时去后齿。穿上这种鞋登山，不怕山陡路滑，爬山稳当，下坡省力。人们称它为"谢公屐"。

唐代诗人杜甫在二十多岁时进京参加进士考试，结果榜上无名。他并未消沉，而是投入了对美好自然风物的探寻，决心攀登向往已久的东岳泰山。投宿中都县城后，他远望拔地而起的泰山，想象着登山途中的感受和攀上顶峰的乐趣，他情不自禁地写出了一首《望岳》诗，吟出了"会当凌绝顶，一览众山小"的佳句。经过艰苦的登攀，他终于站到日观峰上，昂首天外，感到心旷神怡。这次登山使杜甫经历了前所未有的体力与意志的锻炼，加深了他的生活体验，扩展了他的思想境界，在以后遇到困苦时，总能充满生活的激情，从容应对。

明代医药学家李时珍与登山也有着不解之缘。他发现以前的药书上错误很多，病人吃错药致死的事屡屡发生，他决心写一部新的药书。为此他一面读书，一面加强身体锻炼。登山既能增强他的体质，也是他四处寻药、识药必须要做的运动。他经常独自攀缘在崎岖的山路上，有时还要穿越险崖，躲避饿狼。经过三十年的时间，他的药书《本草纲目》终于问世，书中饱含着李时珍研究草药学的心血，也凝聚着他翻山越岭的辛劳汗水。

作家高尔基在创作之余坚持体育锻炼，还是位登山运动健将。一次，一个年轻的作家约他到郊外登山，他欣然应邀。青年作家怎么也不会想到，比他年长几十岁的高尔基登山时动作是那样灵活，而且耐力极好，起初他还能"亦步亦趋"，后来就"望尘莫及"了。在山顶上，高尔基笑着迎接后登上来的青年作家说："我爬得快这不奇怪。登山是我的老习惯了。精力最充足的时候，我可以一天爬六十俄里山路哩。"

革命老人徐特立对登山也很有心得。他曾说："爬山有上有下，有攀有登，练的劲更全面。"他在湖南长沙教书时，经常登上岳麓山。年逾八旬还登上了北京香山的"鬼见愁"。1963 年他 86 岁时，还与朱德一起登上了桂林叠彩山的明月峰，而且行走甚速，不用手杖，这是一般老人难以做到的。

109. 名人与骑马运动

从古代起,马就是代步工具,也是打仗冲杀的坐骑。一些名人喜爱骑马,在训练后掌握了很高的骑术。

三国时期魏国诗人曹植不但才思敏捷,能诗善文,而且武艺出众,能骑善射。在演武场上,曹植蹬鞍上马,在场里往来驰骋,奔跑如飞。当马跑到标杆前,飞猱靶疾速升向杆顶,曹植在马上仰卧射出一箭,靶子就从半空被射落下来。他弯腰朝地再射一箭,奔跑的像兔子的马蹄靶碎裂而飞。曹植骑射了几个来回,一提缰绳对场里士兵说道:"都来骑射吧,既备战,又健身延年,胜过求仙服药。"

南宋词人辛弃疾青年时期面对金国侵占领土,十分痛心。为掌握杀敌本领,报效祖国,他特别刻苦地练习剑法,注意学习骑术。他专门挑选烈性马匹乘坐骑行,尽管一次次被狂暴的马甩落在地,但他不顾伤痛,跃上马背再练,终于学得娴熟的骑术。辛弃疾从军后,一次听说济州有叛军勾结金兵哗变,他率领五十人的精悍马队,飞抵济州,有如神兵天降,在阵中如入无人之境,一举擒获了叛军头领,并号召大部分士兵反正。他后来所写的"壮岁旌旗拥万夫,锦襜突骑渡江初"词,所叙述的就是这次豪举。

革命导师恩格斯也有很高超的骑术,在他年轻时,他的骑马狩猎活动坚持了多年。在天色苍茫、寒风呼啸的郊外,恩格斯和猎手们纵马扬鞭,追逐枯草间惊奔的狐兔。有的猎手在急转弯或跨越障碍物时,弄得人仰马翻,人摔了出去,马也跌伤了。恩格斯的骑术却很精良,在狂奔猛逐时,总是一马当先,远胜其他猎手。恩格斯就此说,他的骑马狩猎不单出于兴趣和爱好,练出好身体,是同革命斗争联系在一起的。

前南斯拉夫总统铁托也酷爱骑马。他很小的时候就喜欢和马在一起,长到有马肚子高的时候,就学会了骑没有鞍子的马。当时村里住着的半游牧民族人送他一匹马,这是一匹未经调教的烈马。铁托骑上去,马咴咴嘶叫,后蹄乱踢,然后发疯似的闯进灌木丛。铁托的脸被树枝剐得流血,但他紧握缰绳,始终稳坐在马背上,驾驭着烈马往来奔驰,最终将烈马驯服。以后的戎马生涯贯穿于铁托的大半生,他当了总统后仍不忘骑马,会不时跃上马背,驰骋一番。

110. 名人与游泳运动

　　游泳是与风浪搏击的运动。古今中外有很多名人乐于在碧水中沉浮，在风浪中畅游。

　　春秋时期的思想家、教育家孔子提出办学"六艺"，相传，他有时也会指导学生，带领学生游泳。在明澈的沂水河中，孔子时而拨开清波，逆水而游；时而仰卧水面，微闭双眼，一享游水之乐。黄昏时师生们才意犹未尽地上岸。弟子们听孔子讲道："消失了的事物，如同这流去的江水，一去不复返啊！"这富有哲理的话，让弟子们更感到前来游水收获颇丰。

　　孙中山很爱好游泳。少年时他把村前的河溪当作游泳池，每到暑天就会下水游个痛快。他游得快，比赛中村里孩子都被他甩在后面。孙中山12岁时随母亲去美国檀香山，进入夏威夷一所学校攻读英语。当他得知学校附近有一座深水游泳池，虽然距离不近，但他在紧张的学习之余还是不时专程前往游个尽兴。

　　毛泽东主席一生偏爱游泳。在湖南一师就读时，湘江是他最好的游泳去处。1949年后毛主席在视察工作期间，曾在长江、珠江、湘江、钱塘江、北戴河等水域游泳，曾十几次畅游长江，感觉"胜似闲庭信步"。1974年，81岁的毛主席在长沙还五次下水游泳。

　　朱德总司令也喜爱游泳，他曾说：游泳是最好的锻炼，全身都能得到运动。朱总爱到海中游泳，刮风下雨天也要去。在水温低、浪头大的海水中，他不慌不忙地游进，耐力很强，能一气游一个多小时。

　　郭沫若从小就喜欢游泳，在四川老家的小镇沙湾有一个天然蓄水池，当地称为观音沱。每逢夏日，郭沫若便与小伙伴们掷衣古榕树下，纵身池水中逐浪嬉游。他荏弱的身体在游泳中变得强健。几十年后他访问苏联，在紧张的工作间隙，多次畅游了伏尔加河。

　　革命老人徐特立也喜爱游泳，但他学游泳的时间却很晚，是他52岁那年在苏联学习时学会的。对此田汉有诗赞他，诗云："五十学游泳，自谓得奇致，愈觉生命强，不信有难事。"徐老认为游泳是最有趣的健身运动。在他80岁以后，还能在游泳池内仰游十几个来回。夏日，他还爱到海中搏击风浪。

111. 名人与足球运动

　　足球有"世界第一运动"之称。国内外一些名人喜爱观看足球比赛,还会上场一展身手。

　　相传,西汉时期,率兵防守边关的名将霍去病巡视军营,发现营中士兵精神不振,士气低落。他思考后,决定带头和将士们以踢球振作士气。他让人用皮子缝成圆圆的球皮,中间塞满毛发,做成球。又修建球场,挖些土坑,比赛中以球入土坑为胜。霍去病把球分发给部队,组织比赛,比赛中自己带头参加,同将士们一起奔跑,争抢同乐。兵士们锻炼了腿脚,提高了情绪,后大败匈奴,打通了通往西域的道路。

　　南宋诗人陆游兴趣广泛,他精通剑术,也酷爱踢球。47 岁那年,他应邀赴汉中前线,戎马倥偬,又生球兴,便与友人至郊外草地上踢球。他写的《春感》诗中"射堋命中万人看,球门对植双旗红"所描述的就是当日踢球的盛况。多年后,陆游仍对这段球事记忆犹新,以"梁州球场日打球"之句发出感叹。

　　现代足球兴起后,有"足球王国"之称的巴西从平民到总统有无数球迷。前总统卢拉对足球的痴迷"圈内"共知,为了能够安心观看足球比赛的电视直播,他会取消一切活动,把议程推迟。他坚信自己国家的足球队是最好的,除关注足球赛事新闻,他还建立了"总统府足球队",频频上场秀脚法。一次,卢拉在赛场上被财政部部长铲断了腿,那段时间里只能架着双拐上班。2002 年他任总统后,所签署的第二个总统法令,就是明确球迷应该享有的权利和承担的义务。卢拉说他偏爱中场球员,自己踢球也踢中场,中场是球队的灵魂,而总统是整个国家的"中场球员"。

　　京剧表演艺术家、花脸演员袁世海也曾是足球场上的悍将。20 世纪 70 年代末,京郊有个体育场上举行了一场别致的足球赛事,参赛的一方是足球教练,另一方是中国京剧院一团的演职员。比赛中双方攻守激烈。演员队中一个秃顶、浓眉大眼的"老小伙子"格外引人注目,他能攻善守,能踢出一脚脚"怪球",让防守一方防不胜防,这绝不是一时的功夫。这位踢球者就是年过花甲的袁世海。他在走下球场后说:"我是架子花脸,重在表演,踢足球有助我腿脚利索,这也是我练功的一部分呢。"

112. 名人与下棋

下棋是一种博弈,拼的是智慧,比的是谋略,斗的是心计。一些名人很喜爱这种"斗智不斗力"的游戏。

传说,南宋末年民族英雄文天祥在担任赣州知州时,常在公务稍闲时以下棋为乐,尤其喜欢与别人在水中对弈。他从小练就一身好水性,又有很高的棋艺。一天他与象棋国手周子善来到河边,然后走入清冷的河水中,"于水面以意为枰,行弈决胜负"(下盲棋)。二人边游、边说出招法,兴致愈来愈浓,不觉已是日落沉西,水面还不时传来他们应答的笑语之声。

明代思想家王守仁从小就是个棋迷。相传,一次,他因贪下棋忘了回家吃饭,母亲一气之下,夺下他的棋子扔到河里。孩子望着象棋随波逐流,哭泣成诗:"象棋在手乐悠悠,苦被严亲一旦丢。兵卒坠河皆不救,将军溺水一齐休。马行千里随波长,士入三川逐浪流。炮响一声天地震,象若心头为人揪。"其爱棋之哭可谓情深意切。

19世纪的俄国出现了不少杰出的文学家,他们有一个共同的爱好是下棋。托尔斯泰在写作之余把下棋作为一大乐事,认为这是一种极好的休息。他经常与作曲家塔涅耶夫、画家列宾等切磋棋艺。诗人普希金也喜爱下棋,书房里藏有一大批棋书。他对下棋的爱好还在作品里得到反映,如在长诗《叶甫盖尼·奥涅金》第四章里,就生动地描写了连斯基下棋时犯糊涂,错用自己的兵吃掉自己车的情景。作家车尔尼雪夫斯基曾在彼得堡组织了一个象棋俱乐部,吸收了不少进步作家参加,因影响大还遭到沙皇当局的查封。作家屠格涅夫在下棋上也下过功夫,他大量阅读棋书,还订阅了英国的象棋杂志,与俄国和其他国家不少优秀棋手下过棋,参加过巴黎举办的重要国际象棋比赛,还在国际性象棋代表大会上被推选为大会的副主席。

革命导师列宁从小就喜欢下棋。他下棋对输赢兴趣不大,最感兴趣的是顽强的搏斗和摆脱困境的能力。对手走得高明,而不是走得糟糕,他才满意。他上学时尽管爱下棋,却从没有因为下棋而耽误过功课。列宁参加革命活动后,在喀山乡村里,曾和表兄弟下盲棋,还同当地的象棋名手用通信的方法下棋。

113. 名人与桥牌

桥牌是两人对两人的四人牌戏，是从旧时傀儡惠斯特等牌戏逐渐发展形成的。桥牌是一种文明、竞争性很强的智力型游戏，自发明后大受一些名人喜爱。

法兰西第一帝国皇帝拿破仑于 1815 年兵败滑铁卢，被流放前往圣赫勒拿岛。在两个多月的航海行程中，每天晚饭后，他都与法国军官及英国舰长一起玩"惠斯特"。这是桥牌的前身，也称"二十一点"。

英国前首相丘吉尔喜欢以桥牌调剂情绪，磨砺意志。1941 年 6 月，德国向苏联宣战。丘吉尔就是在打桥牌时接到这一震惊世界的消息的。在丘吉尔的提议下，英国上议院和下议院从 1975 年起，每年举行一次桥牌赛。

在第二次世界大战时，美军登陆欧洲一度受挫于德军。美国任欧洲盟军最高司令的艾森豪威尔在军事会议上见难定决策，从容地说："让我们先打一次桥牌吧！"牌桌摆开，艾森豪威尔在出牌时受到启发，想到了对付德军的对策，很快部署军队，扭转了不利的战局，取得了对德军的胜利。

中国改革开放的总设计师邓小平的桥牌牌艺也闻名于世界牌坛。他习惯使用"精确叫牌法"。1981 年 12 月，国际桥牌新闻协会授予他最高荣誉"戈伦奖"。他在 1983 年打出的一副妙牌至今仍在牌坛传为佳话。万里也是桥牌好手。万里担任过中国桥牌协会的名誉主席，还获得了 1984 年世界最佳牌手奖——所罗门奖。

打桥牌在欧美国家极为盛行，也是精英阶层最常见的社交活动，几乎所有成功人士都爱打桥牌。全球股坛界名人、生于美国的巴菲特精于股市交易，也是一位著名的世界级桥牌玩家。他曾主办了巴菲特杯桥牌赛，几乎悄无声息地成为门槛最高的桥牌比赛主办者。巴菲特的名言是："每手牌都令我着迷。"

生于美国的微软王者比尔·盖茨之所以喜爱打桥牌，是因为他认为桥牌具有高度的逻辑性，需要大脑做很多思考。当被问到桥牌为什么有如此大的魅力时，比尔·盖茨说："打桥牌总是有新东西需要学习，一旦牌局开始，每个人都要专注比赛，每个人都是平等的，都要从已经做或还没有做的事情中进行推理，做出判断。它要求你保持思想活跃，要求你有团队精神。这和做企业十分像。"他的这一番话被认为是至理名言。

114. 名人与钓鱼

钓鱼是捕捉鱼类的一种方法，主要工具为钓竿、钓钩、鱼饵等。钓鱼是一项充满趣味、怡情养性的活动，自古以来吸引着无数钓鱼爱好者陶醉在这项活动中。

"姜太公钓鱼"是著名的历史传说故事。故事发生在商朝时期，商纣王暴虐，周文王决心推翻他的暴政。太公姜子牙受师父之命来助文王，他已年过半百，与文王又无交情，想到很难获得文王的赏识。于是在文王还都途中，在河边用没有鱼饵的直钩钓鱼。这种奇怪的钓鱼方式，引起文王的注意，觉得此人是个奇人。主动和他交谈后，发现姜子牙是个大有用的人才，将其招入帐中，成为首席智囊。后来姜子牙帮助文王和他的儿子武王推翻了商朝统治，建立了周朝，并有"姜太公钓鱼——愿者上钩"的歇后语流传于世。

喜爱钓鱼的国内外名人很多。英国19世纪生物学家达尔文自少年时代就爱上了钓鱼活动，常常和他的小伙伴一起到野外湖畔垂钓。他认为只有"具备毅力和耐心"的人才适合从事钓鱼活动。到了青年时代，达尔文的钓鱼兴致更浓，一有余暇就操起鱼竿到附近的河边钓鱼，哪怕是下雨、落雪天他也不会轻易放过机会，是当地居民眼中十足的"钓鱼迷"。让人津津乐道的是，每逢星期六，他家常常宾客盈门，好客的达尔文就在客人到来之前，钓些鱼来，而且亲手烹制鱼肴，让宾客同享垂钓之乐。达尔文晚年时，由于体力不支，骑马打猎已力不从心，但仍钟爱垂钓。他常领着孩子们徒步乡间河边，架起鱼竿钓鱼，而且每次收获颇丰。

喜剧表演大师卓别林在排练演出之余，很喜欢钓鱼。在他看来，钓鱼是一项轻松有趣的活动，他常常以钓鱼来消除疲劳，增加乐趣，调节生活。每逢金枪鱼的汛期来临，卓别林更会登上一个被他称作"天堂"的小岛去垂钓。一次，他只用了一顿饭的工夫，就钓到了8条大金枪鱼。

贺龙元帅喜爱打球等体育活动，还喜欢钓鱼，并有很高的钓鱼术。一般人钓不到鱼的地方，他往往能钓到大鱼。贺龙的钓鱼本领，是从他多年的实践中摸索出来的。他在洪湖闹革命时就常钓鱼，钓上鱼来就和战友们一起改善生活。长征途中条件艰苦，贺龙更是以钓鱼的"老本行"，想方设法钓到鱼，为饥饿的战士补充营养。贺龙这时的钓鱼不是消遣，完全是和革命斗争联系在了一起。

115. 名人的"玩"

玩是开心快乐的事情。一些名人已步入老年,但"玩心"满满,玩得不亦乐乎。

在银幕上成功饰演周恩来的王铁成淡出演艺圈后,成了一位"玩家"。他爱吃、爱侃、爱玩,养花、练书画、唱戏,整天沉迷于玩。他养的花卉争奇斗艳,蝴蝶兰、郁金香、杜鹃花娇嫩欲滴,还有几盆名贵的兰花竞相散发着幽香。京剧更是他的一乐,每周三都会从顺义区赶往市内四九城剧场过过戏瘾。王铁成说,玩是生活中不可少的,无论在什么情况下,都要想方设法使生活充满乐趣。

新闻漫画家李滨声年逾九旬,几十年来自娱自乐已成为他生活中不可或缺的内容,被称为"老顽童"。他爱玩魔术,会变很多戏法。演习魔术表演既愉悦了心情,同时又锻炼了手和脑。他还是位京剧票友,每天早上练一个半小时的推云手、走圆场、耍枪花、舞大锤等武生的练功科目。他从不觉得这是苦差事,而是把它当作既好玩又健身的游戏。此外他还喜欢扎风筝、做雕塑、滑冰等。他说把时间花在"玩"上,生活充实,又强健了身体,何乐而不为。

当代作家张贤亮以《灵与肉》等小说震惊文坛,又跃入商海。他坦言自己的成功秘诀就是"以玩的心态做大事"。年逾古稀的张贤亮经营着影视城,他说这城是他"玩"出来的,写作对他来说也是一件好玩的事。他65岁学会开车,还成了飙车一族,车开不到100迈不过瘾。他还喜欢养狗,养了名犬50多条。狗园也是他影城的一大特色。他散步时爱琢磨好玩的点子,说能玩就好好玩,所有的荣辱得失都是身外之物,不必太在意。

在国外,玩心盛的也大有人在。音乐指挥家卡拉扬兴趣广泛,爱玩,爱好多。除了音乐,他还喜欢各种体育运动,喜爱游泳、航海等。他有一艘长24米的帆船,有一架私人飞机,还有一辆奔驰500型汽车。工作之余他常带上家人外出,航海、航空旅游。他还爱养动物,在庄园里养着山羊、羊驼、牧羊犬等,每天一早都会亲自去照料这些动物。

美国富翁、传奇玩家福塞特曾使用飞机、热气球、帆船环绕地球,创造了116项世界纪录。1995年2月,他成为驾驶热气球横渡太平洋的第一人。他在创造一项又一项新纪录的同时,也一次次地逃出死神的魔爪。2007年9月3日上午,福塞特跨上一架两座单引擎的小型飞机,升空后消失在云天里,自此再没有了他的音信。官方和他的亲友多方寻找,也没有他的下落。就这样福塞特把自己"玩"丢了。他的"消失"也让人们有了个启示:"玩"要悠着点,若是玩没了生命和健康,再想玩也玩不成了。

116. 名人祛病得法

人难免都会生病。一些名人患病后应对得法,积极治疗,终将疾病治愈。

京剧荀(慧生)派艺术的传人孙毓敏在"文革"中遭受迫害,腰腿致残瘫痪在床5年。她凭着对京剧事业的热爱和顽强的毅力,自创了一套独特的锻炼方法,坚持对受伤部位进行难以想象的"残酷"锻炼,每次锻炼必是大汗淋漓,练得浑身颤抖。在进行康复锻炼的同时,她开发了京剧旦角唱、念、做这些基本功的一项新的健身功能。经过长达13年的康复苦练,她重新站在了舞台上,以饱满的精力培养着京剧新人。

当代蒙古族女中音歌唱家德德玛中年时在一次演出时突然中风。病情很严重,肩关节半脱位,上肢无法抬起。德德玛心里焦急而难过,但她不想退出舞台。在医生的帮助下,她制订了自己的站立康复计划,每天在扶手架上行走6—8个小时,使双腿得以慢慢行走。然后她又做手部抓取训练,几个月后她的手已能抓起大枣。她又开始练习抓黄豆,将几百颗黄豆从一个碗里一粒粒抓放到另一个碗里。日复一日,她的双手又能牢牢抓紧东西了。经一年多的顽强康复训练,德德玛重登舞台,让人们听到了她浑厚的歌声。

当代男高音歌唱家柳石明中年以后患上了严重的颈椎病。他经常有肩部发酸发硬、头晕、手指发麻等现象。经医生诊断,他得了颈椎管狭窄型疾病,病患加重会有生命危险。柳石明听了医生忠告,除积极配合治疗,还自创了一套颈椎保健操。做法是:头部向前后左右四个方向分别转动,每次转动都要缓慢进行而且到位;用双手揉搓颈部,使其发热;模仿划船的动作,活动颈椎和脊椎;模仿太极拳云手动作,通过手臂的活动颈椎。一段时间练习下来,他的颈椎病大有好转。

男高音歌唱家刘秉义体重一度达到200斤,还患上了脂肪肝。为了改善身体状况,他琢磨出一套食疗方法:以黄瓜、西红柿等富含维生素的蔬菜做蔬菜"沙拉",热量低而口感清爽;主食多吃粗粮,如荞麦、燕麦等;吃的食物"油水"少,再加餐一些水果、全麦饼干等。经过他的"食疗",他的肥胖症和脂肪肝都有了很大改善。

117. 名人的仁德养生

养生是根据人的生命过程规律运动,进行物质与精神的身心养护活动。自古以来,有些名人就提出了以仁德养生。

春秋末期儒家学派的创始人孔子,曾任鲁国司寇,后聚徒讲学,周游列国,晚年致力于教育,其学以"仁"为核心,认为"仁"即"爱人",提出"己所不欲,勿施于人"等论点。孔子主张"德润身",他认为只有道德高尚的人,才会心理安定,意志不乱,得以高寿。他指出,大德必得其寿,不仅要求别人重德,自己首先要身体力行。《论语》一书是孔子及其弟子的言行记录,写出了孔子道德高尚、学识渊博、举止端正、诲人不倦的教育家形象。据史料记载,当时鲁国人平均寿命只有35岁左右,孔子却享有73岁高龄。

战国时期的思想家孟子虽出身于贵族家庭,但父亲的过早去世,让他从小就体验到贫民生活的艰难。孟子青年时到了楚国,在孔子的孙子子思门下学习,接受了很多儒家思想。后来他把孔子"仁"的观念发展为"仁政"学说,主张"重民""行仁政"。孟子宣扬其观点,也身体力行,他学着孔子周游列国。晚年辞官回乡以教书为业。仁者的胸怀和散淡的心态让他获得84岁高寿。

后世有很多人多做好事,多行善举,使先师的仁德养生之道有了更多的传扬。长期侨居新加坡,从事橡胶业,热心兴办文化教育公益事业的陈嘉庚是爱国的华侨领袖。从孙中山领导的辛亥革命到抗日战争、解放战争,直至新中国的成立,他都大力无私地给予财力支援,特别是晚年又倾资创办集美学校和厦门大学,成为中国海外华侨历史群像中最为杰出的代表。他曾说:"财自我辛苦得来,亦当由我慷慨捐出。"他捐助国内公益事业的钱财难以统计,而他自己的生活却非常俭朴,不愧是"华侨旗帜,民族光辉"。

齐白石的弟子、以画鸭著称的娄师白出生在一个慈善世家,他的慈善情怀从小即受到培养。齐白石在世时热心慈善事业,对娄师白也有很大的影响。多年以来,娄师白参与的慈善项目众多,如中国扶贫基金会捐赠荣誉卡、母婴平安120项目捐赠、革命老区慈善万里行大型公益募捐、首届中国书画家救助孤儿爱心笔会等,每个活动都渗透着娄老的爱心诚意。他从2006年6月开始,坚持每个月给中国残联捐赠一幅画。娄老感言:"我做善事,心情快乐,不图回报。支持慈善事业更应是画家的美德。"娄老还有诗云:"四季安逸真快乐,畅游山水著诗篇。"其豁达的心态和愉悦之情跃然纸上。

118. 名人的洒脱养生

洒脱是人生的一种境界,是一种世事洞明的豁达、一种淡泊名利的超脱、一种有所为有所不为的风度,也是一种良好的乐观心态。一些名人就是以洒脱作为养生之道的。

清代"扬州八怪"之一的郑板桥,其诗、书、画均旷世独立,世称"三绝"。他的墨宝"难得糊涂",几乎家喻户晓。作为一句至理名言,郑氏的用意在于劝导人们不必计较眼前的蝇头小利,遇事要着眼长远。"难得糊涂"是郑板桥不得志之作,按照新的概念,是指在非原则问题上不计较,在细小事情上不纠缠,对不便回应的问题可佯作不懂,对危害自身的询问假作不知,以聪明的"糊涂"化险为夷,平息可能发生的矛盾。这在某种意义上说,可以解除许多心理压力,化干戈为玉帛,化不和为友情,不失为一种心理保健良方。对于老年人,遇事不斤斤计较,不死钻牛角尖,保持散淡宽容的心态,对颐养身心是大有好处的。

清代诗人、散文家袁枚,9岁学诗作文,23岁中进士,入选翰林院庶吉士。为官7年后,刚刚30岁出头,决然以"丁忧"侍母为由请辞。他写的一副对联:"不作高官,非无福命只缘懒;难成仙佛,爱读诗书又恋花",堪称他寻求自由洒脱的真实写照。他建造了随园,著书立说。年至八旬仍游历四方,活出了洒脱、自己喜欢的人生。

现代画家丰子恺的漫画脍炙人口,他的一生经历却很坎坷。"文革"期间他身受折磨,仍能泰然处之。他把被批斗当作演戏,将坐牢视为参禅。下放劳动时,寒冬睡在地上,枕边堆满了从屋缝吹进来的积雪,早上起来还要到河边打水漱洗。他竟乐观地说:"地当床,天作被,还有一河取之不尽的洗脸水。"由于他豁达、乐观,能自我解脱,最终适应了环境,度过了逆境。

当代歌唱家克里木在年过花甲后也一直身体健康,活跃在舞台上。在回答别人询问他是怎样保养身体时,他调侃道:"没心没肺,身心不累,小鬼不催,阎王不追。"他介绍说,自己最大的养生秘诀是:淡泊名利,把什么都看得淡一点,时刻保持一颗平常心,疾病也会绕道走。克里木正因为有了这样的心态,虽然成了将军歌唱家,却一直保持着谦虚、豁达的品格,受到广大听众喜爱。

119. 名人的多"动"养生

"生命在于运动",许多名人都很注重以"动"养生。

出生于捷克斯洛伐克的小说家米兰·昆德拉一生勤奋写作,出版了长篇小说《玩笑》《生活在别处》《身份》《无知》,以及短篇小说集、随笔集等。青年时期他曾沉迷于造型艺术,为出版社画过大量插图,还狂热爱上过音乐,在迷恋音乐的同时,又把热情投入到写诗上。他多才多艺,直到晚年仍有充沛的精力投入到艺术创作中。他总结自己的生活说:"一切重压与负担,人都可以承受,它会使人坦荡而充实地活着,最不能承受的恰恰是'轻松'。"正是有了充实的精神生活,让他活得有滋有味,每天都有所希望,有所期待。

加拿大的奥尔佳老妇,在 2009 年芬兰举办的"世界户外大师田径锦标赛"上,创下了她所在老年组的 23 项世界纪录。掷标枪成绩是 41 英尺,掷铅球 16.1 英尺,掷链球扔到 45.5 英尺。在赛跑、跳高等项目上她也稳拿冠军,因为她这个年龄段没有别人敢参加这种剧烈的运动。奥尔佳成绩这样好,却并不是职业运动员,而是从 77 岁那年才接触到田径。她的体会是,不想衰老就别让身体闲下来,坚持锻炼就能让人有好身体并创造奇迹。2011 年,对她检测发现,她没有老态和疾病症状,有的是"90 岁的年龄,40 岁的心脏",打破了人们对老年人的一贯印象。

我国当代漫画家方成年近九旬身体仍然强健。他画了骑自行车的自画像,配三句半打油诗,诗曰:"生活一向很平常,骑车作画写文章,养生就靠一个字——忙。"方成自述自己"无事忙",每年都要外出旅游几次,还要参加一些会议,参加各种社会活动,年均出差 15 次。他应邀前往各地讲学,外出喜欢骑车、爬山。他爱忙、善忙,除自己不停地忙,还带着学生们一块儿忙。时间在方老身上好像老是不够用,他一天八小时写书、绘画,除去按时吃饭、睡觉,还要和报社院里的老友们做做操,打打拳,晚间围着大院周围走半个小时。他听说有老年朋友患了老年痴呆症,认为大多与退休在家思想放松,无所事事有关。为此他建议老年人每天要找些事情做,多忙一忙。

电影明星赵丹之女赵青 13 岁考入中央戏剧学院,以舞蹈成名后出访过 20 多个国家,被称为"新中国舞蹈大使"。离开了舞台后,赵青三年里画了 200 多幅水彩画。通过刻苦学习又成了一个"超级油画迷"。她画的第一幅油画是她的自画像,然后用家里人做模特,画大儿子、二儿子、小孙女、小孙子,越画越上瘾。她又在四年里创作了 50 余幅油画作品。她深有感触地说:"画画给了我新的生命,年纪大了应该把更多一些艺术留给后人。"

120. 名人的"不"字养生

一些名人年老后以"不"字约束自己,对养生不无裨益。

德国古典哲学创始人康德曾总结说:"器官得不到锻炼,同器官过度紧张一样,都是极其有害的。"为此他提出了养生学的"三不"原则:不吝惜自己的力量,不讲究舒服,不游手好闲。他认为健康虽然也取决于遗传因素,但在一定程度上是天赋的,取决于个人的生活习惯。为此,康德坚持自己的"三不",充分抓紧一分一秒的时间,勤奋刻苦地读书做学问,持之以恒地运动,使他得享天年,活了80岁。

我国当代书画艺术大师董寿平在养生方面有自己的"四不"经,即不急、不躁、不悲、不馁。古人云:百病生于气也。董老深谙此理。人生在世难免遇到各种曲折与坎坷,董老以"四不"泰然处之。"文革"期间他被批斗抄家,还被扣上"黑画家"的帽子强迫劳改。他并未因此而背上包袱,不仅自己乐观,还勉励其他受难的人从容等待平反。也正是由于他掌握了"四不"要义,才使他平安渡过了危难,得享93岁高寿。

语言学家、国学家季羡林年逾九旬依然身体强健,思维活跃,吐字清晰。在谈及养生秘诀时,他的回答是:"养生无术是有术。"他信仰自己的"三不主义",即不锻炼、不挑食、不嘀咕。季老一般是凌晨四点就起床读书写作,晚上九点左右睡觉。由于各类应酬事务缠身,他从不刻意追求锻炼,但他并不反对锻炼身体。他只是不赞成那种活着是为了锻炼、锻炼是为活得更长的比较极端的做法。在饮食上,季老反对吃东西挑三拣四过于计较。季老的不嘀咕是指心中没有什么想不开的事,更不为自己的健康愁眉苦脸,而是对自己的生老病死看得开。他的"三不主义"其实所诠释的是无须刻意锻炼,无须刻意营养,也无须将一些小事压在心上,烦恼不已。只有这样,才能获得健康长寿。

影剧作家、《小兵张嘎》的作者徐光耀饱经磨难后仍达观睿智,他的养生长寿体会也有"四不",即不怕苦、不怕死、不靠药、不逞强。上了年纪以后,徐光耀更加淡泊名利,不追求奢华的生活,却不怕苦,愿意吃苦,喜欢吃粗茶淡饭,享受平民的生活情趣。他的不怕死,说明他活得自在,不像一些人那样整天担心自己的身体,惶惶不可终日。

奇事珍闻

1. 独特的国家

世界上的国家面积有大有小,人员有多有少,有的国家还有一些独特之处哩。

太平洋上的瑙鲁共和国是一个由珊瑚礁形成的岛国。岛上鸟粪经沉积形成了厚达几十米的优质磷酸盐,但岛上却没有可供农作物生长的土地。因此该国要出口大量磷酸盐,以进口泥土,用于种植作物。

西亚的科威特境内大部分地区是沙漠,没有河流湖泊,是个"无水之国"。靠着丰富的石油资源,这个国家的用水、粮食、蔬菜等,都依赖进口。

欧洲的瑞典是个禁酒的国家。这个国家没有酒店,饭馆餐厅只准在晚餐时供应掺有少量酒液的饮料。人们想在家中饮酒,须持"购酒特许证"购买。警方发现醉汉随即扣留,只要检验出血液中的酒精含量超过千分之一者,就要送进戒酒医院进行为期三个月的强迫治疗。

非洲的埃塞俄比亚没有门牌号码,就连首都亚的斯亚贝巴也不例外。机关、商店、住宅的地址都以著名建筑物或众所周知的地点为标识。没有门牌,也就不必设邮局和投递员。绝大多数的家庭,世代没有寄出或收到过一封信件。在十几年前,该国的人同亲人,包括同远嫁的女儿,在外工作的丈夫、儿女互通消息的唯一办法,就是"见面"。

在希腊半岛底端、爱琴海西北岸上,有一个古老的安道斯。这里居住着1000人左右,全是从世界各地来此过隐士生活的希腊正教修道僧侣及寺男(工作人员),是一个名副其实的"男子国"。严格的是,在领海的5公里范围内,任何"女嫌"都会被视为"间谍"抓捕,然后进行公审、判罪,并驱逐出境。多年以来,这里已被视为希腊全国唯一的特区。

欧洲的爱尔兰是一个不准离婚的国家。在这个国家里,男女只要一结婚,就必须共同生活一辈子。正是由于法律禁止离婚,所以爱尔兰人对待婚姻十分慎重,结婚年龄也比其他欧洲国家晚得多。有调查表明,爱尔兰人结婚的平均年龄,男子是31岁,女子为26.5岁。

2. 有趣的城市

世界各国的城市大大小小,形形色色,多得难以统计。有些城市尤趣味横生,别具一格。

意大利在前不久一次人口普查中表明,他们国家的蒙塞尼西奥是世界上人口最少的城市。市政府人口登记册上的名单是 32 人,但实际常住人口仅 10 人,分为 4 户人家。其余的人一到冬季便离开此城到别处居住。

挪威的哈默菲斯特是欧洲最北部的城市之一,位于北纬 70 度以上。该城一年只有三种日子:5—7 月全是白天;11 月中旬至次年 1 月全是黑夜;其余则是不明不暗的日子。

英国有座古城里彭,每晚全市居民同时就寝。每到晚上 9 时,有专人在市中心广场吹响号角,号令全市居民立即停止交际往来、影剧娱乐、商品买卖及读书学习等各类活动,各自居家就寝休息。里彭市民从不抗命违禁。这一传统始于 1099 年,在漫长的上千年间,只中断过一天,是因为有个歹徒将吹的号角窃去卖给了旧货店,第二天人们又将号角找回。

美国爱达荷州的波卡特洛市是一座禁止愁眉苦脸的城市,在 70 年前曾通过法令,规定市内所有的人均不得愁眉苦脸。违例者要到"欢容检查站"学习微笑,旨在鼓励市民以乐观的心态面对逆境。该市自称是美国的"微笑之都",每年举办一次"微笑节"。

法国南部的小城格拉斯是著名的香水城。在格拉斯观光,所有的商店几乎都是香水店,店内各类香水琳琅满目。用玻璃瓶装、塑料瓶装、金属瓶装,瓶上有的镀金,有的镶宝石,有茉莉花、玫瑰花、水仙、晚香玉、薰衣草等几十个香型。街心花园、广场上香水广告比比皆是,画面上金发女郎手捧香水,仿佛在迎接慕名而来的客人,到处充满着"香水城"的气氛。

在世界上还有一些城市也颇负盛名。法国巴黎全市拥有十万座花圃,得称"花城"。瑞士伯尼尔拥有近万家钟表工厂、商店,获"钟城"雅号。捷克的哥特瓦尔德夫市是制鞋中心,年产各式鞋靴两亿双,有"鞋城"之称。德国的慕尼黑,以生产啤酒闻名于世,是著名的"酒城"。

美国仅有 50 万人口的拉斯维加斯以"赌城"闻名于世,但它也是一个"婚礼之都"。在这里办结婚手续,既简便又省钱。举办结婚程序,速度也居世界首位,平均十分钟即完成一次婚礼。全部婚礼费用包括典礼、仪式、音乐伴奏、鲜花、结婚纪念照等,总共不超过 100 美元。这里的牧师及工作人员对待顾客一视同仁,使美国和各国想简便成婚者蜂拥而至。

3. 别致的小镇

世界上有许多别有情趣的小镇，其各具特色的风土人情、物产景观引人关注。

美国内布拉斯加州有个莫诺维镇，位于极荒凉的地带。镇长艾尔西在 20 世纪 70 年代移居这里后，几十位居民死的死，搬的搬，最后只剩她一个居民。她除履行镇长职务外，还要兼任警察局长、收税员、道路清洁工等职。镇上图书馆收藏有 5000 册书。艾尔西一直在小镇坚守，她说有书看，生活并不孤独。

在我国黑龙江抚远有个乌苏镇。这座小镇曾经只有一条小路，一户人家。户主是镇长，妻子是妇联主任，他们的儿子是全镇唯一的儿童。为此乌苏镇堪称"世界第一小镇"。

挪威北部北极圈内有个小镇，每到冬三月，镇上大多数人便会严重失眠，这个小镇由此也得名"失眠镇"。这是因为冬季白天见不到太阳，总是昏黑一片让人们难以安睡。

爱尔兰东海岸附近小岛上有个小镇，但镇上却没有一座房屋。镇上的居民分别住在 70 艘船上，交往、交易均在岛上空旷处进行。

北大西洋的科尔沃岛上有个叫罗莎里沃的镇子，镇上民众共同劳动，共同享受，极少犯法。岛上财宝集中存放在一个教堂里，钥匙常挂门上，从未有珠宝丢失。小镇也得称"无盗镇"。

比利时的阿登地区有一座雷杜镇，镇上只有 450 名居民，却开设了 26 家书店。这些书店各具特色，有的专门出售艺术画册，有的陈设历史和天文书籍，许多外文书在这里都能看到。这个"书镇"受到了世界不少地方书商、收藏家和图书爱好者的青睐。

美国佛罗里达州的吉森顿镇，有居民 7000 人，却清一色是杂技艺人。这里人人会变戏法、驯兽、踩钢丝。居民家院子里摆放着各式大型表演车、高空缆绳等，使小镇得名"马戏镇"。

法国圣克洛城有个小镇，该镇的人几乎家家户户都会制作烟斗。镇里的烟斗店铺连成一片，陈列的烟斗材质多样，琳琅满目。每年有大批游客前来购买烟斗，用于把玩和收藏。

土耳其南部的纳克镇被称为"女子镇"。镇上看不到成年男子，居民全是妇女和儿童，所有部门的办事人员也皆为妇女。每年的 7 月 1 日至 14 日，是镇上的"男子还乡探亲节"，节期一过，人们就会送 15 岁以上的男子外出谋生。

4. 神奇的乡村

乡村一般风景宜人,空气清新,民风淳朴。在世界各地乡村中,有些有着非同一般的民俗风情。

希腊克里特岛上有个普希库勒村,一年中只有 9 个月能住人。在这个村庄里,几十户村民勤于耕作,秋收一过,村民必须收拾起家中全部东西,撤离村庄。因为不久,就会有大量湖水淹没村庄,使其沉到水下。当春天来临,湖水退去,村民又会返回,重建家园。这是由于地面裂缝造成的,冬季裂缝被冻结,堵塞了水流,村庄就会沉入水中。

在非洲坦桑尼亚集丰穆人居住的村庄里,几十户人家都住一种"吊屋"。这种房子吊在断崖边古树上,大的有五六平方米,小的有三平方米左右。当地处于狭谷,十分潮湿,能置人于死命的蛇和蚊虫很多。人们难以在地面住宿,石岩高低不平也不便造房。于是这个村里的村民世代相传,贴岩壁一面建起吊屋,门开在屋顶上,自断崖下到古树,以软梯进入屋内。

平时人们去别人家串门,都要走大门。在我国云南泸西县的城子村,串门方式却是走屋顶。这里的房屋混合了汉族和彝族的建筑风格,依山而建,多数房屋屋顶相连,形成了数十米,甚至上百米的平台。由于房屋层层叠叠,虽然村子也有路,但走路串门会绕行很远,但登上楼梯到屋顶,就能轻易走进另一人家,所以邻里之间串门都是走屋顶的。

西班牙阿拉贡省有个叫卡兰达的小村。这里的婴儿一出生,外公和爷爷一定要送军鼓给孩子做礼物。该村有个不成文的规矩,村民可以不识字,但不能不会敲军鼓。卡兰达有村民 4000 人,其中四分之一是鼓手。全村有 400 面低音大鼓和 600 面小鼓。每年春初,全村都以击鼓迎接春天的到来。在狂热周中,从周五中午到周六下午,鼓手们都会手不离槌,连续击鼓。这个传统已有几百年的历史。

在泰国北部有一个博桑格村,是著名的伞乡。两百多年来,这里的人一直以制伞为业,村里建有 20 多家制伞工场。村子商店里挂满了各式各样的伞,最大的"巨人伞"可供 50 余人躲雨遮阳,小巧的"装饰伞"仅 10 厘米,是精美的工艺品。客栈、茶楼、酒馆、影剧场等,均用色彩绚丽的伞加以装点。这个村的人还有撑伞迎客的礼节,宾客临门,主人会打开精细的花纸伞表示欢迎。伞还是男女青年爱情的信物,村里的姑娘接受了小伙子所送的伞,就意味着她已将终身相许。

5. 形状不一的街

街自古是供车马、行人通行的路面。世界各地的街长短、宽窄有别，形状各异，有些观之趣味横生。

阿根廷首都布宜诺斯艾利斯的里条瓦达街道路绵长，光是沿这条街的一侧，就足以建起二万幢现代化大楼。巴西首都巴西利亚有一条宽 300 米的街道，堪称世界上最宽的街道。

世界上最狭窄的街道位于德国，称斯旁伏特巷，它建于 1727 年，最宽处 50 厘米，最窄处仅有 31 厘米。坡度最陡的街是美国旧金山市的第 22 号大街，坡度达到了 31.5 度。旧金山市的伦巴德大街也是一条下行很陡的单行线，有 8 个相连的半径仅 6.1 米的 90 度急转弯。

世界上最莫名其妙的街，是英国的斯温登环路。这里的 5 条环行交叉路以顺时针方向将道路连成一片，车辆则以逆时针方向围绕中间的圆圈行驶。

在我国首都北京，胡同是街巷的概称。自元代以来，街巷的形态多姿多样，有的呈罗圈、抽屉形，有的为盒子、口袋状，还有四面围合的"回"字形。曲里拐弯的胡同有八道弯、九道弯，有的街巷弯折多到二十几个。前门外的"一尺大街"全长只十来米，可能是世界上最短的街。而今日的长安街从天安门广场向西延伸至首钢东门，东至通州运河广场，又平又直，总长度已达 55 公里，并还在向东西两侧延伸，堪称"世界第一长街"。

在荷兰有一条称恩斯赫德的碎石街，街面是一眼望不到尽头的细长水池，里面有小溪流水。摆放着棱角分明、错落有致的踏脚石。想过到马路对面去，就要跨过一块块碎石。

瑞士滑雪小镇维尔科林有一条几何街。每年夏天，镇上就会邀请一些艺术家来小镇创作。镇上的房屋建筑比较古老，多为古朴的木质结构。艺术家们使用地图进行测量，然后以几何中心的广场为起点，使用明亮的色彩，向四周扩散作画，完成一幅贯穿街道的画作，使整个镇子鲜活起来。

瑞士苏黎世的巴荷夫街，可能是世界上最干净的街了。为了保持街道的清洁，这条街定期擦洗，真正由人工用抹布擦拭。街上的空气不但清新，还带着甜丝丝的气味。曾有大作家夸耀巴荷夫街的干净，写道："若你将汤倒洒在街上，你大可不必用汤勺而将它吃掉。"

6. 形形色色的桥

世界各地的桥不计其数。有的桥建桥材质特殊,独一无二。

在拉丁美洲的尼加拉瓜建有一座泥桥,自重1吨多。桥建于876年,是用一种当地人称火泥的特殊黏土堆成的。火泥呈红色,凝固后如铁似钢,不怕风吹雨打。桥建好至今一千多年,仍完好无损。

秘鲁阿普里玛克河上建有一架架的草桥。每年雨季沿河边生长的依素草长势旺盛,拧成绳索坚韧耐用。当地印第安人就用依素草结绳,架起草桥。每架草桥都能使用两年。

德国美因茨市建有一座鲜花桥。桥面上筑有一个个花坛,坛内植有鲜花、绿草,还有松、杉、竹等植物。人在桥上行走、休息,宛如来到一座大花园。

在我国广东顺德有一座用古榕树根架起的小桥。此树植于两百多年前,有人用制盆景的方法,将长大的榕树三条根牵引,使之蔓生到对岸,绕在石桥墩上形成桥。有趣的是,在桥上方70厘米高,榕树还向对岸伸出一条树根,穿过石柱洞孔,形成桥的栏杆。

在我国湘西沅陵县还有一座天生桥。桥位于高华界山下的臼流冲,两端的石礅紧靠两座大山的石壁,连接两山的鞍部,桥面平坦。桥的跨度为30.1米,桥孔高16.5米,桥面宽2.8米,桥拱圈厚度2.4米。有考察探明,这座天生桥属二叠纪石灰岩质,是由于漫长岁月的风化和雨雪侵蚀而形成的。

在西班牙古都的一条河上,架设了一座用瓷砖建筑的新型桥梁。一块块大瓷砖坚固耐压,它最大的优点是不易沾染灰尘污物,用水一冲,洁净如新。

保加利亚在一条河流上建起了一座玻璃桥。它的桥墩、桥梁和桥头堡全部是强化玻璃结构,强度高,不锈蚀,可承压1200吨的重物。

美国研制出一种可像地毯一样铺开和收缩的桥。这种桥以强度高、质轻、富于弹性的工程塑料硅制造。桥面一端固定在岸上,另一端可向对岸铺展,跨度为30米。这种桥伸缩自如,使用方便,又不影响河面船只的正常通航。

日本爱知县以特殊音响材料建起一座音乐桥。桥长31米,宽2米,是一座人行便桥。桥两侧的栏杆上装有109块音响板,行人走过只要用放置桥头的槌子敲打音响板,桥上就会奏出完整的乐曲。

7. 外国也有长城

我国的万里长城是世界上修建时间最长、工程量最大的冷兵器时代的产物。秦汉及早期的长城,总长度超过了 2.1 万公里,明长城总长为 8851.8 公里。建城墙取材方法有夯土、块石、片石、砖石混合等。长城依险峻山势修建,气势磅礴,是中华民族勤劳智慧的结晶,也是世界历史文化奇迹。

自古以来,外国一些地方也修建有长城。朝鲜的高丽人民在 11 世纪时,为防契丹进攻修建了一道长城,从西北部的鸭绿江下游起,沿崇山峻岭伸展到东海海滨,长达 370 公里,均宽 8 米以上。被称为朝鲜的"千里长城"。

印度的斋普尔藩王于 1592 年修建美丽的宫殿琥珀宫,作王国首府。为保护琥珀宫的安全,在周边山头沿山脊修建了一道防护长城,把琥珀宫围了起来。这道长城长 70 公里,建有 32 个烽火台及几座城堡。长城修建花费了 100 年时间才宣告完工,至今被较好地保存下来。

澳大利亚于 20 世纪 60 年代建起一道世界上最年轻的长城。它位于昆士兰州,长 5531 公里,高 1.8 米。造这条围墙式的长城,是为了保护羊群不受澳洲犬的侵害。这道长城虽比不上中国的长城长,高度也矮许多,但每年的维修费却高达 50 万美元。

在英国的英格兰与苏格兰之间,沿着分界线有一条逶迤的土墙,称为英国的哈德良长城。它长 73 英里,自东海岸伸展到西海岸。这道由石头堆砌的长城,是公元 2 世纪时古罗马皇帝哈德良下令筑造的,位于罗马帝国的西北边界,见证了曾经辉煌一时的罗马帝国鼎盛时期的版图。

公元 1 世纪时,古罗马人在莱茵河和多瑙河之间修建了一道"防御墙",这是德国的长城。以后它不断扩建加长,总长达 584 公里,是国外修建最早的长城。这条形似"Z"字形的长城,起自莱茵布罗尔,经过科布伦茨、美因茨、海德堡最后到达雷根斯堡,途经大大小小 60 多处城镇。它是由土墙、石墙、壕沟、栅栏及 900 座大小军营组合而成。军营的构造类似中国古代的城池,设瞭望塔、指挥所等。该长城对当时保护古罗马境内百姓生活和贸易往来起到了重要作用。如今一些段落是德国的著名旅游景点。

8. 多样的妇女节

"三八"妇女节是全世界妇女共同的节日。有不少国家还有自己民族特有的妇女节,让人津津乐道。

每逢闰年的 2 月 29 日这天,是爱尔兰的"妇女求爱日"。当日,妇女可以摆脱世俗的清规戒律,大胆向意中人或未拿定主意的情人示爱。这是一项早在 1288 年苏格兰的玛格丽特女王就颁布的法令。从 17 世纪开始,这个风俗习惯普及到整个欧洲。对在这一天拒绝求爱者的男人,或是用 1 英镑作为象征性"赎免",或罚他们以绸缎衣服赠给"伤心的女方"。

为了在社会上树立男女平等的观念,瑞士联邦政府设立了特殊的"妇女掌权日"。根据规定,每年 1 月的前 4 天,家里的大小事务全由妇女说了算,男人统统听命服从。一向对家务不屑一顾的瑞士男人,在这几天也必须老老实实地听从主妇安排去做好家务,做得不好还会返工。

希腊的诺利克是个山城,每年冬天那里的妇女都会过一个"妇女轻松节"。节日当天,所有家务活都交由男人们去干,主妇们落个轻松。但她们并不是什么都不做,主妇们会聚在一起,谈论国家大事,讨论地方事务,还会三五成群地拜访老弱病残的乡亲,帮他们解决困难。从这点上说,她们的"轻松节"过得并不轻闲。

每年 10 月 10 日至 15 日,是德国莱茵地区的"妇女狂欢节"。在这几天妇女有完全的自由,男人不准查探妇女的活动内容,违者会被问罪。狂欢节晚上,妇女会倾巢而出,参加各种酒会、派对。当天还有个重头节目是剪男人的领带。看到哪个男子不合时宜地西装笔挺,就会围上去把他的领带剪断。为此吓得很多男子不敢打领带,甚至不敢出门。

在印度,妇女的地位一向低下。不过印度妇女每年夏季都有一个扬眉吐气的"棒打男人节"。至今一些印度乡村仍沿袭着这一古老传统。当日男子们裹着松松的黄缠头进村,两排等候的妇女们各举竹棒,朝他们头上、背上打去。以往对妻子横眉立目的男人,此刻只能一声不吭,任凭竹棒打来,用柳条盘子护住自己,走过长长的"棒打"行列。

在西班牙有一个女性节日"女市长节"。当日由女性主持市政工务,发号施令,男子如违抗,会被公众群起攻之。

每年 3 月 3 日是日本传统的"女孩节"。这天,凡是有女孩子的家庭,都会在客厅里设置一个阶梯状的人偶架,在上面摆放很多穿着日本和服的小人偶,以庆祝女孩的健康成长。

9. 狂欢的"啤酒节"

发源于西方的啤酒,总是与欢乐的聚会联系在一起。"啤酒节"的狂欢遍布许多国家的大小城市,展现了啤酒被人们的喜爱程度。

德国的"慕尼黑啤酒节"有"世界第一啤酒节"之称。每年9月22日至10月7日在慕尼黑举办,是世界上最盛大的民间节日之一,届时会有来自世界各地的数百万宾客到此欢度盛会。这场盛会源于1810年为庆贺巴伐利亚的储君与露易丝公主共结百年之好而举行的庆祝活动。200多年来,每逢九十月间,全城就笼罩在浓郁的"啤酒"气氛中,举行节日大游行,整个城市一片欢腾,街上啤酒小吃摊林立,到处有人开怀畅饮。数不清的"啤酒肚"也成为一道景观。

英国的伦敦啤酒节每年8月初在伦敦举办,为期5天,是世界三大"啤酒节"之一。在这里的盛会上,除了英国本土传统酿酒商外,还有欧洲大陆、北美、澳大利亚、日本等多个国家和地区的啤酒厂商前来捧场,有多达数百种不同口感的啤酒供人品饮。来自各地的人们相聚于此,以酒会友,举杯畅饮,好不惬意。除了爽口的啤酒,穿着传统服装的乐队表演也同样精彩,尽情展示了英国的啤酒和酒吧文化。

美国作为移民的多民族国家,把"啤酒节"的传统也带到了美洲。"丹佛啤酒节"作为世界三大啤酒节之一,设在每年9月底,为期3天。啤酒节上,美国和周边国家的众多啤酒爱好者欢聚一地,除了大喝啤酒,喜欢音乐的美国人让音乐和啤酒充分融合,传统的"乡村"、摇滚乐队悉数登场表演,将啤酒节的狂欢气氛推向高潮。

中国的"啤酒节"是从1991年"青岛啤酒节"开始的,如今已举办了30届。每年8月开幕,持续十余天。届时广场上游人如织,人们手举一扎可口的啤酒,吃着大排档的小吃,观看舞台上的歌舞表演,尽享啤酒文化和夏日生活的欢乐。国内的大连、哈尔滨、西安、天津、北京等省市,也先后在七八月举办啤酒节。

各国的"啤酒节"狂欢、热闹,花絮不少。2019年,德国"慕尼黑啤酒节"落下帷幕后,据统计,本届啤酒节共吸引了世界各地的游客约640万人次,参加者共消耗了690万升啤酒,吃掉了110多头公牛、近60头小牛。德国红十字会统计,有超过800人在这届啤酒节期间喝到不省人事。

10. 兴盛的"鬼节"

世界上的节日五花八门。西方一些国家兴办的以鬼怪为主题的节日,参与者众多,煞是热闹。

西方一些国家过的"鬼节",在美国称"万圣节"。这个节日来源于古时的异教徒。那时的人认为10月的最后一天是夏季的终结、冬季的开始,他们把这个一年中的重要时刻称为"死人之日",也叫"鬼节"。因为他们相信这个季节交替的日子会有各种恶鬼出没,死去之人的灵魂也会离开身体在世间游走,这一晚有太多的危险。为保护自己和家人不被鬼怪伤害,自己便穿上像鬼的服装,戴上恐怖的面具,吓鬼驱鬼,这就是万圣节人们大肆进行恐怖打扮的原因。

由来已久的"鬼节"演变到如今,狂欢的味道已远远多于宗教的含义。人们可以装扮成各种鬼怪神灵的造型,如幽灵、精灵、僵尸、吸血鬼、石像鬼、骷髅、狼人、蜥蜴人、大脚怪、木乃伊、无头骑士等,血腥吓人,做出乖张的举动,只要不是犯罪,就能让人接受。"出格"而打扮怪异,反而会吸引眼球,成为当晚的明星。于是有些人就把这一晚当作一个实现幻想的节日,将憋在心里的奇思妙想尽情迸发出来。这也使鬼节越办越兴盛,越来越热闹。

美国的"万圣节"也叫"南瓜节"。这一天,家家户户都要买南瓜,拿回家,把里面掏空,刻出眼睛、鼻子、嘴巴,做成各种模样的"鬼脸儿"。然后在里面插上点燃的蜡烛,就做成了别致的南瓜灯。可以提在手上、搁在地上、挂在墙上。南瓜灯是节日的标志,人们总要比赛谁的瓜最大,谁的灯做得漂亮。在纽约的卡门镇,人们把南瓜灯串联摆放,几步一串,入夜一串串、一排排光彩一片,甚为壮观。鬼节的这一奇景,每年都会吸引成千上万游客前来观赏。节日期间,南瓜派、南瓜子等,都成了应景美食。正逢收获期苹果制作的焦糖苹果、苹果汁、苹果酒等,也都受到欢迎。

在大洋彼岸拉开"尖叫之夜"的万圣节,热闹、刺激,近年让我国一些商家也打起了"鬼主意"。北京等地街头一些时尚小店临近万圣节,也给店面装了"万圣装"。有的淘宝店一周就卖出上万件南瓜灯,有的大型度假中心还筹办了万圣节"闹鬼"专场招揽游客。北京最有魔幻色彩的"欢乐谷"主题乐园,除组织"假面狂欢派对"、万圣轻喜剧、"群鬼"夜间大巡游等常规"鬼节"表演项目外,园方还组织了数百名员工化装成古今中外的各国"名鬼",出其不意显现在游客面前,引起游客惊呼。园内众多的主题景观也通过灯光的变换不断营造鬼魅气氛,让喜欢求新、搞怪、好热闹的年轻人大呼过瘾。

11. 棺材的商机

棺材是安放逝者下葬的物件。有些人突发奇想，在棺材上寻到商机，引发了不少趣事。

在新西兰奥克兰经营着一家"垂死艺术"企业，专门为人定制创意棺材。一位逝者生前爱吃奶油甜甜圈，于是他的棺材外形被做成一个色彩缤纷的巨大奶油甜甜圈形状，抬进教堂。逝者亲属表示，看到这样的"棺材"，冲淡了心中的悲伤，最后的甜甜圈在心中长留温馨。这家企业按照逝者生前的性格爱好和提出的要求，还制作出了钢琴盒、帆船、卡丁车、消防车、乐高等造型棺材。

为推广使用个性化的棺材，在新西兰还有人出资举办了多个"棺材俱乐部"。有的俱乐部招收退休前的建筑工人、精通木工的人参加，用他们的专业技术制作特型棺材，以确保符合当地的法律和技术标准。俱乐部会员制好棺材，还会送至主人家中。有的放在仓库，也有的作为书架、桌子、沙发、茶几等，摆放于室内。

"疯狂棺材"是英国的一家百年老店。这里制作的特型棺材在英国乃至欧洲一些地区都广受欢迎。棺材造型包括放大的酒瓶、芭蕾舞鞋、风筝、吉他等。有女士找上门，求做英国空军"红箭"飞行表演队飞机形状的棺材。最终棺材店以一具机翼折叠的"红箭"飞机棺材成交。业务从此更加拓宽。

巴西一位电唱机推销员灵机一动，制造出一种现代式灵柩。他在棺材内装入了电唱机、电视机、电话和电子报警器等，让喜爱讲排场的人在地下宫殿也能过上"现代化的生活"。这种棺材虽然造价昂贵，但一些有钱者纷纷表示愿意购买，以便死后"享用"。

美国西雅图一家公司几年前推出了一款熏肉造型的棺材，这种棺材是专门针对生前爱吃熏肉的人设计的。其宣传口号是："生前享受着熏肉的美味，逝去依然被美味所围。"棺材以铁铸成，外壳喷涂了象征熏肉的油漆。棺内有可调节的床垫，还配备了一个熏肉味的空气清新剂。

在乌克兰特鲁斯卡韦茨市，一家棺材铺的老板推出一项睡棺材疗法。他请忙碌了一天、身心疲惫的人们到他的店里，在棺材里躺一会儿，以消除疲劳，寻求心灵的宁静。老板还讲出一个睡棺材的起源，说是有位老奶奶每晚睡在棺材里，乐此不疲，以高寿进入了极乐世界。他以此为卖点，宣传躺入棺材治疗，向客户提供 15 分钟棺材静卧，一疗程收费 25 美元。这新奇的疗法着实吸引到了一些好奇的顾客，有人尝试后表示，躺到棺材里确能得到放松，回家后整个人的精气神都变好了。

12. 骨灰的再用

骨灰是逝者遗体火化后的所得物。这本是静静安放的物质,如今却得到了再利用。

人死不能复生。但逝者生前植入体内的各种人造"零件",却还能派上用场。欧美一些企业与殡葬业合作,从遗体或骨灰中回收植入物,如人造骨关节、心脏起搏器等。这些再生后的"零件"可用于制造飞机或汽车的发动机、电子路牌等公共设施,也可以成为另一个人体内的"零件",让它拥有第二次生命。

灰白色的骨灰经过第二次高温燃烧,会形成一种"生命晶石"。这种烧结物因所含微量元素不同而颜色形态迥异,有的晶莹透明,如同琥珀;有的多色交杂,很像雨花石。一名逝者可以化身为100多颗有大有小的圆珠,再经进一步深度加工做成各种纪念品,以多样的形态供亲属寄托哀思。生命晶石技术首先出现在美国,之后传入日本和东南亚国家,并得到很好的发展和应用。

在我国上海等地,如今也建立了这种将挚爱制成饰品的生命晶石工作室。安徽合肥大蜀山文化陵园推出的生命晶石服务,可将逝去亲人的部分骨灰制成项链等饰品,随身携带。他们通过高温升华等新技术,将骨灰烧制成典雅的类宝石产品,具有骨灰节地安放、纪念展示的双重功能,已受到很多客户的咨询和订购。

一家英国公司几年前推出一种另类悼念方式,将逝者的骨灰制成唱片并刻录下死前的声音,让逝者在唱片的密纹中"永生"。制作方法是:将骨灰颗粒撒在用来制作唱片的乙烯板上,在刻画唱片沟纹的过程中直接把骨灰压进乙烯中。骨灰唱片中可以录入死者的遗嘱、歌声或生前喜欢的音乐,也可以什么都不录,只留下骨灰颗粒产生的爆破音。唱片上还可请专门画家用混有死者骨灰的颜料为死者绘制一幅肖像。

英国人朗迪斯生前爱好喝茶,他在去世前经常和儿子约翰在家中对坐品茶。朗迪斯去世后,悲痛的儿子约翰总是怀念和父亲一起饮茶的时光,于是请制陶师帮忙,将亡父的骨灰制成了两把白色的茶壶。当他用茶壶放茶、泡水、倒水时,他仿佛感受到亡父又可以和他一起悠闲地品茶了。

13. 安葬方式多

人活在世上都有个生老病死。当人逝去后,不同国家和地区的人,安葬方式是不尽相同的。

过去我国西南地区,人死后有把他放到旷野处,让鹰啄食的习俗,谓之"天葬"。在南美洲亚马孙河流域,有的民族在人死后,把他放入比拉鱼游动的河水中,大群凶猛的比拉鱼抢食尸肉,只几分钟死者仅剩一具骨骼,这是一种"河葬"。

非洲马里有个多贡族,世居山地,村中的山岩下有一处幽深的山洞。多贡族有人故去,采用"洞葬"安放他。葬礼隆重而奇特,在亲属友邻吊唁、艺人舞蹈一番后,登山能手攀上山巅,以绳系住尸身,吊入深深的山洞里放置。在扎伊尔的土买丁奈族,人死盛行一种特殊的"活树葬"。选择一棵两三人合抱不过来的大树,在根部完整地剥下树皮,凿出一个较大的树洞,然后把用布裹紧的尸体竖放在树洞里,再把树皮原样贴紧绑牢,用黄泥浆糊上。这种葬人的树不但不会因此枯萎,由于它从腐尸中吸取了营养会生长得更好,而成为一具"活棺材"。

近代以来世人重视环保,英国一家公司发明了一种处理遗体的新型"水葬"。做法是将载着遗体的丝制棺材放入一个特制的容器中,然后注入数百公升混合了氢氧化钾的水,将水温加热至 150 摄氏度。高温水令遗体在两个小时内化为白灰,而这些骨灰会交还给死者亲属。在瑞典实施的另一种尸体处理方式是将遗体进行冷冻干燥、粉末化提取金属物,然后转化成人工化肥。英国正在推广一种"冰葬",将遗体放入冰葬机器中,淋上液氮,在 1 小时内遗体温度会降到零下 200 摄氏度,冻成"冰棍",然后将其压碎成小颗粒。冰葬的过程比起传统的葬礼方式更加环保。

在我国,随着人们观念的转变,绿色、环保的殡葬方式越来越被民众认可。南京雨花台功德园公墓建成一处江南庭院式生态景观葬区。这种多功能的生态景观葬集"树葬""花坛葬""雨花石葬""壁葬"等生态葬式于一体,使用黏土低温制成、遇水即可降解的低碳环保骨灰盒,可大量节约用地。自 1994 年起,由北京市民政局殡葬服务中心组织逝者家属赴渤海湾撒骨灰,这种"骨灰撒海"葬礼方式,所需费用完全由政府买单,包括提供乐队、车辆、乘船、保险、花瓣、纸骨灰盒等一系列活动。

14. 花钱买罪受

在和平安宁的生活中,为寻求刺激,体验"苦难",有些人乐意花钱买罪受,这也让一些商人和机构提供了相应的"服务"。

美国加州很早就在一处山头野岭开办了一所"战犯营",专供未尝过战犯关押滋味而又想尝试的人进入体验。每个进入的人,须交纳 425 美元,住上 5 天,便可领教到战犯在精神和肉体上所受的种种折磨。

美国马萨诸塞州的一所新型监狱,为展示囚犯床位等设施,邀请市民入狱度过一夜,一尝铁窗滋味,但须付费 25 美元。到了清晨,"入狱者"还须付出象征性的"保释金"。监狱的监禁和保释所得费用,都会拨予慈善机构。

美国罗得岛的新港海岸开设了一座"监狱酒店",它的旧址原是一座监狱,建于 1722 年。建为酒店后,仍保留监狱房间的原有格局。前来入住的顾客要填写"入狱时间""假释时间",发给"犯人"一件黑白相间的囚衣,一份食具,这些都与一般监狱无异,甚至实行灯火管制。入住这里每晚要交 125 美元。开业仅一年,已有数千守法市民到此花钱"坐牢"。

英国伦敦几年前开了一家名叫"恶魔岛"的监狱旅馆。入住者办理了入住手续后,所有的行为都如同囚犯,发放囚服,关押在指定房间,严格以三餐时间发放和领取食物。时间一到牢内还会响起铃声,提醒"放风"时间到了,可以到院内场地活动。虽然房间内仅配备了床和折叠式桌椅等用品,十分简陋,但这里生意火爆,很多人甚至提前好几个星期就预订"入狱"。

拉脱维亚的卡罗斯塔监狱原是苏联时期囚禁犯人的一所监狱,被弃用后建成一家颇有特色的监狱酒店。改造后的酒店每人一晚收费 16 美元,在那里入住的客人须忍受身穿军服的服务人员大声呵斥,还会受到言语侮辱和死亡威胁,晚上睡在冰凉的水泥地板上,吃的食物难以下咽。即便是这样的生活环境,前往入住者还是络绎不绝,甚至需要预约。

芬兰首都赫尔辛基也有一家由国家监狱变身的"监狱旅馆"。走进"监狱",高大的院墙让人感到压抑,大厅陈列柜里摆放着囚服、囚犯档案、手铐等,让人感到气氛凝重。里面的接待人员、清洁工都身着囚服。这所"监狱旅馆"的不同之处在于力求居住舒适,除让人体验铁窗生活,还承接各种会议。此外这里还推出了"越狱"游戏,身穿囚衣的参与者要猜出有难度的谜语,使团队巧妙地避开"狱警",逃离监狱。很多恋人还把这里设为婚庆现场,"监狱婚礼"让一对对有情人终成眷属。

15. 恐怖的经营

为迎合一些人追求刺激、冒险的心理,一些商家开办了恐怖、惊悚的经营场所,还真受到了不少喜爱此道之人的光顾。

英国一家名为"克莱德山谷"的公司,搜集了小市镇流传的鬼怪故事,开办了寻访"鬼怪"的旅游经营。为满足游客对鬼怪的好奇心,他们派人装扮成神秘的灰色幽妇、时隐时现的修女、编织东西的幽灵、苏格兰历史上有名的无头玛丽女王等,让她们突然现身,并做出一些鬼怪举动,使游客看到后冷汗直冒,毛骨悚然。

美国得州旅游业推出一种"蒙面旅游"。游人进入园地游览,先要被戴上一个黑布面罩。带到里面脱掉面罩被丢下后,游人不知身在何处。周围道路崎岖,幽静深远,只能冒险前行。天黑找不到出路,看到有灯火的旅馆,只得投宿。如果3天不能自寻出路出园,付费后可由服务员带路从园地走出。

在美国洛杉矶一个墓地,开办了一个"墓地一日游"的项目。参加活动的游客乘坐一辆外形像棺材的旅游车,绕场一周,然后进入一间地下骨灰室参观。其甬道狭长曲折,阴气森森,大大满足了一些爱好惊险刺激的客人。旅游的高潮是到几位好莱坞已故明星的墓地参观,凭吊自己的偶像,并在他们的"住宅"前拍照留念。

在瑞典北部的基律纳有个朱卡恩维佳村,位于北极圈内。这里建起了一座室温最低的旅馆,室温最高也只有零下8摄氏度左右。旅馆所用的门窗桌椅、床榻灯具,包括饮水的杯子,都是冰制的。夜宿冰旅馆不仅是种新奇的尝试,更是对人的勇气的考验。宽大的冰床上铺有厚厚的海绵垫和驯鹿皮,加上睡袋和睡帽,就是在这个冰窖旅馆过夜的全部装备了。

英国诺里季市开办了一家"地狱旅店",旅客要睡在棺材里。客房中放有许多骷髅,服务员身穿白色尸衣,用头骨状杯盘端送饮料和食物。虽然旅店内阴森恐怖,还是吸引着不少好奇的人前来体验"地狱"的滋味。

美国波士顿市开办了一家"恐怖餐厅"。入内只见里面黑洞洞的,灯光如磷火闪亮。服务员都是鬼怪状打扮,餐桌是一个个木棺造型,菜单上写着"炒人肝""扒大腿"等名目,其实是以牛、羊肉烹制。自开业以来,餐厅生意一直兴隆。

16. 婚姻的集市

集市是售卖和交换货物的场地。在世界上却有着一种奇特的集市,交易的是青年男女的婚事。

在印度恒河流域的比哈尔邦有一个村落,开办有一个传统的婚姻集市,一年一次,一次七天。届时男女双方的父亲或监护人和亲戚一起各搭帐篷。未来的新郎可以随父亲同来,但姑娘不会被带来露面。

集市上最忙碌的是介绍人。女方的父亲先找到一个介绍人,同他私下交谈,告知他要为女儿找什么样的女婿。介绍人拥有许多男青年的资料,熟悉他们的家庭背景、教育程度、人品德行,衡量后就把"顾客"带往男方帐篷,让人一睹男方容貌,进行"相亲"。看对了眼就会商谈嫁妆的多少,然后"讨价还价"。若能协商好,就算有了初步婚约。介绍人可从男女两方处得到谢金。之后,双方父亲和介绍人还要一起找保有族谱的人,查验血统关系,如没有问题,婚姻就算最后缔结了。

这村落的婚姻集市,有人说是专替穷苦人为女儿买到"廉价丈夫"而开办的,是一种由父亲包办的婚姻形式。每年到场的人数要超过 10 万人。集市结束大约有 2000 宗"买卖"成交。这个婚姻集市之所以能够长期存在,与当地姑娘多的家庭生活贫困是分不开的。印度的青年男女虽说在法律上享有婚姻自由,但在广大农村地区,女子出嫁要付出一笔可观的嫁妆费,这成为姑娘父母的很大负担。嫁妆制度是印度社会的一大陋习,虽然法令禁止,舆论谴责,却废除不了。为了少付一些嫁妆费,找女婿四处奔走,费时费力,倒不如集中时间,前往一个地方进行磋商。这样,婚姻集市也就延续开办下来。

婚姻集市虽还在开设,但如今越来越多受过教育的年轻人已不愿到婚姻集市上去充当"商品"。去婚姻集市"赶集"的人在逐年减少。妇女们还曾在集市上举行过示威活动,要求取缔婚姻"买卖"和嫁妆制度。

在爱尔兰的里斯德梵小镇上,也有个婚姻集市,但这里的集市是专为单身女子选择丈夫而设。每天都有成百上千的青年男子和鳏夫穿着整齐,打扮体面,聚集在那里,等待着求婚的女子前去相亲。但选偶的女子中很少有本地人。她们大多来自国外,乘坐专门的包机,从美国纽约、芝加哥以及法国巴黎、澳大利亚悉尼等地而来。

17. 着装的法令

法令指政权机关所颁布的命令、指示、决定等的总称。世界各国的法令林林总总，一些国家对着装也颁布有法令，有的法令令人忍俊不禁。

英国法律规定："不得穿着盔甲进入英国议会大厦。"在民意调查中，这条法令被认为是很荒谬的。在希腊，有法令规定穿高跟鞋不得踏入有珍贵砖石和雕塑的场所，若有人不配合可强制驱逐。为保护历史遗址不被踏坏，这好理解，但雕塑一般高出地面，高跟鞋踩不到，此法令让人感觉古怪。

美国密苏里州有一条古老的法令，规定任何年龄的妇女遇火灾，深陷火窟时，必须把衣服穿整齐，消防队员才可将她从现场救出。假如她只穿睡衣或内衣，便不能对其施救。

泰国是热带国家。在炎热气候下人们也要保持穿着。如果赤裸上身驾驶汽车或摩托车，被警察抓到，按法令必吃罚单。

中美洲国家格林纳达有法令禁止游客穿泳衣逛街，发现抓到就会对其处以罚款。那些穿牛仔短裤裤腰过低和露脐装的游客，也会招来处罚。

印度哈里亚纳邦的一些高校也有法令公布，禁止女生穿短裙、紧身牛仔裤和 T 恤衫。

2012 年英国肯特郡向中学下发规定，禁止穿超短裙。如果女生穿短于膝盖 7 厘米以上的裙子上学，学校将强制她们换穿长裤。

美国路易斯安那州一个小镇对穿着随意有严厉的惩罚。那里有法令规定，禁止人们穿过于低腰的裤子出行，违者将遭到 6 个月监禁和 500 美元的罚款。因此在当地是没有人敢穿露脐装的。

对于一个地方服饰穿着的规定、限制与禁止，再到开放，也是常有的。法国大革命期间当局下达禁令，任何想要"像男人那样穿裤子"的巴黎女性，必须获得当地警察的批准，否则会被拘禁。以后当局对这项法令也有一些缓和性的修改，规定"女性在骑自行车或骑马时"可以穿裤子。进入新世纪以来，不断有人试图废除"女士穿裤装"的禁令。这项禁令实际并未执行，也是"法律考古"一部分的法令，直至 2012 年才正式撤销。

18. 无声的花语

鲜花色泽艳丽,气味芬芳。许多花木还有着某种生活含义和特定语言呢。

花语,就是用一种特定的花木作为某种感情或愿望的表示,可谓是无声的语言表达。在我国,松柏寓意坚毅伟大,翠竹象征正直虚心,牡丹蕴含雍容华贵,万年青则表示情谊长存。梅花在我国辛亥革命后曾定为国花,这种花傲霜耐寒,体现了中华民族刻苦耐劳、刚毅坚强的精神,五个花瓣象征各民族的团结和睦,也是五福之意,即快乐、幸福、长寿、顺利、和平。自古以来,人们就爱以花卉迎送亲朋。《诗经·郑风》中咏道:"维士与女,伊其相谑,赠之以芍药。"这是说男女依依,分手时送一枝芍药花,表示惜别。在唐宋以来的诗词中,能看到不少折柳相赠、遍插茱萸的诗句,表达异乡思亲和怀念向往。用花木寄托感情的祝福有很多,如为老人庆寿,赠送仙桃、虎刺,表示祝愿老人青春长驻,寿比南山;亲友婚礼,送上常青藤、麦蒿、五龙爪组成的花束,寄寓新人同心相爱,白头偕老。用万年青、吉祥草、百合花、连根葱分别象征万年长青、吉祥如意、百年好合、根深蒂固,在民间也形成习俗。

在欧洲,母亲送花给子女,常用冬青、樱草、金钱花、凌霄花、僧鞋菊搭配成一束,表示母亲真挚而持久的爱。在欧洲一些国家习俗中,初恋、求偶、结婚、夫妻和睦的爱情花语最富有色彩。在古希腊神话中,有位叫佛罗吉塔的神女,在折白蔷薇花时手被戳破,血把花瓣染红了,变成了红蔷薇,由此形成了一个浪漫的传说。青年男女之间,送红蔷薇表示求爱,回赠红郁金香表示接受,而回敬香石竹则意味着拒绝。欧洲各国盛行用花来表达某种感情或愿望的还有许多,如刺玫瑰表示优美,红茶花表示天生丽质,白百合花表示纯洁,蓝紫罗兰表示诚实,豆蔻表示别离,野丁香表示谦逊,柠檬表示挚爱,白桑表示智慧,黑桑表示生死与共,橄榄表示和平,白桦树表示独立等。

花是春天的信使,是相赠亲友、表达美好感情的礼物。但由于各国民众习俗不同,送花也存在一些禁忌。白色百合花在欧洲不少国家象征纯洁,但同样在欧洲,一些国家却是用这种花作为对死者的虔诚悼念品,所以不可乱送。赏菊是中国人的雅兴,但在南美洲一些国家,人们视菊花为"妖花",只在人死后才会拿一束菊花放置灵柩前。房间里也是不会摆放菊花的。不可以在人家生日、婚礼、染病时,手捧菊花送上门去。在国际交往中,不了解一些规矩和习俗,胡乱赠花,很容易引起误会和对方的反感。

19. "圣诞老人"趣事

在西方圣诞节,圣诞老人是个很活跃的角色。节日期间,有些人以扮为"圣诞老人"为乐或凑凑热闹,并由此生发出不少趣事。

加拿大多伦多一年一度的"圣诞老人"大游行,已经有 100 多年的历史。在圣诞节欢庆活动中,以花车、乐队、皇家骑警等组织的游行队伍中,最引人注目的是规模盛大的"圣诞老人"队列。参加游行的"圣诞老人"多达 1500 人以上,他们身穿五彩缤纷的圣诞老人服饰,年龄从十几岁到 70 岁不等。一路掀起欢呼的声浪,每年都吸引 50 多万市民及国外游客夹道观看。

在英国伦敦,每年圣诞节前夕,数百名英国民众也会在市中心举行"圣诞老人"大游行活动。他们穿上红衣,戴上红帽,粘上白胡子,打扮成圣诞老人。从不同的街区出发,到特拉法加广场会合游行,成为圣诞节欢庆活动的一景。

在美国拉斯维加斯市,每年 12 月 3 日都举行"圣诞老人"赛跑活动。这一天,当地汇聚了来自全球的数千名"圣诞老人",身着不同面料、不同样式的圣诞老人服饰,参加长跑。报名者可以参加激烈的 5000 米长跑赛,或者在 1 英里的圣诞街漫步,还可以只穿上圣诞老人服饰亮相于街头。此活动由慈善机构主办,筹集到的资金全用于慈善事业。

传统的圣诞节节庆期间,澳大利亚正步入一年中最热的夏季。在南半球的澳大利亚,圣诞节没有皑皑白雪和冬日暖炉。那里人过圣诞节便入乡随俗,"圣诞老人"在海滩派发礼物,竟穿着短裤,让人发笑。

在美国亚利桑那州的菲尼克斯市,一直开展"圣诞老人"散发钱救济穷人的活动。1979 年,一名叫斯图尔特的无家可归者,得到别人救济。他后来创业成功,决定以德报德,便在圣诞节身穿"圣诞老人"服,向身陷困境的人散发现金。他去世后,这一善举便被保留下来。每年都会有一群神秘的"圣诞老人",向困顿中的人散发现金,多时达几万美元。

近年来,欧洲一些国家的商家更多地将"圣诞老人"作为了广告模特。进入 12 月,很多城市街头都能见到高矮不等、胖瘦不均,甚至男女不辨的"圣诞老人"。他们穿红袍,粘白须,扛褡裢,向孩子分发糖果,向成年人递送各种广告礼品,从香水、香皂到纸巾、充电器。连银行也派出"圣诞老人",散发推销贷款的宣传单。精明的商人认为"圣诞老人"本来就是假的,于是利用全民购物的圣诞节,偷梁换柱,将"圣诞老人"作为"活模特"一用。

20. 古今中外"花木兰"

人们都听说过古代花木兰替父从军的故事。鲜为人知的是,国外也有这样女扮男装的巾帼英雄呢。

在历史上,花木兰确有其人。北魏时皇帝发动了统一北方的战争,木兰替父从军,戎马生涯十二载,立下军功。

在我国古代诗坛上,还有一位花木兰式的人物。她是五代时人,叫黄崇嘏。在当时重男轻女的环境里,她隐匿性别,女扮男装登上诗坛。蜀相周庠爱其才干,荐她为官,并提出招她为婿。黄女只得写下《辞蜀相妻女》一诗,自明身份,使周庠招赘的事作罢。

元朝末年,四川阆中县有一位名叫韩娥的女子,父母早亡,随叔父生活。她12岁时,兵荒马乱,养母为保全韩娥性命,让她打扮成男子模样,加入元末农民起义军。韩娥在军中骁勇善战,10年后和叔父巧遇,义军首领才知道韩娥是女儿身,送其还乡。后来家乡人民还为韩娥修了"木兰庙"。

在解放战争初期,也有一位花木兰式的英雄,姓郭名俊卿,辽宁凌源县人,于1945年女扮男装参加了革命军队。她在战斗中英勇无畏,荣立特等功一次、大功三次、小功四次。1950年出席了全国战斗英雄代表会议。郭俊卿于1981年离休。她就是影片《战火中的青春》里那位短发假小子、副排长高山的生活原型。

在俄国历史上也出现过一位花木兰式的女英雄——杜罗娃。她生于1783年,从小向往军人生活,23岁那年剪去发辫,离家投奔了一个骑兵团,参加了反抗拿破仑侵略的卫国战争。她在战斗中舍生忘死,屡立战功,被授予乔治十字勋章。后由于负伤暴露了女性身份。1866年,杜罗娃与世长辞。她穿着六十年如一日的军装,人们以军人的崇高荣誉葬了她。

19世纪时,英国有一位才华出众的大学生,名叫巴利。15岁就荣获了爱丁堡大学医学博士学位,投笔从戎成为英国军队的一名医生助理。1815年,英普联军在滑铁卢打败拿破仑的军队。巴利在战斗中抢救了众多伤员,立下赫赫战功。巴利在军队中服役了50年,担任了最高的医学职务英军监察长。1865年在去世尸检时,人们才惊骇地发现,"他"竟然是"女儿身"!当时英国对妇女歧视严重,官方不敢公开巴利的女性身份。了解真相的人无不暗中敬佩这位女中豪杰。

21. 中外门神

春节将至贴门神,是我国民间的风俗之一。其历史悠久,流传广泛,所贴门神种类繁多。在北京地区门神大体可分为三类,即捉鬼门神、祈福门神和武将门神。

捉鬼门神多为神荼和郁垒,金鸡和老虎。传说桃都山有大桃树,盘曲300里。上有金鸡,下有二神,一名郁,一名垒。北京人旧时在腊月二十三日后,便要贴门神,用以镇邪驱鬼。祈福门神是专为祈福而用,常见人物为赐福天官,也有刘海戏金蟾、招财童子小财神。供奉、张贴者的家庭多为商界人士,希望从祈福门神那儿得到利禄。武将门神通常贴在临街的大门上,为了镇住恶魔或灾星从大门外进入,故所供的门神多手持兵器。北京居民院门口的武将门神多为唐代名将秦琼和尉迟恭。二门神一位托瓶,保平平安安;一位举金牌,上画牡丹,保荣华富贵。相传唐代时太宗病中梦见鬼叫,夜不成寐。经召众将商议,让元帅秦琼与大将军尉迟恭夜间披甲持械守卫宫门两旁。是夜果然无事。然久而久之,太宗念秦琼、尉迟恭二将日夜辛劳,便让宫中画匠绘制二将之戎装像,悬挂于宫门两旁,居然也有镇鬼之效。后世沿袭此法,遂使二将在民间成为流传最广、影响最大的门神。

过去老北京的道观较多,逢年过节道观也贴自己的门神,就是山门左贴青龙孟章神君,右贴白虎监兵神君。此外,贴在门上充任过门神的还有赵云、马超、马岱、温峤、岳飞、孙膑、庞涓、赵公明、哼哈二将、包公、文天祥、杨宗保、穆桂英、韩世忠、梁红玉、姚期、马武等几朝名臣、武将,当然门神爷更少不了专拿恶鬼的钟馗。

中国人崇信门神,但贴门神并不是中国人的专利。古罗马神话中也有个门神叫贾纳斯,原是主宰岁月更替与万物终始之神。他被描绘成有着前后两张脸的神灵,因为门户有两面,于是后来他当了门神,他的像被竖立或绘画在进出口之地。现在通用的公历,有不少月份的名称取自罗马诸神,"一月"(January)即取自门神贾纳斯。

在传说中,贾纳斯这位外国门神并没有什么驱鬼祛邪的威力,相反,由于他有着两副面孔,后来竟被人们比喻为两面派人物。"贾纳斯的脸"成了"虚伪欺诈""两面三刀"的同义词。

22. 皇帝的嗜好

在中国封建社会,有的皇帝在治理朝政之余,也有自己的嗜好,移情他业并有不俗的业绩。

上古时代的黄帝可能是最古老的球迷。据《汉书·艺文志》载,"蹴鞠者,传言黄帝所作。"汉高祖刘邦对蹴鞠也大有兴趣,不但爱看比赛,自己也爱上场秀脚法。唐代时球迷皇帝最多,玄宗李隆基、僖宗李儇、中宗李显均是马球健将。

晋惠帝司马衷的儿子当了皇帝后,特别喜欢买卖交易。他在宫中让人同他一起杀猪卖酒,可以用手来估掂肉的分量,常常丝毫不差,堪称是一位杰出的"售货员"。

南唐后主李煜是个亡国之君,却也是个优秀的词人,"问君能有几多愁,恰似一江春水向东流"等佳句一直流传于世。

北宋时期古代科技发达,有的帝王本人就是医学家、药学家。太宗赵光义即位前在封地便非常喜爱收集医术方药,竟"藏有名方千余首,皆有验"。他登基后下诏在京师设置香药交易院,促进了中外名贵药材的交流。真宗赵恒是太宗第三子,受父亲的言传身教,也有较高的医药学造诣。他亲自调药,为宫人治病,阅改医药专著颁发天下,促进了当时医药学的发展。仁宗赵祯也喜欢钻研方剂,改良了"甘橘汤"等古方,当京师出现大疫缺药时,他亲自从内府拿出紧缺急需的"通天犀"等名贵药材以疗民疾。

宋徽宗赵佶业余爱好绘画。在位期间擅长画竹、翎毛,艺术成就以花鸟画为最高,他的工笔山水《芙蓉锦鸡图》先后被明清两代多位帝王收藏。在书法上他独创的瘦金体,成为仿宋字的母本。这位徽宗皇帝政治上饱受诟病,却是个响当当的艺术家。

明朝天启皇帝朱由校下朝后最爱当木匠。他系上围裙,在工棚里挥动斧锯锛凿,制作家具和宫殿模型,手艺比一般木匠要强。

清代乾隆皇帝的业余爱好十分广泛,他喜欢旅游,经常出巡游山玩水。也擅长写诗作对。历史上流传着不少乾隆皇帝出上联,让臣子对下联的故事。至于乾隆在各地的题诗题字就更多了。乾隆还十分喜爱滑冰,年年观赏冰嬉表演,并为此着迷。他兴致勃勃地写诗赞叹,还以"列子驭风""夸父追日"等典故来形容滑冰的速度之快。

23. 他们死后难安

　　俗话说,人死"入土为安"。而有的名人在下葬后却又被翻尸倒骨,甚至哄抢器官,难得安宁。

　　公元前 323 年,亚历山大大帝病故于巴比伦。遗体随后被转移到古埃及的孟菲斯市,保存了 20 年。后又被重新埋葬在他亲手建立的亚历山大港。公元前 3 世纪末,遗体再被转移到另一处墓地。罗马统治时期,恺撒大帝和奥古斯都大帝都去参拜过。最让人意想不到的是,奥古斯都弯腰亲吻遗体时,不小心弄掉了亚历山大的鼻子。

　　意大利科学家伽利略生前因坚持日心说屡遭教廷迫害,去世后也无人敢为他举办体面的葬礼。近一个世纪后他的遗骸才被发掘出来,转移到佛罗伦萨的圣十字教堂的大理石墓穴中。在此过程中,伽利略的几根手指、一颗牙齿、一根脊骨被人取去,当作了"纪念品"。其中的脊骨得以保存在意大利帕多瓦大学。手指和牙齿先是去向不明,直到 2009 年佛罗伦萨的一次拍卖会才重现人世,现收藏于伽利略博物馆。

　　1821 年,被流放到英国的前法国皇帝拿破仑去世,20 年后他的遗体才返回法国。尸检医生摘取了拿破仑身上的一个器官,后这个器官和拿破仑的其他一些遗物在伦敦被拍卖,又经多名收藏家转手。美国一名物理学家买下后,一直放床下手提箱里保存,他于 2007 年死前交由女儿继承。

　　英国诗人拜伦于 1824 年在希腊去世。虽有官员建议将他葬于帕特农神庙的最高处,不过,拜伦最终还是魂归故土。在此之前,几名医生却违背了拜伦的意愿,对他进行了尸检,切除了大脑、内脏,泡进酒精瓶,然后缝合了遗体。威斯敏斯特教堂还拒绝把拜伦收入伦敦的诗人墓地,而下葬在家族墓地。1938 年,有传言质疑遗体的真假。一个 40 人的团队又将拜伦墓扒开,只为确认墓中人是拜伦本人。

　　美国第 16 任总统林肯被暗杀后,遗体做了防腐处理,安葬在伊利诺依州一座大理石坟墓中。1876 年的大选之夜,有不法之徒试图盗取林肯遗体,打算逼迫政府释放同党。他们的如意算盘最终被特勤局摧毁。1901 年,林肯的灵柩重新露面,作为安保措施的一部分,使用钢筋混凝土对灵柩做了密封处理。据到场人员透露,棺中林肯的遗容保存完好。

24. 回避与"中间人"

　　世界上各个国家民族都有自己的习俗和风情。有的民族自古奉行回避习俗，让人感觉新奇有趣。

　　澳大利亚的凡恰季族人，当女婿看到丈母娘朝他走来，必须抽身躲开，丈母娘走远了才能出来。如果相遇时丈母娘已走近身旁，而女婿并不知晓，就会有知情人向女婿通报，女婿会赶紧没法藏匿自己，当得知丈母娘走得不见了，他再现身。

　　澳大利亚的卡米拉罗伊族人的女婿，有不与丈母娘说话的习俗。当女婿有要紧事非得要和丈母娘交谈时，只准背对背地大声喊说。阿艺达族的女婿，不仅不能和他的丈母娘交谈，还不可与部落内所有已做了丈母娘的妇女说话。有些部族虽然允许女婿同丈母娘面对面谈话，但女婿姿态都极为拘谨，连头也不敢抬。

　　在大洋洲埃斯特岛上，女婿不但不能目视丈母娘，与老丈人也不能有身体的接触。如果女婿与丈人不慎相触，就要举行一种专门的赎罪仪式，以免招致不幸。

　　在非洲乌干达的布甘达部落里，女婿对丈母娘也须回避。要是有话非说不可，必得隔着一道关着的门或是一堵墙，大声交谈，常常是站在很远地方的人都能听到。

　　在利比亚很多地区，按民族习俗，男女之间，尤其是陌生男女邂逅时，男人必须自觉回避，对女性切忌注视或回首，更不可指手画脚，评头品足，否则就会受到当地人的斥责。

　　在印度尼西亚苏门答腊岛上巴达克人部落里，一直保持着一种古老的风俗：如果公公和儿媳在外面相遇，只有通过"中间人"才能谈话。如恰有邻居"穆罕默德"在身旁，便"借用"他交谈：

　　"穆罕默德，问问儿媳妇，家里还有香蕉吗？"

　　"请告诉公公，有的，我才买了一大篮子香蕉。"

　　这时，作为中间人的穆罕默德可以一言不发地坐着或站在那里，因为公公和儿媳都听明白了对方说话的意图。

　　如果公公与儿媳在路上相遇，而旁边又没有第三者，这时石头、树木、道路、茅屋等也都可以充当"中间人"。

　　"石头，你问问公公到哪里去？"

　　"石头，告诉儿媳，我去朋友家给他贺生日。"

　　"石头，替我告诉公公，请他走好。"儿媳很有礼貌地向公公道别。

25. "左撇子"闲叙

"左撇子"又名"左利手",指习惯于做事用左手的人。

据统计,在全世界人口中有6亿人是左撇子。在美国,用左手书写和惯常使用工具工作的人约占全国人口的10%。在一个大多数人都习惯于使用右手的世界里,左撇子人群受到了不少排斥,甚至歧视。很多科学家一直在做左撇子的研究。通过对习惯使用左手的人进行观察记录,并扫描他们的大脑使用情况,结果发现,左撇子大脑的两个半球交流更频繁,联系更紧密,这使得他们比常人更聪明,更易取得成果。古往今来,许多著名人物都是左撇子,如达·芬奇、米开朗琪罗、毕加索、拿破仑、爱因斯坦、卓别林、比尔·盖茨等。

也有研究认为,左撇子资赋高,但也容易情绪化,易冲动,似乎更容易遭遇心理方面的问题和障碍。荷兰的精神医学专家指出,左撇子习惯使用右脑,与左脑相比,人的右脑更"脆弱",对伤害更敏感,因而也更容易产生问题。

是什么原因使人有了用左手的偏好呢?专家研究发现,环境因素,特别是子宫内的压力起着重要作用。例如大龄产妇或体重轻的婴儿,更容易是左撇子。丹麦一家大学卫生系调查显示,自称在怀孕期经历压力和烦恼的孕妇,生下左撇子孩子的可能性是其他孕妇的3倍多。

左撇子是一个人数庞大的群体,他们在政治、商业、艺术、体育等领域有着特殊的天分和优势。对左撇子的研究尚在深入进行中。1975年8月13日,美国堪萨斯州托佩卡市一群左撇子建立了一个名为"左撇子国际"的组织,并将这一天确定为"国际左撇子日"。他们设想把全世界的左撇子联合起来,共同争取左撇子的权益。"国际左撇子日"逐步得到世界各国左撇子组织的承认。1992年,英国伦敦的左撇子俱乐部举办了他们的"国际左撇子日"庆祝活动,开设了专门网站,普及左撇子知识。如今已有几十个国家的左撇子组织都在共同庆祝这一节日,以欧洲国家的庆祝活动最为隆重。

在英国伦敦还开办了左撇子商店,是左撇子购物的最佳场所。店内有200多种深受左撇子欢迎的商品,有罐头刀、煮食厨具、尺子、记事簿(从左揭至右)、雕刻刀等。经营该店的格勒比是一名广告设计师,在一次宴会上他发现同桌有4位宾客使用左手,于是有了开左撇子商店的念头。开张之后他的生意兴隆,24小时内能收到二三百张订单。

26. 旗帜絮语

旗帜是人们熟悉的物品,常常被作为某种标志和某种精神、情感的寄托。

人类对于旗帜的了解可以追溯到远古时代。在一些反映狩猎或战争的史前壁画上,会出现手持图腾等象征物的首领形象,这被认为是旗帜及其使用的源头。旗帜由旗杆和旗面组成。相传早在距今五千年的黄帝时代,在华夏大地就已经出现了这种形制的旗帜。随着丝绸的西传,通过商业贸易,这种织物旗帜流传到了中东,乃至更远的地中海沿岸地区。

从公元前12世纪开始,古埃及的法老和将领们学会了使用各种带有不同动物标识的旗帜来指挥士兵作战,让部队在战斗中进退有序。同时旗帜上的图案也起到了保护神和祈求胜利的作用。"斩将夺旗"自然也就成了获取战争胜利的关键。由此可知,旗帜的诞生与战争是有紧密联系的。

早期旗帜旗面的材质包括皮革等。最早出现在欧洲的旗帜是使用羊毛的,但这种材质遇水会出现褶皱变形。直到丝绸传入欧洲,丝绸旗面才得以随风舞动。现如今,制作旗面的材料通常使用聚酯纤维或羊毛和人造纤维的混合物,轻柔结实,不易褪色,甚至在雨中也能迎风飘舞。

旗帜中体现着国家主权和尊严的是国旗。现在全球各处共飘扬着近200面颜色、图案各异的国旗。在各国国旗中,太阳、月亮、星星是常用的图案。阿根廷国旗上有一个"五月的太阳"。尼泊尔国旗上有太阳和月亮。巴基斯坦、土耳其、毛里塔尼亚等国家的国旗上有新月和星星。朝鲜国旗上有一颗大五角星。中国的国旗是五星红旗。代表美国50个州的美国国旗上有五十星。

1986年8月,在新加坡国庆典礼上,一架飞机悬挂着一面巨型红白星月国旗升上国家体育场上空,国旗长23米,宽16米,重130公斤,加上悬挂下端的700公斤铁砝码,总重830公斤。这面国旗是由12名女兵用双层降落伞尼龙布缝制而成的,是新加坡历史上最大的一面国旗。

在瑞士的杰尼科恩市,旗帜的升起还是一种"添丁"的告知。当地人口不多,有婴儿诞生是全市的大事。市政府大楼前立有三根旗杆,右面旗杆上升了旗,表明该市多了一名男婴;中间杆上升旗飘扬,人们就知道公民中又多了一个小姑娘。左面旗杆上很少有旗帜升起,它是专为生育了双胞胎而设立的。假如旗杆上升起一面仙鹤图案的旗子,全市将为庆祝新生儿降生放假三天。

27．勋章杂说

2019年9月17日和2020年9月8日，国家主席习近平向袁隆平、屠呦呦、钟南山等9位建立了卓越功勋的杰出人士颁授了"共和国勋章"。由此引发了人们对勋章的极大兴趣。

勋章是由政府或国际组织等颁授于个人或团体的荣誉证章，是荣誉的象征。勋章的出现，可追溯到古代欧洲。那时为了区别战场上的骑士，建立了一个名为勋章的标志制度。每个贵族都会设计出自己的独特标志，制作在盾牌、军装、旗帜和印章上，让人从标志上得到区分。这也是勋章的早期功能。

德国的勋章制作历史久远。"十字勋章"外形为马耳他十字架，以黄金打造，中间镶有一颗经抛光的蓝宝石。一个德国战士，以得到铁十字勋章为自己的莫大荣誉。获得者佩戴的都是从官方获得的副本，而原品都被获得者保存，以免受到损坏。

在第二次世界大战中，苏联损失了2000多万人。为了推动人口增长，政府采取了一些特殊政策，其中就包括设立母亲系列勋章。"英雄母亲"勋章授予养育了10名或更多子女的母亲，获得者在退休金、食品与日用品获得等方面享有许多特权。勋章由23K金制造。自1944年起40年间，共有37.1万枚勋章颁发给了"英雄母亲"。有意思的是，"英雄母亲"的勋章也授予过一位男士，他曾收养了12名男孩。

在俄罗斯，法令禁止买卖国家奖章，但那些带有深刻历史烙印的勋章有着较高的收藏价值。勋章交易被认为比房地产赚钱，使勋章黑市交易猖獗。这也给获得勋章的老兵人身安全带来隐患。一枚"乌沙科夫"勋章价值2.5万美元，一枚"苏沃洛夫"勋章价值7万英镑。近年，在俄罗斯各地已发生了多起抢劫老战士勋章的案件。为此莫斯科市政府建议"二战"老兵将自己战时所获的荣誉勋章存放到俯首山卫国战争纪念馆，以免人身安全受到威胁。

各国颁授的勋章林林总总。在非洲埃塞俄比亚却有一种最难得的勋章。该国为表彰一些对妻子忠诚不贰的男子，专门颁发一种"忠诚勋章"。凡是和妻子一起生活达25年之久的人，都能得到一枚"忠诚勋章"。那些和妻子在一起生活了40年的男子，则可获得更高一级的"骑士勋章"。若有和妻子一起生活50年的男子，那么他将获得最高级的"大骑士勋章"。不过遗憾的是，尚未有人获得过"大骑士勋章"。

28. 西方的决斗

决斗之风,盛行于西方中世纪。公元501年,勃艮第国王耿多巴德明令在审判中以决斗取"证",由此掀开了决斗的历史。

在印欧语系的民族中,决斗是古老的习俗。恺撒就曾说:"日耳曼人用单独斗剑来解决争端。"而在荷马史诗《伊利亚特》中也有这样的情节:两个男人为证明自己是美女海伦的主人,而在宙斯面前进行决斗,输掉的一方就是撒谎者。从这个故事中,可以看到司法决斗的依据:由神来判断是非。到了中世纪时,司法决斗被西欧社会广泛采用。如一个人在法官面前控告另一人犯了某种罪行,而对方坚决不承认,法官就会让两人决斗。除司法决斗,当时盛行的荣誉决斗则昭示名声和爱情比生命价更高。还有一种政治决斗,其理念是政见不同刀剑相向。

对于19世纪前的欧洲人来说,决斗是再普通不过的一件事。在法国、俄罗斯等决斗成风的国家,男人们可以因为一件微不足道的小事而拔剑斗狠。据记载,在1588年后的20年间,仅巴黎就有8000多人在决斗中丧命。在巴尔扎克、雨果等作家笔下,都有描述决斗的场景。而文学家大仲马、屠格涅夫、托尔斯泰都亲身参加过决斗。美国第7任总统杰克逊、法国第三共和国总理克列孟梭都是决斗的高手。普鲁士王国号称"铁血宰相"的冯·俾斯麦更把决斗当成家常便饭,他在大学期间就与人决斗过27次。连美国总统林肯也走上过决斗场。

在欧洲长达1000多年的中世纪,司法决斗一直是重要的司法手段。它是源远流长的法律制度的重要组成,是影响深远的文化时尚。通常进行决斗,双方要商定好决斗地点,请来见证人。按照惯例,发起决斗的一方要先到场,负责清理周边的环境。至于被约的一方,则有机会选择武器和站立的位置。决斗本身意味着你死我活的必然结局,参与决斗的人,必须抱着视死如归的心态。幸运活下来的人内心未必快乐。而不幸的人至死也难以吐出胸中的恶气。俄国诗人普希金因老婆与人相好,一怒之下与人决斗,留下了大量好诗和"俄罗斯文学之父"的美誉,撒手人寰。

随着时代的发展,荒谬野蛮的决斗之风遭到欧洲民众的强烈反对。20世纪初,法国、德国、英国等国先后成立了反对决斗的组织。随后各国政府也顺应民心,纷纷立法禁止决斗。第一次世界大战后,决斗终于在欧洲绝迹。

29. 政要的演讲

　　演讲即在听众面前就某一个问题表达自己的意见或阐说某一事理。长久以来，演讲在欧美国家极为盛行。搞竞选要演讲，搞商品推销要演讲，聚会、庆典也都有演讲。

　　美国前总统富兰克林·罗斯福非常重视每一次向民众的讲演。他准备充分，琢磨如何抓住听众的心。哪怕只讲 30 分钟，他对讲稿也要细加修改，有的达十几次，而且要先试讲一遍。他演讲中的不少名篇佳句被载入典籍。美国著名黑人领袖马丁·路德·金所演讲的《我有一个梦想》，更为各国民众所熟知。

　　1816 年，美国人霍布罗克思索道，很多人花钱购买书籍阅读，为什么不能让他们付费听精彩的演讲呢？于是他大做广告，凭三寸不烂之舌游说，把演讲推向了市场，成为专以组织经营演讲为职业的开山鼻祖。至今 200 年来，演讲已成为欧美国家社会一项重要的活动内容，组织演讲的公司机构名目繁多，仅组织政要名人演讲的公司就有数十家。这些公司充当中间人的角色，能从演讲费中收取三分之一作为收入。在美国纽约帝国大厦内有一家沃克公司，这家公司与美国各界 290 多位名流有联系，并包办他们的演讲活动，每年介绍演讲 3000 余次。沃克公司每年从演讲生意中能赚到上千万美元，如今这家公司又把这项生意发展到欧洲 20 多个大城市。

　　请名人做演讲，原来只能算是时髦节目，演讲者可收取一点车马费。从 20 世纪六七十年代起，这种时髦节目却一下变成了大赚美元的节目。美国前总统福特演讲一次收到 1 万美元报酬，美国前国务卿基辛格演讲一次收费高达 1.5 万美元。前北约司令黑格退休后半年，仅凭演讲就使 50 多万美元落入自己钱袋。80 年代末，美国前总统里根卸任，发表一篇演讲，已能获得 5 万美元收益。里根整理他各场演讲稿准备出书，一家出版公司为他支付的金额据说达 500 万美元。

　　2008 年，时任美国纽约州参议员的希拉里在公开家庭年度财政报告上讲道，她的丈夫前总统克林顿在前一年的演讲收入达 1010 万美元。前总统小布什卸任后也没闲着，他在得州一个会议中心，做了个"激励人生"的演讲，听众包括商人、家庭主妇、学生和老者。在不到 30 分钟的演讲中，提到不少趣事和笑话，轻轻松松就赚到 10 万美元。

　　给予演讲者的报酬为什么能如此之高呢？原来一些大企业的管理人，为了对所处社会有深入的了解，自然愿意与名声显赫的人物共聚一堂，听政要名流讲说见解，面对面咨询一些与本企业有关的问题。而入场费分摊到部门企业是不值一提的几个钱。

30. 富翁的"贫穷"

身为亿万富翁,他是怎样生活的呢? 很多人可能想象不出有些有钱人生活会是如此"贫穷",甚至有些"寒酸"。

森泰吉郎是世界首富之一。他是日本森泰建设公司的董事长,拥有东京虎门与六本木等黄金地段的 82 栋大楼,资产达到 160 亿美元。他虽然富可敌国,但却保持着简朴之风。年近九旬,他每周回公司办公 3 天,均自带饭食。他认为:"奢侈就是对不需要的东西花钱。"他说他最想要的是时间,而不是金钱。

微软公司的总裁比尔·盖茨堪称世界上最富的人,他和夫人成立了基金会,5 年为社会捐献出 10 亿美元。但他在日常生活中从不乱花一分钱。一天,他开车和朋友去希尔顿酒店开会,轿车开到免费停车场,转来转去找不到空车位。朋友告诉他,旁边有饭店的贵宾车位,只花 12 美元,不用等。盖茨摇头,他耐心等下去,终于免费停好了车。盖茨告诉朋友:"能省就要省,钱不可乱用。"

年满 70 岁的特里弗提,是英国诺丁汉市斯内顿地区一个退休的脚手架工人。3 年前,他和妻子用他们 3 个子女的生日和他们结婚纪念日作为号码,购买了一张"欧洲百万"彩票,结果喜中了 1020 万英镑大奖。这对夫妇有了一辈子都花不完的钱。但特里弗提表示:"我们已经在这里住了 35 年,我们仍将这样生活下去。"他们继续住在一套 1997 年花 5000 英镑购头的旧房中。妻子仍要到廉价超市购买便宜货,外出时仍去挤坐公交车。只在每周五晚上,夫妇俩才会吃一顿"周末大餐":鱼、薯片或者中国菜而已。

英国利物浦市 30 岁男子大卫·克劳夫特,也是一位买彩票中了大奖的幸运儿。1997 年他中了 1230 万英镑大奖,从一个靠维修旧家具谋生的穷小子,摇身成为"富翁"。令人惊讶的是,大卫中奖 10 年,仍过着和中奖前一样的节俭生活,每天开着一辆普通车去上班,并且一直没有交女朋友。每天下班后就老老实实在家中陪伴父母。

2008 年的一天,在美国纽约东区的一套公寓里,一场热闹但不铺张的聚会正在进行着。人们接连站起来,向一位年长的老人家敬酒。这位老人是查克·费尼,身着旧的蓝色休闲西装,穿一条松松垮垮的裤子,已经 76 岁了。就是这么一位穿着简朴的人,曾是亿万富翁,多年以来隐姓埋名,而向多所大学和医院捐献了数亿美元。费尼和妻子在旧金山一套出租房里居住,外出选择坐公交车或出租车。在他 75 岁前乘飞机时,他只坐二等舱。人们从来看不到费尼有名牌穿戴。有一次会见爱尔兰首相,他戴着的是一副破旧的眼镜,这眼镜还是很早以前从街头杂货店买到的。

31. 各国"剩女"扫描

放眼世界,各国都有一支人数颇大的"剩女"队伍。这些"剩女"的形成,都有其不尽相同的原因。

在英国,30岁以上单身女性比较多的原因,主要是她们认为婚前应该好好地享受人生、求学就业。到了30岁没有结婚,并不会让人觉得这很奇怪。

瑞典30岁以上的单身女性很多。她们很独立,强调生活的富足要依靠自己争取,有没有男人都可以。当然,她们也希望找到生命中的最爱,但首先要保证选择不能出错。

在30—35岁的年龄段,挪威未婚女性比已婚女性的数量大得多,这是因为跟男朋友搬到一起住的现象非常普遍,没有非结婚不可的理由。但在30岁以上的未婚女性中,也有20%是完全意义上的单身,不结婚,也没有男友。

在俄罗斯,越来越多的女性把事业放在婚姻家庭之前。那里有很多30岁以上的离婚女性。

土耳其的大龄单身女性非常多,原因就是女性很难找对人。普遍的看法是身边没有好男人。好男人要么已经结了婚,要么就对女性没兴趣。

澳大利亚很多女性都受过高等教育,拥有高收入,她们将生活重心更多地放到事业上。调查显示,不少澳大利亚男人更乐意找一个年轻、教育程度不高的女性为伴,对那些年龄大的优秀女性则敬而远之。

美国的医疗体制使未婚女性无法获得医保并支付保险费。未婚女性结婚则能解决她们看病难的问题。事实上,在18—64岁年龄段内45%的女性都未婚。她们中的很多人更在意找到如意郎君,而不是为治病找个男人搭伙过日子。

目前在泰国,男人在看似不需要他们的女人面前显得无所适从。自信而成功的女性能善待和照顾自己,这使相处时男人感到紧张。男人越是感到失去尊严而退却,就越使单身女性增多。

在中国,很多女孩子学历高,有体面的工作,事业有成,追求高尚的爱情,希望能找到一个与她们灵魂契合的有情人,不愿随便将就,所以她们难以找到合适她们的另一半。据了解,我国目前"剩女"数量超3500万人。

32. 情侣的爱称

对于相恋中的情侣,彼此都有亲昵的称呼。因时代的不同、国家的不同、地区的不同,以小动物相称,或以植物、食物等互呼,相映成趣。

古代的犹太人爱把心爱的人比作"驾帕罗(埃及王)车的牝马",还比喻为恩盖迪葡萄园中指甲花的花萼,或比作百合花、青羊、小牝鹿等。古代的德尔伊德人用"薄荷"一词表达对情人的爱称。古代凯尔特人用"貂"称其所爱的人,古代日耳曼人是用"刺儿菜"来称呼爱恋者,古代衣阿华的印第安人是用"白云"来称呼情人的。

希腊姑娘如果被人称为"黄金虫",她会异常激动。波兰人则称自己的爱人为"饼干"。立陶宛人把自己心爱的人叫作"啤酒"。法国人把自己心爱的人称为"小卷心菜"。刚果人称心上人为"玉米"。在非洲干旱之地,情人得称"我的小雨点"。阿拉伯人则用"我的黄瓜"来称呼自己的情人。美国人以称自己的恋人为"蜜糖"来表达爱情。寒冷的西伯利亚人称所爱的人为"我的太阳"。波恩人则把恋人叫作"小白桦"。芬兰人思念自己的意中人时,用植物来形容,称之为"温柔的小树叶"。日本也有"爱哟,是美丽的山花"之类的恋歌。西班牙女子多美丽而泼辣,男子们常称女友为"带刺的玫瑰"。墨西哥人对热情如火的恋人称呼更妙,居然称为"喷发的火山"。

居住在东萨库索尼的斯拉夫人,把心爱的人称为"我的甜点"。浪漫的维也纳人用"我的小蜗牛"称呼心爱的人。布列塔尼亚人则兴奋地把恋人称作"我的小青蛙"。兹库人对爱人所用的最高级爱称是"我的小蒜"。当塞尔维亚人称呼所爱的人为"小蟋蟀"时,就会沉浸在爱情幸福之中。在加尔纽拉地区,人们都用"我的小草"来表达对恋人炽烈的爱。捷克波希米亚人,作为最富于爱情的表达方式是把爱人称为"母亲的灵魂"。

在今天的互联网时代,情侣之间的爱称更为多样和浪漫。童真型爱称有宝贝、乖乖、小心肝、小甜心等;蠢萌型爱称有小笨蛋、小傻瓜、小呆瓜等;传统型爱称有小哥哥、小妹妹等;温馨型爱称有亲爱的、小美女、小可爱、小绵羊、大宝、小宝、帅哥、大小姐、小公主等。

33. 夫妻的争吵

夫妻争吵可以说是生活中很常见的"节目"了。

英国一家网站调查显示，生活中各种琐事都能成为夫妻争吵的"导火索"。夫妻最容易因堵在水槽里的头发、马桶上的污渍、漫无目的地换电视频道争吵。女性也会因出门前长时间梳妆打扮、没完没了地唠叨家务事、看冗长的肥皂剧等让男人"抓狂"而干架。调查认为，周四晚8点是爆发争吵冲突最危险的时间。一对争吵"上瘾"的夫妻年平均吵嘴可多达312次。

美国一项研究则发现，夫妻争吵对健康能产生积极作用。研究聚焦于192对夫妇32年来的相处方式，分析配偶之间的争吵与寿命的关系。结果发现，那些互相争吵的夫妻身体不好和过早死亡的风险更低。不过，这条规律只适用于"势均力敌"争吵的夫妇。如果在争吵中一个人控制着怒气，另一个人充分宣泄不满，那么早逝的风险又将增加一倍。

在南太平洋上有一个巴布亚人聚集的群岛。那里的人视夫妻吵架为一种娱乐和表达爱情的方式。每个村庄都专门设置一块场地，供夫妻吵架和村里人观赏之用。当偌大的场地围满了观众，吵架的夫妻越吵越凶，争得面红耳赤，如能以尖刻的语言置"对手"于窘地，便可赢得围观者的鼓掌欢呼。直至吵架双方都感到精疲力竭，喊叫不出声音，才鸣金收兵，挽手走回家去。围观的人们也心满意足地四散。

有些夫妻的吵架可不是好化解的。辽宁本溪一对夫妻因琐事发生口角，妻子要出门找女儿评理，丈夫却堵在门口。妻子一怒从二楼跳下，好在只是跌破了手。看丈夫冲下楼，这女子又来了精神，两人在楼下摆开架势再吵。印度有位老汉叫帕里达，50多年前跟老婆为点鸡毛蒜皮的事发生争吵，一怒之下搬到家外一棵大树上的简易房子里生活起来，一住就是半个世纪。由于生老婆的气未消，儿子、孙女的婚礼他均未参加。就连1999年的台风也没能把他"刮"回家。

在四川资阳和湖南郴州都发生过夫妻夜间突然争吵，吓跑了作案盗贼的事。夫妻争吵虽然并非"一无是处"，但开车时夫妻争吵却易酿车祸。据英国《每日邮报》刊载的最新交通事故调查结果显示，在发生过事故的驾驶员中，1/3的人表示曾怒气未消就开车上路，有250万起交通事故发生前司机与情侣有过争吵摩擦。据心理学家分析，很多吵架都是由一方讽刺挖苦造成的，必然造成驾车人心理失控，从而超速，做出危险动作。专家建议，夫妻争吵后驾车人应平静5分钟再上路。若是双方大吵大闹，驾车人至少需要冷静一个小时再发动汽车。

34. 女性的唠叨

唠叨即啰啰唆唆地絮叨,把一件事反复地说了又说。有心理学研究认为,女人是天生的教育家,教育老公,教育孩子,但是教育多了,就变成了唠叨。

在美国,48岁的安妮塔是3个孩子的母亲,为了照顾孩子们的起居,她整日唠叨不停。她创作并演唱的《妈妈之歌》,在3分钟时间里居然一口气唱出900个单词。中文版歌词是:"起床起床快起床!去洗脸、去刷牙,记得梳头!这是你的衣服、你的鞋,有没有在听啊?快起来!记得叠被子!会热吗?会冷吗?你就这样出门去吗?你的书、你的午餐、你的作业呢?拿外套、戴手套,还有围巾、帽子别忘戴!"一遍歌唱完还有第二遍、第三遍,完全不厌其烦。

据报道,国外有一电台在周六"黄金时间"段,给1000个男子打电话,调查该台的收听率。电台台长亲自出马,询问听众在收听什么。结果有近9成的人回答:在听老婆唠叨。这也说明了女性爱唠叨的普遍性。

日本东京医科大学的教授通过对2750名22岁以上女性调查后发现,大多数妇女都很愿意和家人倾诉其内心的痛苦和烦恼,唠叨就是她们的沟通方式之一,属于女性调节情绪平衡的一种有益的"宣泄法"。然而总是唠唠叨叨,让人厌烦,甚至能给人造成精神上的"伤害"。俄国作家列夫·托尔斯泰的夫人在临终前,不无内疚地对女儿们说:"都是我不好,才使你们的父亲那么早就离开了他本来留恋的世界。"这是一个爱唠叨、不理智的妻子发自内心的忏悔。

爱唠叨不是什么好习惯,却是很多女性的"通病"。湖北一对情侣在河边约会,女友唠叨起来,没完没了。男子难以让她住嘴,一气之下挣脱女友跳河"轻生"。女友吓得号啕大哭,闻讯赶来的男子母亲也几度哭晕。组织救援的民警忙活了大半个晚上,也没发现人影。就在她们陷入绝望的时候,有路人告诉民警,"轻生"男子早已偷偷从别处上岸。而民警最终发现跳水男子正在家里悠闲地看着电视。这真是因唠叨引发的闹剧,好在不是悲剧。

唠叨过多就会成为一种"病态"。有唠叨习惯的女性,应注意加以纠正。方法之一是与家人沟通,遏制住想要表达的欲望,让别人先说,多听别人说。作为丈夫,务必应学会尽量地耐心听取妻子的意见,拿出点男子汉的气度,不可粗暴斥责,要好言相劝,使妻子一吐为快,使家庭生活更加融洽、和美。

35. 话说口头禅

口头禅原为佛教语,指一些禅宗和尚不明禅理,只是空讲些常用语。口头禅后来意指一个人习惯在有意无意间时常讲的语句。

相传宋代时,一个叫王楙的诗词家在《临终诗》里写道:"平生不学口头禅,脚踏实地性虚天。"据说这就是"口头禅"的由来。流行至今,各职场、各阶层都有自己的口头禅,年代不同也有没落和新生新增的口头禅。

前不久,某网站在一项调查中显示,在中国十大口头禅中,"随便"高居首位,认可率达到35.1%。然后是"有病啊"(8.1%)、"不知道"(7.2%)、"脏话一类"(6.7%)、"郁闷"(6.5%)、"我晕"(5.6%)、"无聊"(5.5%)、"真的假的"(4.8%)、"没意思"(4.6%)、"没关系"(4.5%)。排名十大口头禅后的还有:"这就是天意""别生气""这么肯定""是这样吗""有话直说""太好啦""我现在很忙""随时奉陪""拿你没办法"等。

平时人们聊天、打电话,常会有口头禅脱口而出。口头禅可以说是心理的一种反射,能反映出说口头禅者的心理状态,暴露其性格。研究发现,爱说"说真的""老实说""不骗你"等口头禅的人,这种人有一种担心对方误解自己的心理,性格有些急躁,内心常有不平。爱说"应该""必须""必定的""肯定是"等口头禅的人,自信心极强,自认为能够将对方说服。长期担任领导职务的人,"应该"一类的口头禅说得较多。爱说"听说""据说"等口头禅的人,其心理是给自己留有余地。这种人见识虽广,但决断力却不够。爱说"可能是吧""或许是吧"之类口头禅的人,自我防卫本能较强,在处世待人方面冷静,所以人际关系会不错。爱使用"但是……"语式口头禅的人,总能有理由为自己辩解,反映了其人温和的特点,它委婉,没有断然的意味。说话中常用"啊""嗯""这个"等连接口头禅的人,或是思维慢,以此作为间歇,也有的是一些自以为是的官员在拿腔拿调。

对于一些网上调查和口头禅的排名,有些网友表示"全中"。针对人们爱说的口头禅,心理咨询师表示,"口头禅"其实就是人的说话习惯。它多多少少能代表人的一种心理暗示,反映一种社会心态。而网上调查出国人的口头禅,大多处于负面和中性,人们在生活当中还是要多一些积极向上的口头禅,如"好样的""别泄气""加油""你肯定行"等,这样有利于向周围传递一种正能量。

36. 聊聊脏话

脏话又名粗口，是一种不文明的语言文化。脏话对于人们来说并不陌生，几乎每个人都说过，都听过。实际上，世界上每一种文化每一种语言都有自己独特的脏话。

说脏话起源于原始的语言巫术，即咒语，它的产生与语言崇拜有关。在原始人眼里，语言很神秘，是有魔力的。说出来的话，写出来的字都会成真。那些求神拜佛时的祷告、巫师的咒语和祝词、誓言以及生活中的詈语（骂人的话），都会变为现实。人们通常认为涉及性行为和性器官的词语是亵渎语，让人羞于启齿，家人对自己的父母、祖先都怀有崇敬的心情，因此以生殖器或性行为来羞辱对方，能够毁伤仇人的肉体或灵魂。这也让很多脏话有史以来大行其道。

虽然不同语言的口头脏字听起来不一样，但很多都与人体器官有关，与家人、祖先相关。有人总结过，美国人的脏话更偏好排泄物，荷兰人则专攻病痛，俄罗斯人的脏话多与性相连。而国人骂出的脏话多卷向上辈和祖宗。小说《围城》中，长途汽车发生事故，急火攻心的司机竟骂到汽车的妈和祖母。

有研究发现，国外一些人学外语也往往是从学脏话开始的。人的大脑是个复杂的器官，一般左脑负责管理语言，右脑则与情感、本能相关。而大脑处理脏话的部分却不在左半脑，而是居丁环绕大脑两半球内侧的"边缘系统"。这就是学外语最先熟练运用脏话的原因。统计后发现，人们大约听了 4 次，就可以记住脏话。记住其他词汇，则要听 7 次以上。

美国斯坦福大学有博士著书指出，讲脏话并不是教育水平低下阶层的专利，上层阶级的大佬们也很喜欢讲脏话。博士还指出，大部分儿童在完全会讲话之前就已经会骂人了。而讲脏话在生活中是有实际用处的。比如，不小心撞到了脚趾，骂一句脏话有助于缓解疼痛。这在一些研究中已有证明。又如，几个下属一起聊到上司，说说脏话可以增进感情，让彼此有归属感。有数据显示，普通人平均每天说的话里有 0.7% 带有脏字，这与第一人称代词的使用频率相当。

美国玩具市场上出现了一种"脏话魔盒"。形同烟盒，可以随身携带，只要启动开关，便能让人听到一连串骂人的脏话、下流话。购买这款玩具者多为公司企业的管理人员、高尔夫球迷、橄榄球迷等成年人。仅两个月就售出 50 万件。心理学家认为"脏话魔盒"可以帮助失意者宣泄情绪，从而起到平衡心态的作用。但社会学家却感叹说，连说脏话都要靠机器，未免也太可悲了！

37. 点评广告语

在经济社会,广告铺天盖地。许多广告做得粗俗,或絮叨,或闹哄,让人腻烦。也有些广告语言精彩,独具特色,看了难忘而不断回味。

现有世界上最早的文字广告,是一张 5000 年前一个埃及奴隶主找寻逃奴的"通缉"令。再有就是 2000 多年前一份古罗马的马戏和斗剑的海报。广告在中国也有悠久的历史,在商代之后已出现了文字广告。《水浒传》里景阳冈下小酒铺门前旗子上书"三碗不过冈",简单的五个字,就是颇具诱导力的广告。1662 年,英国《每日新闻》刊登了一则寻马启事,首开报刊广告之先河。几年后,英国《伦敦报》首创了报纸版面上的广告栏。中国报纸上最早的广告,据说是 19 世纪末南洋兄弟烟草公司为其产品"白金龙香烟"所做的广告,谓:"饭后一支烟,胜过活神仙。"后竟成为一句俗语广为流传。

长久以来,各国各地各行业的广告浩如烟海,其中一些广告幽默风趣,让人津津乐道:

"本公司的维修人员是当今世界上最闲的人。"美国一家公司以此广告来宣传产品的质量。

"本公司的刀片比人家的贵一点,但把脸刮得干干净净,总比留一点要好。"这是美国一家刀片公司的广告。

"不打不相识。"这是德国一家打字机厂的简短广告。

"除了钞票,承印一切。"这是法国一家印刷公司的广告。

"请在这里用餐吧,否则你我都要挨饿。"这是法国路边一个小餐馆的广告。

"广告"一词,顾名思义,是广而告之的意思。演变到今天,"广告"已成为"诱导"的代名词。而英语的"广告"一词,本就可以译为"诱导"。把广告做得既"诱人",又高雅、大气,是很难能可贵的事。

在贵州平坝县有一则售楼广告在网上流传,写道:"买房送老婆。"真有单身汉看到怦然心动,理解为"买房就有老婆送"。售楼处里自然就热闹了。广告房产开发商负责人赶紧出来表示,广告语的真正意思是:"买房子送给老婆。"对此有律师称,这是广告词用语不规范,是一种误导消费。

38. 繁杂的税收

税收是国家重要的经济支柱。由于历史、民俗文化等原因,有些国家的税种极其繁杂,有些奇葩的税收更让人匪夷所思。

在古希腊,凡是朝着大街和向外打开的窗户都要纳税。在古罗马,对人们的服装按华丽程度规定了相应的征税额。在俄国,蓄须者需要纳税,有拒绝缴纳者,政府官员随身携带剪刀会把他的胡须剪掉。在欧洲一些地方,戴假发也得纳税。英国规定了"骑马税",有些人不得不以牛代步了。

英国伯明翰市有一种"肥尸税",埋葬时,死者躺用的棺材如果宽度超过 23 英寸,每超过一英寸要付税七镑半。因此越肥胖的死人,付的税金就越多。每一具超过限度的死尸,必须在入土之前两日内向税务所办好纳税手续,不然死者家属就要交一份罚金。

加拿大是个多税收的国家。在殡仪服务中也设有"消费税",必须要缴。家里死了人,葬礼一应开销已经很大,还要上税,一直受到非议,但没有改变的迹象。美国旧金山南郊有个柯尔玛镇,镇上开办了十几个宏大的墓园。镇政府以"把墓园办得更幽静"为名,于 1997 年向埋于地下的 100 多万死人开征"坟墓税"。每座墓征税 5 美元,税费当然由墓主家属和后人支付。

在阿联酋,近年来为开辟财源,增加财政收入,也为抑制过高的彩礼,别具一格开征了"新娘税"。在美国加州,离婚率居高不下,为解决公务繁忙,实行了一项简便的离婚法。该法规定,凡结婚未满两年,未生养且无贵重财产的夫妻,欲离婚只需向州政府法律部门邮寄 30 美元"离婚税",其离婚自动生效。

在印尼西部地区,政府当局下令,当地居民必须缴纳"灭鼠税",才能准其耕作、借贷、出国旅游、结婚或离婚。规定颁布此税只为灭鼠,税费即是老鼠。法令规定,每耕种一公顷农田,要缴足 75 只老鼠;结婚或离婚,要缴 50 只,老鼠死活不限。

墨西哥财政部对从事绘画、雕塑的艺术家设定一项"作品税"。如果艺术家们不愿以现金纳税,经登记备案,可用自己的作品代替税款。在法国巴黎有一条世界著名的香榭丽舍大街,当地政府部门规定:外地乞丐和流浪汉在此街行乞须交纳 1.5 万法郎"行乞税",否则不得在街面行乞逗留。

在国外,有些税收尚在准备颁布当中。在爱尔兰嚼口香糖,在瑞典男人打老婆、家暴,都要按法律条文纳税。

39. 繁多的罚款

在西方国家,大部分成年人一生中都会遭受各种各样的罚款。然而有些罚款却显得怪异,让人哭笑不得。

在英国艾尔郡一个交通拥堵的路段上,载着家具卡车的司机麦尔因擤鼻涕被罚款 60 英镑。他停车擤鼻涕后看到警察向他走来,扣留了他的驾驶证,开出了罚款单。麦尔虽然不解,当地确有规定行驶途中不得擤鼻涕,但并未说明是行驶中,还是堵车停下。

美国加州一城市规定对皮鞋噪音罚款。皮鞋、高跟鞋走在路面上,会发出"咯噔"声,对路人的神经系统有很强的刺激作用,因此有必要严加"限制"。皮鞋发出过分的噪音,要处以一定数量的罚款。

在新加坡,对随地吐痰、乱丢杂物者处罚严厉,要处罚 500 美元。每年为此被罚款者都有几千人。新加坡在世界上享有"花园城市"的美誉,同时也有"罚款城市"之称。

2011 年,英国米尔顿凯恩斯市议会开出一张天价罚单,一名女子被处 5 万英镑罚款。原来她在扔废品时,垃圾桶已装了许多东西,她就顺手把废品放了垃圾桶一旁。她被罚虽然喊冤,仍被认为是乱扔垃圾的典型。

2008 年,一位俄罗斯妇女和一位黎巴嫩男子在迪拜当众喝果汁被罚。根据阿联酋刑法规定,食物和饮料在斋月期间是禁止食用的,违规要罚款 555 美元。由于这二人说自己不是穆斯林,不知此规,法院考虑到他们无知,酌情每人罚了 278 美元。

在奥地利维也纳的约瑟夫城,一名警察在经过一名男子身边时,这男子故意向他扬起屁股,大声放屁。警察认为如此公然向警察"释放肠道气体",有违公共礼仪,对他罚款 500 欧元。警方称,这是公然对警察做出的挑衅行为,以"史上最贵的屁",对他加以惩戒并无不当。

2010 年 8 月,一名超速行驶的瑞典司机成为有史以来受罚金额最高的人。这名 37 岁的男子开着他的奔驰车,以规定速度 2.5 倍的速度在高速路行驶,因无视交通安全被罚款 65 万欧元。

2018 年,意大利的两名学生因烧烤而引发山火,被控放火焚烧森林,法院宣布处罚这两名学生共需支付 2700 万欧元(约 2 亿人民币)。据悉,这笔巨额罚款数目,由当地官员根据一个公式得出。而学生的律师对这一数额一直存在着质疑。

40. 巨额的赔偿

由于种种原因,被害人受到了伤害,理当获得赔偿。

在英国康沃尔一处海滩,两名儿童为防止父母的摄影机被偷,将其埋入沙内,过后却想不起埋在何处了。这家人提出索赔后,保险公司居然理赔了。到马来西亚度假的一对夫妇,返回住处,发现他们的衣物被一群猴子偷去。幸运的是,保险公司为他们理赔了。在希腊雅典,一位英国游客被比基尼女郎分散了注意力,走向公交站时撞坏了鼻子。保险公司为其理赔了医药费。一位在斯里兰卡度假的游客在椰树下看书,被一颗椰子砸了头,游客申请医疗索赔获得成功。这些事的发生虽有蹊跷,好在理赔金都不多。

在黎巴嫩出生的英国学生阿博尔,由于医疗上的错误,导致了脑损伤,无法复原,结果他获得了100万英镑的赔偿,这是英国法庭裁决的最高赔偿额。此前最高赔偿额是67万英镑。

美国纽约州布朗克斯一个陪审团,裁定林肯医院向一女童家庭赔偿4200万美元。这是由于在17年前,院方让没有经验的见习医生去处理一难产孕妇,结果已缺氧的婴儿被产钳夹出时,脑部出血。现女童智力低下,不能独立生活,由此获赔巨款。

美国女顾客菲特丝在佛州一个超级市场购物时,一卷卫生纸从18米高的地方跌下,击中了她的头部。她的左眼视网膜出了问题,以后视力不断恶化。菲特丝向法院起诉,法院做出判决,超市赔偿菲特丝60万美元。

美国纽约的男子谢尔顿下班回家,路上踩到了鸽子粪滑倒,导致颈部和背部受伤。以后几年,谢尔顿接受了一系列手术,险些因感染而死去。他还不得不重新学习站立、穿衣和刷牙等基本生活技能。经法院陪审团裁定,谢尔顿应获得767万美元的赔偿金。其中80%由交通部门承付,由于谢尔顿未能躲避粪便,其余20%由其本人承担。

日本59岁的男子赤崛政尾经法庭复审后宣告无罪释放,并获得100万美元的赔偿。在此之前,赤崛政尾因涉嫌与一名女孩被害有牵连而被囚禁。他曾在警方盘问下承认了杀害女孩,但稍后又否认,他出庭宣称警方迫使他认罪,并表示自己无罪。日本警方经调查后认为,这是一桩长达30年的冤案。

2017年6月的一天,在北京首都国际机场,一架波音757客机过站短停。一位女乘客张某出于好奇,竟拉动应急滑梯手柄,打开了飞机的逃生滑梯。她就此摊上大事了,空警迅速控制了张某。她将面临不会少于十几万元的赔偿。

41. 收入外的小费

在旅游等行业中,如果服务好,客人通常都会付小费表示感谢。当然也有的地方,给服务员小费被视为是一种歧视和侮辱。

给小费在西方国家中由来已久。法国斯威利的蒙彭歇尔城堡建造于 11 世纪。1520 年,国王想脱外套时,随从仆人戴斯克布吕上前帮忙,对于这种服务,国王按当时的习惯,要掷一枚金币。碰巧那天国王没带钱包,于是国王把刚刚没收得来的蒙彭歇尔城堡的地契作为一枚金币,赏给了仆人。这位仆人就此成为城堡的主人,他的后裔世代在城堡居住了二百多年。法王的小费由此也成为世间价值最高的"小费"。

如今,在欧洲和北非埃及等国家,在餐馆用餐大约要付 10%—15% 的小费。住意大利酒店,每天要付清洁工小费 1—2 欧元。在土耳其住酒店,清洁工或行李搬运工可得小费 1 欧元。给出租司机小费,通常是凑整不找零钱。一点小费都不给,属于不礼貌的行为。

在越南、柬埔寨等国家,也都流行收取小费。在柬埔寨,小费无处不在。海关人员也会索要,甚至为了得到小费而故意难为入关的外国游客。有的海关人员办理入境手续时,夸张地拿着护照反复看,还会突然喊出"1 美元";遇到中国人,则用中文说"10 元"。如果熟知"潜规则",在护照里夹进钱,会顺利放行。在游客极为稀少的崩密列,废墟里很难找路,不过游客往里一走,就有当地人跟随,他们主动提供服务,指方向,乱石堆搀扶一把,自然最后要收取 1 美元小费。

美国是个可以用信用卡支付小费的国家。堪萨斯州的女子姬诺在"苹果蜜蜂酒吧烧烤店"工作。2006 年的一天,一位 40 多岁的男子入店就餐。他是店里常客,常给不少小费。两周前曾给过 100 美元小费,但这一次他用信用卡给姬诺小费 1 万美元。姬诺惊得一时说不出话,事后她表示,只能等他再度光顾再表示感谢。

2014 年,著名亚洲艺术品收藏家安思远辞世。他的身家财富达两亿美元。在他的遗嘱里居然写明让两名牛排店服务员获 10 万美元小费的遗产。原来安思远最喜欢去这家餐厅吃饭,两名服务员成了他的"熟人"和朋友。意外之财的来临,让两名服务员发蒙。看来当服务员也是条不错的致富路,但前提是你得有十年如一日的热心服务,跟中大奖相比,凭付出拿到收获无疑更加充满了正能量。

42. 了解道歉

道歉是一种认错的态度。

犯错和改正的问题,一直都是中国传统文化中很重要的部分,在儒家文化中尤为突出。儒家学说提出:吾日三省吾身。人非圣贤,孰能无过?长久下来,反躬自省,勇于承认错误已经成为中华民族最重要的品德之一。有关学者认为,在现代生活中,人有了错要有勇于认错的勇气,道歉是一种强者的姿态。道歉首先应该真诚,要有担当,乃至付出应该的代价。盛名之下的名人和普通人,都应该学会道歉。

史上最著名的道歉出自法国。来自奥地利的公主玛丽,在1770年嫁给了法国王储,后成为路易十六的王后。作为女性,玛丽王后时尚、美丽且高贵,她碰上了社会制度变革的时代,卷入政治乱局之中,被推向了断头台。在她被送上断头台执行死刑时,这位万人之上、高傲无比的王后,不小心踩了刽子手一脚,王后道歉说:"对不起,您知道,我不是故意的。"

据几年前美国纽约一家烘焙公司对1000名成年人做出的调查,在表达歉意的词汇中,人们最常说的是"对不起"。调查显示,最为常见的道歉场所是工作场地,达到39%;其次是购物场所,为33%;第三位的是家中,为31%。尽管常把"对不起"挂在嘴边,但不少调查对象说,自己道歉是对别人错误或失误的一种反应。比如,43%的调查对象因为乘坐公共交通工具时被别人撞到道歉,17%是因为被人踩了脚而道歉。别人的不当,自己却说"对不起",这倒也能避免发生冲突。据英国一家网站调查,英国人一生平均道歉逾20万次。

在加拿大一些地区,松鼠很多。有的会跳到人的脚边索要食物。如果游客不懂规矩,把松鼠踢开,恰巧又被人看到并报告,就会有环保卫士赶来,要求游客向松鼠道歉。

前不久,美国佛州法院下达了一份史无前例的判决。一名22岁的青年男子安德鲁驾车撞死了一位有战功的美国军人。法院裁定,安德鲁每周给军人家属写一封道歉信,并且15年内不得间断。在这一案件中,法院考虑肇事者年纪尚轻,撞人无主观恶意,采取了这种特殊的判罚。安德鲁在与法院签署了协议后,在外"服刑"的15年,只要有一周没有如期提交道歉信,就会被送回法院,在狱中度过剩下的刑期。

43. 调查"诚实"

一些社会机构或组织,有时会做出某些调查。如丢下钱包,观察捡拾者的反应;让驾车女郎站在路边,举牌"车有故障",看何人能伸出援手等。

美国《读者文摘》杂志在 2006 年,曾派出多路记者前往 35 个国家,在各大城市的街头测试人们的文明素质。测试内容主要有 3 项:有人散落文件时,看身边路人的反应;在公共场所开门时,是否会照顾到其他人;售货员对顾客的态度。结果显示,在所有被秘密测试的城市中,纽约文明礼貌排名第一。此外,瑞士的苏黎世、加拿大的多伦多、德国的柏林、巴西的圣保罗、新西兰的奥克兰进了前六名。

2013 年,这家《读者文摘》杂志又做了一项考验城市居民诚实度的测试——测试者故意把手机"遗失"在街头,看看哪些城市的居民在捡到手机后会诚实地把手机交还给失主。杂志工作人员在全球 32 座城市的繁华场所,共放置了 960 部中等价位的手机,由藏身附近的工作人员致电手机,引起行人的注意,观察行人是否会接听电话以及对捡到手机的处置。

测试结果发现,最终有 68% 的手机,共有 654 部物归原主。在斯洛文尼亚首都卢布尔雅那,这座只有 26.7 万人口的小城市里,30 个捡到手机的人,有 29 人将手机归还原主。捡到手机的人有修女、职员、餐厅侍应生、学生等。这里的居民也因此被《读者文摘》评为全球最诚实的居民。

在这场丢手机测试中,排在第二位的是加拿大最大的城市多伦多,拥有人口 540 万,在这座城市有 28 部手机被归还。紧跟在多伦多后面的城市是韩国首尔,有 27 部手机送还失主。瑞典的斯德哥尔摩以归还 26 部手机排在第四位。美国纽约、印度孟买和菲律宾马尼拉并列排在第五位,都有 24 部手机被归还。表现相对逊色的是马来西亚的吉隆坡,在那里有 13 部手机归还给了失主,排在了第 31 位。

在这次测试中发现,当一部被"丢失"的手机响起铃声,被人捡到,带着孩子的家长更乐意为孩子树立榜样,积极归还。女性归还手机的比例略高于男性。年轻人和年长者诚实度不分高低。归还手机后很多捡拾者接受采访都表示:别人遇到困难,有了麻烦,如果能帮到他,何乐而不为呢?

当然,丢手机测试,不是一项严格的科学调查,只是希望借此粗略地了解,当一般民众面对突然出现的诱惑,会有怎样的反应与选择。

44. 剪彩仪式

　　剪彩指在仪式上剪断彩带,表示建筑物落成,新造车船出厂,展览会开幕等等。

　　相传,剪彩仪式始于美国。在 20 世纪初,美国商人有一种习俗:商店开张之日,一大早先把店门打开,门上横系一条新布带。这是为防有人在正式开业前进入,开业时店主会将布带取走。1912 年的一天,得州圣安东尼奥市郊有一家百货店即将开业,店主威尔斯依俗把店门打开,门上横系一条鲜红色布带。事有凑巧,威尔斯的小女儿牵着一只小狗匆匆向店外跑,无意中碰断了布带。过路的行人以为商店开始营业,蜂拥而入,选购商品,一时生意兴隆,威尔斯和店员应接不暇。威尔斯以为布带碰断是吉利之举,他在开办第二家店时,故意让其小女儿碰断门上的布带,果然又是顾客盈门,财源广进。于是很多商人开业时争相仿效,经过几十年的演变,发展为用剪刀来剪断彩带的仪式。

　　英国是世界上建造和运营邮轮的大国。1969 年,英国女王伊丽莎白二世在克莱德为"伊丽莎白女王二号"主持下水剪彩仪式。这艘邮轮的动力推进系统是当时非军事船只中最强劲的,遭遇飓风时能抗击高达 30 米的巨浪。它经过 25 次环球航行,船上有购物街和 11 家精品店。船上乘客每年会消耗 20 吨龙虾和 1 吨鱼子酱。值得一提的是,伊丽莎白二世主持这艘邮轮下水剪彩所用的金剪刀,与其母亲过去主持"伊丽莎白女王号"邮轮下水剪彩,还有祖母早年主持"玛丽皇后号"邮轮下水剪彩所用的是同一把。

　　剪彩所要剪断的都是丝织品。而在 2006 年,美国宾夕法尼亚州伯利恒市有一处金沙赌场开业,剪彩却是别开生面。赌场进门处横挂人粗铁链,剪彩仪式开始,在众人瞩目中,有工人上前使用焊枪,火花四溅地锯断铁链。伯利恒市曾是美国最大的钢铁基地之一,因经济疲软,正由钢铁城向赌城转变。以锯铁链剪彩,也是为得到更多的关注。

　　近年来,隆重的剪彩仪式在我国也随处可见。许多社会知名人士、影视明星都当过剪彩人。在剪彩仪式上担任剪彩者,是一种很高的荣誉。剪彩仪式档次的高低,往往都与剪彩者的身份密切相关。剪彩者按惯例可以是一个人,也可以是几个人。通常剪彩者由上级领导、合作伙伴、社会名流、员工代表所担任。

45. 选举闹剧

选举按说是严肃、庄重，甚至是神圣的事，可是在美国，有些选举却是闹剧，让人啼笑皆非。

美国旧金山东面的小镇逊洛尔，在20世纪80年代选出大黑狗"波士"当镇长。这是由于以前的镇长都不称职。而选中大黑狗"波士"，是感觉它符合民意：什么事都不过问，不讲废话，不朝令夕改，而且仪表堂堂，身体强壮。当选后"波士"的就职"演说"只说了"汪汪汪，汪汪汪"，简短史无前例。

美国加州的班塔市则在同一年代，选出了一头名叫"克加"的小驴当市长。这头小驴的主人叫戴夫，据说起初他只是认为"克加"已满21岁，有资格参选，提出它只是开个玩笑而已。但没料到他的小驴却以高票当选。这是因为市民们认为，选驴当市长可以不必花钱支付办公费用。

在犹他州的赫尔珀市，市长酒驾入狱，急需选出一位新市长。由于两名候选人在市政厅选举中又打成平手，于是采用抓阄方式来确定一位市长。两张选举纸各写下名字揉成一团，扔进一个柳条筐，律师吉恩抓阄打开念出了一个候选人的名字，就此让他成为市长。

美国金斯顿市两位竞选人在选举中不分高下，最后是以拳击比赛的形式决定了胜负。比赛前，候选人霍兰和庞克尼分别号召自己的支持者踊跃去赛场助战，门票每张2美元。比赛结果，庞克尼击败了对手登上市长宝座。比起"民主"选举，这种选举法既省事又有钱可赚。

在加州的圣拉蒙市，合格的选民前往投票站投票后，可拿着选票存根到指定商店享受八折购物优惠。可获优惠的货物和服务，包括火腿、食油、餐厅折扣，甚至接受骨科医生治疗亦能减少收费。当地商会主席称，此举是鼓励选民前往投票的一种手段。加州官员表示，这种做法在联邦法律中属非法，但在地方选举中是合法的。

美国实行两党制，有两个大党即共和党和民主党。1844年，民主党推出波尔克为总统候选人。波尔克默默无名，连民主党的许多人都不知道波尔克是何许人，为什么要让他当总统。于是民主党戏谑地以"波尔克是哪号人物"为竞选口号，结果波尔克当选了。

1998年，俄克拉荷马州的一名参议员候选人，在投票前一个月去世了，但他仍然得到了5.6万张选票。选民中有些人知道他已死，但还投票给他，是认为死人当选不会危害社会。

46. 惊人的巧合

世界之大,无奇不有。所发生的一些离奇巧合的事,虽让人难以相信,却又是真实存在的。

美国弗吉尼亚州有个家庭生有 5 个姐弟,尽管年龄各异,但他们的生日都是 2 月 20 日。此外,他们都是 O 型血,都有着极为相似的性格。他们都热爱生活,努力工作。每年生日这一天,会从各地赶回诞生地,共庆特殊的日子。据科学家的概率统计,5 个子女生日相同的概率约为 1/178 亿。如果加上血型再相同,这种事件的概率就几乎为零了。

在美国还有一个家庭,一家三口人同月同日出生。阿巴拉特和丈夫奥斯曼经人介绍而相识,交往中他们惊奇地发现,两个人的生日竟然都是 5 月 21 日。这个巧合让两人更加珍惜彼此。阿巴拉特怀孕后,2006 年,小奥斯曼降临人世,居然恰巧也在 5 月 21 日这一天。面对如此大的巧合,不只让奥斯曼夫妇万分惊喜,凡听说了这个事的人也都感到难于相信。因为一家三口同月同日出生的概率毕竟仅为 0.000751%。

在美国威斯康星州密尔沃基市,有一个四世同堂的家庭。希尔布兰和他的儿子雅各、他的母亲以及他的外婆,一家四代人同出生于 8 月 23 日。这个罕见的巧合平了一项"吉尼斯世界纪录"。吉尼斯世界纪录上记录了另一个神奇的家庭,这一家人居住在北卡罗来纳州威尔明市,婴儿伯威廉斯的出生日期与其父、祖父、曾祖父的生日均为 7 月 4 日。数学家做概率计算,像这种四代人生于同月同日的现象,在 117 亿人中才会出现一例。

世界上的巧合之事不光出现在生日相同上,其他各种巧合也很多。1929 年 10 月的一天,澳大利亚一艘名为"玛梅德"的快速帆船,载着 21 名船员从悉尼港起航。船行至第 5 天,海面掀起惊涛骇浪,船被打翻,船员在海浪中拼死挣扎,总算爬上一块礁石,绝处逢生。3 天后,一艘名为"斯依福特修阿"的轮船发现了他们,将船员救起。谁知航行中,这艘船也搁浅翻了船。巧的是,8 小时后,"嘎巴拿·莱迪号"船驶来,将两船的人全搭救起来。遇难船员正感幸运,这船又突发大火,船上人只好跳上救生艇逃命。就在他们在海上漂流,饥寒难耐之际,一艘澳大利亚快艇"库梅特号"赶到,使他们再次获救。可是 18 个小时后快艇又遇风暴沉入大海,危难中,落水人员又幸运地被邮船"丘比特号"营救。谁知邮船又撞上了暗礁,船上人全部落水。就在所有人陷入绝望时,英国客轮"里兹号"将遇难者搭救。这是航海史上一件罕见的、不可思议的事。在短短的两个星期中,"玛梅德号"21 名船员,竟连续 5 次遇险,5 次得救,而且没有一人死亡!这真是过于离奇的巧合了。

47. 迟迟的收信

自邮政业开办后,邮寄信函一般都是几日便可送达。即便是国际邮件,也用不了很多时日。然而世界上就是有一些信件,迟迟到不了收信人手里。

1596 年,英国女王伊丽莎白一世写信给中国明朝皇帝朱翊钧,内容说:"希望继续发展英中两国友好贸易关系。"不幸的是,送这封信的轮船在海上遇难沉没,直至 1978 年才被打捞上来,这封信随之被发现。后由英国贸易大臣转交中国外贸部长。这是一封寄出约 400 年才收到的信。

一张 1958 年从美国芝加哥寄往佐治亚的明信片,历经 54 年,才送达收信人、71 岁的麦克穆里手中。这张描绘了谢德水族馆的明信片,是父母那年夏天寄给家中儿子的,告诉儿子说:"我们可能在明信片到达之前回到家中。"之后父母就回了家,而明信片却没收到,谁都没在意。如今这张走了半个多世纪的"蜗牛邮件"却引起了众人的兴趣,但它是一个谜,邮政官员难以解释迟迟送达的原因。

据美国合众国际社报道,一封 1945 年从纽约海德帕克发出,寄给格洛斯特一位居民的信,历经 66 年才被送达。一名邮递员在收到的邮件中发现了它,这是封纸面已经泛黄、打字机手打出来的信件,贴有四张 1 美分的邮票。收信的是一位劳伦斯女士。据博物馆专家分析,这封信是在发行一枚纪念罗斯福总统的 1 美分邮票当天寄出的,当时的集邮爱好者喜欢将贴有新邮票的信件寄给其他邮友。这封信或许是卡在分拣机里,或是掉落在某个角落,无声无息地度过了很多岁月,才又重见天日。

法国人马塞尔·厄泽在 1942 年进入德国纳粹集中营做苦力。他常给妻子和 3 个女儿写信,但全被截扣。厄泽也未能与家人团聚而去世。2002 年,美国一位印刷设计爱好者波特,在明尼苏达州一家古玩店看到厄泽写给家人的 5 封信件。在谱系学专家的帮助下,波特通过电子邮件与厄泽的家人取得联系,将 5 封放置了 70 年的家书送给了厄泽的后人。

赵一曼是我国著名的抗日民族英雄。1935 年她赴东北与日军作战,为掩护部队突围身负重伤被俘,饱受酷刑折磨,英勇不屈。在被押赴刑场执行死刑的火车上,她给儿子写了绝笔信,告诉孩子,自己是为国而牺牲的,希望儿子赶快长大,继承革命事业,以告慰长眠地下的母亲。这封家书并没能及时到达其子陈掖贤手中,而是被日军存入档案。直到十几年后,陈掖贤才在东北烈士纪念馆见到母亲写给自己的这一绝笔信。这一信件从此成了教育激励陈掖贤和他后人,以及进馆观众立志报国的珍贵信物。

48. 远行的漂流瓶

漂流瓶是航海时代人们跨海进行交流的有限手段之一。投进大海的漂流瓶不知会漂向何方，被何人捡到，充满着未知的神秘气息。

1493 年，意大利航海家哥伦布发现了美洲大陆，他给西班牙王后写了一封信。在从美洲坐船回欧洲途中，面临着海上的诸多风险，他担心回不到西班牙，就将此信和美洲大陆的地图放在一个密封的瓶子里，投进大海，希望有人捞到后送交王后。这个漂流瓶在海上一直漂浮了 359 年，在 1852 年才被一位美国船长发现。

1864 年 7 月的一天，在苏格兰近海，一艘游艇钓到一条鲨鱼，船员把鱼拖上甲板，剖开鱼腹，看到有个酒瓶。瓶里有三个纸条，经辨认是三张分别用英文、法文和德文写的内容相同的求救信。内容是："有一艘船在南纬 37 度失事，请求救援。"根据这一线索，救援人员终于在太平洋的一座荒岛上找到了失事船只的幸存者，由此也解开了一艘船只的失踪之谜。

几年前，吉尼斯的官员证实，一个漂流瓶被丢进大海后近一个世纪，又被发现，从而创下一项世界纪录。这个装有 97 年前历史信件的漂流瓶，在设得兰群岛附近被发现。一位苏格兰船长安德鲁拖上渔网时找到了它。打开瓶子了解到，瓶子是格拉斯哥航运学校的布朗在 1914 年 6 月投进海里的。里面有一张写有奖励发现者 6 便士的明信片。

一个 76 年前被丢进大海的漂流瓶出现在新西兰，并重新回到了当初写漂流瓶书信的家人手中。新西兰的弗洛德在 2012 年 11 月发现了这个漂流瓶，瓶中有信说："发现这个瓶子的好心人，请把这张纸条转送。"信上留有姓名和地址。经联系，弗洛德发现写漂流瓶信的人已过世，但他的后人健在。他遂将漂流瓶寄了过去，让这个长久漂泊的物件有了归宿。

前不久，两位欧洲的多媒体艺术家准备实施一项"太空漂流瓶"计划，拟向外星人发送微博。艺术家斯科特、斯特恩通过"火箭交换机"网站，接收捐款来筹集该项目的启动资金，他们旨在建造或者借用一个高科技通信系统，能够将微博信息内容实时地发送到可维持地外生命的一颗行星。他们计划筹集 8500 美元，现已收到捐款 2500 美元。两位艺术家表示，他们会将世界各地网友的信息发送到 GJ667Cc 行星，这是一颗距离地球 22 光年之遥、可能存在类地生命的星球。

49. 乘气球升空

气球充满了气体,能轻盈地飘在空中,是孩子们的传统玩具。有人以一束气球托举着人升上天空,是刺激好玩的游戏,也是一件很冒险的事。

在美国得克萨斯州勒克波特海滩曾发生一件险事。卖玩具气球的小贩,为使两岁的小姑娘米妮高兴,把手中拿的 30 个气球全拴在她腰上。于是,身体很轻的小姑娘被送到空中,随后在人们惊叫声中被风吹向墨西哥湾外水面的上空。卖气球的人吓傻了,米妮的妈妈更是急得发狂。就在这时,一艘汽艇驶过这里,艇上有客人带着来复枪,便向气球团开枪,几个气球被打爆,拴着小女孩的气球缓缓下降。米妮在距海岸只有几米的地方被救了下来。

十几年前,美国俄勒冈州两名喜欢冒险的男子,用一大束氦气球拖动的两把椅子飞上了天。两人一个是加油站老板库奇,另一个是伊拉克的登山爱好者法里德。90 多名志愿者动手帮他们把 350 个 1.5 米的气球充气,然后绑牢在串联式椅子上。两人原本计划要飘到蒙大拿州,但飘行 7 小时后,突降暴风雨,两人不得不"紧急迫降"。

几年后,47 岁的库奇再一次乘氦气球升空。这一次由 105 个氦气球牵起一张草地休闲椅,库奇一个人坐在上面,他随身携带了高度仪、速度仪,气球上还捆绑了摄像机,以拍摄整个飞行过程。飞行开始,库奇从听到牛叫和孩子们的惊叫,慢慢进入云层。他不断放掉水袋中的水,让自己越飞越高。在飞行了近 9 小时后,库奇飞了 310 公里安全着陆。不过,事后当记者问库奇是否还会进行"躺椅飞行"时,其妻苏姗代他说:"不了,他不能再拿自己的生命当赌注!"

几年前,南非 37 岁的男子瓦蓝斯利用填充氦气的彩色气球,成功进行了一次 6 公里跨海飞行,为曼德拉儿童医院基金会募集了约 110 万美元。瓦蓝斯穿着保温潜水服实施这一壮举。起飞时托举着他的气球为 160 个,利用装满水的袋子和空气枪控制方向,并临时使用渔叉刺破气球保持平衡。在相继刺破了 35 个气球后,考虑到硬地着陆危险,他放开了气球,平安降落在距海岸几百米的橡皮艇上。

乘气球升空者并不是都能平安降落。2013 年 10 月,巴西 41 岁的安东尼奥·卡利神父,穿特制服装坐在座椅上,上系数百个氦气球,从巴西南部港口城市巴拉那瓜起飞,希望以此举打破之前人类用普通氦气球飞行 19 个小时的纪录,为当地宗教活动募款。神父在起飞 8 小时后与地面人员失去联系。安东尼奥计划飞向西北 750 公里外的多拉杜斯,但在风力作用下却飞向了反方向。当地出动直升飞机搜救,在一处海面发现了部分气球碎片。以后再无这位神父的踪迹信息,他或许已遭不测。

50. 引蜂之举

据吉尼斯公司的说法，养蜂人将一只蜜蜂蜂王放在身上，以吸引成千上万只蜜蜂贴在身上的"蜜蜂守护"表演，可追溯到19世纪。这项引蜂的表演比赛，在一些国家和地区一直在持续进行。

在美国宾夕法尼亚州，几乎每年都会举办一届以身体吸引蜂群的比赛。参赛者都是养蜂高手，比赛规定，谁身上麇集的蜜蜂最多，谁就荣登冠军宝座。但由于每位选手身上的蜜蜂多寡难以计数，只好以称出蜂重来判决名次。其方法是蜂和人的总重量减去人的体重，由主裁判司秤。据大略统计，每届参赛的选手为600人左右，而参赛的蜜蜂则多达1200万只。

每当比赛开始，每位选手迅速将盛有蜂王的小铁丝笼挂在自己的下巴处，放蜂人打开蜂箱将蜂放出。顷刻间，成千上万只蜜蜂漫天飞舞，嗡声大作。它们嗅着蜂王的气味纷纷扑向参赛者下巴和身体各个部位，形成"蜂胡子"和"蜂外套"。有的选手几乎全身都被蜂群裹严，成了一个"大蜂窝"。1986年，一位养蜂好手曾以12个蜂王吸引了重达9公斤的蜜蜂贴到身上而夺魁。据说，引蜂比赛是排在足球、橄榄球、拳击之后最引人入胜的比赛。

在宾夕法尼亚州，除养蜂人组织的引蜂比赛，其他社会组织也有比赛表演。该州一所大学召开为期一周的美国东方养蜂学会大会，其中有个项目是"蜜蜂胡须"大赛。报名参赛的女学生碧加，身体被无数蜜蜂吸引，罩满全身，引起全场观众欢呼。

中国养蜂人阮良明曾创下引蜂63.7公斤的世界纪录。据他介绍，养蜂者与蜜蜂长期接触，对蜂的叮咬有免疫力。但在引蜂比赛中也容易被蜇伤，特别是在开始把蜂从身上赶下来的时候。阮良明认为，在引蜂挑战中一定要保持冷静，当发现蜂群处于不稳定状态，要快速找出原因或停止尝试。

2017年，来自沙特阿拉伯的养蜂人祝汗，计划以引蜂100公斤，向中国阮良明的引蜂纪录发出挑战，他引蜂站立了1小时30分钟，未获成功。一年后，祝汗再次上阵，在脸上和身体其他部位放置了多达60个蜂王，以吸引2万只蜜蜂前来爬附。引蜂过程中，或许是天气过于炎热，他身上的一只蜂王飞走了，让蜂群产生骚动，难以将大批蜜蜂吸引到身体上，挑战又一次失败。

51. 比赛之怪

世界之大,怪事多多。除了体育比赛、歌舞比赛、烹饪比赛等人们熟知的比赛,在一些地方举办的各种怪异比赛,也颇能吸引人观赏。

美国佛罗里达州的马萨阿凯镇举办了一场拔鸡毛比赛。一个3人女子组,仅用32.9秒的时间,就拔清了12只小鸡的毛。一个叫豪森的男子,用时4.4秒就拔清了一只公鸡的毛。以后他又用3.5秒的神速刷新了自己的纪录。

美国佛罗里达州举行了一项"伸舌头"比赛,吸引了300多人参加。参赛者在裁判及观众面前拼命把舌头伸出伸长,衡量标准是以牙齿夹着舌头,露出的部分来量度,让参赛者难以取巧。

美国得克萨斯州举行了一次"吃毒蛇"比赛,规定参赛者要在最短的时间内将一条响尾蛇杀死并烹饪吃完。随着裁判一声哨响,8名选手赤手空拳抓出笼子里的毒蛇,杀蛇、剥皮、烹炸。一名叫特布尔的玩蛇人以23分钟夺得了冠军。

美国加利福尼亚州举办了一次别开生面的"母女相似"比赛。一对对母女穿同一种颜色和款式的服装,梳同一种发型,上台表演,活像孪生姐妹。在比赛中,一对在各方面都极相似的母女被评为冠军。

日本东京多次在新年前夕举办"狂喊"比赛,既较量喊声的音量,又比试叫喊的内容。可以自由选题,也有统一命题。1987年的赛题是"哈雷彗星",一名大学生喊出的"70年以后见",声音超过100分贝而夺魁。女子组获胜的是一位家庭主妇,她以110分贝嗓音喊出:"谁偷了我的内衣!"

1986年,澳大利亚的昆士兰举行了一次"比瘦"比赛,最瘦弱的人才可中奖。比赛结果,瘦如"排骨"的麦克欣顿以无懈可击的身材和姿态当选为冠军。他虽然身高1.91米,体重却只有51公斤。

1988年,美国新墨西哥州的圣菲市举行了一场吻汽车大赛。参赛者要以站姿用双唇吻汽车,其他身体部位不与车接触。吻车每小时可休息10分钟。报名参赛者达数千人。经角逐,一位尼碧佳女士以34小时20分钟力克群雄夺魁,将吻过的"奔驰"轿车收为己有。不过在赛后她的脖颈已变得僵硬,上下牙也都松动。

美国多伦多在1989年举行了一次脚臭比赛,有数队参赛。比赛由一家制作抗臭运动鞋的公司所组织,由预赛、半决赛和决赛组成。最后一位参赛者的脚臭味在4.6米处被嗅到而获得冠军。在佛蒙特州蒙彼利埃举行的第20届破烂运动鞋大赛上,经一轮轮遴选,选出了最破烂和最臭的运动鞋,得奖者为此得到了一双新运动鞋。

52. 大胃之人

胃是人体消化食物的器官,有一定容量。但在有的人身上,他的胃却是个难以填满食品的"无底洞"。

德国奥芬巴赫市有位 68 岁名叫艾索夫的男子,妻子死于癌症后,他因过度伤心患上一种罕见的"饮食紊乱症"。他每天要吃下 1 公斤肉糕、2.2 公斤马铃薯、12 个鸡蛋和一些比萨饼、炸薯条等,有时一天还要多吃 20 块肉馅饼。食量是普通人的 6 倍多。但他的身体并不见发胖。医生为他检查后,弄不清他的新陈代谢系统为何需要如此多的食物。

也有的人身体健康无疾病,就是胃大能吃。在印度南部喀拉拉邦,60 岁的男子拉帕,一早就拉开了就餐的序幕,他吃下 70 个饭团,喝下 2 升茶水。在以后两顿午餐中,他吃下 20 个普通人的食物。晚餐他还要吃下 40—120 块油炸面包。一次当地一家自助餐厅少找了一群中学生的钱,学生为报复老板,把拉帕让进该餐厅,为他买了就餐券,让他放开肚皮吃。拉帕在里面整整吃了 3 小时,结果他吃空了餐厅中能吃的一切食物,仍然说没吃饱。店方让拉帕滚蛋,引发冲突找来警察。警察了解了原委,判决餐厅重新买菜做饭,让拉帕吃满意为止。自此吃倒餐厅的拉帕便被自助餐厅列入"黑名单"。

在英国一家蒙古烧烤餐厅,只要花 12 英镑,就可以想吃多少就吃多少。但餐厅自从走进两位能吃的食客——乔治和安迪,便吃不消了。餐厅经理无奈地说,两人吃东西像抢一样,上多少没多少,在其他顾客上桌前就吃掉了所有东西,这生意没法做了。我们已经忍了两年,只好对他们下达了"永久封杀令"。而乔治二人也感觉委屈,说真是没吃饱,谁吃撑了也不会再吃。

从网上看到,辽宁省弓长岭有位中学生,身高 1.69 米,体重 108 斤,也有个能吃的胃。在"大胃王"挑战中,她吃完了十桶超级辣的韩国火鸡面,肚子还是平平的。她一顿饭能啃 25 个猪蹄、吃 14 份意大利面不饱;一口气能吃 22 个汉堡包和 4 斤西瓜。她笑谈,有一次为解馋进一家自助饺子馆进餐,吃到最后,身后传来了老板的磨菜刀声。

53. 与"火药桶"相伴

战争中会有一些未爆炸的炸弹、手榴弹散落民间。有的无意间被人带回家去。这些危险品还有爆炸的可能,这就让人如同与"火药桶"为伴。

前不久,福建石狮市公安局接到一小学校报警,一小学生在野外拾到一枚疑似"手榴弹"的东西当玩具玩,并向同学炫耀。民警立即赶到该学校,找到了涉事学生。据向学生了解,他将"新玩具"藏在学校操场的花丛里。民警很快找到了那东西,确认那是一颗真的手榴弹。学生说那是在镇后山村空地拾到的。民警将手榴弹封存带走,并对此事做进一步调查。

安徽六安市青山村的村民傅某在田里捡到一个铁疙瘩,拿回家给孩子玩。当地村干部发现后,意识到这可能是枚炮弹,便报了警。辖区民警赶到确认,铁疙瘩是炮弹弹头,它长30厘米、直径约10厘米,虽然上面锈迹斑斑,仍具有爆炸性。民警将该弹头封存,送至治安部门做进一步处理。傅某则对把炮弹带回家给孩子玩感到后怕。

福建省福州一收废品男子周某,收到一块光溜溜的废铁,用它当枕头。朋友来串门,发现他的废铁枕头像是一颗炸弹。周某慌忙报警,警察赶到发现,这是一颗长50厘米、直径18厘米的生锈航空炸弹。周某长期从事废品收购,这个炮弹是一个月前从城门村收购来的,当时没有加以注意,顺手扔在床上,还当作了"枕头"。他拍着自己的头,说自己"糊涂无知"。那枕着睡了多日的"家伙"则移送有关部门做进一步处理。

陕西紫阳东木镇村民冉某走进当地派出所,上交了一个铁家伙,民警一看大吃一惊,这东西竟是一颗67式手榴弹。原来,1991年冉某在双桥镇工作时,有人把这个没有拉火装置的手榴弹送给了他。冉某看这东西顶端铁块坚硬,用起来顺手,25年来一直用它砸核桃。几年前当地派出所开展缉枪治爆、爆炸物品整治专项行动,冉某收到了民警发放的宣传单页,意识到他一直用来砸核桃的物件,可能属于公安机关严禁私藏的弹药,便立即上缴。

据英国媒体报道,居住在英国沃里克郡阿瑟斯通的女子凯瑟琳·罗林斯,曾于15岁那年在学校操场上拾到一枚可追溯到"一战"时期的炮弹,当时她以为这只是个空弹壳,便带回家当花瓶用,一用用了30年。前不久,她在观看电视上播放的英德"一战"纪录片时,突然对自己所用的"花瓶"产生疑虑不安,随后报了警。英国国防部的专家赶来,取走了"花瓶"。凯瑟琳后被告知,这一直相伴她的"花瓶",是一枚尚未引爆的炸弹,弹壳里的爆炸物足以轻松炸毁一幢房屋,或杀死20米内活动的人。

54. 新潮的公司

公司一般是生产产品和进行贸易的机构。随着经济社会的发展,新涌现的一些公司在"产品"开发和所从事的服务方面都别出心裁,让人大开眼界。

英国伦敦有一家名为夏罗的"代办"公司,设有400多个部门。洽谈好费用后,公司就可代顾客建屋、筹办婚事、安排蜜月旅行、替子女找学校、教打球、弹奏乐器等。人死了,还可代为料理丧事。在这家"百货公司"里,几乎能买到各项需求。

"形象"公司是美国新兴的服务行业。公司专事教人们创造一个完美的形象,从发型、衣着到谈吐,对顾客的外表、举止和社交接触等方面提供指导,甚至教授顾客如何站立、怎样微笑和控制脸部表情等。如今美国有这样的公司数百家,年营业额达几千万美元。

美国得克萨斯州开办了一家"买得到"公司。凡是顾客所需,市场上又紧缺、难以买到的商品,只要谈好酬金,这家公司都能不遗余力、想方设法如期将商品买到、送达。另外,顾客如想对商品扩大、缩小或仿制,这家公司也能承担完成。

美国一位名叫巴洛克的工程师,在洛杉矶建立了一个"产品起名"公司,专为新产品起名。由该公司起名的产品最为著名的是"百事可乐"。如今这家公司已给世界上100多家著名厂商的266种产品起名,由于名称取得成功,产品销售效益颇佳。

巴西有一类"代上班"公司,此公司拥有通晓各种业务的专门人员,可代为顾客顶班劳动或代班供职。顶替上班的职务有司机、厨师、邮递员、教师、护士、导游等,甚至还有记者和模特。

玻利维亚有一类"代人坐牢"公司。该公司是根据当地监狱规定"犯人病重需监外就医,可雇佣替身坐牢"而成立的。替身多为失业的锡矿工人等穷困者,他们要入牢接受犯人的待遇,然后领取并不很多的酬金。

美国国内有1100多万寡妇。美国退休人员协会成立了一个"寡妇服务"公司,在各地设170多个服务点,旨在帮助众多寡妇走出困境,为她们排忧解难。公司举办学习班,指导寡妇们怎样度过艰难时期。为那些经济困难大、求职不易的人,出谋划策,谋求合适的工作。这种不为谋利、热心公益的公司受到了社会的关注和好评。

55. 吓人的职业

说到职业的庞杂,人们爱说有 360 行。现今有的职业,或环境恶劣,或恐怖、吓人,不是一般人轻轻松松所能胜任的。

火山学家从事的是世界上"最热的工作"。他们常会在距沸腾熔浆仅百多米处露宿,火山口的温度超过 100 摄氏度,熔浆四溢。在这地狱般的环境中,火山学家不惜冒着生命危险,在这活火山边缘进行探险考察。因为这是他们的职业。

在美国的莱维特实验室有两位执着的闻屁人。他们的工作就是每天闻志愿者吃下豆类后,排放在小塑料瓶子中的臭气,以此判断人的肠胃系统、消化系统是否健康。他们也被称为"逐臭者"。与闻屁有着异曲同工之妙的还有闻口臭,这个特殊的职业诞生于漱口剂的生产商。为检验产品的功效,专业闻口臭者每天都要忍受大批的口臭患者在自己面前肆无忌惮地呼气。

要想消灭疟疾,就要了解蚊子的习性。德国的研究人员甘当"饲蚊者",舍身让蚊子在身上大快朵颐。有的从业人员 3 小时被咬的地方超过 3000 处,平均每分钟达 17 处。受到这样的"摧残",有的人还被传染上疟疾,经医治两年才算痊愈。

英国一家彩弹射击娱乐公司招聘"人肉枪靶"。以真人"挨枪子儿",虽戴有防弹头盔,仍会对雇员造成一些疼痛,甚至轻伤。招聘启事登出后很快吸引了世界各地的上万名应聘者报名,有些报名者来自遥远的克罗地亚、美国、印度等。

在美国,当一名飞机回收员也是一项冒险的职业。回收一架造价数百万美元的飞机,可获得飞机转卖价格 10% 的佣金,年薪可过千万。但从事这职业很危险,交易中有的回购人被枪杀,有的则被投入外国的监狱。

"赏金猎人"是美国另一项高薪职业。有人支付了保释金从监狱保释后就匆匆逃离,这就需要赏金猎人去追捕这些逃犯,报酬是保释金额的 30% 左右。经验丰富的赏金猎人年薪可以超过 10 万美元。绰号"猎犬"的查普曼在墨西哥俘获了一名罪犯,虽获得一大笔赏金,但也触犯了墨西哥法律入狱,他在支付了保释金之后才被释放。

清理凶杀现场也是一项吓人而且相当棘手的工作。面对惨不忍睹的尸身、恐怖的血腥相貌,清理人员要细致收拾干净。而从事这一行业,必备的特点是具有坚强的胃(不会呕吐)和淡定的心。当然在美国等暴力死亡案众多的大城市,从业者年薪可高达 30 万美元。

56. 经营的好点子

时代在发展,企业因循守旧是难以维持和存活的。经营者只有不断巧用心思,开拓创新,才会取得经济效益。

荷兰一家旅馆经营不善,面临着倒闭。一天,老板看着后面的一块空地,想出了一个点子。他在旅馆门边贴出大幅广告,言明旅馆将后面空地提供给顾客种纪念树之用,可为植树者拍照并在树上悬挂其大名和种树日期的木牌。旅馆只收取树苗费。自此,有许多人光顾这家旅馆种下纪念树。几年过去,当初的空地变得树木葱郁,那些亲手种下树苗的人,每每专程前来看望。旅馆的住房率显著提高,营业额直线上升。

龙卷风虽然可怕,但也有一些冒险寻求刺激者想现场观看龙卷风来临时的场景。美国人莱西乌斯想到一个点子,他成立了一家公司,以美国得州和科罗拉多州4个龙卷风多发区域为基地,组织包括食宿的"追风团",近距离长途观测龙卷风。每个团有6—20名成员,活动时间为4—10天。在几年经营中,年收入达20万美元。

美国还有人想出点子,赚未来的钱。一位摄影师在给儿童拍照时,突然产生一个大胆的设想,回家后将其细化整合,制订出奋斗目标。接下来他开始忙碌,在幼儿园、少年宫、街道等处拍照,将许多孩子学习、玩耍、淘气等各种有趣的表情和精彩的动作尽收镜头之中。很多年过去后,这位年过半百的摄影师刊登广告,说手上有大量珍贵的老照片待售,每张价格为150美元。当年的那些孩子都已长大成人,很怀念童年生活,想知道小时候的模样。于是他们及家人纷纷联系,订购老照片。上万张照片赚了多少钱可想而知。

近年来,越来越多的同学聚会在上海、南京等地催生了为聚会提供一站式服务的聚会中介。聚会中介接一个聚会,会先与学校取得联系,联系当时任教的老师,并成立同学聚会筹备委员会。另外还会制作一些回顾的视频短片,以及制作聚会标志。不仅能做聚会的创意策划,还负责推荐场地,提供车辆租赁、摄影摄像、食宿安排、旅游安排、光盘制作等服务,还可以做文化衫、纪念册、同学录等,甚至是多年失去联系的同学,只要提供个人信息,也能帮助查找。据透露,一个50个人大型的同学聚会,聚会中介可盈利近万元。

57. 讨债诡术

在经济交往中,欠债和讨债是绕不开的话题。一些国家建有专门的讨债公司,从事讨债业务,方式可谓无所不用其极。

巴西圣保罗市建有一家讨债公司,以"味"讨债。在向债户追讨欠债时,第一次先送一份加香水味的欠单。如债户不理,再送的债单上香水味变淡。几次之后,债单上不但不发香味,反而冒出臭气,最后还会发出臭鼬屁味。为免除臭气扑鼻之扰,欠债者每在债单变臭前,赶紧拆兑款项,把欠债付清。

澳大利亚有一家包收烂账公司,他们以"函"讨债。接受了客户托付后,便向欠债户发函。函内附有一张囚车照片,不理的话,再发监狱照片。这等于发出连续警告:不还款就将走上法庭并受到监禁。此做法是提醒,也是恐吓,告之欠债不还的后果,还是很见效的。

哥伦比亚的讨债公司另有绝招,他们派出专人,身穿黑衣,手提黑色小提箱,箱上用醒目的白字写上欠债人的姓名和债款。这些黑衣"讨债鬼"整天追随在欠债者左右,令欠户难以忍受,又无法遁形。脱离困境的唯一办法,就是赶紧设法凑钱还债。

西班牙一家讨债公司讨债也有一奇招,追债人身穿粉红色的卡通人物(粉红豹)服装,在不同场合紧随着欠债人,寸步不离。其醒目的打扮格外引人注目,让欠债人也成为人们注目的焦点。欠债人回家,"豹"也会守护在门前。欠债人及其家人会感到丢人而尽快还款。

美国艾奥瓦州的讨债公司以更为直接的恐吓手法讨债。受托去收债时,由一群身着恐怖服装、头戴面具的壮汉,乘摩托车飞驰到欠债人家,高声讨要,凶相毕露,一些欠债人吓得只好立即清账。

讨债还应走正常的法律程序,不法的讨债方式为法律所不容,甚至会构成犯罪。近年来,我国一些城市的涉黑犯罪团伙,以"校园贷"等方式诱骗人上当,故意不让还上欠贷而借下高利贷,形成高额欠款。或坑骗老年人以房"借贷",欠下巨债。然后组织歹徒,上门恶意讨债,或泼粪,或涂漆,甚至毒打、监禁"欠债人"。受害者有的逃亡在外,有的自杀身亡。对此类严重的犯罪及讨债行径,各地公安机关严厉打击,已打掉了多个犯罪团伙。以后一经发现也会立即予以严惩。

58. 煞费苦心越狱

罪犯被判刑后,有的并不安心服刑,而是绞尽脑汁设法越狱,但法网恢恢疏而不漏,妄想逃脱,往往是枉费心机。

1899 年,在美国堪萨斯州的里昂监狱里,拘禁了一个叫佛列德的强盗。几个月中他一直思考着越狱。打定主意后,他拆了穿的毛线袜,在毛线上涂了肥皂,再放到从墙上刮下来的砂和水泥之中滚动。裹在毛线上的水泥硬了之后,就能起锉刀的作用。佛列德用这种自制的"锉具",每晚锉他单人牢房的铁格子,居然锉断铁栅而越狱了。虽然他在逃跑中又被抓回狱中,但其逃脱之法还是让监狱当局人员吃惊。

当代罪犯越狱未遂事件也层出不穷。巴西南部库里奇巴市一所监狱里,两名囚犯将自己套入垃圾袋中,妄想狱警将其当成垃圾带出监狱。有狱警经过垃圾堆时听到有响动,起初以为是老鼠,走近观察才发现是两名企图越狱的逃犯。警方表示,这两人的行为会导致刑期延长。

几年前,两名阿根廷囚犯在为越狱做了精心准备后,逃出了关卡重重的监狱。但他们并没有立刻远逃,而是跑进了附近一个农场。他们偷了一只大绵羊,剥取羊皮穿在身上,扮作绵羊潜藏在羊群中伺机远走。监狱组织了 300 多人的警力围堵,发现当晚有两人在农场附近出没,最终搜索羊群将二人抓获。警方称,二犯套羊皮,羊头也是真的,混在 1000 多只绵羊中,好不容易才将他们抓到。

2011 年,墨西哥一名 19 岁的女子,试图用行李箱把正在监狱服刑的丈夫"偷运"出去时被捕。这位名叫里韦罗的少妇前往金塔纳罗奥州切图马尔监狱探望丈夫,当她从监狱大门离开时,狱警发现她推了一个大行李箱,有些吃力,而且神色慌张。狱警即对她的箱子进行检查,结果发现她的丈夫蜷缩在行李箱中。里韦罗就擒,她的丈夫也要被加刑。

2012 年,俄罗斯监狱一名杀人犯,借助一架遭劫持的直升机越狱。监狱位于莫斯科以北的舍克斯纳镇,3 月的一天,一架直升机飞抵监狱上空,垂下绳梯。34 岁的罪犯舍斯塔科夫顺绳梯爬上直升机逃脱。直升机是罪犯狱外一男一女朋友租赁的,两人劫持控制了飞行员,飞往监狱,救出了罪犯。舍斯塔科夫越狱后乘出租车逃往莫斯科方向,途中落网。

美国一个名叫基索尔的罪犯,于 1988 年因杀人被判终身监禁,在宾夕法尼亚州吉拉德一处监狱服刑。2007 年基索尔藏身垃圾箱,利用运垃圾的卡车逃出了监狱。这个重获"自由"的罪犯,好不得意,在公园里情不自禁地向人们吹嘘,说自己曾上过法制类电视节目"全美通缉令"。他的言行引起了周围人的注意,有人报警。他的吹嘘让他暴露了,也因此又一次落网。

59. 挖地道作案

有些犯罪分子为了盗取财物，或从监狱脱逃，是以大肆挖掘地道来进行的。

2005 年的一天，中美洲萨尔瓦多首都闹市区街头，两名正在挖地道准备盗窃当地银行金库的男子被抓个现行。由于地道里太热，两人脱得光溜溜，一味盲目地往前挖，却忽略了要保持地道的支撑性，结果造成了地面上方的坍塌。当地巡逻警察看到塌下的大坑，便把正在忙碌的二人抓个正着。同一时间，葡萄牙里斯本附近的一个监狱，有名囚犯也在牢房不辞辛苦地挖地道，妄想脱逃。在他把地道挖了两公里远时被警方发现。原因很简单，他把方向搞反了，越狱地道没有通向监狱外，反而通到监狱内部大院。与这两起蠢挖形成鲜明对比的是，俄罗斯的马格尼托哥尔斯克市一家幼儿园有两名 5 岁的幼童，用玩具沙铲在栅栏下挖了几天地道，居然成功地从老师眼皮底下"逃脱"，跑出两公里开外，成为当地一大新闻。

近年来，以挖掘地道盗窃财物的案件多有报道。俄罗斯西伯利亚一名男子，用 3 年时间，挖出一条 60 米长的地道，从当地输油管道中偷取了 30 吨石油，给石油运输公司造成的损失达 50 万卢布。该男子被捕后被控重度偷窃罪。

2004 年初，英国一盗窃团伙用时半年，挖出了一条长 38 米的地道，直达取款机底部。盗贼打穿了提款机正下方厚达 38 厘米的水泥地面，还做好了方便退走的出口。其盗窃成本至少也要 1300 英镑。由于作案时间正值新年假期，取款机里现金不多。盗贼只弄走了 6000 英镑。

2011 年，阿根廷布宜诺斯艾利斯的贝尔格拉诺区发生一起"打洞"劫银行案。一伙盗贼租下了银行附近的一个地下室，向着银行方向挖掘地道。盗贼可能有 5—10 人，挖掘中使用了照明、加固和通风装置，以几个月的时间，挖出了一条长 30 米的地道，挖到了银行放保险箱的地方，将 97 个保险箱盗走。

与阿根廷的案件相仿，一年后德国柏林也发生了银行保险箱失窃案。盗贼是从斯泰格利茨区一处地下停车场开挖地道的，这里的大门可以关起来，方便了盗贼作案。盗贼也是用了几个月时间，挖了一条长 30 米左右的地道，宽度直径约有 1 米，四周还有防塌方的加固装置，手段非常专业。盗贼通过地道进入到放保险箱的地方，将 100 多个保险箱逐一撬开，将里面钱物洗劫一空。逃离前还对停车场纵火，企图毁灭行迹。银行称，储户保险箱中有大量现金及书画珠宝，损失是巨大的。以挖掘地道犯罪正引起各国警方的高度重视。

60. 智勇退贼

遭遇盗贼，有些人并不畏惧，而是与贼人斗智斗勇，最终占得上风。

加拿大多伦多歌剧院的女演员李丝莉·哈里逊擅唱高音。一天她丈夫外出，两名窃贼进入她家中。李丝莉在楼上看到楼下有彪形大汉试图往外搬东西，她虽感害怕，但使出擅长的本领。她引吭高歌，大唱平时练声的高音曲调，声音又高又尖。这突然而降的响声吓得二贼丢下财物，双手掩耳，落荒而逃。李丝莉说："他们肯定害怕会震穿耳膜。"

几年前，美国俄亥俄州警方称，当地一名七旬老妪挥锅打退一伙窃贼。这位名叫埃伦·巴辛斯基的老妇人是一名法官夫人。这天4个青年男子闯入她家劫财，埃伦一把抓起她常用的平底锅，对着一名窃贼猛敲。其他窃贼看她勇不可当，忙拉起挨打的同伙逃去。这伙窃贼随后被警方逮捕。可手的平底锅是老妇人的最爱，警察拿走它做证据使她不快。

2016年4月的一天，陕西西安一小区一业主家有小偷潜入，业主张女士外出返回发现家中进了贼，联系物业并向邻居呼救。86岁的邻居董大爷闻讯，临危不惧，面对盗贼使用电棍和辣椒水，他挥起木板和贼人搏斗。一名保安和张女士也扑向贼人，几个人打成一团。当董老人被推倒后，他紧紧把贼人的腿抱住。后又有几名保安赶到，一起将歹徒制服。董大爷老当益壮，勇斗歹徒的事迹受到当地表彰。

2017年夏，43岁的村干部赖加建开车外出后返回福建永定区老家。行至石岭村，有乡民向他呼救，说一辆白色轿车上的人偷了东西后逃窜。他听了叫乡民报警喊人，自己开车朝白车追去。追到山路上，他截住了那辆车，下车抄起一根木棒，不让车内人出来。他虽是孤身一人，车内两男一女完全被他大义凛然的气势镇住了，一动也不敢动。很快警察和一些乡民赶到了，从车上搜出了电视机等物，确认车上的人就是盗贼。赖加建获当地见义勇为"孤胆英雄"称号。

2018年2月，驻军某部工化连收到一封来自湖北省应城市公安局刑侦大队的感谢信：下士程力唯在休假期间将一名凶悍窃贼抓捕归案。那是1月的一天，程力唯前往姨妈家探望，走近只见其家门虚掩，推门又听到有翻箱倒柜的声响。他轻手轻脚走进主卧，见一陌生人正翻找东西，床头已摆放了一堆金银首饰等物。他确认眼前是贼人，大喝一声，一拳打过去。小偷跟跄倒地，爬起身掏出匕首，恐吓他让路。对峙中，程力唯扬起右脚，重重踢在小偷腰部，看小偷倒地，他迅猛跨其身上，夺下他匕首，然后用皮带将其捆绑，报警。据悉，小偷是名惯犯，被抓捕前已疯狂作案9起，盗窃财物价值20多万元。这一次他完全不会想到会栽在有一身血性、有过硬本领又有担当的子弟兵手上。

61. 弥天骗局

自古以来,世界各地经常发生各式各样的骗局。一些骗局甚至在全世界范围内引起了轰动。

1868年,美国一位无神论者乔治·赫尔为讽刺那些反对进化论的人,制作了一个5吨重的巨人石膏像,浇硫酸做旧,埋在农场里。一年后找人挖井,把"巨人"发掘出来,说是发现了史前巨人的化石。这一下引起了极大的震动,街谈巷议,曾轰动一时。后经科学家指出"巨人"的破绽,乔治也站出来承认造假。这虽是一个骗倒了一大片人的骗局,不过来自各地的参观人群仍蜂拥而至。

1925年,法国巴黎坊间有传闻称,政府无力承担埃菲尔铁塔的维修费用,有意把铁塔拆除当废铁卖掉。有个混混维克多,伪装成法国邮电部副总监,邀请5位废品收购商参与"招标"铁塔拆除项目,并要求保密。收购商争先恐后向这位"大人物"行贿。等到他们发现这是场骗局时,维克多已不知去向。擅自买卖国有财产是犯罪,受骗商人不敢报警。维克多在外躲避一段时间后,竟重返巴黎,把铁塔又"卖"了一次。

20世纪80年代,一名苏格兰播音员贝莱克,在节目中呼吁听众帮助一个患了白血病的11岁男童,说这个男童希望打破收信的世界纪录,以求临死前将他的名字列入《吉尼斯世界纪录大全》。这收信人的地址,正是贝莱克的信箱号码,他很快收到了世界各地善心人的信件500万封。经查,患病男童子虚乌有,都是贝莱克编造的。这一场集邮大骗局遍及欧美等多国,愚弄了数百万人。

2009年秋,美国科罗拉多州的海尼夫妇报警称,他们6岁的儿子遭责骂后失踪,怀疑他躲到自制的氢气球内意外升空。警方立即展开大规模搜寻,对以时速40公里穿越该州东部平原的一个气球紧追不舍。美国主要电视台做现场报道,引起公众广泛关注。气球降落后警方发现里面无人,最终在海尼家车库阁楼上找到了男孩。海尼夫妇为此获刑,他们承认这是个骗局,旨在提高知名度以参加更多的电视真人秀节目。

比利时人米莎·德丰塞卡在1998年出版了描述德国纳粹迫害犹太人的回忆录《米莎:大屠杀时代的回忆》,她在书中描述了自己为躲避纳粹追杀,千辛万苦寻找父母等离奇经历,在流浪途中甚至"与狼为伍"。她靠这本回忆录名扬世界,作品被翻译成18种语言。米莎靠此书狂赚了至少1000万英镑。而在米莎的"大作"出版10年后,她的回忆录被证实"纯属虚构",她也压根不是犹太人。这一丑闻严重损坏了欧美出版界的声誉。

62. 骗子与骗术

随着电子科技与互联网的发展,近年来国内外诈骗等案件居高不下。骗子的骗术不断升级,给成千上万家庭的财产带来了难以估量的损失。

在美国很多州市,骗子满天飞。60岁以上的老人30%受过骗。有的歹徒冒充市政府检查员,入户检查水管、炉灶、电器、暖气等,中断使用,进行"维修",让住户付出大笔冤枉钱。有的"旅行社"大做广告,提供廉价机票、车票、酒店住宿等,收款得手即失去联系。街头的售货机损坏不修,成为摆设,专让人往里白白投钱。很多商家宣传到世界哪一个角落可以以近似白送的价格买到某种商品,再到另一个地方以天价将其脱手。在美国生活时间长的人都会感觉到,自己随时可能上当受骗。

如今人人都有手机,差不多每个人都收到过骗子的短信,有时一天就能收到几条。有幸运中奖的,还有退税、退基金、返还购物款的等,不注意识别就会受骗。还有很多骗子购买了大量公民信息,冒充公检法,威胁、恐吓,发逮捕令,迫使人就范。有的骗子还纠集人成立骗子公司,以"杀猪盘"实施相亲、投资、贷款等骗术,让受害者倾家荡产。还有的骗子发送孩子被绑架、出车祸等假消息诈骗,有的冒充熟人、领导行骗。骗子的骗术五花八门,有的骗子团伙的总部设在境外。我国公安部门对诈骗案件和犯罪高度重视,各地都成立有反诈中心等机构,与各类骗犯斗智斗勇,有效地减少了人民群众受骗的财产损失。公安干警打掉了成千上万个诈骗团伙,并多次在国外破获抓捕了一批批诈骗分子,押解回国惩处。

如今与骗子的斗争已进入到了一个新的阶段。打击诈骗不能仅靠公安部门,公众也应绷紧防骗的神经,提高防骗意识。有人收到电话、短信,识破了骗子嘴脸,开口大骂,一解气愤。也有的与骗子周旋,一次次故意错填账号等数字,引骗子着急上火,暗想着"急死你"。还有的人存心对骗子戏耍。当他收到电话,对方冒充是他的老朋友,他说你是"老贾"吧,对方马上承认姓贾,接着说出差路上生病,需要些现金。确知对方是骗子,他先问候:你母亲的癌症好了没?又问,你爸车祸的案子结了吗?直气得对方嗷地叫了一声挂了电话,被耍后火冒三丈可想而知。

63. 搞笑的法庭判决

法庭的判决理应公正、明确,便于执行。而国外有些法庭的判决却别出心裁,有的还让人觉得滑稽、可笑。

南非人海兰在印度旅游,因酗酒驾车,撞死了一名中年妇女。死者家里有一位长相奇丑且全身肌肉萎缩而不能自理的妹妹,长年由死者照顾。法庭的判决是:海兰要娶死者的妹妹为妻,否则要被处死。海兰答应了娶死者妹妹为妻的判决。

比利时布鲁塞尔有一位银行家邦詹,因妻子患有严重的肾病,他就在外拈花惹草,导致夫妻感情破裂而对簿公堂。法庭的判决是:除邦詹的豪华轿车和一大笔财产归妻子外,他还必须献出一个肾,移植给危在旦夕的妻子。

苏丹人哈林在一天夜里无故被两人联手袭击,掉落一颗门牙。哈林将二人告上法庭,他在法庭上拒绝原谅被告,也不肯接受金钱作为赔偿,而坚持袭击者必须接受同样的伤害。于是法官判处两名被告各拔下一颗牙齿,且不准使用麻醉药。

美国一少年将同伴的双腿弄伤,致使同伴坐了很久的轮椅。少年被告上法庭后,法庭判处他在一段时间里,无论在家还是在学校,不管上课还是玩耍,都必须坐在轮椅上。即使必须离开轮椅,也要撑着拐杖走路,从而饱尝双腿受伤的痛苦。

美国佛罗里达州 15 岁的少年钱伯斯,开车在奥兰多市兜风,高兴之余向车窗外扔酒瓶,刚巧砸到另一辆车上 30 岁的德国女游客哈特曼,造成她左眼失明、右眼视力减退。对钱伯斯给别人造成的伤害,法官除判决他赔偿 2.4 万美元外,还判罚他在一年的时间里必须戴眼罩,以亲身体验盲人的感受。

法国的一对离婚夫妇,为了两个孩子的抚养权和住宅居住权互不相让。对簿公堂后,法官宣读判决:"鉴于父母离婚的最大受害者是孩子,为保护儿童的合法权益,判决父母归两个孩子所有,原住宅居住权也归两个孩子所有;离异的父母定期返回孩子身边居住,履行抚养职责,直至孩子长大成人。"

非洲小国斯威士兰有一对夫妻闹离婚,法院判决离婚生效后,将房内所有财产和天花板判给了女方,却又让男方分得了除天花板以外的房屋所有权。这样的判决等于是房子归男,天花板归女,在财产分割上还得再打官司。

64. 粗心生事端

粗心指做事不细心,马虎大意。

在一个小学校的门口,一位粗心的爸爸一个漂移把汽车停在了车位上,连声喊:"快下车,要迟到了!"然后打开车门,又惊叫道,"我呸,孩子忘带了!"

四川人唐某和妻子一起驾车从湖南回四川老家,行至杭瑞高速华容段,唐某下车查看车子,竟未注意妻子也下了车。他查看完车上车开上就走,行驶了 10 公里才发现老婆不见了。最后是高速路交警帮他把妻子找回。妻子向在场交警哭诉:结婚 20 年了,他一直这么粗心。

上海一位女司机丘某,去浦东平安银行办事,因为下雨,附近停车库无车位,便把车停在距离银行步行十几分钟的陈家嘴附近一个车库,然后急匆匆去银行办业务。之后她却想不起车停在何处。她想啊想,找啊找,去了五六次陈家嘴,找了几十家停车库,还报过 110,都找不到车子。直找了半个多月,在上海交通广播及网友帮助下,才将车子找到。由于粗心,让她交出了 2000 多元的停车费。

粗心不仅会造成钱财的损失,还会危及健康。浙江台州一个年轻妈妈急着搓麻将,竟粗心地将白酒当成了白开水,给 5 个月大的宝宝冲奶粉喝下。家人赶紧将宝宝送医院就诊。医生说,婴儿喝下这么多白酒,很容易酒精中毒,孩子的生长发育是否会受影响,需长期观察。

湖北宜昌市长阳县一患者,在县卫生防疫站就诊被诊断为肺结核。在主治医生覃某指导下用药,吃了一段时日后,发现所服用的药物过期。医生开药,患者服用,都未察觉,这真是马虎患者遇上了粗心医生,由此也引发了一场医患纠纷。

陕西一县医院的错治事件更像相声段子。68 岁的男子陈某,夜晚出行摔跤,造成右大腿骨折。送医两天后医院为他做了手术。当患者从手术室推出,家属发现患者右腿光光的,左腿却包了纱布,一问才知是固定用的钢板已打入左腿中。经医院查明,这完全是手术医生粗心所致。这下患者两腿都有了伤,给他加重了不应有的痛苦。

一些粗心的司机驾车出行,停车后忘拉手刹,致使车辆溜坡,有的撞上护栏,有的跌入农田,有的掉入海里,还有的夺人性命。湖南长沙开出租车的黄先生将车开回自家小区门口,粗心未拉手刹,下车后空车向前滑行,车头正巧顶到黄某,他趔趄着躲闪不及,被撞倒在地。待 120 急救人员赶到,黄某因大出血已失去了生命体征。这粗心的代价实在是太大了。

65. 鼓掌的使用

鼓掌古称"抃掌",今谓之"拍手",是表示高兴的肢体语言,是内心兴奋、激动的外部表现。

戏剧是鼓掌在西方的最早来源。西方人喜欢看戏剧、听音乐,鼓掌也就逐渐成为剧场里的礼仪。戏剧看到开心处,观众会情不自禁鼓掌,而音乐则不同,不少人不知该何处鼓掌,这样就产生了职业"鼓掌人",他们坐在前排,率先拍手,以此诱导后排的听众仿效。在19世纪的意大利,一个职业"鼓掌人"每拍掌一轮,能挣到10个里拉。

随着人们表达情感方式的不断丰富,鼓掌的内涵也在演化、发展,应用范围也在不断扩大。欣赏精彩的节目,人们鼓掌;迎接尊贵的宾朋,人们鼓掌;听到喜讯传来,获得成功,人们也会击掌相庆。鼓掌能创造和谐的人际关系,能表达对别人的尊重和赞赏,从这点看是一种美德。送人玫瑰,手有余香,给人掌声,自己同样会被热烈的气氛感染,拥有一份开朗、快乐的心情。

曾有人做过试验,在一个礼堂里,500人热烈鼓掌3分钟,结果室内温度提高了2.3摄氏度。医务人员研究发现,"拍手"还是一种祛病疗法,又名"声呐气功"。通过拍手,能疏通经络,振荡脉气,加强血液循环,把身上的阴寒和污浊之气从掌间指端排出,从而提高人的免疫力,对改善心血管疾病、关节痛、胃肠病、肥胖、气喘等慢性病症状都有疗效。

鼓掌是表露人物情绪的动作,有热烈、持续、"暴风雨般的"掌声,也可以是绅士淑女身份的只用指尖在掌心稍有击节的示意。鼓掌在中国人的习俗里都是用于喜庆、祝贺的表达,而在西班牙,葬礼上也会响起热烈的掌声。在西班牙风俗中,一层意思是世界通用的含义,即表示庆贺、鼓励等;另一层意思是"永远爱你,永远想你"。当人们看到死者的棺材进入灵车驶向墓地,便会使劲鼓掌。在葬礼上,越是掌声热烈,越能表示对死者的感情深厚。在这种场合,不鼓掌反而意味着幸灾乐祸,要遭白眼和咒骂。

来自美国田纳西州纳什维尔的26岁男子伊莱,是一名专业小提琴家,他还有另外一项快速拍手的技能,可以在1秒钟之内连续拍手20次,前不久在1分钟之内拍手达1020次,创造了新的吉尼斯世界纪录。人们对他创造的这项拍手纪录惊叹不已。但伊莱张开手掌谈道,这是他常年苦练拍手的结果,以至磨出了手茧。

66. 说话的能量

说话是用语言表达意思,发表见解。说话是与人沟通的最主要方式。即便是不会说话的聋哑人,也能用手语与人交流。

美国社会学家做了一项专门调查,一个人平均每天能说 1 小时左右的话。一个 70 多岁的人把他说话的时间加起来,长达 2.5 年。如果把说的话都记录在纸上,那就是一部几百卷各几百页的"文集"。

美国医疗科技人员研究发现,说话会使大多数人血压升高。即使是不动感情的谈话,也会使健康受试者的血压升高 10%—50%,使高血压患者的血压升高 50%。而在倾听时,血压又会下降。为此医学家认为,高血压患者应该减慢说话速度,增加间隔,并且学会深呼吸的方法,以减轻谈话中血压的升高。

按照个人的性格,人在说话时节奏有快有慢,声音上有高有低,还有的人说起话来喋喋不休。印尼中爪哇省曾举行一次别开生面的"说话比赛",参赛者是一家三口:祖母、家庭主妇和少年。每组选手限说话 10 分钟,要在限定的时间里说话说得快,没有间隔,又少重复。优胜者获"能说会道之家"称号。

一般人说话,1 分钟也就说出 160—180 个汉字,说出 120 个左右英语单词。谁是说话语速最快的人呢? 加拿大人西恩·新侬背诵莎士比亚《哈姆雷特》剧中"生存还是毁火,这是一个问题"的著名独白,这一独白共有 262 个单词,他仅用 23.8 秒就将独白背完。经计算,西恩每分钟能说 655 个单词,一秒钟要说出 10 个以上的单词,被誉为"说话最快的人"。这个纪录是他于 1995 年 8 月在英国爱丁堡市创下的,后被列入《吉尼斯世界纪录大全》。

说话用于人际交往、交流,是一门艺术,也是一种智慧。说话交谈可以增进人们的相互理解、包容,调整头脑中紊乱和不切实际的想法,有益于身心健康。在个人独处时,自言自语也是人的一种重要的行为方式。心理学家认为,自己声音的音调有一种使人镇定的作用,能产生安全感和人际接触的感受。在自说自话中,把问题摆出来,一边提问,一边解答,这常常能让杂乱模糊的脑子得到澄清。冥思苦想属于混乱的内心对话,而讲出所想和感受,会给人带来勇气和力量,可以终止胡思乱想,让人感觉忧虑和担心的不必要。再以大声喊"停","现在好了",获得一份好心绪。

67. 用药的误区

　　人患病就医常常要服用药品。用药要遵医嘱,要服用适当,否则不但不能治病,还会加重病情。

　　据统计,我国每年约有 250 万人因吃错药而使健康受损,还有 20 万人因此而死亡。用药误区多达几十种,常见的有多用药、滥用药、买海淘药、用偏方药、用过期药、自行停药等。

　　有人得了病,总认为医生开药剂量小,想让病快点好,便恨病多吃药,结果适得其反。69 岁的湖南男子肾功能出现了问题,家人给他买了六味地黄丸让他服用。他竟一次将百余颗药丸服下,出现休克症状,被紧急送医救治。经医生诊断,这是一种急性冠脉综合征,并合并有严重的酸中毒和高钾血症。所幸送医及时,经抢救病人脱离了生命危险。医生指出,六味地黄丸药效较强,如果身体本身有基础疾病,不可擅自服用,更不可多用。

　　浙江省一家医院来了一个 30 多岁的男患者,他挺着大肚子,像个孕妇。医生检查后发现他并未患引起腹水的疾病,经询问得知,他的腿摔伤了,听老人讲服用"土三七"水可治疗跌打损伤,便喝了许多。经医生诊断,他被确诊为"肝窦阻塞综合征",是误服了"土三七"引起的中毒。救治后患者逐渐康复。医生指出,"土三七"不同于"三七",是两种不同科的植物,药性和毒性都有不同,不可代替使用,误用"土三七"会给肝脏带来很大损害。

　　江苏常州一名 65 岁的老年男子因为没有按时服用降压药,大年初四突然晕倒在路边,送医后不治离世。这位患者有高血压病史,知情者介绍说,他觉得过年吃药不吉利,从除夕开始就不吃降压药了,等到年初三已经觉得很不舒服。他硬忍着,初四一早更加难受,便赶紧骑电瓶车去当地卫生院就诊,结果晕倒在路上。送医后病人虽经抢救仍无力回天。医生表示,有高血压、糖尿病的患者,一定要遵医嘱,按时服药,切不可图吉利、图方便自行停药。

　　广东江门市一名 18 岁的女孩,因同时服用了两种感冒药后死亡。她服用的是罗红霉素缓释胶囊和复方甲氧那明胶囊。医生诊断她的死亡是茶碱中毒所致。医生指出,一些感冒药、退烧药和止痛药都含有扑热息痛,如果同时使用两种感冒药,或同时吃退烧药、止痛药,就容易出现扑热息痛摄入过量,引起肝衰竭,造成死亡。另据美国医疗预防控制中心统计,美国 2009 年因服用止痛药过量,致死的总人数达 15597 人。

68. 排队的心路

排队一般指人们自觉排起的队伍,是人类自我管理,一种自发的公平。人们生活中处处有排队的影子。排队从某种程度上代表了一个民族的性格。

英国人号称是世界上最喜欢排队的民族之一。即使只有两个人,他们也讲先来后到,前后排队。报童一定要在卖完前一份报纸,找好零钱、致谢、告别,再招呼第二位客人。有人"夹塞"问他话,他绝不会理睬。英国人讲究排队,只要排上了,就鲜有人"插队",而且服务人员接待会有充裕的时间。要是队伍排长了,英国人会加开窗口或加派人手,但不会减少程序或减少针对每个人的办事时间。这种不着急的态度,源自传统的"绅士风度",也来自内心的安全感和宽容。

在排队这件事上,日本人的认真也是出名的。日本人无论在哪里,做什么事情,都会自觉排队。首先,排队是日本教育的重要一环,日本人在上小学时受到的教育就是,排队是一种必须遵守的公共道德与习惯。日本幼儿园老师带着小朋友在街上行走时,说得最多的一句话是:"大家要排好队。"家长带孩子去车站、影剧院等公共场所,也会叮嘱孩子要排好队。日积月累,日久天长,排队在日本孩子的心中就形成了牢固的观念,养成了良好的习惯。

排队必然要等候,为排解排队者的无奈和心烦,经营者就要想出对策。早年美国纽约某写字楼总收到电梯延迟的投诉,但从数量和速度上很难改变。后来物业给电梯门及两旁装上了镜子,等电梯时,人们可以在镜子前检查发型,整理衣服,也就少了抱怨。这表明,要给人找事干,而不能干等。而今给排队顾客找事干的理念更被一些商家大大发挥。在"星巴克",从顾客一进门开始,就会看到周边产品和糕点,这是为了"增加排队的趣味性"。排队过程中还会看到菜单,可"缓解排队的焦虑感"。在吧台点单前,顾客能看到整个咖啡制作的过程。在这里,排队被融入到体验的一部分,让原本心烦的事情变得从容快乐。

如今,按顺序而为的经营在一些国家还让"代人排队"成为热门行业。据报道,在美国华盛顿国会走廊中,穿休闲装的排队者在各种听证会开始前3小时便在那里占座,有人带了自己的小凳子,靠看手机、书报打发排队的时间,直到客户现身。华盛顿有不少小公司,从事"代人排队"的生意,每小时收费48美元。排队环境不分室内室外、白天黑夜,他们的客户主要是政治说客、工会人员或在现场打探国会和最高法院听证会最新进展的社会组织。最初排队公司招募的是些无家可归者作为员工,让他们获得了可观的收入。现在的"代人排队"已成了不少人的兼职。

69. 搞怪的展览

世界各地经常举办各种各样的展览,有的展览内容古怪、神奇,最受好奇心重的人青睐。

前不久,瑞典斯德哥尔摩举办了一个"恶心食物"展览,馆内收集了来自世界各地80种令人感到不适的食物。其中包括纳豆、皮蛋,还有很多人挚爱的榴梿、麻辣兔头等。所展食物选择严格,要保证是当地的名食,还必须让很多人厌恶。

美国圣路易斯市举办了一个"假药"展览,专门展出了五花八门以骗术牟取暴利的假药、假医疗器械和假医学报告。展览揭开了"提神药""减肥药"和"睡眠机""记忆器""增高器"等药品和器械的面纱,提醒人们在"花言巧语"的广告面前小心上当。

美国华尔街在2008年举办了一场"丑闻"展览,对过去10年中出现的多起重大金融骗局与诈骗陷阱进行展示。展览还以一部影片和一张复杂的时间表来描述金融危机,将发生的金融事件与历史上曾经发生过的事例进行关联比对,让参观者从中汲取经验和教训,避免重蹈覆辙。

英国邮电部门举办了一次不寻常的"盲信"展览会,会上展出了大量无法投寄也无法退回的信件和包裹,都是那些做事粗枝大叶的人,未写收件人的地址以及未留下自己地址的物品。展品除信件、汇款外还有大量现金、珍贵物品、文献、照片,甚至还有一尊青铜铸像。

法国人在巴黎举办了一个"便条"展览,让人觉得有趣的是那些承载便条内容的书写物。充当"便条"的物品无奇不有,有撕开的纸烟盒、火柴盒纸、罐头标签、瓶子封条、壁纸、抹布、地毯块、橘子皮、书包等,还有往木托盘、炊具上写的。连化妆台也搬上展会,桌面上写有"8点叫我起床""想着关煤气""晚安"等。

日本大宫市举办了一个"葬礼葬品"展销会,展品种类齐全繁多。许多观众在参观完展品,听完葬礼介绍后,即席为自己选购了寿衣棺木,择定了葬礼等级形式。这即是将死后下葬的开支已在生前列入了开支预算。类似的"葬品"展览会在西班牙等国也举办过,展出各式棺材、灵车、花圈等殡葬用品,介绍为死者遗容化妆等技术,参观者踊跃。

2015年由丹麦艺术家设计制作的"请触摸"艺术展在美国举办。其中包括18组颇让人感兴趣的雕塑,如"突现的房屋",墙板时而显现,时而消失;"镜子迷宫"以不锈钢制作的镜面高低错落有致,反射城市景观迷离神奇。让人在触摸展品中产生独特的感受。

70. 出奇的协会

协会一般为非政府的民间团体组织。世界各地的协会数不胜数,有些协会所从事的活动尤为令人称奇。

上海复旦大学的"麻将协会"成立于 2012 年。据说经历了两次申请答辩才被校方批准组建。他们要研究的竞技麻将并不是以营利为目的,而是通过特定的规则,如引入标准分制等来降低手气的影响,强调竞技性和技术性,并列入统计学、概率论的教程。

英国利物浦大学有一个"套袋跑协会",加入进来的人会得到一个麻布袋,双脚套进去就可以蹦蹦跳跳运动了,借此重温童年的快乐时光,提高身体素质。英国萨塞克斯大学成立有"海盗协会",入会者除了着装必须有"海盗"的模样,出行时还要使用指南针或宝藏图以辨别方向。英国大学还建有"僵尸协会",参加者都喜欢打扮成各类"僵尸",样子越恐怖、越吓人,越被认为是成功,然后表演"人类大战僵尸"等游戏。

美国亚利桑那州一些教师和学生成立了一个"吃田鼠协会",专门到田野捕捉田鼠吃。他们认为田鼠肉含有丰富的蛋白质,有益身体健康。如果谁想加入这个协会,就在入会仪式上吃一只烤田鼠。

意大利广告商莱弗尼发起成立了"吃肉饼协会",会员入会要有一定金额担保。该会宗旨是保持意大利肉饼纯正不走样,口感一流。

日本成立的餐饮协会颇多,如"拉面协会""饭团协会""盖饭协会""炸鸡块协会""可乐饼协会""冰激凌协会"等。另外还有"加班协会""素颜协会""布兜协会""女仆协会""宠物粮协会""口哨协会""猜拳协会"等,各类协会洋洋大观。

美国西雅图建有一个"沮丧人协会",加入者都是生活不如意之人,如失业者、患病者、落榜青年、失去亲人者、赌运不佳者等。组织发起人为现已失势的前政界人士麦克恩,他领导人员与加入的沮丧者促膝谈心,安排他们进餐,开展文体活动,以减轻这些人的沮丧感,让他们重拾对生活的信心。

71. 称体重的招数

人的体重有重有轻。世界上有的地方却有一些以称体重选人和经营的怪招。

英国的海温凯市是以称体重来选举市长的。市长人选从市议员中产生,先将议员过磅,谁的体重在当议员前后无大变化,说明该议员为官廉洁,没有刮民自肥,便得到好评,可当选市长。到了每年5月,市民还会帮市长和议员们称重。如果有人超重,就会被认为是浪费了纳税人的钱,然后这样的官员就会被扔烂水果。

美国芝加哥有一家旅馆,旅客的住宿费按体重多少交纳。双人房间按体重每磅收10美分,一对夫妇体重合计250磅,住宿费仅25美元。这比一般旅馆便宜。此事传开,大批体轻者接踵而来。

在巴哈马群岛一处度假胜地,建有一座只面向超重游客的酒店,过磅超过20英石(约127公斤)才能入住。这里有加固的日光浴躺椅,床用粗钢管支撑,大门也比普通门宽大,让胖人度假倍感舒心。英国体重达229公斤的32岁女子艾利丝到此度假,开心地表示,这里是最被她"接受"的全世界首家"大码定制"的度假村。

法国巴黎有一家称重餐厅。座椅具磅秤功能,落座后即能显示体重。服务员据此送来食物,大胖子要比小孩子多得几倍的吃食,却收一样多的钱。为此到这家餐厅进餐的大体重者颇多,还有的顾客多穿戴服饰,以此增加体重,从而多得食物。

澳大利亚悉尼市一家出售电器的大型商场,在顾客进场前都要称一下体重,然后得到一张标有体重的卡片。顾客买完东西,离开商场前,还要再称一次体重,扣除所买的商品重量。一旦发现有重量增加,即使只有10克,也需进行检查。据场方介绍,这一称重方式,是特殊的防窃措施,使用后商场再没丢失过货品。

巴西的阿雷格累市有一种称重影院,在影院收款处装有磅秤,采用按体重售票的方法,由观众按每公斤半个鲁赛罗付款。这一做法旨在提倡人们减肥瘦身,以增进健康。在阿雷格累市,这样的称重影院有6家。

在突尼斯,政府实施以称重奖品鼓励优秀学生。奖品是与其体重相等的巧克力。每年毕业考试完毕,从小学、中学到大学研究生中的优秀学生都会被请到首都,受到总统接见并领到与本身重量一样多的巧克力。

72. 照镜子的次数

镜子是人们生活中常见常用的物品,照一照镜子也是很平常的事情。

在使用油灯的时代,夜晚光线昏暗,镜子反射光迷离,容易导致人视力上的错觉,而看到恐怖、灵异的画面,因面容模糊联想到鬼怪。所以旧时有晚上不照镜子的说法。古代中国,一般到了夜晚还会把铜镜收起来。

世界上还有夜晚不照镜子,白天也不照镜子的人。印尼孟伯拉姆河流域的部族,最忌讳照镜子。那里的人认为镜子里的影像是恶魔显身,会带来灾祸。他们从不照镜子,看到镜子就赶忙逃走。

有此不照镜子民俗的人毕竟极少。而不爱照镜子的人却也有不少,一些年龄大了的老年人也不爱照镜子。其实老年人照照镜子也有好处,看到镜子中的自己,让人自信,看看脸面皮肤的颜色、气色、光泽,有助于了解心血管、营养、神经系统等健康状况,还能发现有无患病的兆头,实在是方便之举。

当然,在现代社会更多用镜子、照镜子的还是年轻人。10年前,英国的新配方化妆品公司对2000名英国年轻人做了一次调查。结果显示,女性在非睡眠时间里,每半个小时就会对着镜子端详一下自己,在英国的一些地区,女士们甚至一天最多要照71次镜子。而跟爱照镜子的女性相比,男性也不甘落后,爱"臭美"的男子多者一天要照66次镜子。全英国平均算下来,男士每天照镜子的次数是27次。在英国照镜子排行榜上,足球明星的太太和女友云集的利物浦高居榜首,伦敦地区的女士们紧随其后。排在最后的是布里斯托尔,那里的女子似乎朴素些,每天照8次镜子。伦敦地区的男子照镜子列在榜首。传统上人们觉得英国人跟法国、德国人相比,不太注意外表。而这次调查给英国人正了名,英国人不但爱照镜子,而且注重着装打扮,希望被人看好。

2015年,英国某品牌公司对1000名英国年轻人做生活习惯的调查。结果显示,男性比女性更爱照镜子。调查发现,男性每天照镜子为23次,11%的男性每天超30次。而女性每天照镜子仅有16次。女性受访者表示,她们照镜子更关注着装,观看自己不满意的地方。参与调查的男性受访者透露,他们照镜子主要看自己最令人满意的身体部位,如胳膊(76%),其次是腿(54%)、微笑(49%)、眼睛(43%)和头发(38%)。男子在镜子前不住地欣赏自己,虚荣心够强,"臭美"却又要装出一副不在意的样子。

73. 偏方"致"大病

偏方,顾名思义,就是非正式的中药方。偏方的历史很是久远,最早发明使用偏方的是"草泽医",即云游乡里的"郎中"。偏方不起眼,但随手拈来,使用得法,疗效不错,故有"偏方治大病"一说。但若误信偏方,乱加使用,也会"偏方致大病"。

广州一对母子听人说,吃生蜈蚣可预防冬天感冒,就决定一试。78岁的母亲和46岁的儿子用生蜈蚣榨汁,一起服用。很快这对母子发生头痛,并有认知障碍。两人到医院就诊,医生做检查后确诊他们的脑脊液中出现了管圆线虫感染,是由蜈蚣体内一种寄生虫所致。经治疗,母子转危为安。

浙江杭州一位年近60岁的吴大妈,胃不舒服。剖杀草鱼时,想起有人说的偏方,生吃鱼胆治胃病,便把草鱼胆生吞入肚。结果她闹起了肚子胀、头晕眼花、浑身无力,难以行走。家人赶紧送她到医院就诊,经检查发现,吴大妈的肝功能谷丙转氨酶值高达3400多,超正常值130多倍,皆因吃含毒素的草鱼胆所致。吴大妈经医生治疗已痊愈。

广州市南方医院接诊了一位张女士,家人送医时张女士已处于休克状态。原来张女士觉得身上痒,以为有虫子,误信偏方,使用农药马拉硫磷杀虫。她把农药洒在墙角、床铺,甚至洒在头上。农药挥发后被她吸入,造成中毒。医护人员为她治疗了两个星期,她才康复出院。

武汉市第四医院收治了一名85岁的谭奶奶,老人因消化道出血、高烧、休克就医。虽经紧急抢救,仍未能挽回老人生命。老人之死由于咳嗽了多日,她的儿子听说偏方上讲枇杷叶止咳,便摘了不少枇杷叶给母亲熬水喝。结果枇杷叶水非但没能止咳,还导致了脓毒症和消化道出血,引发悲剧。其儿为误信偏方懊悔不已。

广东韶关的肖阿姨腰痛发作,到村里一家小诊所求医。"医生"邹某为肖阿姨按摩后,又拿出一些药粉冲水后让她喝。肖阿姨喝药后回家,过了半小时感觉看东西模糊,其老公赶紧背上她去诊所找邹某。看到肖阿姨的状况,邹某认为自己的药粉方子没问题,并当着他们的面吃了一勺。可在他吃下药粉没多久,便一头栽倒在地,送医后不治身亡。而中毒的肖阿姨经医院抢救已无大碍。

2013年,广西来宾男子阮某自称有祖传秘方,专治癌症。女子曹某患乳腺癌,到阮某处求医。阮某将一些烧开的药水倒进一个大塑料桶,然后让曹某脱光衣服坐进去,再用大被单将曹某连同大桶一起蒙严,进行"热疗"。曹某虽高喊"难受",阮某却告诉她"有疗效了"。20分钟后曹某出现昏迷休克症状,后经送医院抢救无效死亡。经司法鉴定,曹某因高温高热致休克而死亡。阮某被公诉依法判刑。

74. 遛狗二三事

养狗的人家为了狗的健康、快乐，一般都会到户外遛狗。

墨西哥人喜欢养狗。据统计，墨西哥70%的家庭拥有宠物，其中89%是狗。有的家庭会养几只大小、品种不同的狗。在大片草地上常能看到三三两两的背包者领着十几、二十几只狗走动和玩耍。而这些背包客并不是这些狗的主人，他们只是为狗的真正主人做"代遛狗"工作。墨西哥人认为，养狗人每天至少应该花一小时遛狗。一只没有户外活动的狗，不会是一只幸福快乐的狗。为帮助有遛狗困难的家庭，"代遛狗"行业便应运而生。随着"代遛"的兴起，从业者增多，这在一定程度上帮助了就业。"代遛"的发展也催生出了"中介"和网络平台服务，狗主人可以在应用上寻求代遛、寄宿或日托等项目，并选择所需职务的持续时间，查看提供服务人员的资料，并通过导航定位，追踪自家狗的行踪等。"代遛狗"这一工作在墨西哥正成为热门行业。

2015年，澳大利亚首都特区新出台了一部《动物福利立法修正案》，用以严惩那些懒惰的养犬者。如果他们每天连一次遛狗都做不到，将面临高达4000澳元（约合人民币2万元）的罚款。法案规定，养狗者如果将犬只"关禁闭"24个小时，就必须允许它们在接下来的两个小时内自由活动，否则将面临起诉。该区的服务部门称，这部法案的初衷就是要保证动物能从身体和精神两方面都愉快地生活。

2020年4月17日，在澳大利亚黄金海岸，遛狗人瑞安·波默罗伊牵着55只狗，行走了1公里，打破了一项遛狗数量最多的世界纪录。经瑞安的训练，狗群争先向前，步伐齐整，他也获"遛狗大王"的称号。前世界纪录为36只狗，是由昆士兰驯狗师玛丽娅·哈曼在2018年创造的。

前不久，有媒体报道，在陕西西安一家上市公司担任法律顾问的周先生和妻子为遛狗的事产生了烦恼。一个多月前，朋友送他们一条3斤多的金毛。狗很可爱，但每天遛狗的事两人都无暇顾及。一天晚上，周先生出差回来，看妻子在阳台上清理闲置的跑步机，他灵机一动，想到可以把小金毛放到跑步机上，用机器遛狗。和妻子说了后一起实施，接着发现，就算是把跑步机速度调到最低，小金毛还是跟不上节奏。夫妻俩手忙脚乱帮狗狗一次次站上跑步机，可小狗除了乱抓乱叫，总是顺着跑步机转动的皮带滚下来。看着小狗无辜的眼神，他们既心疼，又无奈，商量只好还给朋友去养了。

75. 遛"物"众生相

在人们户外所遛的动物中,最常见的是遛狗,也有人晃动着鸟笼子遛鸟。而在国内外一些地方,还有人遛一些另类动物和物件,让人感到新奇。

一年前,在长春市理工大学附近,一中年男子胳膊上立着一只鸡,优哉游哉地遛弯。面对路人惊异的目光,男子回应说,这是他心爱的宠物公鸡,已养了6年多,饲料是精心配制的,每天都给它洗澡。由于照顾周到,公鸡羽毛雪白,鸡冠通红,非常精神。

前不久,在武汉汉街,一名衣着光鲜的女子手里牵着一只蓝孔雀在路上散步,女子称蓝孔雀是她的宠物。林业人员指出,孔雀有绿、蓝之分,绿孔雀为国家一级保护动物,禁止个人饲养;蓝孔雀也须经审批办证后才可饲养。该女子遛的是一只蓝孔雀,但若未取得驯养许可证,便属违法行为。

英国男子马克担心他缸里养的金鱼寂寞无聊,于是设计制作了一款水生动物手推车,将鱼缸放车上,然后推车上街遛鱼。马克说:"我就是想让窝在房间的金鱼,能看看街景散散心。"

前不久,日本东京月岛商业街上,有一位爷爷每天都上街遛乌龟,偶尔龟背上还会坐着小孩子。据了解,老人遛的这种龟叫苏卡达龟,成长迅速,温顺安稳,主要食草及水果,是一种比较好饲养的陆地龟。

2014年8月,一名日本东京的"推特"用户称,他用捕虫网捉到一只日本大黄蜂,除去螯刺、毒液袋,作为自己的宠物。他还用绳子拴了黄蜂,携带它上街遛弯。这种大黄蜂体长可达5厘米,日本每年约有40人因被这种蜂蛰伤而死亡。网友质疑,上街遛大黄蜂会引起路人惊慌不安。

前不久,美国佛罗里达州一名女子在海滩遛狗引起了围观,因为她遛的是一只机器狗。这款机器狗是波士顿动力公司开发的,此前被用在医院、探测、火箭测试等地方。机器狗以7.5万美元的售价出售后,便成了新的家庭宠物。

几年前,在陕西西安小寨天桥上,7名身材高挑、穿着轻纱质地演出服的女子,各用绳牵拉着一颗大白菜遛,引得行人侧目。经询问,一名美女说,她们是在搞行为艺术,以此表达社会上一些人有着精神压力。

76. 禁烟的法令

吸烟损害吸烟者和周围人的健康。许多国家制定和颁布了禁烟的法令,有的法令是相当严厉的。

匈牙利国会在 2012 年通过了一项禁烟令:公众不得在工作场所、公共交通工具和站点吸烟。学校、托儿所、健康机构、运动场地等附近区域,都划入了禁烟范围,还包括了公寓楼楼道内。违者将面临 5 万福林(约合 275 美元)罚金的处罚。

西班牙自 2010 年开始实施严厉的禁烟法令:不仅在酒吧和餐馆禁止吸烟,而且在儿童游乐场、学校、医院门前等地区都全面禁烟。违反禁烟令的人会被处以最少 30 欧元、最高 60 万欧元的罚金。

法国政府从 2009 年开始,把博物馆、学校、火车站、餐饮和文化场所都列为严禁吸烟之地,全国有 17 万名警察、宪兵组成的"烟警"巡逻。一旦发现有人违规吸烟,会处以 75 欧元的罚款,而经营者要被加倍"连坐"处罚 150 欧元。

英国是较早实行室内禁烟的国家。所有营业场所都不允许顾客吸烟。在大冬天,烟民冻得哆哆嗦嗦,也只能站在酒吧门外吸烟。在英国,禁烟还与福利挂钩,如果吸烟者不改变吸烟陋习,就无权享受政府提供的某些免费医疗。

美国有 27 个州实行了严厉的公共场所禁烟令。从加州到缅因州,至少 36 个公共住房委员会把他们的出租房也纳入了禁烟区。大楼单元一律禁烟,连阳台和走廊也不例外。租客吸烟一经发现,立即走人。

冰岛在新制定的禁烟法中规定,所有卷烟、雪茄、烟丝等烟草制品出厂时,必须在包装上印有 6 幅图:黑色的肺叶;卧床不起的病人;怀孕的妇女;患病的心脏和冠状组织;发炎的口腔和鼻腔;儿童。每幅图都是一个特殊的警告。违规要受重罚。

新加坡是世界唯一禁止进口任何烟草产品的国家。早在 1970 年就通过了第一部禁烟法。2006 年禁烟区扩大到所有封闭的公共场所和大部分露天场合。随地扔个烟头会被处以 500 新加坡元。法律规定,违规吸烟屡教不改者可判处 1 年的有期徒刑。

奥地利商人法兰斯 10 年前到尼日利亚经商,在街上等车点燃了一支香烟。这时警察赶来,拔去他嘴上的香烟,给他戴上手铐,将他拘捕。事后法兰斯才知道自己触犯了尼日利亚禁止在公共场所吸烟的法令。3 天后法兰斯被带到法庭,判决他入狱服刑两年。尽管法兰斯不服,请律师提出上诉,但未能胜诉。

77. 戒指的传奇

戒指是手指上的"艺术品"。自它诞生就深受人们的喜爱,骨头、木头、金属、宝石、塑料等都被人们精心制作成环状,装点手指。

史料记载,中国人佩戴戒指的历史可追溯到 4000 年前。秦汉时期,戒指已成为妇女比较常见的配饰。从汉唐起,戒指就被当作定情的信物,盛行至今。在欧洲,女性佩戴戒指从 14 世纪开始普遍起来。

说起戒指的发明,相传在古埃及部落有个长老,名叫穆尔柱。他有统治部族的能力,但脾气暴躁,爱拍桌子使性子。久而久之,他感觉到人们都疏远他,于是他想改掉自己的坏脾气。有人出主意,让他用金子打一个圆环,说套在手指上,脾气就变好。他手套金环后,在他生气一拍桌子时,手会钻心地痛。这让他不敢再轻易发脾气,拍桌子。一段时间过后,穆尔柱不再乱发脾气,也不再往桌上乱拍。戴在他手上的金环成功戒掉了他的坏脾气,于是他将金环取名"戒指"了。

1477 年,奥地利皇帝麦士米尼深深地爱上了保护地的一位漂亮公主玛丽。为了得到玛丽,麦士米尼派人送去了一枚特制的钻石戒指。这枚戒指用钻石镶成一个英文字母"M",是玛丽的缩写。就是由于这枚戒指,打动了玛丽的芳心,赢得了玛丽的爱情。从此,以钻石戒指作为订婚信物,便成为西方人的传统。

喜爱戴戒指的人很多。戒指更是瑞典人的最爱,在瑞典,每种行业、每个宗教都有其特定的戒指佩戴方式。例如,中学教师的戒指上是一片橡树叶;木匠的戒指上是一束刺槐叶交织着一柄斧头和一个十字架;而扫窗工人的戒指上是一顶桂冠。戒指戴在手指部位也有特定的规矩,一般食指上戴的戒指代表家族,中指上戴的代表职业,无名指上戴的戒指是表示婚姻状况。

几年前,印度一名珠宝商打造出一枚镶嵌有 12638 颗天然钻石的钻戒。这枚钻戒名为"荣耀之戒",戒面宛若一朵盛开的万寿菊,1 万多颗钻石紧密结合,总重 165 克。这枚名贵之钻戒从造型设计到打造完成,一共花费了三年时间。

2018 年 3 月的一天,英国伦敦东部地区的 28 岁男子莱夫科斯·哈吉,为向女友求婚,将一枚价值 6000 英镑的钻石戒指藏在一个氦气球中,计划让不知情的女友戳破气球的瞬间向其求婚。当哈吉兴冲冲举着"钻戒气球"前往女友家时,突遇狂风,他一个没抓牢,藏有钻戒的气球竟脱手而出,被风卷向空中。哈吉驾驶汽车追逐搜寻了两个小时,最终也难见气球踪影。倒霉的哈吉垂头丧气地来到女友家告知她整个过程,气得女友险些和他分手。

78. 指甲的留存

人的指甲由角蛋白构成,是一种半透明的皮质衍生物。指甲长长了就要剪短。而有人却把指甲留着不剪,使指甲越长越长。

美国盐湖城的女子雷德蒙,在46岁时指甲长出2.5厘米,她开始把指甲留起来。虽然长指甲给她的生活带来了不便,这位女子对自己的指甲却极为偏爱。在日常生活中,为了保护10个指甲,她会用掌心整理头发和洗头,还要用指节打字。晚上入睡,她把一个枕头放在左边,放好左手,将右手垂在床外。涂指甲油时,两个指甲就会用去一瓶油。全部涂好它们要用7个半小时。经30年指甲生长而不剪,身高1.55米的雷德蒙10个手指甲总长约8.6米。然而几年前一次车祸降临到雷德蒙身上,让她的10个指甲全部受损,她最终失去了让她自豪的长指甲。

印度78岁的老翁奇拉尔居住在马哈拉施特拉邦,自1952年起他从未剪过左手指甲。半个多世纪以来,拇指指甲长到197.8厘米,食指164.5厘米,中指186.6厘米,无名指181.6厘米,小指179.1厘米,总共为909.6厘米,创造了"吉尼斯世界纪录"。奇拉尔说,小时候在学校,一个同学将老师的长指甲弄断了,结果被老师一顿暴打。老师告诉学生,除非他们有留长指甲的经历,否则是不会理解失去指甲的痛苦的。从那以后,奇拉尔开始留指甲,并一发不可收拾。

几年前,广州35岁的男子雷天华在一个朋友聚会上展示了他的长指甲。在8年多的时间里,他从未修剪过他左手的指甲,他的5根指甲竟都有13厘米长,拇指还长到15厘米。对此,雷天华介绍说,自己19岁时独自从老家到广州做生意,经过几年打拼,不但事业有成,还成家有了两个孩子。但后来沉迷赌博,越陷越深,输光了家业。父母知道他的境况后并没有责怪他,他决定振作起来,为父母争光。东山再起后他毅然戒赌,并通过留长指甲时刻提醒自己,再不能沾染赌博。

在过去的10年中,美国纽约市45岁的男子迈克·德雷克,一直在做着一件鲜为人知的事:他将自己的指甲收集起来,做成镇纸,并以每个300—500美元出售。最初,德雷克只是想知道自己能积累多少指甲,他用了一年时间将剪下来的指甲收集到袋子里,想扔掉时,突然产生了用它们做点艺术品的想法。德雷克以前喜欢摆弄丙烯酰胺树脂,便想到将树脂与指甲结合做成镇纸。他制作的镇纸以绿色为主,看着如翡翠一般,这样的创意大受欢迎,所售镇纸要预约才能买到。

79. 新兴的治疗法

近年来,在传统治疗疾病方法的基础上,又产生了一些新型治疗疾病的方法,吸引了人们的关注和尝试。

科学研究表明,绝大部分洞穴都在空气清新的偏僻山野,穴内空气含大量的负氧离子,可明显改善人的大脑皮层的功能,降低血压,增加食欲。另外,洞穴空气中含有的铁、锌、铜等人体必需的微量元素也比较多,可增强人体的免疫功能。因此,实施"洞穴疗法"对治疗心脑血管、消化系统疾病,都很有疗效。

让病人定时、定线路在特定的森林中漫步、休憩、嗅花木的味道,这种"森林疗法"利用树木释放出的芳香气味中的化学物质可杀死病菌,还有消炎、止咳和兴奋神经的作用,能够促进人体的新陈代谢,降低血压,提高抗病力。

"海洋疗法"是用海水进行治疗的方法。把海水喷到患病部位,或让患者泡在27摄氏度的海水池内,让海水所发的气泡冲击人体,对肌肉和患处能起到按摩作用,从而增强皮肤活力,提高神经系统及内分泌功能。

"黑夜疗法"是治疗失眠的一种新方法。失眠者处于暗室里,以光照刺激其大脑中的松果体,调解人体的生物钟。治疗时使用明光照射其2—4小时,然后熄光让他处于"黑暗"境地,失眠者就容易安然入睡。

"喊叫疗法"是国外采用的一种封闭疗法。精神压抑的患者走进一间关得严实的房间,可随意喊叫,甚至号哭、咒骂。通过这些无拘束的举动,将内心的积郁发泄出来,从而取得精神与心理的平衡,达到治疗目的。

捷克的布拉格附近有一家里卡尼儿童哮喘病疗养所,这里推行了一种"吹笛疗法"。到此就诊的哮喘病患儿在医生和音乐教师的指导下吹长笛,用以锻炼患儿的隔膜和肺部。实践证明,此法有利于治好儿童的哮喘病。

在巴西,实施了一种"爬行疗法"。医生认为,爬行可使血液循环通畅,腰椎的负担大大减轻。医生建议每日爬行3次,每次5—10分钟即可。这种疗法对冠心病、动脉硬化、痔疮及各种脊椎、腰部疾病均有较好的疗效。

美国精神病心理学家斯图瓦特使用了一种"照片疗法",治疗抑郁症患者。他经过安排,让病人看自己过去喜爱的珍贵照片,回忆美好的昔日时光,从而使一些患者的病情大有好转。

德国眼科医生弗里得保使用"电视疗法"治疗儿童斜视取得成效。患斜视的儿童每天用5—10分钟的时间将好眼遮住,用斜眼看电视节目。这样,电视图像及有规律的闪烁能调节眼球的活动,从而矫治斜视。

80. 分娩减痛有方

美国一家医学中心曾把疼痛程度分了级,其中神经痛为 1 级,折磨人的牙痛为 2 级,烧伤痛是 7—8 级,而妇女生育分娩时的疼痛达到 10.5 级。有没有办法能减轻分娩的痛苦呢? 多年来科学家在研究中有了不少发现。

从饮食方面入手,使孕妇获得全面的营养,会使分娩的痛苦减轻,生产顺利些。多吃些含锌量高的食物,如核桃、栗子、榛子、松子等,每日喝一杯鲜奶,补充钙质,既是胎儿发育的需求,也是顺利分娩的需要。

早在 20 世纪 50 年代初期,我国已经应用"无痛分娩法",主要是根据巴甫洛夫学说,通过培养产妇的信心和意志减轻分娩觉。这也在很大人群中收到了效果。

美国堪萨斯州一家医院创制出一套专供分娩的临产音乐,那是些柔美的古典音乐,在孕妇产前两三个月适时播放。用这套音乐熏陶孕妇,当她分娩时再听到这套乐曲,情绪平静,产生律动感,能减轻分娩的疼痛,胎儿在滑出产道时也会顺利而快捷。

美国科学家研究了古代、近代的分娩姿势后,利用骨盆构造和地心引力,制造出一种靠背式座椅。这种座椅能增强子宫收缩,使胎儿能较快地进入产道。产妇有靠背能发力,有把手可抓,有控制整个生产的感觉,可减去不少痛苦。

欧洲妇产科医生研究让孕妇在黑暗中分娩,认为阵痛期可以缩短一半。英国医学家研究发现,让孕妇做瑜伽术也有成效。孕妇在练习了"呼吸吐纳法"后,就能把自己从紧张的精神状态中解脱出来,感到轻松,有利于减少分娩痛苦。

英国伦敦的医学家完成了利用"电刺激"促进分娩的试验。通过放在产妇腰部两边的 4 个护垫传导,用少量电流使人体释放出一种天然止痛的内啡肽物质,这样就能减少产妇的痛苦,缩短分娩时间。

英国妇产科医生还使用了一种减压无痛分娩法为产妇接生。孕妇临盆时用一种特制的罩子,除头和四肢外予以密封,然后用泵抽吸空气。随着产妇腹部所受压力减低,疼痛便可减少以致消失。密封罩配备压力计,可确知腹部受压大小,为顺利分娩带来方便。

欧美一些国家允许孕妇分娩时其丈夫在旁陪伴。现在我国一些城市的产院也设有由丈夫陪同分娩的产房。丈夫在旁为妻子擦汗,说说鼓励话,对稳定产妇的情绪很有益,有利于顺利分娩下婴儿和减少痛苦。在一些地区,还流行由丈夫为妻子接生,当然,做丈夫的在事前要接受指导。

81. 沐浴拉杂谈

沐浴是洗澡的雅称,在中国已有几千年的历史。沐浴很早在国外也形成了习俗,并有着许多趣事。

非洲肯尼亚沿海地区的斯瓦希里族人有洗新年澡的习惯。元旦日早餐后,鼓乐齐鸣,男女老少纷纷走出家门,结队搭伙,由德高望重的老人带领到海边洗澡。人们在海水中击浪嬉戏,欢笑不绝,以此去污涤烦,迎接新的一年。

在印尼的格利地区有一种传统的风俗,就是定时洗澡。每个村庄的沐浴时间都有严格的统一规定,任何人都不准提前和延迟。到了规定的时间,家家户户必忙于洗澡,再也见不到有人在随意走动。

洗澡还是巴西印第安人的迎宾礼仪。有人到印第安人家里做客,主人会热情地拉起客人一同下河洗澡。他们认为请客人在小河清溪中沐浴,是对客人最好的招待。洗的时间越长,越能表现出主人的待客热情。

沐浴除以冷水、温水、热水洗浴,国外还流行着一些洗浴方式。在芬兰,洗蒸汽浴已有两千多年的历史。浴前先将浴室内的许多石子烧得炽热,泼水后顿时高温蒸汽水雾弥漫。在室温 45 摄氏度、湿度 90% 的环境中,人坐在木架上任蒸汽热烤冲刷,汗流浃背,有益于身体垢物的溶解清除。

日本的指宿镇背倚火山,来此旅游的人常常躺在沙滩洗"热沙浴"。赤身裸体埋在热沙中的人只露出脑袋,让带咸味的沙所发出的热气渗入肌肤,使体内的"污气"随着热汗蒸发出去。这种热沙浴有消除疲劳,舒筋活血,治疗风湿病、神经痛等妙用。

在罗马尼亚黑海之滨的沙滩上,流行着一种"黑泥浴"。以黑色的泥巴涂在身上,然后沐浴阳光。黑泥中含有丰富的碘、钠、钾、钙等矿物质,身体泡晒后对关节炎、皮肤病、妇科病等颇有疗效。很多患者慕名远道来此"抹黑",进行泥浴。

"血浴"是印尼布鲁岛族人为刚出生婴儿举行的一种民间仪式。婴儿诞生后村里人要为关闭在小房里的母子送猪血,用猪血为孩子擦遍全身。从这时起,新生婴儿才被承认获得了生存的自由和权力。

2014 年夏,在英国伦敦泰晤士河南岸也有人洗起"血浴"。一名国际救助组织成员在一个盛满"鲜血"的澡盆里,"血浴"自己,以此抗议军火交易泛滥。这是一个长达 100 天的全球抗议行动的一部分,组织者希望以此推动各国签署一项国际武器交易协议,限制军火交易。

82. 美肤洁身食品浴

　　用浴缸洗澡洗食品浴,在国内外一些地方一直是很时尚的。

　　在我国台湾有不少人喜欢洗"茶浴"。在浴缸热水中加入沏开的茶叶水,茶香与热气缠绕,人置于水中,连熏带泡,解疲劳,润肌肤,浴后浑身爽快。那里的茶行老板也兼职茶叶生意。用专用蒸汽设备将茶汁浸出,送入浴缸,洗一次茶浴耗用4两茶叶。

　　日本人爱洗"酒浴"。用酒水洗澡,洗后浑身热暖,活血通络,皮肤润滑,有益于健康。为此日本的羽岛等地有多家酒厂生产洗澡用酒。这种酒酒香浓郁,售价却较低廉。洗澡时兑入半瓶酒即可。

　　日本还盛行洗"醋浴"。夏季燥热,皮肤易发生感染和患过敏性疾病。用浴缸洗澡时把少量醋液倒入,在醋气熏蒸下可止皮肤瘙痒,防治感冒和妇科疾病。在日本市场上也有洗浴专用香醋出售。

　　北欧的一些国家流行洗"海带浴"。海带中含有丰富的碘、蛋白质和多种维生素等营养成分。从海带中提取出有效成分,制成片状、粉状、乳状,溶入浴水,水质滑爽。用海带水洗浴,能美肤,还有减肥、治疗关节炎和失眠症的功效。

　　中北美洲一些国家的人爱用淡盐水洗"盐浴",用以解除走路过于劳累所产生的肌肉酸痛。也有人喜欢在浴盆中加入少量牛奶洗浴,以使皮肤细嫩光洁,少生粉刺。还有人把谷糠放入浴水中洗身,用以达到光润皮肤的效果。

　　西欧人喜欢吃芥末,还兴起了洗"芥末浴"。在热水中加入一大勺芥末,洗起澡来皮肤辣酥酥的,别有一番滋味。浴毕全身暖洋洋的,感觉舒适。患了感冒不愿打针吃药的人,尤其爱洗芥末浴,热乎乎洗了澡后就会觉得身体大为通爽。

　　日本近年又推出了一种"咖啡浴"。与咖啡厅相连的浴室里,向冒着蒸汽的浴缸中加入浓咖啡。洗浴者在水中浸泡,有收紧皮肤、减少皱纹的功效。洗这种咖啡浴的年轻人较多,但也不乏老年人。

　　欧洲的保健中心近年还推出了一种"面条浴"。人滚在热面条中洗浴,听起来荒唐,但它确实有保健功效。据研究,当一定热度的实心面条将身体裹住时,便提供了一种全身性轻柔而深入肌肤的按摩,有促进肌肉放松、血液循环以及缓解和减轻关节、腰肌等疼痛的功效。不少关节痛患者反应,在30磅热面条中洗上一番,身上疼病感消失,全身舒适可持续好几天。

83. 非比寻常的食品

近年来,一些新型食品崭露头角,引起人们关注。

将两个物种成功结合制作出的食品被称为"边缘食品"。美国国际植物研究所培养出了一种"牛肉土豆",即是把牛肉细胞和土豆细胞两者融合的杂交细胞,作为种子繁殖出来,含有牛肉及土豆两种动植物蛋白和其他营养成分。它可以像土豆一样种植,但却有牛肉的味道及营养。使用此法,还制作出了苹果柑橘、蜜桃玉米、非鸡非鸭的禽类新品种等。在面粉中加入一定比例的胆碱,再做成面条,人食入后,可与体内的乙酰酶反应生成乙酰胆碱。这种"记忆面条"有提高人的记忆力的作用。

美国科学家研究出了一种"空气食品"。这种食品含有人体必需的营养成分,是些悬浮的微粒,被储存于一种特殊的喷雾器内。人们食用时,将嘴对准喷口,用手轻按开关,一股"风"便会冲入口中。人们只要吸上一口这种"空气食品",饥饿感就会立即消失。

据国家信息中心的消息,我国研制的"纸形食品"款式多样,有望流行。所开发的纸形食品有两类,一类是将常用的食品原料如淀粉、糖糊,加入一些调味物质再进行纸形化处理,从而得到一种像纸一样薄的食品;另一种是先将纤维进行改性,添加一些食品添加剂,再制成可以吃的"纸片"。纸形食品营养丰富,携带使用方便。那些标明牛肉味、鸡肉味、苹果味、香蕉味、咖啡味等各种味道的"纸片",可使消费者爱不释手。在日本,开发的"纸形食品"是把蔬菜清洗、剥皮、切细、煮熟、冷却后,烘干制成蔬菜纸,外观五颜六色,易诱发顾客的购买欲望,令人见之开胃,随手撕开即可食用。薄薄的一张蔬菜纸,却含有相当于250克新鲜蔬菜的营养。

一种"超微细食品"被称为"二十一世纪食品"。这首先在于它迎合了人们在饮食上注重"天然食品""绿色食品"的趋势,符合人们通过食品吸收营养,增进健康的时尚。所谓"超微细",是运用高新技术,在不锈钢密封的容器内,在零下80摄氏度的超低温状态下,将各种食材瞬间粉碎成超微细粉,从而最大程度地保持食品所含的各种营养成分,并且极易为人体消化吸收,发挥出食品的营养和药用价值。目前在我国已获得国家专利的超微细食品有"香菇精粉""猕猴桃精粉""牛肝菌精粉""钙王骨精粉""芹菜精粉""胡萝卜精粉""菠菜精粉""芦笋精粉"等多种。

84. 独具特色的宴席

　　我国各地宴席上的菜肴一般以多种原料烹制,风味多样。可是也有的宴席只以一种原料为主,或只推出一种食品,从而独具特色,受到欢迎。

　　成都市东风路的同仁堂药店,在与一个日本代表团开展文化交流活动中,摆出一席"药宴"。冷盘是丁香鸭子、陈皮鸡。正菜有参麦团鱼、杜仲腰花、双花元宝肉等。饮料为人参枸杞酒、蜂蜜银花露。菜肴饮品均使用了中药"料理"。

　　广东南海盛行以"花宴"待客,以鲜花为烹饪原料。开席先端上剑花汤,然后上芋花蒸茄子、木槿花羹、清炒黄花菜、莲花肉等。饭罢上一道鸡蛋花茶。用黄白色的晒干的鸡蛋花代茶泡饮,调进玫瑰花汤汁,有一种独特的茶香。

　　在广州越秀公园听雨轩饭店可以吃到一席"菊花宴"。从菜谱上可点食菊花鸳鸯鸡、凤巢菊三丝、绿菊绣球、香菊脆卷等菊肴。菊花点心则有菊饮凤凰胎、雪菊岭南酥、银镜照菊影等,菊味浓郁,菊香诱人。

　　去天津河西区御膳楼饭庄,能够吃到一席"宫廷饺子宴"。席间不仅能领略"百鸟朝凤""鸳鸯双栖"等名目的蒸饺美姿,还能品尝那小如黄豆、形似草帽的珍珠饺子之妙味。按照宫廷菜谱,端到宴席上的饺子有 40 种之多。

　　在湘西溆浦县,当地人在农历五月十五日摆"粽子宴"。出席粽子宴席,能品尝到形似枕头的腊肉"枕头粽"、牛角形的"牛角粽"、塔形的"宝塔粽"、圆溜溜的"狗脑粽"等。诸多粽子,形态各异,使人大饱眼福、口福。

　　去南京玄武湖公园餐厅,能够吃到一席"活鱼宴"。在主菜"八仙活鱼"盘中,烹调的香味在热气升腾中四溢扑鼻,鱼头居然鲜活如故。在吃掉鱼背后,历时 20 分钟,还能看到鱼唇鱼腮开合,令人叫绝。

　　去广东东莞,可以品尝到常平市一个酒家独特的"荔枝宴"。每个菜都用当地的特产荔枝烹调,如"佳果烘乳猪""荔荷炖大鸭""荔园鱼云羹""七彩西瓜盅"等。一款款荔枝菜肴极其鲜美。

　　上海一家展览馆摆过一席"福寿螺宴"。14 道以螺肉为基本原料的菜肴端上餐桌,爆、炒、烹、炸,滋味多样,只见螺肉嫩白,光鲜悦目,入口爽脆,食者品尝赞不绝口。

　　沈阳有个冷食宫,在此能吃到用整套冷食摆出的"冷食宴"。在餐桌上能品食到各种冰糕、冰激凌、冰点心及各样冰镇蜜饯,喝到多种冰镇饮料。

85. "拼死吃河豚"

河豚是一种很不一般的鱼,它生长在我国沿海及长江中下游等水域。这种鱼外形丑陋,身上长满棘刺,具有强烈的毒性。然而河豚又以其肉质嫩滑、味道鲜美、富有营养而受到一些地区人们的青睐,甚至将河豚奉为鱼中上品,百吃不厌。

据史籍记载,我国早在魏晋南北朝时期已有食用河豚的习俗,视其为美味佳肴。到宋、明时代更为流行。有美食家之称的宋代苏轼诗云:"蒌蒿满地芦芽短,正是河豚欲上时。"这位名士品尝了河豚后,还曾拍手叫绝:"据其味,真是消得一死。"古人食河豚,很早就了解河豚有剧毒。明代李时珍所著的《本草纲目》中就记载:"河豚有大毒,味虽珍美,修治失法,食之杀人。"据研究,河豚的内脏、卵巢、血液中都含有河豚毒素,属于极强的神经毒素,虽经清除,肉体也难免有少量毒素残留,食河豚是要冒较大风险的。但因河豚肉太过爽嫩鲜腴,回味无穷,虽有不少人贪食河豚毙命,嗜食此鱼者却仍不乏其人,遂有了"拼死吃河豚"之说。

在日本,嗜食河豚的也是大有人在。虽然在20世纪八九十年代的10年间相继有200人食河豚丧命,且一条加工过的河豚售价高达200美元,去赴河豚宴的人仍趋之若鹜。在专营馆内,受过专门训练的厨师手持一把极锋利的刀,先除去河豚之鳍,再片去鱼的口、鼻,然后小心翼翼挖去鱼的内脏、眼球、鱼皮,以净水冲洗,除净血液,只选用两条里脊肉,其全神贯注之神态,不亚于做精细的外科手术。随后,厨师再将剔出的鱼肉切成纤薄的鱼片,拼摆成一只仙鹤或一朵菊花,用鱼皮雕制成一只只蝴蝶加以点缀。加工好的鱼肉盛在餐具中堪称一件艺术品,其构思之巧,令人赞赏不已。食者常以酱油、萝卜丝、辣椒丝调配成佐料,以生河豚鱼片蘸而食之。

河豚鱼的烹饪和吃法很多,如清炖河豚鱼、姜烧河豚鱼、葱烧河豚鱼、红烧河豚鱼、萝卜炖河豚鱼、猪蹄炖河豚鱼、什锦河豚鱼丁、河豚白菜肉,喝河豚萝卜汤、河豚香菇汤、河豚菜心汤等。

近些年,日本河豚年消费量高达5000吨,日本本土的河豚已濒临绝种。虽然在日本已实现了河豚的人工饲养,但很多人认为其味道不如天然生长的河豚鲜美。我国奉化等地的水产市场已成为日本大量进口河豚的货源地。

86. 抛洒食品的"大战"

在世界很多地方开展有狂欢节庆祝活动。有的地区还以抛洒食品,互相"攻击"来吸引民众参与,招揽游客观赏。

西班牙东部小镇布尼奥尔一年一度举办"西红柿狂欢节",自1945年开始,每年在8月举行。当日上午,会有数辆卡车满载西红柿而来,卸在市中心广场上。随后便会爆发"西红柿大战"。数万狂欢者相互投掷,但规则是西红柿必须捏烂才能出手。参"战"人员衣服上很快就沾满了西红柿汁液,随后汁液还会从头到脚顺流而下。当地有关部门为参加狂欢的人准备了500个淋浴设施,但很多当地人都乐于在狂欢后到小镇附近的河里洗个痛快。

"西红柿大战"在我国也有举办。2014年,广东东莞市举行了第二届番茄节。近万名游客来到这"番茄海洋"里,15吨经过软化的新鲜西红柿,成了人们手里的"手榴弹",投向对面的人群。一些人虽穿了雨衣,"流弹"还是使身体湿透。参"战"者眼前都是一片红色,嘴里是酸酸的味道,但人们都笑翻了,玩得尽兴。

西班牙东南部的阿利坎特大区的伊比小镇,每年12月28日举办"面粉狂欢节"。当日人们按例穿上军装,用面粉、鸡蛋、爆竹作为武器,在市政厅大门外互相"攻击"。一方扮作了正义攻击政府掌权的反叛者,另一方则扮作为恢复秩序而战的人员。面粉"大战"从上午8点开始,持续到下午5点结束。参战双方,无不灰头土脸,身上脸上落满了面粉和蛋液,混成面糊挂粘在身上。街道广场也全被混战"糟蹋"得一片狼藉。但这并不妨碍民众对这已有200多年历史的节日的热情。在希腊的格拉希第市也举办有疯狂的"面粉大战",这里使用的面粉还被染成彩色的。

各种类型的抛洒食品狂欢还有很多。英国肯特郡举办一年一度的世界蛋奶派锦标赛。穿着奇装异服的选手互相往身上扔蛋奶派,场面热闹搞笑。意大利的杜林市,举行橘子"大战",狂欢者向对方投掷柑橘,玩得不亦乐乎。美国南卡罗来纳州有"滚玉米粉节",选手们纷纷在盛有大量玉米粉的大容器中摸爬滚打,比试看谁身上黏的玉米粉最多,人人身上都是模糊一片。西班牙萨莫拉的突如镇还举办了红酒"大战",参与狂欢者互相泼酒,一次活动可消耗1万公升的红酒。

在世界上还有很多地方的人在忍饥挨饿之际,如此抛洒"浪费"食物,搞这样的活动一直受到质疑。有社会学家表示,与文化习俗相关,如能给城镇增添活力,给人们带来欢乐,举办这类狂欢还是好理解的。

87. 巧搭艺术品

生活在世界各地的人,都有很多不同的爱好。有人以小物件搭建艺术品,一些成果让人叹为观止。

美国男子库西用 80 万根牙签,建造了一个长 7.6 米、宽 0.9 米、高 1.83 米的"玛丽皇后号"游艇。模型是如此之大,需要分成三部分才能从公寓搬出。美国另一位"牙签大王",擅长用牙签搭建艺术品,他的作品已有上千件,包括汽车、教堂、动物等。

英国男子马赫开办火柴厂,用火柴制作艺术品。他使用 4000 根火柴做成了歌坛巨匠"猫王"头像,卖出了 1.8 万英镑的高价。2012 年他在爱丁堡举办个人艺术品成就展,共销售了 300 万美元的火柴艺术品,其中一件高达 1.8 米的"火柴猩猩"卖出了 40 万美元。

美国建筑师贝格用扑克牌搭房子,搭建中完全不用胶水、胶带等黏合剂。他曾耗时 44 天,搭造出一个"威尼斯人度假酒店",模型长 10.5 米、高 3 米,共用掉扑克牌 218792 张。

2013 年,武昌理工学院 7 名学生制作了"瓶盖版"中国地图。模型使用了 1500 个瓶盖,一部分是从各个寝室收集,一部分是从网上购买的,5 种颜色区分开各个省市,并加入了各个省的大学校徽标志,使地图更富有文化气息。

上海一位胡先生用硬币堆搭艺术品,开始是陪着孩子玩,没想到大人越玩越上瘾。他用 5 万枚硬币,耗时半个月,搭出了 2 米高的上海扭转式大楼。

广州"80 后"小伙黎志宁,使用 70 余万块积木搭建了一座微缩版"故宫",朱红色的"宫墙"、金色的"琉璃瓦",绵延一片的大小宫殿几乎还原了故宫的全貌。这件长 4 米、宽 2.4 米的模型摆放在幼儿园里,意在让孩子们从小了解中国文化的博大精深。

英国电脑程序设计员克里斯耗时两年多,用 33.3 万颗手工切割的玻璃粒,拼出一幅世界地图。拼制中他用镊子将玻璃粒粘到有机玻璃板上,一点点拼出陆地、城市、河流等。他所使用的全部玻璃粒和宝石颗粒长度总和超过了 3.2 公里。

来自法国马赛的 34 岁艺术家杰里米·拉丰,花了 3 个月时间,用 4000 片口香糖建造了一栋"建筑"。它高 2 米、长 3 米,蔚为壮观。

前不久,叙利亚大马士革大学建筑学院的学生们使用意大利面条,搭建出世界上多种著名建筑的模型,其中包括中国跨度恢宏的央视大楼。

88. 有意外之喜的人

意外之喜即是意想不到的好事来了。

在印尼的苏门答腊岛,33 岁的男子乔舒亚·胡达卡隆家,从天而降落下一块重约 2.5 公斤重的石头,把他家铁皮屋顶砸穿了一个大洞,陷入地下 15 厘米深。他感觉石头砸下时,房子在摇晃。石头落地后很热,他和妻子用锄头才把它挖了出来。经政府来人鉴定,落入乔舒亚家的是一块石陨石,归类为 CM1/2 碳质软骨石,是极其罕见的品种。估计它有 45 亿年的历史,价值约 140 万英镑。由于陨石降落在乔舒亚家,这将他"砸成"了富翁,相当于领到了 30 年的工资。

10 年前,一位香港渔民出海捕鱼时捞起一段木头,他起初以为只是一般的木材。但用火一烧,木头冒出青烟,并燃出香气,再用刀一削,木材上渗出琥珀色油。他想到这可能是"水沉香",便送到相关部门做鉴定,已初步被认定。专家表示,沉香属于珍贵的药材之一,被誉为植物中的"钻石"。这段木头如确认是沉香,估价可达 10 亿元港币。

法国老妇人嘉琳夫人接到一家服务公司通知,说她中了该公司 25 万法郎的大奖。她高兴之下,从这家公司邮购了大量商品,大兴土木装修房屋。但是事隔许久,嘉琳一直未收到 25 万法郎的获奖支票,于是向法院提出控告。经调查后,法院判这家公司照许诺如数向嘉琳交付了奖金,让老妇人的意外之财得到兑现。

2006 年 3 月,由于银行工作人员操作疏忽,浙江一集团部分员工工资卡里的工资"猛涨",少则几百元,多则几千元。面对突然掉下的"馅饼",该公司不仅没有一名员工提取这笔意外之财,占为己有,反而立即向公司反映这一情况,让银行方面及时采取措施,进行补救,未使国家财产遭受损失。由于银行操作系统故障,同样的"天上掉下的馅饼"也砸到了广东中山市一家纺织公司 300 多名员工的脑袋上,他们银行卡里的工资奇迹般地翻了两三倍,更为离谱的是,一名员工卡中的工资竟然达 1000 多万元。被"砸晕"的员工奔走相告,纷纷拥到柜员机上取款转账,数小时内取走 50 多万元。此次卡内多钱事件导致公司 70 多名员工辞职、离职后不知去向。两天后银行已追回近 15 万元损失。律师指出,从卡上提取非法所得,为不当得利,是涉嫌犯罪的行为。此外,律师提示,卡上无缘无故多了一笔钱,要小心这是一种新型骗局,提高警惕,避免上当。

89. 乐极生悲的人

　　人遇到了好事、喜事或取得了重大成果,开心快乐时要把持住心态,控制好情绪,否则就容易成为乐极生悲的人。

　　英国一位名叫博拉伊顿的汽车司机,22年来从未发生任何交通事故。为此他获得了政府颁发的荣誉证书和奖金。正当他兴高采烈地驾车载誉而归时,万没想到一不留神撞上了前面一辆汽车,而那正是当地警察局长的汽车,车上坐着的局长刚刚授予他"安全驾驶员"称号。博拉伊顿垂头丧气,只怪自己得意忘形。

　　据英国《每日邮报》报道,供职于英国玛莎百货公司的36岁女子沙龙·帕里,休假与男友劳伦斯去登山。到达山顶后,劳伦斯突然从口袋里"变出"一枚钻石戒指,单膝下跪向帕里求婚。帕里虽有些吃惊,但立即就答应了。面对这突如其来的惊喜,她"头晕目眩",一步踩空摔下山坡。劳伦斯赶紧冲下山,查看帕里的伤势,并拨打求救电话。好在帕里摔伤不重,对于在医院度过求婚的晚上,帕里深表遗憾。

　　放长假本是快乐的事,但一些人也会乐极生悲。从各地医院能了解到,春节、"五一"等长假期间,医院收治的"醉猫"、胃肠道病人明显增加。还有些人进行爬山、跳水等刺激性娱乐活动时,由于不小心也会导致骨折等,甚至危及生命。

　　2019年7月,温州男子陈某因有两次酒驾记录,被吊销驾照5年。5年判罚期满后,陈某又拿到了新驾照。然而这个人就是难改酒驾恶习,他兴高采烈地呼朋唤友,喝酒庆祝,结果乐极生悲,再次开车酒驾,第三次被查,被处以2000元罚款,再一次吊销驾照。

　　在体育赛事上也有几多乐极生悲的事发生。在第16届墨尔本奥运会上,苏联运动员维亚切斯拉夫·伊万诺夫,在男子赛艇单人双桨无舵艇的决赛中,劈波斩浪,以8分2秒5的成绩率先冲过终点,获得该项赛事金牌。小伙子兴奋不已,走下领奖台后,一次次把金牌抛向空中,谁知他乐极生悲,一把没抓到,金牌落入湖中。尽管他的教练动员全队队员下湖"摸金",但却没有找到。最终,国际奥委会不忍心看他失落,便仿制了一枚"金牌"给他。在其后举行的17、18两届奥运会上,伊万诺夫又获得该项赛事金牌。他吸取了前次的教训,再也不敢乱抛金牌了。

90. 遇险获救的人

人们在生活中有时难免会遇到一些紧急情况,有人借助物件也能脱离险境。

在西班牙米朗达德埃布罗城有一位名叫罗拉恩斯的 62 岁老人。一天他在城郊河畔散步时,狂风骤起,把他刮到河中,冲向下游。危急时刻他手中握有一把阳伞,他忙把伞撑开。伞借着风力,使老人漂浮了 10 公里远的路程。老人靠了这把伞安然靠岸,逃过了灭顶之灾。

德国 30 岁的男子默克,几年前在新西兰北岛东部驾游艇航行,突遭大浪撞击,被抛入海水中。在后来独自无助的漂流中,他突然想起曾看过的美国海军展示求生技能的影片,便将牛仔裤充气变成救生衣。靠着它在大海里漂流逾 3 小时后,他最终被海岸防卫队的直升飞机发现救起。

英国一名 21 岁的女孩特纳,不久前参加友人的派对活动后乘车离开时遭遇车祸。而让她保住性命的,竟是令她感到不舒服的紧身裙。医生诊断发现,车祸瞬间,特纳的脊柱、胸骨、盆骨都发生了骨折,但由于她穿的紧身裙将身体箍得很紧,才避免了骨折处移位刺伤内脏器官而保住一命。

据英国《太阳报》报道,51 岁的莉兹女士开车购物,返家途中遇暴雨路滑翻车,而安全气囊却未打开。在这人将受重大撞击的关键时刻,莉兹刚买的一块放在后座的长方形"大枕头"面包由于惯性,从袋子里蹿了出来,不偏不倚,刚好在莉兹要撞上前挡风玻璃之时,落在了她和挡风玻璃之间,稳稳地护住了莉兹的头部,使她只受了一点瘀伤。

一年前,加拿大女子艾琳因与男友发生矛盾,遭男友枪击。子弹穿过其胸部后又钻进她的左前臂。艾琳曾做过隆胸手术,此次子弹刚好穿过她胸部的两块硅胶假体,并将假体摧毁。医生说,要不是这两块假体承受了子弹大部分的冲击力,艾琳将受伤严重,甚至死亡。事发后艾琳的男友被提起诉讼。艾琳在康复后又进行了隆胸手术。

49 岁的德国男子鲁道夫·米特豪斯体重 130 公斤。一天他在醉酒后遭遇打劫,肚子中枪弹后浑然不知。直到他两天后酒醒去报案,警方才在他体内发现一颗弹头。但鲁道夫只是皮伤,他肚子上厚厚的肥膘成了他赖以救命的"防弹服"。大难不死的鲁道夫自此更是抱定了决心,今生决不减肥。

91. 避过枪弹的人

长期以来,美国社会枪支泛滥,持枪犯罪案件频发。在有不少人遭遇枪击时,偶然也有人能避过枪弹,侥幸逃过一劫。

美国纽约市警察理查德·盖德,在一次执勤中遭到一个暴徒的袭击,他正要拔枪射击,被暴徒抱住。在扭打中,手枪走火,子弹打穿了盖德上衣左上角口袋中的警察日志,却被圆珠笔挡住。圆珠笔断为两截,很大地减缓了子弹的杀伤力。事后盖德发现胸上只擦破了一点皮。想不到圆珠笔竟救了他一命。

2014年2月的一个早晨,美国俄亥俄州代顿市49岁的公交司机瓦格纳在车厂检查车辆状况时,遭到3名青少年开枪射击,这3人疑似想在加入帮派前犯点事壮胆。瓦格纳胸部被击中两枪,但他依然挺住,并奋力击落了攻击者手中的枪。巡逻的警察赶来拘捕了行凶者,瓦格纳却无碍。原来他上衣口袋里放了一本微缩本《圣经》,厚厚的纸页为他阻挡了射来的两颗子弹。

2015年10月一个凌晨,美国佛州一处加油站遭到打劫。一名持枪劫匪威胁油站一员工打开保险柜,惊慌中员工难以将柜子打开。劫匪气急败坏,逃走之前向这名员工开枪。员工懵然不知自己已经中弹。后才发现放在胸前口袋中的智能手机为他挡下了子弹,子弹正卡在机身上,让他侥幸逃过大难。

美国新奥尔良市两兄弟因争吵而发生枪击。20岁的沃尔特德尔·戴维举起一支0.22英寸口径的左轮手枪朝哥哥沃尔特·戴维开枪。子弹击中了哥哥的嘴唇,却被他镶的金牙挡住而弹开。被金牙救了命的沃尔特告诉警方,他不打算指控弟弟,因弟弟正处于缓刑期,持枪伤人属违反缓刑规定,他将受到严重伤人重罪起诉。

在美国佛罗里达州一郊区,姬丝女士家这日遭到两名持枪大汉冲进门打劫,姬丝不敢反抗。她10个月大扶小床站着玩的女儿白兰迪却受惊吓大哭。这惊动了她家的大狼狗,它扑向了劫匪。劫匪慌忙向狼狗开枪,几声枪响后,狼狗倒在血泊中。两匪怕枪声惊动邻居报警,慌忙逃走了。姬丝报警后,为女儿换湿尿布,她伸手摸到了一个硬物,拿出一看,竟是一颗子弹。这才知道劫匪的枪也射向了女儿,在枪弹横飞时,是裹在女儿身上的尿布救了她一命。白兰迪可说是最幸运的婴儿了。

92. 大难不死的人

俗话说,死生有命。而有人福大命大,在危及生命的死亡关头,硬是挣脱开"死神"的魔爪,逃生存活下来。

1902 年加勒比海皮贝利火山喷发,熔岩将马丁提克岛夷为平地,全岛约 3 万人死于高温和窒息。而关在岛上监狱单人牢房中的希布利斯却得逃生。他所在监狱的特殊地势,阻隔了大量毒气和尘埃。他用尿将衣服浇湿,使他隔离了滚烫的空气,由此成为火山喷发中岛上唯一的幸存者。

1972 年 1 月的一天,塞尔维亚航空公司一个航班在飞越捷克斯洛伐克上空时,遭遇恐怖组织的炸弹袭击。当时飞机上 22 岁的空姐魏斯纳从 1 万米高空飞速下落,身上没背降落伞包。令人震惊的是,她落地后仅造成颅骨、双腿和三节脊椎骨折。手术后,她很快恢复如常,继续她的空姐生涯。她至今仍是自由落体生还的"吉尼斯世界纪录"保持者。

2004 年,土耳其的梅加在施工时,不慎从屋顶高处跌落。跌落的高度并不致命,致命的是有 6 根 9 厘米长的钉子插入他的颈部和颅腔。医生检查发现,钉子与脑干、脊髓仅差之毫厘。经手术抢救,插入他体内的钉子被一一摘除。梅加康复后又走上了工程岗位。

美国人罗伊·沙利文是世界上被雷击次数最多而奇迹生还的人。1942 年他在瞭望塔上被雷电击中小腿,丧失了一块脚指甲。1969 年他驾车行驶在盘山公路上,被雷电击昏,眉毛全部被烧掉。1970 年他在自家庭院被雷击中了左肩。1972 年他在森林哨所被雷电击中后头发起火。1973 年他坐车里又被雷电击中头部,头发又一次起火。1974 年他参加野营时被雷电击中,伤了膝盖。1977 年他钓鱼时又遭雷击,胸部、胃部烧伤,不得不住院治疗。虽然遭受 7 次雷击,他却大难不死。

据俄罗斯《真理报》报道,波兰 77 岁的老妇芭芭拉·罗亚,经历了一次次生死攸关的灾难,总能化险为夷。两岁时她从 5 楼跌落,落在一堆纸板上,并未受伤。上学曾遭自行车、汽车冲撞,也逢凶化吉。经查,芭芭拉一生中经历了 7 次严重车祸,4 次飞机失事,12 次从高空摔下,除此以外,她还遇上一些意外事件,如罪犯袭击、煤气爆炸、火车相撞以及坐摩托艇沉水等。她和"死神"擦肩而过的次数高达 127 次。一次次遭遇劫难又能全身而退,世界上竟有如此倒霉而又如此幸运的人,让人百思不得其解。

93. 狂吃滥饮的人

人在饮食上应注意营养均衡，不可暴饮暴食。对一些"垃圾"食品更不可贪吃，否则会给身体健康带来损害。

杭州 26 岁的男子金某，买了新上市的山核桃，用牙咬着吃，吃起来停不下来，一天干掉了两斤。次日觉咬合关节不适，却又吃下一斤。当他与朋友又去啃大闸蟹时，他的嘴巴突然难以张合。就诊后医生诊断为"颞下颌关节紊乱综合征"，由长时间咀嚼硬食，造成关节挫伤劳损引起。

武汉市一位 24 岁的女子，得知吃猪蹄对皮肤好，元旦节炖了猪蹄，连吃了三天。第三天晚，她吃得正尽兴，嘴上"咔嚓"一响，嘴巴突然合不拢了，手一碰下巴痛得不行。她赶紧就诊，医生检查后发现是下巴脱臼，并为她做了手法复位。医生建议，啃咬食物不要张嘴过大，也不要连续撕扯硬物太用力。

武汉市 28 岁的男子钱某是一名 IT 从业者，爱嚼口香糖，除了吃饭、睡觉总是不离嘴，已有 10 个年头。前不久他觉腹部隐痛难忍，经医院综合检查显示，他患上了慢性胃炎。医生指出，长时间嚼口香糖会反射性地分泌大量胃酸，空腹状态下还会出现反酸水、恶心等症状，长此以往就会导致胃炎、胃溃疡等病症发生。

成都市 47 岁的女子春节期间突然跌倒在地，她歪着嘴无法说话，一侧身体失去知觉。家人送医后，经诊断，她患的是一种典型的偏瘫症状。据家人介绍，她喜食辛辣食物，一年多前入火锅店当服务员，天天至少要吃一顿火锅。火锅是高油脂的食物，长期食用易造成血管堵塞，进而发生"中风失语"症状。

四川绵阳 11 岁的女孩玲玲爱吃辣条，一年多来每天少则两袋，多则五六袋，结果吃坏了肚子，每天腹泻十几次，体重减轻了 20 多斤。到医院就诊后被查出是患了"克罗恩病"（一种肠道炎症）。湖北永兴县 15 岁的少年肖某，一次连吃了 15 包辣条，结果出现了呕吐、腹痛等症状，经医院诊断为糖尿病酮症酸中毒，肝、肾脏功能受损。若不是送医抢救及时，险些送掉性命。

浙江宁波 29 岁一男子爱喝奶茶，甚至每天当水喝，结果体重增加了 90 多斤。他没当回事，还是嗜饮奶茶，以致突发腹痛，呼吸困难，入院被医生确诊为急性胰腺炎、糖尿病，转往 ICU 救治。狂饮奶茶，结果把自己喝进了重症室。湖北 12 岁的男孩豆豆天天不停地喝鲜榨果汁，突发"痛风"。澳大利亚 25 岁的男子肯维尔每天要喝掉约 8 升可乐，结果全部牙齿都掉光了。

94. 贪玩手机的人

　　如今手机的功能越发神奇多样,人手一部手机接玩不停,贪玩手机的人随处可见,因玩手机而酿成的悲剧也屡见报端。

　　武汉 12 岁的小刚小学毕业了,暑假期间,他迷上了手机游戏,宅家一玩一整天。一天他感觉腰部疼痛,腿部也出现了疼痛、麻木的症状。父母带他到医院就诊,被诊断为"腰椎间盘突出症"。孩子的父母怎么也不敢相信,常见的"老年病"竟会找上年纪这么小的孩子。医生介绍,小刚腰椎间盘的髓核突出较明显,已压迫到坐骨神经。这与他长期的不良坐姿与玩手机有密切关系。

　　无独有偶,湖南长沙 13 岁的小强,年纪不大,却也成了不折不扣的"低头族"。他每天要看十几个小时的手机,一日忽然栽倒在地。医院医生为他检查发现,他的脊椎已退化到 60 岁的年纪。手机对少年儿童的危害是如此之大,为此有人说,想毁掉一个孩子,只要给他一部手机就够了。

　　湖北 16 岁的一个少年平时也喜欢低头玩手机。一天他忽然觉得握手机时右手无力,随后他拿笔写字,笔却从手中脱落,拿起后怎么握也握不紧。父母带他到医院就诊,医生检查后告诉他患了"平山病",又称"青年上肢远端肌萎缩"。医生指出,这种病是一种颈椎发育异常导致的下颈段脊髓受压迫性疾病,长时间低头玩手机会加重这种病的发展。

　　深圳 22 岁的男子小黄下楼梯时,竟然边看手机边迈步,一步踩空摔晕。送医急救时,他颅骨骨折,颅内有伤出血,同时锁骨、肋骨也骨折。经抢救,给他输了近 2000 毫升血。醒来后,已丧失了摔下楼的记忆。边过马路边看手机酿成的悲剧,在很多城市都有发生。边开车边看手机引发的车祸也为数不少。

　　2014 年,安徽枞阳伍某与吴某相识恋爱后结婚。举行婚礼,亲友离去后,二人入洞房,新郎伍某便一个人躺在床上玩手机,对身边的新娘不闻不问。吴某心想可能是丈夫太累了,便没有说什么。没想到一连三天伍某只盯着手机看,对自己置若罔闻。煎熬了两个月后,吴某索性离伍某而去,伍某随即诉至法院要求离婚。吴某对不近人情的伍某失望透顶,于是同意解除婚姻关系。

　　贪玩手机,忽略安全是存在于很多国家的普遍"现象"。据美国州长公路安全协会公布的报告称,2016 年美国有 6000 名行人在交通事故中丧生,大部分是由于人们在驾车或过马路时玩手机分心所导致的。为整治"低头族",夏威夷州檀香山政府通过新法,规定行人过马路看手机罚款。根据地段,"低头族"须缴纳 15 美元至 99 美元不等的罚款。

95. 摆"酷"自拍的人

自拍即拍摄自己的人像照片，一般使用手持的数码相机或照相手机拍摄，常与社交网络相关。

前不久，美国俄亥俄州哥伦布市举行了一个名为"正如我们"的展览，把人们头像呈现在一个4.3米高的3D雕塑上。参观者一站进照片亭，29台照相机就对其脸部同时拍照，所有的照片结合在一起，他脸部的3D模型就生成了。该雕塑品有3000个定制设计的带状LED显示屏，由85万个独立的LED灯组成。此展览聚焦了现在常见的自拍行为，试图以此与他人建立联系。

近年来，随着智能手机的普及，一些人因摆"酷"自拍意外死亡的事件屡有发生。在印度《家庭医疗与初级护理》杂志上，一篇名为《自拍：福兮祸兮》的文章称，自2011年至2017年，全球有259人因自拍意外致死。文章警告说，捕捉完美风景的自拍固然有趣，但为了赚取眼球丢掉生命却太不值得。通过梳理比对发现，死者多为30岁以下的男性，占比达72%。研究人员称，尽管女性更喜欢自拍，但男性更爱冒险，追求刺激。从国别看，自拍意外死亡多发生在印度，其次是俄罗斯、美国和巴基斯坦。

印度三名男子去一处深潭游泳，他们设置了手机打算自拍，没想到却拍下了他们溺亡前的画面。录像中他们开始在水中玩得很开心，一人游向深水区后突然挣扎起来，另两人游向他前去救援，结果三人都在水中消失。整个过程不到3分钟。

俄罗斯的一名17岁少年在楼顶自拍，有自拍杆还觉不过瘾，非要铤而走险将自己悬于楼顶，并做出仿佛坠落的姿势。不料发生意外，悬挂他的绳子断了，他从9层高的楼顶坠落，重重撞地死亡。

2016年，美国一家网络媒体调查报告称，当年因自拍死亡的人数为12人，而死于鲨鱼袭击的人数为8人，自拍风险猛于鲨鱼为害。自拍者"但求一图"，有摔倒致死的，有火车撞死的，还有与猛兽自拍死于非命的。由此一些公园的地标性建筑已开始禁止自拍。

自拍也不全是负面新闻。美国密歇根州63岁的老妇朱厄妮塔，自拍了一张照片想换下自己的头像。她端详着新照，发现自己的脸歪向一边，嘴唇也扭曲着，有过中风经历的她，急忙拨打了急救电话。这次自拍不仅让朱厄妮塔及早就医，医生看到照片也推断出如果在4小时内不接受抗凝血药物，很可能会导致大脑出血。自拍使这位老妇得到了及时有效的治疗。

96. 结婚狂人

结婚是人生中的大事。有人一生中结了又结,被称为"结婚狂人"。

西班牙西南边境有个地方叫巴喀尔,这里每对已婚夫妇每年都要再举行一次婚礼,直到有一方死亡为止。因此,每对 80 多岁的老夫妻,举行婚礼几乎都超过了五六十次,而对象都是同一个人。倒不是他们愿意一次次结婚,只是当地民俗使然。

有人结婚次数多,完全是因为朝三暮四。在比利时的布鲁日,居住着一个名叫阿德里恩努·基约的妇女。她在 23 年里,订婚 652 次,结婚 53 次,按订婚次数,平均每 12 天就变心一次。

在印度的伊达玛蒂,有个叫乌达亚纳斯的农民,在他 63 岁时,与一名 17 岁的姑娘结了婚。这是他第 90 次结婚。印度法律规定为一夫一妻制,但只要妻子不到法院起诉,甭管男人娶多少个老婆,也无人追究。这使乌达亚纳斯妻妾成群,最多时他家里有 26 个老婆。

孟加拉国村庄里有个叫古尔扎尔的农民,他在 26 年间一共结婚 36 次。他反复结婚,只是想出名。由于身居乡村,又没什么本事,就想出了当"结婚之最"的招术,希望能在"吉尼斯世界纪录"上登下自己的名字。至于他是怎样做到结婚那样多次的,就不得而知了。

而如今更多的人频频结婚、离婚,所表现的只是对婚姻的随意。这在我们身边也大有人在。2018 年,湖南长沙天心区民政局的工作人员在为一对新人办理结婚登记时发现,男方一年内共结婚、离婚达 23 次。这次结婚距离上次离婚仅过了一个星期,并且该男子有好几段婚姻都是前一天结婚第二天就办理了离婚。工作人员劝说女方慎重,但她并不怎么在意。当工作人员试图了解男子结婚的目的时,他竟表示:"婚姻自由,想结就结,想离就离。"据悉,两人之后的婚姻维持了半年多,又告分手。对于男方而言,这应是他维持最久的一段婚姻了。

天津市也有一对奇葩夫妻。他们的女儿无意间翻出了爸妈的 7 本结婚证和离婚证。父亲是天津人,母亲是东北人,两人性格不同,结婚 20 多年,一吵架就离婚,然后又会相思再结婚,破镜重圆。基本隔两年就会离一次,然后再复婚。2017 年离婚后又快两年了,有网友吐槽:这次去民政局,办个年卡吧。

97. 旅行达人

世界各地喜爱旅行的人很多。有人在旅行方面还取得了骄人的业绩。

豪尔赫·桑切斯出生在西班牙加泰罗尼亚省一个小村庄里,他5岁时看到一张世界地图,就想着到世界各地去看看。13岁时他没有得到父母允许,就独自走出家门,去撒哈拉沙漠旅游。那时的撒哈拉还是西班牙管理,不需要护照。豪尔赫18岁时拿到了护照,他先去了法国巴黎,然后便到世界各个角落旅游。为支付费用,他在旅游地打工,乘公交巴士,在小旅馆住宿。他第一次周游世界用了1001天。以后他的旅行多了冒险色彩,选择进入战地和禁区,在阿富汗还曾被关押。在他30年旅游生涯中,先后4次完成了周游世界。

来自澳大利亚堪培拉的猜比和特瑞丝夫妇,在2016年移居到加拿大多伦多。他们一直梦想进行一次覆盖全美的公路之旅。两年后他们带着5个月大的女儿哈佩,驾驶着自己的吉普切诺基,带上全部积蓄,打卡经过全美50个州。猜比夫妇在一个个州界牌下把哈佩抱起,为她拍照,让5个月大的小女儿成为游遍美国最年少的人,载入"吉尼斯世界纪录"。

55岁的加拿大人吉恩·贝利弗在10年前突然心血来潮,辞掉了工作,推着一辆三轮手推车离开家乡,开始了他的徒步行走世界之旅。在全新的推车旅行中,他行走了77660多公里,踏遍了71个国家,写下了徒步旅游的新传奇。

45岁的美国人查尔斯·维利是世界上旅行最多的人,10年间他到过全球873个旅行目的地中的814个,行程超过2476275公里。查尔斯18岁以前从没离开过美国。因报考飞行员落选,心情沮丧,他前往欧洲散心,一张火车通票让他爱上了旅行。在后来的旅游生涯中,为了到达目的地,他可以说使出了浑身解数。凭着擅长与人打交道和差点成为空军飞行员的经历,他蹭美军飞机进入过中途岛、约翰斯顿岛和迪戈加西亚岛,也混入过科考队,搭乘过考察船。2006年,他游览南极彼德一世岛时,船被撞毁,他被困在岛上。体温下降,储备不足。幸运的是仅过了24小时就被巡逻队救助脱险。逃过一劫的查尔斯旅游的热情依然不减,他表示:"活着,就要尽自己的所能看世界。"

98. 多彩的"儿童世界"

一些国家按照儿童的特点,创办一些设施,让孩子们拥有了自己的世界、自己的事业。

美国威斯康星州有一座"儿童电视台",采访、编辑和播放等各个部门,均由儿童经营管理,几个大人只进行义务性的安全和技术指导。该台每天为近万户人家播放节目,还实况转播中学生曲棍球赛等,颇受好评。

世界上第一家"儿童新闻社",由美国律师兼企业家鲍勃·克兰顿创办。新闻社的记者、编辑都是 7 岁至 13 岁的儿童。这些小记者的足迹遍及五大洲,同时还在美国、日本、新西兰、澳大利亚的 7 个城市设立了分社。

巴西成立了一支由上千名儿童组成的"儿童特别警察队"。这些 8 岁至 14 岁的儿童,半天在学校上课,其他时间则身穿警服,以监视和协助对付毒品走私等利用儿童的犯罪活动。

美国阿拉斯加州凯奇坎市开办了一家"儿童侦探社",探员和管理者是一群 10 来岁的小学生。他们课余常干的事情是为顾客寻找丢失的狗、钱包等,而且是破了案才收费。他们注意用电脑储存资料,以备查用。

在美国得克萨斯州奥德沙城,当地政府成立了一个专门处理少年儿童轻微违法的"儿童法庭"。法庭成员除一位专任法官外,律师、检查官、书记官和陪审员,全由 10 来岁的儿童任职。

英国的斯旺西市开办了一家"儿童用品公司"。从董事长、经理、司库到办公人员,全由十一二岁的少年儿童组成,并且完全依照正规企业管理。其经营采购、销售的商品,已从英伦三岛延伸到欧洲多个国家。

苏联时期,全苏联有 42 条"儿童铁路",线路最长的有 8.5 公里,最短的 2 公里。铁路的司机、列车员、售票员、调度员等,均由儿童担任。各条儿童铁路经营多年,都未出现过大的交通故障。

德国的邦伯尔克曾开办了一家"儿童邮局",里面的工作人员都是儿童。他们穿着邮电服装,戴着工作帽,为顾客解答各种问题,协助办理汇款,邮寄邮件、包裹,服务热情,工作认真。

荷兰阿姆斯特丹市有一家由儿童经营的餐厅,6 名 6 岁至 14 岁的儿童包办了从开菜单、订菜肴、烹饪、收款到服务的所有工作。餐厅里唯一的大人是一位指导教师。餐厅就餐环境优雅,生意兴隆。

99. 悲惨的童工

每当"六一"国际儿童节到来,各国儿童都会兴高采烈欢度自己的节日。但有很多孩子并没有过节的福气,因为世界上还存在着悲惨的童工制度。

据国际劳工组织统计,目前世界各地使用童工的人数超过了 5000 万。有研究儿童问题的专家认为,作为受到严重剥削的童工,已多达上亿人。这些儿童负重在农场、工厂、矿井、饭店、垃圾堆等处,付出过度的劳动,只拿到微薄的收入,而失去了童年的快乐和健康。

在有"儿童天堂"之称的美国,使用着至少 100 万名童工。这些儿童在农场干活,或进入一些服务性行业。一些州政府允许申请使用童工。此类所谓合法童工,造成了大量儿童整日如牛负重。

在意大利的那不勒斯,童工的年龄一般在 12—15 岁,也有七八岁的孩子,他们往往干危险、有害于健康的工作,收入却很低。据报道,1 年间就有数十名儿童在生产中受了重伤,有的就此卧床不起。还有的儿童在化工生产中接触到有害物质,患了无法医治的职业病,甚至因吸入了过量的毒素而死亡。

在印度使用童工更为普遍,据一家调查委员会透露,童工数量已近 2000 万人,占全国劳动力总数的 6%,平均 5 个印度儿童中就有 1 个是童工。在孟买市的童工中,6—9 岁开始出卖劳力的,占儿童数的 30%,13—15 岁的占 27%。他们大多为临时工,在矿山、砖窑和建筑工地从事力所不及的繁重劳动。有的在危害身体健康的化工、烟火厂干活。许多儿童每日干活 12 小时以上,甚至达到 16 小时。

泰国约有 200 万名年龄在 14 岁以下的童工。一些边远地区的穷苦父母,含泪把自己的孩子典或卖给城市的招工者,父母一年可得 70 英镑,而孩子一无所得,失去了自由,成为了任人驱使的"奴工"。

在哥伦比亚,童工数量也有上百万。很多儿童在 300 多米深的矿井下干活,矿井采矿工具落后,环境恶劣,童工死亡率很高。在摩洛哥等国,编织地毯的童工,整日蹲伏着劳作,造成身体发育畸形,女童工成年后生育困难。

早在 1973 年,国际劳动组织大会就规定,雇用劳动人员,最小的年龄不能低于15 岁。可是长期以来,15 岁以下的童工数目一直有增无减。2006 年,联合国曾确定了 10 年间减少童工数量的目标。但这项工作进展得并不迅速,因此收效仍不是很大。

100. 养老的话题

如今,世界上许多国家都进入了人口老龄化时代。我国在改革开放后,物质生活条件有了极大改善,人均寿命不断延长。截至 2021 年底,年过 60 岁的老年人口已达 2.6 亿,年过 65 岁的老年人也有 2 亿。让老年人过一个健康的晚年成了重要的社会课题。

我国是有着敬老传统的国家,一直存在着比较完备的养老体系。早在唐代就建有名为"悲田院"的半官方半民间慈善机构,用以收容疗养病人、老人,慰托孤独。宋代时开办了"福田院",政府令各地救济贫病老人,同时令各地方以"绝户老人"的房屋财产充当供养鳏寡、孤独、老病、残废、无依无靠者的经费,不够用就以官资做补充。元代设立"济众院",明代设置"养济院",清代有了"普济堂",名称不同,都是赡养孤老的机构。这些虽只是解决了部分贫苦老人的生活问题,却也能表明中国敬老的思想渊源和发展脉络。

今天,我国许多城市对老人有优惠待遇,乘公交车、入公园免费;乘车时有人让座位,购物、交费可优先办理,尊老敬老形成了社会习俗。有关专家在调查研究中指出,解决今后的养老问题,一个重要的解决方案是"托老所"。对子女来说,把父母送到托老所,可以减少生活和心理负担。养老院要负责解决老年人的食宿,费用较高,而托老所只需要解决午餐和准备简单的娱乐用品。老人可以在托老所看书、下棋、做手工,在服务员引导下开展各项文化和娱乐活动,有益于他们的养老生活。

社会老龄化的问题,同样存在于世界许多国家中。日本等国进入老龄化社会,比我国更早。近年来国内外大力开发老年人用品,有些智能化的产品尤受欢迎。一种健康监测监视仪,很方便子女不在身边的独居老人使用,能检测显示血压、脉搏、血糖等身体参数,并有报警功能。智能防抖手勺,能让手抖患者自如就餐。衣夹便携追踪器,能帮助痴呆老者平安回家。智能时钟会按设定的时间弹出药物,兼有立式台灯、放大镜等功能,给老年人的生活带来很大便利。

各国开办的养老院一般收养的老人都不太多。日本爱知县有一家蒲公英看护中心,由 600 多名员工收养看护了 250 多位老人,是日本规模最大的养老院。院内设施配备齐全,除餐饮、康复活动,还有舞蹈、音乐、插花、书法、绘画等 200 多种活动项目。为增加老人的康复运动和活力,这里使用了一种奖励货币,散步 100 米,自己洗脸、刮胡子,都可分别获得"收入"。这让老人们重又找回了赚钱、存钱、花钱的人生模式。一些赖床懒得动的人,也会"努力"走上几百米,毕竟有钱可赚呀!货币奖励使入院老年人的健康状态有了明显改善,患病率大大降低,从而减少了药物开支。

101. 外国的"常回家看看"

2013 年 7 月,我国新版《老年人权益保障法》开始施行。从今往后,"常回家看看"不再只是一句关于孝道的道德宣传标语,更成为一条法律规定。其实,有不少国家也都很重视老人的"精神赡养",为了让子女"常回家看看",做出了一些有借鉴意义的规定。

日本在精神赡养老人方面,提倡子女与老人居住的地方不距太远。即父母和子女两家之间的最佳距离是,"煲好一碗汤送过去刚好不凉"。近年这一原则又有发展,提出"最近为一碗汤距离,最远为一炷香时间"。正是由于子女与老人分开居住的距离不远,使得子女能够"常回家看看"。如今这一口号还被运用到楼市设计中,将适于年轻人和老年人居住的户型结合在一个小区内,更便于子女前往老人处走动。

新加坡国会早在 1995 年就通过了《赡养父母法令》。在新加坡,老年人不仅不是家庭的负担,相反还是家庭的宝贵财富。政府在购买房屋时制定了优惠政策,鼓励子女与父母同住,对三代同堂家庭给予购房价格优惠和优先安排。如果有子女愿意与丧偶父亲或母亲一起居住,则对父母遗留房屋可给予遗产税减免优待。

韩国强调儒家文化价值观,坚持"家庭照顾第一"的养老政策,制定了细致的税收优惠政策鼓励和家庭养老支持。对于赡养老人 5 年以上的三代同堂家庭,在继承遗产时给予税收额 90% 的减免;对于子女和父母各自拥有住房,又选择在一起生活者,可以免除一方出租或出售住房的所得税;本人或其配偶与直系亲属老人共同生活两年以上者,可以获得政府优惠贷款,用来购置、改造、新建住房。

法国有关子女对父母"精神赡养"的要求更为具体,并以量化的方式规定了子女与父母的居住距离,每年、每月、每周乃至每日应当与父母接触的时间和次数。政府还修订相关法律,要求子女给老人更多的精神关怀,其中包括子女必须告知父母自己的行踪,随时掌握父母的身体状况等。

美国法律没有规定子女必须赡养父母。一些州政府也鼓励家人互相照顾。在孝敬父母方面,有人选择每天通电话、发信件等方式与父母联络感情,有人则选择定期回家看望父母,一周或半个月一次回家陪父母吃饭、聊天。当然,每天回家看望父母的也不少。为了尽孝,许多子女尽量选择与需要照顾的父母住得近一些。美国人纳税以家庭为基本单位。国税局计算家庭的总收入后,会减去这个家庭因为赡养老人所产生的额度。减免数字为每位老人年平均额 3000 美元左右。如果一个家庭的纳税人负责赡养自己的父母、配偶的父母,以及双方的祖父母的话,那么这些被赡养人的减免额度可以列在年终报税表里,从而获得退税。

102. 百岁老人有作为

在世界各国进入老龄化之际,许多老人"老有所乐""老有所为"。有的老人已年过百岁,仍精力旺盛,多有建树。

武汉市的钱老人,于 1989 年 101 岁时进入武汉老年大学分校,学习古典文学和老年保健,并被评为优等生,获得学历。

美国的奥法·努斯鲍姆一直从事教育工作,1992 年已是 116 岁的他开始写诗,一次次在报刊发表,并出版了个人诗集。

瑞士的卜尔·奥古斯丁于 1986 年 6 月度过了他的百岁生日,当时他任一家周报的主编。度过百岁生日以后,他不仅继续从事编辑工作,而且接管了一家拥有 300 多名职工的印刷公司。

智利的巴尔德民格罗·罗曼,从 12 岁开始当报童,风里来雨里去,历尽沧桑,饱尝艰辛,直到超过百岁,仍在干报童的工作。

秘鲁的佩德罗·阿亚拉已 113 岁,她满头银发,脸上皱纹纵横交错,正是这种形象使她 10 年前被一家美术学院选中,并长期聘用为模特。

巴西戈雅斯州活西登塔尔镇竞选镇长,在众多年富力强的竞选者竞争中,年高 107 岁的活索里乌竞选获胜,成为该镇历史上年纪最大的一任镇长。

捷克布拉格有位 101 岁的老人,名叫英德日尔·夏斯特内,是位著名球迷。他一生中从未放过一场布拉格"斯帕尔塔"足球俱乐部的比赛。

美国老妪朱莉娅已经 102 岁,一年前在高龄比赛组室外 100 米短跑比赛中夺得冠军。她看参加短跑比赛的老年人很多,在新的一年更想证明自己。她报名参加了竞争更为激烈的 60 米室内赛,最终以 24.79 秒的成绩打破了这项比赛的世界纪录。

出生于葡萄牙的美国老人阿鲁达·亨利几年前还是文盲,不识字让他在 90 多年人生中经常承受挫折和苦闷。在亨利 90 多岁时,外孙女为他读了作家乔治·道森写的《生命如此美好》片段,讲到一个奴隶的孙子在 98 岁高龄时"脱盲"。亨利受到震动,认为自己也完全可以。在扫盲志愿者的帮助下,他的文化程度有了快速提高。在亨利百岁时,他出版了一本名为《以一名渔夫的语言》的自传书。有的小学还把他书中的章节列入到阅读材料中。

未解之谜

1. 宇宙诞生的时间

天文学认为,宇宙是所有的空间、时间、物质及其所产生的一切事物的统称。对于宇宙,人们一直有着太多的疑问,其中最主要的就是:宇宙诞生的时间。

对这一问题,有着几种假说。一种假说是"宇宙永恒论"。假说认为宇宙并不是动荡不定的,宇宙中的星体、星体的数量和分布以及它们的空间运动,从来就是一种稳定状态。宇宙中的星云、脉冲星、类星体、恒星、行星、陨石、宇宙尘埃、射电源、星际介质等几大类,在大尺度范围内,长久处于一种力和物质的平衡状态。即使发生了变化,也只是局部变化。无所谓宇宙的诞生,也就谈不上宇宙诞生的时间。

另一种假说是"宇宙大爆炸"理论,得到许多科学家的认可和赞同。他们认为,大约在200亿年以前,天体物质都集中在一起,形成了一个密度极大、温度高达100亿摄氏度的原始火球。由于某种未知的原因,至密火球于约137亿年前发生了大爆炸,产生膨胀而形成了宇宙。组成火球的物质被喷发到辽阔的四面八方,并逐渐冷却下来,密度降低。又经亿万年演变,散落在空间中的物质互相联合,凝聚成了星云、星系的恒星。大部分的气体在星云的发展中变成了星体,也有些物质变成了星际介质。"宇宙大爆炸"之说,是提出了宇宙诞生的时间点的。

1990年哈勃望远镜发射升空。它是世界上最复杂、最精密、最强大的光学望远镜。在可见光谱范围内,可探测到宇宙诞生早期的"原始星系"。按照使用哈勃望远镜观测结果分析,宇宙的年龄约为120亿岁。而现阶段天文学家测知,银河系中一些最古老的星系年龄约为160亿岁。这一事实表明,宇宙比存在于它中的古老星系年轻。如果这一测算是正确的,那只能说明宇宙并非是从"大爆炸"中诞生的。

1999年,印度天文学家纳尔利卡尔等人再对"大爆炸"理论发起挑战,并提出了一种新的宇宙起源理论。在他们名为"亚稳状态宇宙论"中,认为宇宙不是一次大爆炸形成的,而是由若干次小爆炸共同作用使然。在宇宙最初的"创物场",接二连三的爆炸逐渐形成了宇宙的雏形,此后小规模的爆炸还在不断发生,导致了局部空间的膨胀,它时快时慢,综合在一起便形成了整个宇宙范围的膨胀。这样的膨胀状态自然也就难以找出和确定宇宙诞生的时间。

以前,人们认为宇宙在时间上是无始无终的。后来在科学观测中发现宇宙一直在膨胀,形成了新的宇宙观。但要推算出宇宙诞生的时间并不容易。

2. 宇宙中心在何处

宇宙的中心是不是人所在的地球，是很早就有人思考的问题。

在公元 100 年前后，古希腊学者托勒密就建立了一个完整的地心宇宙体系。他提出地球处在宇宙的中心静止不动这一说法，在以地球为中心的轨道上，被称作"恒星天"的恒星和太阳、月亮、五大行星等，各自围绕着地球做匀速运动。中世纪期间，欧洲教会就是利用这种学说来维护统治的。在这段时期，教会总是宣传上帝居住的极乐天堂是最高天堂。"上帝选定的宇宙中心是地球。"教会把地心宇宙观奉为神圣不可侵犯的真理。

然而教会的统治并不能阻止人们对真理的探索。15 世纪，航海事业的发展促进了天文学的进步，在导航观测和预报天体位置时，天文学家发现采用托勒密理论计算出来的行星位置与实际偏差很大，对地心说的怀疑渐多。出生于波兰的天文学家哥白尼，21 岁时前往意大利求学，他受到了当时文艺复兴思想的影响，开始怀疑宗教神学和地心说。当时，哥伦布发现新大陆的消息也将哥白尼创立新的天文学说的热情和勇气激发了出来。哥白尼回到波兰后，经过十数年的努力探索，终于创立了新的宇宙结构理论。1543 年，哥白尼在《天体运行论》一书中向传统的地心说提出了挑战，认为地球只是一颗不断转动的普通行星，太阳才是宇宙的中心，其他天体都围绕着太阳运转。哥白尼的学说在欧洲引起了极大的轰动，并引发了教会的恐慌。教会对科学家的迫害、处罚，都改变不了地球要围绕着太阳运转的事实。

随着科学技术的发展，天文学家又提出了新的观点，认为太阳只是太阳系的中心，太阳所在的银河系也有中心，它周围所有的恒星都绕着银河系的中心旋转。有些学者认为，宇宙由无数个星系构成，难以寻找到它的中心，即不存在让所有星系都绕着它转的中心。这种观点可用宇宙不断膨胀的理论加以解释。假设宇宙是一个不断膨胀的气球，而星系遍布在气球表面的各个点上。膨胀的气球会使点的表面不断变大，若以某个人所在的某一点为定点，这个人将会看到其他所有的点都在后退，而且距离他越远的点，其退行速度越快。这就是说在过去的某个时间，即宇宙开始膨胀的时候，或许是亿万年以前，虽然我们可以认识到，甚至还能获得有关的信息，而回到那个时候却是不可能的。所以说宇宙没有中心。但这也仅是一些人的观点，而且无法解释所有的现象。到底有没有宇宙中心，有的话又在何处，看来短时间内尚难得到有说服力的结论。

3. 太阳的生老死亡

太阳是地球所在的中心天体,直径约为139万公里。从化学组成来看,它的质量的四分之三是氢,剩余绝大部分是氦,另外包括氧、碳、氖、铁和其他重元素等。太阳每时每刻无不辐射出巨大的能量,这是由于它含有的极为丰富的氢元素,在中心高温作用下,氢原子核相互作用,结合成氦原子核,同时释放出大量的光热。太阳上氢的贮藏至少可以供给太阳释放光热数十亿年。

太阳是一颗恒星。如同世上一切事物一样都有"生死轮回",太阳也有生老死亡。科学家研究认为,从恒星中心核内的氢开始燃烧直至全部生成氦,是它的"主星序阶段"。据计算,太阳最多会有100亿年左右停留在"主星序阶段"。至今为止它已有46亿年处于这一阶段了,这说明太阳正处于自己的青壮年期。天文观测发现,星系中的恒星一旦度过了"主星序阶段",进入老年期,就会成为"红巨星"。这当然也是太阳的衰变过程。

天文学家认为,当太阳进入老年期,它将膨胀到大于本来10亿多倍的体积,因此被称为"巨星"。又由于随着膨胀,其外表面越来越远离中心,温度也随之降低,发出的光也愈发偏红,而冠以"红"。太阳一旦成为"红巨星",氦核受反作用力会向内收缩,内核温度将超过1亿摄氏度,结构也复杂了许多。当太阳成为一个多变的大火球,内部的核反应会更加动荡,当核心的密度增大到每立方厘米10吨左右,一颗白矮星便诞生在了太阳内部。

一些科学家认为,50亿年后基本肯定太阳会成为"红巨星"。在快要灭亡时迅速膨胀,剧烈抖动,大量物质在这个过程中被抛入星际空间。银河系中发现的许多变星证明了这一点。就地球而言,一切生命都会灭亡,地面温度将高于现在的两至三倍,海洋也会蒸发成沙漠。太阳大概会在红巨星阶段停留10亿年,光度增高,体积庞大。若从地面观察,会看到整个天空都是太阳。以后成为白矮星的太阳继续发光,但温度不断降低。最后的岁月过去后,太阳将停止辐射发光,成为一个硬过钻石的巨大晶体"黑矮星",在宇宙中孤单地飘浮——这就是太阳最后的归宿。

不少科学家指出,尽管目前还不能清楚了解恒星的演化过程,但太阳的衰老死亡是必然的。不过,带给人类温暖和光明,自古以来被视为至伟至高象征的太阳,它的光焰不再,毕竟是极为遥远才会有的"大结局",人们不必过于担心。

4. 看不见的"黑洞"

在对太空光线进行研究中,美国宇航局研制发射了高能的天文观测系统。当收到返回的 X 射线宇宙照片时,研究人员发现,那些人们认为已经湮灭了的星体依然放射出极为强烈的宇宙射线。这证明了长久以来人们的一个大胆设想:宇宙中存在着看不见的"黑洞"。

爱因斯坦发表了广义相对论,德国科学家史瓦西依据这个学说,计算出了一个可能具备无穷大引力的天体半径。他认为,一个天体一旦半径达到了这个大小,就可能产生无限大的引力,任何物质都会被它吸引进去,而难以逃脱。即使是速度极快的光线,也逃之不及。这个有能力把一切吸入却看不到的地方,就是"黑洞"。

近年来,科学家更为确切地认可了黑洞的存在,认为黑洞是广义相对论能够预言的一种特殊天体。这种天体具有一个封闭而称为"视界"的边界。视界的封闭是相对而言的,外界的物质和辐射可以进入视界,而进入视界内的一切都无法再逃逸到外面去。任何东西一旦进入其中,就会被"黑",没办法再"看到"它。这就是将它取名"黑洞"的原因。研究发现,黑洞似乎总是处于"饥饿"的状态,是个永远难以填满的"无底洞"。

科学家为得到黑洞存在的证据,以高能辐射探测 X 射线寻找黑洞的线索。先后在发光类星体上发现的黑洞,有的质量为太阳的 120 亿倍,有的质量相当于太阳的 400 亿倍。但也发现了很小的黑洞,它的质量不足太阳的 3 倍。有科学家大胆设想认为,整个宇宙中,普遍存在着黑洞。在银河系中心很可能也有一个质量相当于 500 万个太阳质量的巨大黑洞。正是由于它巨大的引力,才将上万颗恒星吸引,围绕着银河系中心运转,使银河系也由此而成。

是什么原因导致宇宙中黑洞的形成呢? 一种观点认为,恒星到了晚年,核燃料耗尽,自身引力要发生坍缩,如果坍缩物质的质量很大,那么最终的坍缩产物就是黑洞。不过此类黑洞的质量不会很大。另有一种观点提出,星系中心部位密集分布着许多恒星,一旦发生大规模碰撞,会导致超大质量天体的坍缩,这样大的黑洞就形成了。还有一种说法表示,也许是"宇宙大爆炸"时,一些物质被强力挤压得极为紧密,于是产生了"原始黑洞"。总之,黑洞的存在部分证实了相对论的判断。但是黑洞到底有着多大的魔力,以及围绕黑洞的难解之谜,都有待科学家探索揭开,这难度不小。

5. 火星上有无水资源

　　1890 年,美国天文学家帕西瓦尔·罗威尔用大型望远镜观测火星,偶然发现在火星表面存在着一些沟壑,看起来是水流冲击形成的。水是生命之源,人们开始想到火星上有"生命"。

　　为调查火星上有无水的存在,从 20 世纪 60 年代开始,美国和苏联两个超级大国开始了一系列探测活动。美国宇航局 1975 年发射了两艘"海盗号"火星探测器,分别在火星上软着陆。探测器利用装载的精密仪器分析了火星的土壤,同时对火星上的气压、风速、温度等指标进行了测量。在实验中,机械手臂挖掘采集了火星的土壤样本,加以分析研究,发现火星土壤中有气体释放。有关研究人员经长时间研究后认为,火星上很可能有过生命存在。

　　在 20 世纪 90 年代以后,美国又对火星进行了多次探测,并取得了大量探测结果。2001 年,美国科学家对火星探测器发回的新照片进行研究后,提出了火星表面存在着水的固态形式即冰的设想。这项新研究支持了火星早期时候有可能存在生命的假设。研究结果认为,火星表面在早期也是分布着广阔海洋的,估计火星上每平方米拥有的水量比地球还多。早期火星上的海洋,其深度最深处可达 1.6 千米。由于火星内部的热核变化,加上小行星和彗星的撞击,致使火星在几百万年中逐渐失去了覆盖表面的水分。

　　科学家在对探测器发回的 8000 多张高清晰度照片研究中发现,有一种地形较为光滑,表明该区域的土层是多孔的,土壤里面渗入了水后又结了冰,凝固形成的;也可能是水混合了冰、尘埃和石屑黏合而成的物态,在火星表面形成了一层厚达 90 厘米的覆盖层。科学家测算,在整个火星表面,从寒冷的南极到大约南纬 60 度的好大一片区域里,都有含水区占据。

　　2008 年,美国"凤凰号"火星着陆器挖掘火星表面红土,意外发现了一些发亮的小方块。在阳光照射下,几天后方块都消失了。之后着陆器在加热土壤样本时鉴别出有水蒸气产生。这些都再一次确认了火星上有水存在。2020 年 7 月,中国"天问一号"探测器成功软着陆于火星表面,"祝融号"火星车健行在火星上。它所实施的目标任务之一也是探测火星表面的土壤特征与水冰分布。尽管各国科学家对火星上的水资源还在做系统探讨,但人类踏上火星,成为"火星生命",说不定过不了多久就会变为现实。

6. 金星上的文明遗迹

金星又称"启明星",是距离地球最近的大行星。在物理性质上金星可以说是地球的孪生兄弟。它的质量为地球的 81.5%,赤道直径为 12104 公里,比地球只少几百公里。

金星与地球又有着很大区别。它的表面温度高达 500 摄氏度,气压达到 100 个大气压。由酸雨构成的云层笼罩着整个金星表面。金星如此恶劣的环境,一直被科学家认为是一颗毫无生存希望的星球。

为探明金星的真实境况,20 世纪 70 年代苏联曾向金星连续发射行星探测器。研究人员根据探测器拍回的照片分析认为,太阳系中这颗炽热的星球,在大约 40 多亿年前曾经有过海。照片拍到了一片广阔的熔岩,这些熔岩分布在较薄的板状地形上。这里的熔岩是一种黏性很小的松散岩石,呈现了一个耸立的山崖地形。它为金星上曾经有海提供了佐证。因为即使是松散的熔岩,只要是从海水中喷出,就会被海水冷却而不会扩散开去。有关专家由此想到,在金星刚刚诞生的 40 多亿年前,太阳的活动还不像今天这样活跃,照射也不太强烈,海洋在金星上是完全可能存在的。倘若金星上有过大海,那么也应该有生命存在。地球上的生命就是自海洋中诞生。

1989 年,苏联发射的一般无人太空船抵达金星,透过厚厚的大气层,在拍摄传回的照片中,拍到了大约 2 万个"城市"的遗址。科学家起初以为影像中的景物可能是大气干扰形成的虚幻影像,后经分析认定这确实是城市的遗址。从照片上可见,城市的形状为马车轮形,居于核心的轮轴是大都会,并有公路网把各个城市连接起来。但照片中的城市都是断壁残垣,说明城市废弃已久。根据现有资料判断,金星最初跟地球一样,有海洋和陆地,气候也适合生物的生存和繁衍。那里的生物或许比今天的地球人类还要先进。可是后来大自然发生变迁,在宇宙演化条件下,金星表面趋向高温高压,海水完全蒸发,大气被酸雨"占据"。金星就此走上了与地球截然不同的演化道路。金星上的生灵便被这无情的自然法则所抹去,只留下了众多古城遗址。

金星上的生命在被摧毁前,是否向外界呼救或传送过信息,不得而知。天文学家称,外星文明世界在很早前可能就已向地球传送了信息音讯,但由于以前科学的滞后,地球人根本无法与他们联系。今天人类的科学技术已取得了很大的发展进步,正在以一个全新的面貌出现在宇宙空间,已开始能较为准确地破解一个个宇宙的谜团。

7. 地球的不停旋转

地球位于太阳系金星和火星之间,在太空中围绕着太阳旋转,自己也在自转。是什么力量驱使地球做这永不停息的运动,一直以来是科学家苦心研究的课题。

天文学家认为,太阳系是由古代星云演化而来,中心部分物质的温度越来越高,密度不断增大,引发了热核反应,产生了太阳。它周围的残存气体慢慢形成了一个旋转的盘状气体层,又经碰撞、收缩等复杂的过程,最后形成了一个完整的太阳系天体。太阳系包括地球的各大行星都围绕着太阳运转,并各自有着自转。就地球而言,人们常常以为它做的是匀速运动,其实地球的旋转不是一成不变的。

近代科学家在研究"古生物钟"时发现,地球的公转速度在逐年变慢。距今4.4亿年前的晚奥陶纪,地球公转一个周期需要412天;而到了4.2亿年前的中志留纪,则减少到400天;到了1亿年前的晚石炭纪,变为385天;到了6500万年前的白垩纪,已是376天;而现在是365.25天。这在天体物理学的计算中得到了证实。科学家认为,产生这种现象,主要是由于月球对地球潮汐作用的结果。

除此之外,地球公转的轨道呈椭圆形,最远点与最近点相差约500万千米的距离,也造成了地球公转速度的快慢不一。当地球由远日点向近日点运动,离太阳近的时候,受太阳引力的作用就会加强,速度也会变快;反之速度会减慢。再有,地球的自转轴与公转轨道并不是垂直的。地轴的两端也不是始终指向天空中的某一个方向,而是围绕着一点不规则地画圈,都造成了运转速度的变化。

人类发明了石英钟,更能准确地测量和记录时间。研究发现,在一年内地球自转也存在着时快时慢的周期性变化。春季自转比较缓慢,秋季则加快。这种周期性的变化,与地球上大气和结冰的季节性变化有关,也受地球内部物质的运动所影响。

地球在公转和自转的同时,还随同太阳系一起围绕银河系运动。地球的不停旋转,最初是怎样动起来的,会一直这样旋转吗,能量从何而来,它的加速、减速与太阳、月亮以及太阳系的其他行星到底有多少引力关系,这些问题还需有深入的探索。有人也许会问,假如地球旋转不需要消耗能量的话,那么它是"永动机"吗?对于是否存在所谓的"第一推动力",目前也还没有答案。

8. 地球的内部结构

人类居住的地球,从地面到地心的地球半径为6370公里。当今世界上最深的钻孔向下打入只有12公里。想要了解地球深处的状况,一直是很难做到的事。

在18世纪,科学家通过地球密度的计算,大致求得了地球的平均密度是5.52克每立方厘米,这比地表岩石的平均密度2.67克每立方厘米大一倍多。这让人们由此得到启示:地球内部藏有更重的东西。随着近代地球物理科学的发展,科学家认识到地震波是有效研究地球深处的手段。地震虽然能给人类的生命财产带来很大损失,但人们利用地震的辐射波,也能很好地辨别地球内部物质的密度、成分和温度、压强等概况。

经对地震波监测,科学家在地球内部33公里和2900公里两处,分别发现地震波传播速度有急剧变化,说明在这两个地方物质差异很大,存在两个间断面。由此地球内部被分为层次分明的三个主要同心层,即地壳、地幔和地核。位于距地表33公里处的称莫霍面,这个面以上是地壳,以下是地幔;位于2900公里处的称古登堡面,这里是地幔同地核的分界面。有关专家提出,地壳厚度在陆地和海洋分布不均,陆壳平均厚度约30公里,洋壳仅5—8公里。陆壳上层为花岗闪长岩,下层多为麻粒岩和闪岩;海洋地壳是橄榄岩。地幔分为上地幔和下地幔,其物质主要成分可能是同橄榄岩相似的超基性岩。地核分为外地核和内地核,外地核可能是液体,而内地核可能是固体。地核体积只占地球的16.2%,但它的质量却占到地球总质量的31%以上,主要成分是铁、镍等金属。

科学家在对地球结构进行研究中,对地球内部的温度也进行了推算。根据玄武岩形成的温度推测,地下100公里深处的最高温度可达1300摄氏度,300公里深处的最高温度为2000摄氏度。对于地核的温度,人们根据铁的熔点和其他因素估算,地核边界的温度不会超过4000摄氏度,地心的温度不会超过5000摄氏度。而也有苏联的地质科学家提出,地球是冷的,不是热的。依据是所找到的来自地幔带的岩石矿物晶体中有液态甲烷、液氮和液氢存在,如果地心是热的,这些液态物质一定会被汽化。这是一种逆向推理。

尽管科学家通过地震波对地球内部结构有了不少认知,但这些研究结果毕竟是间接推测到的,有许多还是假说。人们脚下的地球深处,还有着很多不解之谜。

9. 地球会不会有大劫难

一直以来,世界不少地方都有"世界末日"的说法流传。

在中美洲的危地马拉曾出土一块石碑,石碑的文字是古代玛雅文。经破译,石碑上记有玛雅人的历法。上面把一个长长的周期叫作太阳纪,换算现在的年是25800年。据石碑上记载,人类生活在第五个太阳纪,结束日期换算成今天的历法,就是2012年12月21日。

随着玛雅预言的传播,特殊天象、太阳风暴、地磁反转这些名词都被说得神乎其神,加之好莱坞大片《2012》的热播,"世界末日"的"灾难景象"一时间引起了很多人的恐慌。据美国《国家地理》杂志民调显示,竟有几乎三分之一的美国人相信玛雅预言中的2012全球灾难事件"有些真实"。美国、英国有许多人不仅担心"末日"来临,还有"避难"行动,如准备奢华的地下避难所,储备大量食物,购买"末日"装备,在自家游泳池养鱼,演习打猎维生等。法国比利牛斯山脚下有个小村庄,有传闻称外星人会把飞碟停在村旁山洞里拯救幸存者,于是大批"末日"信徒蜂拥而来,在此安家,等待"拯救",使当地农田和房屋的价格翻了5倍。然而喧嚣一时的"世界末日"2012年12月21日安然而过,并无异常。只是一些迷信"末日"的人,感觉来日无多,疯狂败家,接下来的日子生活会很难过。

虽然"世界末日"的说法不足为信,但地球遭遇大的劫难还是很有可能。科学家曾列举出毁灭地球的多个诱因,如太阳异常活动造成多细胞生命逐渐灭绝,暗物质引发大规模火山爆发,气候灾难诱发冰川期到来,还有太空病毒威胁地球生命,伽马射线暴,"流氓黑洞",地球磁场反转,生态系统崩溃,环境毒素等。

在众多能给地球带来劫难的危害中,小行星碰撞地球尤为值得警惕。上一次小行星撞到地球造成物种灭绝是6500万年前,那是一颗直径10公里级的天体。据天文学家统计研究,这种级别的天体撞向地球的周期约为1亿年一次。中国探月工程首席科学家欧阳自远经观测研究指出,在2029年将有一颗名为"阿波菲斯"的小行星和地球擦肩而过,它和地球撞击的概率为25万分之一,如果撞击上地球,将产生1万个广岛原子弹的破坏力,给地球造成巨大的灾难"。欧阳自远自信地表示,随着现代科技的快速发展,人类完全有能力在灾难面前转危为安,通过改变小行星的运行轨迹,避免撞击的发生,人类将当好预防天体碰撞地球的守护神!

10. 月球的超自然现象

月球是地球的卫星,与地球的平均距离为 38.44 万公里。它的大小约为地球的四分之一。过去人们认为月球不过是一个没有大气层、荒凉寂寞的星体,但在近代科学家观测和人类登上月球探查后,发现月球上的景象并不简单。

20 世纪 50 年代,世界各地的天文台陆续发现报告,在月球地势较低的平原地带出现了一个个圆顶状物体,几年间发现的总数超过了 200 个。到了 60 年代,天文学家在月球明亮部分曾观测记录下 300 多次异常运动物体的活动。这些物体呈光点、三角形、十字形、排气状和分支延伸状等,令人感到费解。

自 1969 年开始,美国先后发射了 7 艘登月飞船,共有 12 名宇航员登上了月球。研究人员对从月球带回的一种被烧熔的土壤进行化验分析研究后认为,这些月壤曾被一种亮度大于太阳亮度 100 倍的大功率能量射线流击射过,绝非陨石撞击留下的痕迹,因为那里没有陨石坑。在对另一种土样化验分析发现,它是一种由烧结后凝聚而成的玻璃颗粒组成的物质。这些都显示了非自然能力所为。

更让科学家惊异的是,在检视环形山照片时,还发现了一些有形的大型机械装置,大部分都已废弃,但有的机械似乎还在运转。有的"X"形大型设施,好像在环形山的斜坡处进行某种作业,施工中将产生的砂土喷射到山的另一侧。从照片上除发现了机械装置,还发现了一些圆柱形、八角圆顶盖形和几何形状规则的大型设施,让人意想不到。

在月球飞船拍摄的黑白照片中,有一张是月球凯特尔环形山地带的,照片上明显出现了一个 3 公里高的巨大阶梯式建筑群,它外表看上去像一座塔楼风格的城市。研究人员对这些月面照片进行计算机配光分析,结果表明塔式建筑轮廓的最亮部分正是物体的本来面目。再用内析法研究,结果表明,这些塔式建筑是用水晶状透明材料或类似玻璃钢一类的材料建造的,从而形成独特的几何形状。科学家认为,屹立在月球上的这些透明状垂直塔式建筑,是几百万年前遗弃下来的,这可以解释月球曾被智慧生物光顾。

自 2007 年以来,中国已 5 次发射"嫦娥"系列卫星和月球探测器。随着人类探月形成的又一个高潮,将有更多的月球之谜被发现和破解。要知道,月球虽是地球的近邻,可我们对它既熟悉又陌生。即便是人类居住的地球,对它也说不上有深入的了解。

11. "穿越时空"事件

"穿越时空"用通俗的话说,就是从一个时代进入另一个时代。这是人们梦想中的事情,被认为不可能。但历史上发生过的一些事件却表明,"穿越时空"的事可能存在。

1935 年,英国皇家空军的军官戈达克一天乘飞机执行任务。飞机掠过爱丁堡德勒姆一处废弃的机场,返程时又经过机场时,他往下俯视,震惊地看到机场被整修一新并投入使用,4 架黄色飞机停靠在跑道上。这下面的景象机组人员也都看到了。然而修复机场是 4 年后才发生的事,皇家空军也是在 1939 年才开始把飞机刷成黄色。这只能说明是飞机"穿越时空"先到达了未来。

1954 年,美国的热气球运动爱好者罗根和诺顿,在加勒比海与其他 50 个参赛者进行气球越洋比赛。当时天气晴朗,视野清晰。而罗根二人乘坐的气球却莫名其妙地消失了。1990 年,消失 36 年的这一气球突然在古巴与北美的海面上空出现。气球很快被古巴飞机迫降在海上,罗根二人被巡逻艇救起,送到一处军事基地受审。罗根和诺顿供述,他们只知道参加了由夏威夷至波多黎各的气球比赛,飞行中感到身体突然有刺痛感,好像有电流流过全身,周围全是灰白色。一睁眼又看到了大海和天空,并不知道时间已过去了 36 年。经调查,这一事件也只能用气球进入了"时间隧道"来解释。

苏联解体后,流传而出的一件机密文件披露,1971 年 8 月的一天,飞行员亚历山大斯诺夫驾驶米格-21 型飞机做例行飞行,无意中"闯入"了古埃及。他看到荒漠中一些金字塔巍然矗立,还有一些金字塔才刚刚打下地基或是建造了一半。经对飞行员使用测谎仪测试,他并未说谎。这只能说是他在时空间"穿梭"了。

1990 年 8 月,在委内瑞拉的加拉加斯市,一艘在飓风中失踪了 24 年的帆船"尤西斯号",搁浅在一处偏僻的海滩再现。舰上的 3 名船员被救起。送医检查后医生说,这 3 人虽失踪 24 年,但身体和相貌还似当年,好像时间对他们停摆了。船员中最年长的一个失踪时是 40 岁,按理说他现在已是 64 岁的老人,可他现在看起来依然像 40 来岁,身体非常健康。船上年轻的船员提比当年 19 岁,记得在刮飓风前捕到一条金枪鱼。当局派人上船调查时找到了那条金枪鱼,调查人员说那条鱼仍然十分新鲜,就好像刚捕到的一样。经当地政府调查,证实这艘"尤西斯号"帆船确在 1966 年失踪,原因不明。现又现身,它是不是进入了"时光隧道",则难下结论。这一桩桩"穿越时空"事件,似是而非,离奇而让人困惑不解。

12. 明代北京城的大爆炸

　　明代天启六年五月初六日早间,北京城西南处突然发生了一场惊天动地的大爆炸,方圆23里内全被夷为平地。据收集到的目击者所述记载,当日本来晴朗的天空,涌起一片遮天盖地的乌云。然后就听大震一声,天崩地裂,火光腾空,周围万余间房屋建筑顷刻变成一片瓦砾,2万余居民非死即伤。王恭厂一带地裂十余丈,尸骸遍地,秽气冲天。震声东至通州,北至密云,令人惊恐万状。出事之时,明熹宗朱由校正在用早膳,爆炸形成的冲击波,把他的御案也掀翻了。这位天启皇帝惊恐之际,让人急去查看。事后统计,爆炸至少死亡3000人,王恭厂附近僵尸层叠,惨不忍睹。皇帝听到报告,颁旨对无人认领的尸体赏棺材入殓,暂存待埋。而后装入死人的棺材摞列胡同两旁,长期无人过问,此处便被称为"棺材胡同"。直至1957年出版的《北京地图》,"棺材胡同"才改名"光彩胡同"。

　　北京城这场大爆炸有着多个诡异之处。有人认为爆炸是地震造成的,研究者查阅资料后证实,明代天启年间北京并没有强烈的地震发生。而王恭厂处原有一座铸造铁锅的工厂,后来改制火药,也称火药局,日产火药1000公斤,常储火药量可达几百吨。因天气炎热、工匠操作不慎,火药受摩擦、撞击引发爆炸,是较为可信的。但这里的火药爆炸能产生如此之大的威力吗?

　　人爆炸发生时,许多大树被连根拔起,飘落于远处。石驸马大街(今文化街)上有一尊半吨重的大石狮子,很难移动,居然被一卷而起,落到10里外的顺城门外。猪马牛羊、鸡鸭猫狗更是被卷入云霄,又从天空落下。长安街和远至德胜门一带,纷纷有人头、人脸和四肢落下,一场"碎尸雨"竟下了两个多小时,让人惊骇不已。

　　《天变邸抄》上更载有奇闻,说是爆炸遇难者,不论男女,也不管在家或在路上,很多人衣服鞋帽尽被刮去,全为裸体。《日下旧闻》记载,一女乘轿,听得一声震响,轿顶被掀去,女客全身衣服都被刮走,赤身裸体坐在轿中,竟没有伤及皮肉。这些人的衣服去了哪里呢?据《国榷》记载:"震后有人告,衣服俱飘至西山,挂于树梢。昌平县校场衣服成堆,器皿、首饰、银钱俱有。"可谓咄咄怪事。

　　明代北京城的这场大爆炸,是地震,还是火药爆炸?是天灾,还是人祸?还有爆炸时的诡异之处,至今让人费解。

13."通古斯"大爆炸的发生

1908年6月30日一早的7时17分,一场大爆炸在俄国东部西伯利亚森林的通古斯河畔发生。爆炸瞬间巨大的蘑菇云腾空而起,周围掀起炽热气浪。爆炸波及很远的地区,不但周围的草木被烧毁,就连70公里外的人也被高温热气灼伤,还有人被巨大的爆炸声震聋了耳朵。

据当时军方估计,这次大爆炸的破坏力相当于10百万吨以上TNT炸药,造成2000平方米内的6000万棵树木倾倒。一些欧洲国家的人在很远的距离看到了巨大的闪光。爆炸甚至造成了英伦三岛上伦敦出现了大面积的停电。这样的爆炸让人不寒而栗。

为查明通古斯爆炸的原因,建立了苏维埃政权的苏联政府,在1921年派出了考察队前往通古斯进行考察。经细致勘测调查,认为爆炸是由陨星坠落造成的。但他们提出的理由证据并不充分,陨石的坠落物也找不见,这让"陨星说"站不住脚。

考察队在调查中注意到一些奇怪的现象,如爆炸中心附近的树木除了树叶被烧焦,并无大碍,反而生长速度加快。另外爆炸地区生活的驯鹿有不少患了皮肤病。这样的爆炸后果更让人想找出真正的爆炸原因。1945年,苏联物理学家卡萨耶夫访问日本,看到广岛被原子弹摧毁的废墟,联想到通古斯爆炸,感到两者有不少相似之处。蘑菇云的形状是相同的,树木倾伏但并未连根拔出,因通古斯爆炸死亡的人畜也有核辐射造成的伤痕。这让卡萨耶夫产生了一个大胆的想法,他认为通古斯大爆炸是外星人驾驶的核动力宇宙飞船所为,在降落时因发生故障而引发了核爆炸。他进一步推测解释说,这艘飞船到地球是为了取贝加尔湖的淡水。他还指出通古斯地区驯鹿所患的皮肤病,与美国在新墨西哥州进行核试验后当地牛群受核辐射引起的皮肤病十分相似;而那些生长过快的树木,也和美国在太平洋岛屿进行核试验后树木生长的情况相同。

坚持"陨星说"的人并不认同这种说法,两方互相争执,谁也不能说得让对方信服。到了20世纪70年代,美国一些科学家又对通古斯爆炸提出了新的见解,认为爆炸是宇宙黑洞造成的。说是某个小型黑洞运行到冰岛和纽芬兰之间的太平洋上空时,引力作用触发了这场爆炸。但对于其中的细节,他们也缺少论据。对100多年前的通古斯大爆炸,其原因尚待查明。

14. 怪异的北纬 30 度

在地球北纬 30 度一线和附近,自古以来留下了众多的著名文物景观和文明遗址,还有着一处处怪异之地,让人感到神秘莫测。

北纬 30 度一线上有远古玛雅文明遗址、古巴比伦的"空中花园"、古埃及的金字塔及狮身人面像、北非撒哈拉沙漠的"火神火种"壁画,有约旦的死海,还有中国的钱塘江大潮、江西庐山、四川峨眉山等,享誉世界的历史建筑、奇观绝景,数不胜数。

这一线上的许多历史建筑让人产生疑问。在伊拉克首都巴格达南约 100 公里的巴比伦城,矗立着一座年代久远的巴别塔。在当地人眼中,这座"通天塔"意为"天地的基本住所"。为什么要建这座塔,它是奴隶制君主的陵墓,还是古代天文观测之地?没有人说得清楚。在黎巴嫩的巴尔别克村有一处原始部落遗址,它的外围城墙用三块巨石砌成,每块都超过 1000 吨,仅其中的一块就可建造三幢高 5 层、宽 6 米、深 12 米的楼房。没有人知道这三块巨石在当时是怎样运到此地的。

北纬 30 度一带地域有不少神奇有趣的自然现象,如美国的密西西比河、埃及的尼罗河、伊拉克的幼发拉底河、中国的长江等,均在北纬 30 度入海。地球上最高的珠穆朗玛峰和最深的西太平洋马里亚纳海沟,也在北纬 30 度附近。在这一纬度线上古怪事件不时地发生,让人经过时产生恐惧和不安。

大西洋上的"百慕大三角洲",一直以来被渲染为地球上最恐怖也最神秘的魔鬼地带。媒体报道,几十年来有大量船只、飞机在这里神秘失踪,发生了太多的离奇事件,为此这里有"死神居住地"之称。科学家试图用科学去解释发生的事件,但难以让人信服。

位于北纬 30 度线上的我国鄱阳湖老爷庙水域,被称为中国"百慕大"。这里也是一处令当地渔民和过往船只闻风丧胆的神秘三角地带,自古以来有无数船只在此沉没,对于沉船的"元凶"众说纷纭,至今仍是自然界的一桩悬案。

在北纬 30 度线上的美国加利福尼亚州与内华达州相毗邻的山中,有一条长达 200 多公里的峡谷,进入山谷的人大都不明不白地死去,难得逃生,这处山谷也被称为"死亡谷"。加利福尼亚州圣塔柯林镇郊还有一处神秘地带,这里的大树都向同一个方向倾斜,人来到此地也无法垂直站立,会不由自主地倾斜但不跌倒。科学家到此调查,但查找不出原因。

15. 灾难频发"百慕大"

在北纬30度的大西洋百慕大海区,有一片开阔的每边长2000公里的三角形海域,有"陷阱水域"之称。自20世纪以来,已有上百架飞机和两百余艘舰船在这一海域失事或失踪,下落不明的失踪者已有数千人。

1925年4月,日本货船"来福丸号"从波士顿出港,为了躲避海面的低气压,货船驶向百慕大群岛海域,然而不久,这艘船就下落不明了,船与船员都消失得无影无踪。接着1.9万吨的美国运输船"赛克鲁普号",也经历了这样的灾难,连同船上的309名乘员一起消失在百慕大三角区。

1945年12月,美国海军5架"复仇者"式海上鱼雷轰炸机,在返航途中竟一同消失在百慕大海区上空。飞机失踪前地面指挥塔听到了令人费解的话语:"我不知道自己在什么地方……好像迷失了方向!""大海变了样子……罗盘疯转!"飞机失去信号后,军事当局全力搜寻,但一无所获。

1963年2月,美国配备有先进的自动导航和通信设备的油轮"凯恩号",在平静的百慕大海面航行中,突然中断了与陆地的无线电联系,连呼救信号也未及发出就失去了踪迹。据说,还有两艘核潜艇也在百慕大海域失去下落。

百慕大海域除了频发悲剧,一些驶过这里的舰船、飞机上,还有异常发生。1968年,美国一架大型客机在穿越百慕大上空时,在荧光屏上失去图像达10分钟之久,而后飞机平安降落在迈阿密机场,抵达时间被提前了。飞机虽未发生意外,但飞机上的所有钟表都比陆地慢了10分钟。据有关专家指出,只有飞机加速到接近光速,才有可能出现这样的事。

1977年2月,一架水上飞机载有5名乘员进入百慕大水域进行考察。说来也巧,当考察人员在机舱内进晚餐时,突然发现刀叉变形,机上钥匙变样,罗盘上的指针偏离了几十度,录音磁带中出现了很大噪声。考察人员疑窦丛生,却找不到原因。

对于发生在百慕大三角海域的可怕事件,先后有科学家进行调查研究,力求破解这里的恐怖神秘之所。有人提出了"海底水文地壳运动说",认为是海底复杂的地貌纵横交叉,形成巨大的旋涡流,在强光照射下产生极高的温度,造成机毁船沉。也有人提出了"次声波地磁引力说",认为次声波在百慕大海域十分活跃,人耳无法听到,却具有巨大的破坏力,是导致种种惨剧发生的祸首。还有人把百慕大三角区同"时空隧道"、外星人基地等联系起来,这无疑让这一海域蒙上了更多的神秘色彩。

16. 亚洲海域的"百慕大"

在我国台湾东北部的太平洋上,有一片与大西洋百慕大三角区遥相对应的海区,位于日本东京湾、小笠原群岛、关岛和我国台湾西部的雅蒲岛之间,被称为"龙三角"。

这片海域自 1955 年开始被视为"魔鬼海区"。这是因为该海域在当年接连发生了几起百吨以上的大型船只神秘失踪事件。为此,日本政府派出一艘渔业监视船"锡比约丸"前往调查。岂料调查船在进行了 10 天毫无结果的海上搜寻后,也突然同陆上的导航站失去联系,再往后音信全无。以后这片海域的船只失踪事件又频频发生。据日本保安厅安全科统计,仅 1968 年前后 9 年间,就有多达 161 艘大小船只突然失踪,再无下落。

如同百慕大"魔三角"一样,船只和飞机进入"龙三角",也会经常出现罗盘失灵、无线电通信中断或故障等现象。还会突然出现海雾、巨浪、狂风、旋涡等恶劣气象条件。这里还会有一种"三角浪",即巨浪同时从三个方向向船只猛打过来。看似风平浪静的晴日里,突然而来的险情常使飞机和船只里的人不知所措。

1981 年 4 月,日本的"多喜丸"轮船正航行在东海岸外海,忽然之间,船员看到一个闪耀着蓝光的圆盘状大型物体从海中冒了出来,掀起一阵大浪,险些把"多喜丸"打翻。这物体在空中盘旋着,直径在 200 米左右。它一出现,船上无线电失灵,仪表指针也快速乱转。当这物体又飞回海中,再掀大浪,竟让"多喜丸"船的外壳也有多处损坏。这物体从出现到隐没用时约 15 分钟,船员们发现船上的时钟也奇异地慢了 15 分钟。

"多喜丸"船员看到的圆盘状物体,让人想到了"飞碟",想到了此处海底会不会与外星人或智慧生物有关,会不会是它们的基地。英国学者琼·查瓦德曾进行了 16 年的详尽调查,认为南太平洋在 1.2 万年前有过一块广大的"姆大陆",生活着"智慧人种",创造了高超的文明,航海业和建筑业都相当发达。后来由于火山和大地震爆发,文明的创造者连同他们的故土一同沉入了海洋深处。值得注意的是,太平洋中许多岛屿上的确留有巨大的石头平台、石头城遗址、石头雕像等,一些地方还留下了雕刻未完的石像,这表明古人富有成果的劳动是突然停下的。"龙三角"海底是不是隐藏着某种文明?会不会与失事船只、飞机相关?值得有关研究人员做更多的探索。

17. 中国鄱阳湖的"百慕大"

在江西都昌县多宝乡,有一段中国最大的淡水湖鄱阳湖连接赣江出口的狭长水域,因湖东岸山边有一座老爷庙,得称"老爷庙水域"。水域全长24公里。自古以来,该段水域水流湍急,恶浪汹涌,沉船事故常有发生,而且无从打捞。为此这里也有中国的"百慕大"之称。

1945年4月的一天,一艘侵华日军的"神户号"运输船,装载着200多名士兵和大量金银财宝在鄱阳湖上行驶,经过老爷庙水域时,水下突然涌起滔天巨浪,接着排空劈向"神户号"运输船,转眼间这艘2000多吨的大船便断裂下沉,从湖面消失,整个过程不过几分钟。抗日战争胜利后,国民党政府想把沉船打捞上来,请来美国著名的潜水打捞专家,结果却一无所获,而几名潜水员也神秘失踪了。

20世纪60年代初,一条新下水的船从松门山北去老爷庙,船行不远便消失在岸上送行人群的目光之中,船和上面的10余人从此再无下落。1985年3月,一艘载重250吨的船舶,凌晨时分在老爷庙南侧突遭浊浪撞击沉没。同年8月,航运公司又有两艘各为20吨的船只先后葬身湖底。仅1985年,在此沉没的船舶就有20多艘。1988年又有10余艘船在此遭受厄运。近30年来,共有200多艘船只沉没,1600多人失踪。离奇的是,老爷庙水域沉船不计其数,但无论怎样进行打捞,却打捞不到一件船骸,所有沉船仿佛都"人间蒸发"。

据近年科研人员调查指出,老爷庙水域的西北面是海拔1474米的庐山,当气流自北南下,即刮北风时,庐山东南面峰峦使气流受到压缩,流向仅宽3公里的老爷庙处时,风速加快。老爷庙水域是当地少有的大风区,最大风力可达16级。风大浪急,波浪就会形成强大的冲击力,从而导致船毁人亡。调查人员在拍摄的红外航空照片上还发现,老爷庙水域湖底异常,水域底下居然存在着一个巨大的沙坝,长约两公里,呈东西走向。有专家认为,沙坝的存在,阻挡了席卷而来的水流,并能在水下形成巨大的旋涡,从而给经过的船只以致命的一击。但这样的说法对人船俱失的现象并没有做出合理的解释。

地质勘查表明,老爷庙水域一带地下均为石灰岩,其岩性钙质多,易溶,有形成地下大型溶洞群及地下暗河的自然条件。有专家为此提到,老爷庙水域现在未见到溶洞是它们被厚厚的沙层覆盖,沙层有几十米,厚的能达几百米。沙层下面的溶洞或暗河的积水,积累到一定程度就要释放喷发,掀起巨浪,如果有船只恰巧经过,就容易被翻沉。而翻掉的船只又会被沉下去的沙子掩埋,让人很难找到沉船的踪迹。真实情况到底如何,自然还有待进一步考察。

18. 非洲"杀人湖"

1984 年的一天早上,在西非国家喀麦隆的莫罗温湖地区邻近村庄的路边,有 30 多人躺倒死去。医生和有关人员进入现场调查这些人的死因。医生发现死者看上去都像死于窒息。有目击者反映曾在远处看到出事地点出现过一阵浓密的白雾,好像还闻到臭鸡蛋或火药燃烧的气味。

由于出事的路边离莫罗温湖很近,调查人员想到湖中去寻找答案。当他们坐小艇向湖底投去水样提取瓶,往上拉起时,发现瓶中含有大量气泡。很快便查明气泡里的气体是二氧化碳。人在呼吸中都会呼出二氧化碳,少量的二氧化碳是无害的,高浓度的二氧化碳却会让人因窒息而死亡。问题是聚集于湖底的大量二氧化碳,为何会被逼出而杀害人呢?

正当调查人员忙于解开莫罗温湖"杀人"谜团时,喀麦隆的尼奥斯湖地区发生了更大的悲剧。新闻报道说,一种神秘的致命气体袭击了尼奥斯湖地区,造成了 1800 人丧生。令人奇怪的是,不少村庄里人畜被"斩尽杀绝",却不见有惊慌混乱的迹象,人们要么是在睡梦中死去,或是在劳作时倒地,都不见挣扎,显然是因窒息而丧命。救生和调查人员赶到现场,了解到的线索还是有白雾飘向地面,还有人说听到巨响,有人闻到了刺鼻的臭味,有人肢体上有烧伤,但并不觉得痛,可能是神经也烧麻木了。

有关专家根据在尼奥斯湖灾区调查了解的情况,联想到了大量二氧化碳从湖底飘出,可能与火山喷发有关。莫罗温湖和尼奥斯湖都坐落在火山口上,火山的小规模喷发就会导致有毒气体冲上湖面散逸。此外,观察尼奥斯湖周围的悬崖,明显可见有些岩石风化严重,一旦发生山体滑坡,大量岩石坠入湖中,加之坡度很陡,石体就会打破湖底的压力平衡,造成二氧化碳趁乱蹿出,引发灾难。

喀麦隆的"杀人"湖事件引起国际社会关注,有关科研团体介入了调查。对于神秘的臭味从何而来,调查认为是极高浓度的二氧化碳能使人产生幻觉,其中就包括闻到臭鸡蛋味或火药味。对受害者身体上的烧伤,虽有溃疡和水泡,其实是一种"高压水泡",与一般高温火烧不同。但是还有问题难解,就是如此大量浓度的二氧化碳是怎样聚集湖底的? 为避免这样的悲剧重演,又该怎样将沉积湖底的二氧化碳有序吸出"释放"? 让人担忧的是,很多当地人和游客并不相信他们生活在无形"炸弹"的阴影中,每天照样在湖边温泉中悠闲地泡澡。

19. 美国的"陆地旋涡"

旋涡是由于水流的旋转而形成的,通常出现在江河湖海中。在美国俄勒冈州格兰特山岭和沙甸之间,却有着一个"陆地旋涡",并造成很多怪异之事出现。

这一"陆地旋涡"被称为"格兰特旋涡",占地面积约 50 平方米,处于一片森林的中央地带。长久以来,这个"旋涡"地带有着神奇的力量,当飞鸟飞过旋涡上空时,会不由自主地下坠;而当有牛马等牲畜走到这里,会本能地发出惊恐的鸣叫,似乎这里有着不能靠近的危险。

为了探究"格兰特旋涡"的奥秘,一些科学家来到当地勘察。他们注意到,这片森林的所有树木,无论新老高低,树身一律都向着旋涡中心倾斜;在旋涡附近的草地上,所有植物的叶片都是垂向地面的。这表明旋涡处地下有着强大的吸引力。调查人员还看到,旋涡中心山坡处还立有一个很小的木屋。它看起来十分古老,而且歪斜着。经查询得知,小木屋为早年淘金人建造和使用,主要用于在屋子里称量砂金。到了 1890 年以后,可能是地下引力异常的原因,淘金人发现称量砂金时秤变得不准,他们便废弃了这个木屋,远离了这里。

这间小木屋立在此处,却有着奇怪的事情发生。它本来建造在山丘的顶端,却不知自何时开始缓慢向山坡下移动,至今已下降了 10 多米。当人走进木屋,会感觉有一股无形的拉力在拖拽自己的身体,不由自主地前倾。如果想走出木屋,就要费些气力,因为那股拉力始终在往回拉人的身体。木屋里的任何物品也都会受到拉力的牵引,无论是空瓶子还是瓶盖,只要轻轻推动一下,它们就会滚向"旋涡"中心。因为木屋是倾斜的,而"旋涡"中心处于高处的方位,所以物品会沿着斜面从低处滚向高处,而这不合常理的现象让人不敢相信自己的眼睛。

这个"格兰特旋涡"为什么会具有如此的魔力,调查人员难以做出精确的解释。曾有科学家用仪器探测过木屋周围的地形,发现下面有一个直径大约 50 米的磁力圈,以一定周期沿着圆形轨道移动。于是有人认为,这是重力与电磁力在配合作怪,因为重磁异常,强大的重力就会转变为磁力;而强大的磁力,转过来又会导致重力异常,酿成了这里的众多怪象。为什么这个地方会产生如此强大的重力呢?至今仍是众说纷纭。这个"陆地旋涡"留下的谜团,还有待科学家深入探索,调查清楚。

20. 吞没大船的"海洞"

在世界的一些海域,看似平常,却是神秘诡谲之处。

1886年5月,一艘名叫"格兰特将军号"的欧洲轮船接近了新西兰一个叫奥克兰的岛屿。天色黑下来了,海风不大,船长命令舵手放慢速度,向奥克兰岛驶去。又航行了一段路程,奥克兰岛就在眼前,船要绕岛而行。舵手转舵,没想到船停留在原来航向上,完全不动。舵手连转了几次舵柄,仍然失效。船上的人这才知道,轮船已经陷入了强流当中,如不能改变航向,船就会撞到奥克兰岛上。

这时,船长和水手们一齐上前,努力想转动舵柄,但不起作用。随着"轰"的一声巨响,"格兰特将军号"撞到了岛的石壁上,船舵随之折断。突如其来的巨响惊醒了船上安睡的旅客们。他们睁开眼,立刻被眼前的景象吓呆了。只见乘坐的船在海流中不停地打转,一股又一股海浪正猛烈冲击过来。随后一股大浪冲击着船绕了一个圈后,裹挟着船朝另一处石壁撞去。令人恐怖的是,那个石壁上隐约显露出一个黑乎乎的"大海洞",如同张着大嘴,要把船吞进去。船上的人都惊恐万状。慌乱中不知过了多久,天亮了。船上的人这才看清,大船正卡在一个大海洞的洞口,若不是船的桅杆紧紧顶在洞口的上部,整艘船早就被吞进去了。

这时,海水涨潮了,汹涌的浪潮猛烈冲击着船体,发出吓人的声响。很快船体裂开大缝,海水涌入,船在下沉。身体强壮的男人纷纷跳进海里逃生,但面前的大海洞似乎有着巨大的吸引力,将跳海的人吸入洞的深渊里。只有少数人侥幸逃到洞外救生船上。

海浪还在无情地冲击着"格兰特将军号",海水不停地涌入船舱,一艘大船就这样沉入了深不可测的海洞之中。逃到救生船上的人,眼睁睁看着大船被海洞吞没,都又惊又怕。他们后来逃到一个叫失望岛的小岛上,熬过了很多时日才被搭救。

当遭难的"格兰特将军号"旅客生还,沉船的消息传开,船上那些沉入水中的珠宝引起了一些冒险者的贪念。一个个探险队怀着发财的梦想,先后向奥克兰岛进发。但是探险者都是有去无回,连同他们的船只都离奇地失踪了。

得以逃生的"格兰特将军号"轮船旅客有多人,他们所述海洞吞船的事件难以否认。而那些寻找沉船珠宝的人和船只,又遇到了什么事情,难以知晓。探险队当中也有跑回来的人,他们说奥克兰岛周围根本没有什么"大海洞",也找不到"格兰特将军号"船的踪迹。这发生过的事情,成了解不开的谜。难道说,让奥克兰岛的"大海洞"深藏不露,就是大海要守住的一个秘密?

21. 飘忽的"幽灵岛"

自古以来,航海史上怪事多多。

1707 年,英国一艘轮船在北极地区航行,船长朱利叶斯发现一块陆地,但却难以靠近,他便将"陆地"标在海图上。200 年后,英国的破冰船"叶尔玛克号"到北极考察,再次发现了当年朱利叶斯标明的"陆地"。然而英国科学家在 1928 年前去考察时,这块"陆地"却说什么也找不见了。

一艘意大利轮船在 1831 年 7 月的一天,驶经突尼斯海峡的西西里岛附近,船上的人忽然看到远处海面海水沸腾,水柱喷涌而出,冲上几百米的空中。这一景观让船员感到很不平常。几天后当船返航经过这里时,船员惊讶地看到眼前多出一个冒烟的小岛。以后再看到小岛时,发现它逐渐在"壮大"。周长扩展到 4.8 公里,高度由原来的几米长高到 60 多米。这引起科学家的兴趣,前往考察。正当人们忙于绘图、测量、命名,准备登岛时,生成后的小岛突然缩小,很快又从海面上完全消失了。

类似的事情也发生在大西洋北部。有一座海豹栖息的小岛,是 100 多年前由英国探险家德克尔斯蒂发现的,它也因此被命名为德克尔斯蒂岛。岛上曾建有修船厂和营地。但此岛却在 1954 年夏季突然失踪不见了。当地出动飞机、舰船搜寻均无结果。8 个月后,美国潜水艇在北大西洋巡逻,发现一座没有标识的岛屿出现在航道上。经勘查确认,它正是那消失的德克尔斯蒂岛,它重现于这里,岛上还有人居住。它的时隐时现让人震惊。

海洋里忽隐忽现的岛屿被称为"幽灵岛",它与热带河流中或沼泽地带暴雨积水形成的漂浮岛并不相同。"幽灵岛"的形成,一直是海洋科学家有争议的话题。有人认为,撒哈拉沙漠之下有巨大的暗河流入大洋,大量泥沙迅速堆积增高,直至升出海面,成为临时沙岛。有人提出完全不同的观点,认为"幽灵岛"的基础是花岗岩石,是地震和板块的移动,才造成了岛屿的生成和沉没。也有学者推测,"幽灵岛"由古生代的积冰构成,聚集在浅滩和暗礁处,生成后很容易被暖流"消化"。还有学者认为,火山岩浆在喷出熔岩后,基底与海底基岩的连接不够坚固,形成岛屿后在海流的反复冲刷下,自根部折断,最后又消失了。另有学者提出,是火山活动引起海中地壳在同一地点下沉,使岛屿最终陷落。学者们所言各有各的道理,但多为推测。大海耍的"幽灵岛"把戏,还需有更精准的解释进行拆解。

22. 奇特的"怪坡"

人们都知道"下坡容易上坡难""水往低处流"的道理。可出于大自然的造化，有些"怪坡"却让人难以置信。

在辽宁沈阳清水台镇有一座寒坡岭，这里有一段最早发现的"怪坡"。在这段长约 90 米、宽约 15 米、坡度为 1.85 度的坡道上，路面平坦。但汽车下坡必须加大油门，而上坡即使熄火也能到达坡顶。骑自行车，下坡要使劲蹬，上坡却要捏紧车闸。人行坡上，也是上坡省力，下坡费劲。这使来到此地的人无不称奇。

在甘肃肃南县的戈壁滩上，当地驻军发现有一处"怪坡"，长约 60 米，坡度为 15 度左右。汽车开到这里，上坡要踩刹车，否则车速加快；下坡需加大油门，不然难以前行。他们反复用卡车、吉普车、摩托车等机动车做试验，都是如此。立放在坡面上的自行车、轮胎，也都自动溜着往坡上跑。机动车越大，向上跑得越快。

新疆南疆乌恰县外有一条南北走向的"什克"小河。河水从上游的低洼处，沿着河旁的小山坡，像蛇行一样逶迤而上，最后爬上了十几米高的小山坡。河水在山包转了两个弯后，沿山流向下游。小河沿着山坡往上流，当地边防战士每天饮用此水，对此现象已熟视无睹，而外乡客却是大惑不解。在台湾台东县东河乡，靠近山脚旁的一股溪水不往下流，却向山坡上流去，也有"水往高处流"的奇观。

发生在华夏大地的"怪坡"奇异现象多有发现，类似的"怪坡"在乌拉圭、美国、英国也有出现。这引起了科学家的注意。北京也有一处"怪坡"位于海淀北安河镇一个岔路口，专家一行到此调查。坡长约 40 米，东西走向，给人感觉是东高西低。但使用重力仪测量，结果却是坡东端比西端要低 1 米左右。专家指出，这里被认为是"怪坡"是因为参照物造成的视觉误差。由于怪坡一侧有一座逐渐向上的小山包，自东向西与怪坡的距离越拉越大，使本来是由东往西向上的怪坡，给人一个越来越向下的错觉。可知"眼见为实"也有不实的时候。

看来有些"怪坡"是由"视觉误差"造成的。但国内外一些"怪坡"用此解释并不都能说通。科学家先后给出了"重力异常""磁场效应""四维交错""黑暗物质""失重现象"等解释，也都难以使人完全信服。尽管"怪坡"的成因仍是众说纷纭，却使一处处"怪坡"之地成为人们竞相探奇的热门景区。

23. 神秘莫测的洞穴

洞穴指有出口通到地表面的天然地下空间,通常是由于水的侵蚀等外力作用下形成的。在世界上成千上万的洞穴中,有的很是神奇,是个充满了神秘感的地域。

在希腊的亚各斯古城的海滨,坐落着世界上最著名的"无底洞"。这个深不可测的洞穴紧靠大海,每当海水涨潮时,汹涌的海水就会迅猛地涌进洞里,并发出"哗啦哗啦"的巨大响声。据统计,每天大概会有 3 万多吨的海水流进这个无底洞里,长年累月却不能把洞穴灌满。如果这个洞穴类似于石灰岩地区的漏斗竖井、落水洞之类的地形,那么它就应该有出口。可是人们在亚各斯古城海滨周围一带寻找了多年,包括把一种经久不变的深色染料放入海水,把一种玫瑰色塑料粒子撒入洞穴,以期能够在附近或周边海域发现这些痕迹,但很多年过去,始终得不到这个洞穴出口的线索。这个"无底洞"的"底"让人百思不得其解。

在某些近海洋面上,有时会出现一汪深蓝色的圆形水域。从高空看,它仿佛是大海的瞳孔,给人以深邃、神秘、诡异之感,这种地形被称为"蓝洞"。世界各地海洋中分布着大大小小形态各异的蓝洞。其中最著名的是中美洲伯利兹的蓝洞,它位于伯利兹城陆地 100 公里之遥,直径 0.4 公里,洞深 137 米。远在冰河时期,它只是个干涸的大洞,冰川融化,海平面上升,让它变成了如今的模样。洞内有钟乳石群,巡游的梭鱼、天使鱼、鲨鱼等,使这里的蓝洞成为全球最负盛名的潜水胜地之一。

意大利的卡普里岛也有一处蓝洞,洞口很小,位于悬崖的下面,只能乘坐小船才能进入。有趣的是,洞口结构特殊,阳光也能进到洞内,又能从水下被反射上来,照得洞内海水晶蓝明亮。太平洋上塞班岛的东北角有个蓝洞,是石灰岩经海水长期侵蚀、崩塌形成的深洞,最深处达 47 米。蓝洞与外海有 3 条相连的水道,光线从外海透过水道打进洞里,使洞内海水闪耀出淡蓝色的光芒。中国西沙群岛永乐环礁中有一个蓝洞,洞深 300.89 米,是世界上已知的最深的海洋蓝洞。世界各地一个个神奇的蓝洞,像深蓝的瞳孔,又像惊讶张着的嘴,它们无声地宣布着秘密的存在,颜色深浅变幻又引人深思。

在山西宁武县管涔山有一个山洞,洞内越往地层深处温度越低,层层厚冰竟形成了永冻层,万年不化。这一温带地区低海拔地带,在酷热的夏季,周围炎热,洞内却如同有着冰箱制冷机一样总在补充着冷能,让人感到极不寻常。专家虽做出了种种分析解释,还是难以打消人们心中的谜团。

24. 有趣的"音响地"

大千世界，造化神奇。世界上有一些自然景观具有万籁之声，给人们带来兴趣。

美国加利福尼亚州的沙漠地带有一块巨石，足有几间房子大。居住在附近的印第安人，每当夜晚在巨石周围点起一堆堆篝火，浓烟笼罩的巨石就会发出动听的乐声，委婉悠然，犹如抒情小夜曲。美国佐治亚州还有一片"发声岩石"，拿小锤敲击这里的石头，无论大石、小石或碎片，都能听到悦耳的声响，音色和谐清脆。而把这里的石头搬到别的地方去敲打，随你怎么敲，听到的只有沉闷声，与敲普通的石头相同。

我国重庆东部的巫山县官渡镇内，有一个直径2米左右的山洞，洞深几百米，越往里走越狭窄。每到春夏季节，石壁就会发出有节奏的清脆响声，宛如演奏乐器。为此这个山洞也被誉为"会唱歌的山洞"。山洞为什么"会唱歌"，一直是当地人无法解开的谜。科技人员前往勘察，从洞口看进去，里面明显低于洞口。当日外面气温27摄氏度，但进洞后人便感觉有阵阵凉意。攀着嶙峋的怪石下行两米左右，进入到一片相对平坦的"河道"，四周石壁满是被水流冲刷的痕迹。调查人员发现，山洞石壁之内有一个相对封闭的暗河水道，正是由于水流通过时带动空气冲刷石壁，这才产生了清脆的响声。春夏时节旱季水流小，水道上空气多，水流冲刷石壁力量大，声音大而传播远，人就容易听到。其他季节水流大，空气少，加之空气潮湿不利于声音传播，人就不易察觉。这就是春夏季节山洞会"唱歌"的玄机。

漂浮在极地附近的哈苏埃尔岛周边的一些冰山，常会发出风琴演奏的乐声，这是为什么呢？科学家调查认为，是冰山上分布着一条条宽大的裂缝，不断涌来的波浪使冰山四周的水位忽高忽低。当水位下降时，大量空气进入裂缝；当水位上升时，空气又被海水排挤出来。空气穿过裂缝进进出出，连续不断产生振动，于是便发出了清脆悦耳的"乐曲"声。

为什么石头放在异常地带敲击悦耳，挪动位置会失声，有人分析这是个地磁异常带，存在着某种干扰场源，岩石在辐射波作用下，敲击会受到谐振，于是发出声音来。当然这也只是推测，并未得到充分证实。而巨石在浓烟笼罩下才会发出"乐音"，这巨石包藏着什么秘密，还有待科学家进行研究探讨。

25. 古怪的"石头"

石头是最为平常之物,但在世界有的地方的"石头",却是古怪而极不寻常。

我国湖南祁阳县有一种石头,能在水中漂浮,得称"漂浮石"。这种石头的硅质瓣呈多孔洞组成的斑点状,好像干丝瓜筋。它的颜色有深红、灰褐、灰白等,比较坚硬,但它的比重相当小,可以漂浮在水面上。专家正在对这种石头进行研究并加以利用。

在菲律宾吕宋岛近海海底有一种"自燃石",这种石头性脆,外表呈白色,在水中看不出有特别的地方,一旦将它打捞出水,它便会慢慢冒出白烟,几分钟后就会自动燃起火苗,火头还不小,最后会化为灰烬。这种石头中含有什么物质,是科学家分析研究的课题。

在日本栃木县那须镇的山上,分布着一种"杀生石"。这是一种毒石头,昆虫、飞鸟,甚至人畜接触它都会中毒,还会很快死亡。专家认为,这种石头多出现在火山喷火口附近,从火山口喷出的亚硫酸、硫化氢等有毒气体,浸熏了这些石头,使普通的石块变为毒石。

我国重庆大足区一个石坡上有两处石头有弹性,得名"弹性石"。在长 10 米、宽 6 米的石面上,只要有人在上面跳动,周围 3 米宽的石面都会有明显颤动。站上十几个人,只要有一个小孩跳动,十几个人都有剧烈的震颤。这里的石头为什么有弹性,其奥秘尚不为人知晓。

山东泰山脚下有一个石文化陈列馆,馆内陈列着一块"开花石",石头竟能开出花来。这块石头高 30 多厘米,形状像昂着头的海豹,表面有鼓出的密密麻麻白色的"花蕾",几天后会依次开出一朵朵褐红色的小花,花败后相连便形成了一层新的石头。这块石头 3 年长了近 6 厘米。地质部门有关人员初步鉴定认为,青石"开花"可能是石灰岩遇空气水分发生分解而产生的。

在印度西部的希沃布里村,有一对能随人喊叫而自动离地升起的巨石,称"自升石"。大的一块重 90 公斤,小的一块略轻些。曾有很多人见证说,只要众人把右手食指放在巨石下,同时高喊"库马尔·阿利·达尔维奇——",发"奇"字的音尽量拖长,沉重的石头就会升起,升到两米的高度。在人们喊得接不上气时,石头会落回地面。石头升降的过程,可以反复数次。人们统一使用手指、发声,就能改变重力作用吗?尽管科学家还难以解释"自升石"的奥秘,前往希沃布里村观看这一奇景的人反正是络绎不绝。

26. 非比寻常的石球

　　世界各地的石头在长久地壳变动、风雨侵蚀下,会呈现大大小小不规则的形状,而在有的地方也会出现浑圆的石球模样。

　　在哥斯达黎加的一些森林、沼泽地上,人们发现有许多大大小小极圆的石球。大的直径达数十米,而小的只十来厘米,仅几磅重。这些石球各点上的曲率近乎一致,是非常规则的圆球体。有的石球上还能看出有图案。在迪卡维斯河上游的马尔苏尔城里,这种圆石球到处可见,摆在居民家门口、路边、公园里,有的石球还放在墓穴之中。

　　除哥斯达黎加外,在埃及、中国、德国、巴西、美国、新西兰等国,也都有圆石球发现。德国一个采石场发现的大石球,直径有 15 米,重约 100 吨。小的石球仅核桃大。石球的出生并不相同,有的是崖壁被炸开后,从碎石中滚了出来;有的埋在松土之中,掘进时被挖了出来;也有的是自然出露在山坡地面上,或滚落在山谷中。

　　1967 年,美国一位采矿工程师在墨西哥发现了 4 个石球,直径都在 1.8 米左右。石球表面虽经风雨侵蚀,依然是圆滚滚的。考古学家闻讯赶来考察,在阿美卡附近又找见了许多这样的石球。在山峰高处还发现了一个直径达 3.35 米的大石球和一些呈梨形及两个石球连在一起的哑铃形石球。

　　多地这些石球是怎样产生的,又会有什么用处呢? 科学家做出了种种解释。有考古学家认为,这些石球是石器时代的人创造的,作为防御和狩猎某些较大兽类时使用的工具,或者是某种宗教祭祀品。有人认为,石球绝非人工所能完成,或许是宇宙来客给地球的纪念品,向人类表达某种意思。

　　美国地质学家在对墨西哥石球考察后得出结论说,约 4000 万年前,这里喷发了火山,炽热的玻璃样熔岩喷出后逐渐冷却而结晶,结晶过程是围绕着一个核心开始的,从核心向外扩张,慢慢形成球状,温度降低后石球也自然定型。

　　我国的地质工作者在考察了河南信阳矿区的石球后,发现它属火山石球,断面呈灰白色,成分为石英质,有的具有环形构造,因而推测它的形成可能与熔岩的热力作用有关。当火山熔岩溢出喷发,升到一定高度冷却变重下落,经过多次上下翻滚,就可能形成球体。有关石球成因的猜测分析都不无道理,但得出一个让人信服的结论并不简单。

27. 老挝荒原的石缸

在老挝北部川圹省丰沙旺市郊外荒原上,拨开一人高的荒草,可以看到一眼望不到边的埋在土里的石缸,石缸有大有小,造型不同。据考古人员调查统计,丰沙旺市周边土地上共散落着 3000 多个形态多样的石缸,其中有的石缸高 3 米,重 6 吨。这些被认为是远古埋下的石缸,数量之多,形体之大,令人叹为观止。

2010 年,这里的石缸与英国"巨石阵"、智利复活节岛"石人像"以及南美的"石人圈",并称为"世界四大石器之谜",被列入联合国世界文化遗产名录。联合国教科文组织曾组织考古学家对当地的神秘石缸进行实地考察,以期了解野外的石缸是谁而造,为何、如何而造。

考古人员调查发现,石缸集中的区域有 3 处,这 3 处约有 500 个石缸,其余的石缸则分布得很分散。利用坐标图分析,这些石缸的排列并没有规律,既非特定图像,亦非天文星图,与当地人的传说和信仰图腾也不相干。据考证,这些石缸的建造年代在距今 3000 年左右,所用石料为大理石、沙岩石和石灰石,但均非川圹当地出产。因此考古学家认定,这些石缸的原料是从外地运来的,甚至是在外地造好石缸后运来的。但即使是现在,此地与外界的交通运输也极不方便,在 3000 年前,当时的人类又是用怎样的交通工具把这数量巨大的石缸运来的呢?

考古学家最为关注的一点是:石缸因何而建造?有何用项?猜测之一是"石棺说",川圹省原是古战场,有人提出可能是好战的国王将石缸用作存放有功将士尸体的石棺。但是石缸周围找不到任何尸骨遗留物,使这种假说站不住脚。另一种是"贮酒说",认为石缸是古代国王用来装犒赏将士的美酒用的。有人质疑真的有必要造这么多、这么大的石缸装酒吗?是什么样的战役需要这样多的美酒?这一猜想也存在不少疑点。再一种为"贮水说",认为古代人为防天旱而造石缸存水。有人反驳指出,石缸是独立存在的,无法考证与石缸同一年代的大规模部落居住在当地的遗址。还有一种"酷刑说",说是以石缸对犯人施以酷刑而用。费力建造如此多的石缸折磨犯人,这更被认为不成立。

虽经数年的考察研究,考古学家还是不能弄清是何种文化造就了这些石缸。石缸表面都没有纹样,只在一个石缸上画有一个人形图案,画了鼻眼和手脚,看上去有些像"蛙人"。有研究人员联想到这个图案与印尼的一些石器纹饰相似。难道内陆地区的老挝与千岛之国印尼的文化在 3000 年前就有某种联系?这使本就难解的石缸迷雾里又多了一个谜团。

28. 秘鲁荒原的石头标记

在秘鲁首都利马南部,有个叫毕斯柯湾的地方。那里有一座古代印加人建造的红色岩壁,高达246米。岩壁上雕刻了一个巨大的图案,图案呈三叉戟或是像三足烛台的形状,延伸而下的每个股有近4米宽,是用含有像花岗岩一样硬的磷光性石材雕成的。

这座岩壁并不是孤立于此的。在距它160公里外的荒原上,也有许多标记有图案的石头。神秘的石头标记分布广泛,在从巴尔帕荒原北部到纳斯卡的南部近60公里的狭长地带,都有发现。它们主要是一些几何图案、动物雕绘,以及排列很整齐的石块。

是什么样的动机让古代印加人建造这样的石头标记呢?一些考古学家推测,当地临近海湾,这些可能是指示船只航行的路标。有人质疑,这岩壁的标记远方而来的船根本看不到。而且在那遥远的古代,是否存在远洋航行这回事都值得怀疑。有学者指出,雕刻的石头标记是朝向天空的,因此认为石头标记图案是作为某些会"飞"的人的航空标记而刻意设立。学者进而猜想,假如乘坐飞行器在这个荒原上空飞行,由石头标记展示的发光线条时而平行,时而交错,绵延不断,就能确定方位,方便起降。

能够制作巨大的石头标记图案并飞行在空中的,绝非古代印加人。当地曾流传,古时有来历不明的智慧生物,登陆在今天的纳斯卡城郊附近一块无人居住的荒原上,为飞行器开辟了起降场,还设置了可做着陆向导的醒目标记,直至完成使命离开为止。考古学家带着这个传说对纳斯卡和周围地域展开考察,并接连获得成果。

在安陶法格斯塔省的山区和沙漠地带,以及距纳斯卡400公里的玻利维亚英伦道镇的岩石上,陆陆续续又发现了多个石头标记航标,呈现了三角形、扶梯形、直角形等图案。在同一个平面内的整个区域里,一座峭壁山石岩上刻画着发光的圆盘及椭圆形图案。在人迹罕见的泰拉帕卡尔沙漠的山坡上,还刻有一幅很大的机器人图案,它有近百米高,形状像棋盘,两腿直立,脖子细长,特别是长方形的头颅上面,居然有12根同样长度疑似天线的东西竖立着。在从臀部到大腿之间,有像战斗机的粗短翅膀那种三角鳍连接着身体的两边。这幅山石图案如今还位于距纳斯卡荒原约960公里的地方。

秘鲁荒原的石头标记,到底与"宇宙来客"有没有关系?截至目前仅是一些推测。作为一处古代遗址,这里的石头标记之谜,是值得进一步考察和解开的。

29. 复活节岛的石雕

复活节岛位于南太平洋上,属南美洲智利的领土但却与智利有 3000 公里之遥。这座岛屿面积为 162 平方公里,因岛上放置有巨人石雕像而闻名于世。

细加观察,石雕巨像有 300 多尊,都是以黝黑的玄武岩、凝灰岩雕凿。有些还用贝壳镶嵌了眼部,让雕像显得炯炯有神。雕像一般高 5—10 米,重几十吨。最高的超过 20 米,重 300 吨以上。有的雕像上戴有石帽,帽重也有 10 吨左右。这些石雕像造型生动,多为高鼻梁、深眼窝、浓眉毛、长耳朵、翘嘴巴,双手贴肚。石像的表情或阴郁、或冷漠、或沉思,个个严肃而找不到一个笑模样的。在雕像一旁还安放有石台,坐落着露天庭院等石材建筑。

这岛屿上居住着几千土著居民,他们连一些简单的工具也不会使用,显然是无法雕出这许多巨像的。那么岛上的巨像是什么人留下的,又有什么作用和象征意义呢? 几百年来,无数人怀着好奇心而来观看石像,然后揣着哑谜离去。

有人研究了岛上刻有文字的木板后认为,南太平洋上曾经拥有一块具灿烂文明的古大陆,是突然爆发的大地震给它带来劫难,只有复活节岛幸免于难,岛上的石雕和石建筑,都是那个时代的遗迹。

有人从岛上原住民留下的木牌文字符号推测,石像上的长耳人即为印第安人,是为纪念长耳人的首领而雕刻的。石像是已故酋长和宗教领袖的象征,是神话死者的偶像。长耳人相信它有超自然的力量足以抵御天灾人祸,保佑海岛安顺,于是激发部族巨大的创作热情,一代又一代雕刻下去。

专家学者们虽然力图搞清石像的用途和制作者,但最难解开的是巨大沉重的石像运输到位之谜。远古时代人们没有机械,单靠人力是怎样搬运几十吨重的石像的呢? 那又大又重的石帽又是怎样安放到高大石像头上的呢?

法国探险队在对复活节岛做了全面考察后另有说法,认为岛是外星人来到地球时造访过的,曾是外星人的一个基地。他们说石像不是神,也不是人,而是太空来客搞的名堂,造出这些石像只为留作纪念。

如此看来,复活节岛上的石雕之谜,短时间内还很难解开。

30. 马耳他岛的巨石建筑

地中海上的马耳他岛,位于利比亚与西西里岛之间,面积仅246平方公里。但就在这样一个小岛上,却发现了30多处巨石神庙的遗址。

1902年,在马耳他首府瓦莱塔一条路边,有人盖房时无意挖出了一个洞穴。经考察,发现这里竟然埋藏着一座史前的建筑物。整座建筑由石材砌筑,粗大的石架整齐平稳,棱角分明,由上下交错、多层重叠的石材房间组成,完全没有用石头镶嵌补漏塞缝的地方。建筑中有一些进出洞口和精巧的小房间,石墙四周设有大小不等的壁孔。中央大厅耸立着直接由巨大石料凿成的大圆柱和小支柱,支撑着半圆形屋顶。整个建筑分为三层,最深处达12米。

这个遗址发现10年后,在马耳他岛的塔尔申村又发现了一座巨大的石制建筑。经考古学家挖掘和鉴定,认为这是一座石器时代的庙宇废墟。它的占地面积达8万平方米。据专家考证,大约建造于5000多年前,是欧洲最大的石器时代建筑遗址。相比于以前发现的地下建筑,这个庙宇的布局更为雄伟壮观,许多祭坛上都刻有精美的螺纹雕刻。神庙有一座宽厚的石门,应该是主门。通往厅堂的走廊错综复杂,就像是走进了迷宫。

此后,在马耳他岛的哈加琴姆等地,又陆续发现了一座座庞大的建筑物,都是由巨石建造而成的,属于最复杂的石器时代遗迹。这些建筑大都保存完整。马耳他戈佐岛发掘出的一座神庙,是用硬质的珊瑚石灰岩巨石建成的,古朴庄重,外墙所用的石材高达6米。还有一座"蒙娜亚德拉"神庙,被称为"太阳神庙"。它根据太阳光线投射在神庙祭坛和石柱上的位置,可以准确地显示夏至、冬至等主要节令。让人意想不到的是,从太阳光线与祭坛的关系推测,这座神庙是公元前10205年建成的,它的建成离现在已有1.2万年。

从考察所获的证据表明,马耳他岛上巨石建筑的建造者们,在天文学、数学、历法、建筑等方面,都有极高的造诣。在那个落后的石器时代,当地的人就拥有这么高的智慧吗? 在1.2万年前,"蒙娜亚德拉"神庙的建造者,能够周密地计算出太阳光线的位置,设计出那么精确的太阳钟和日历柱,他们到底是怎样做到的呢? 如果不是当地人,又是谁建造了这些史前建筑物呢? 人们希望能早日找到马耳他岛巨石建筑的答案。

31. 英国平原的"巨石阵"

在英国南部的索尔兹伯里平原上，放置着一群排列整齐的巨大石块，这便是举世闻名的"巨石阵"。

"巨石阵"的主体是一根根巨大石柱排列成的几个完整的同心圆。每根石柱高约4米，宽约2米，厚约1米，重约25吨。其中两根最重的有50吨。在有的两根石柱顶端横架着石梁，形成拱门状。石阵外围是直径约90米的环形土岗和壕沟。在这个范围内还有两个由巨型方石柱组成的石阵，石柱高约8米，平均重约30吨。石阵的中心线上有一组巨石排列成马蹄形，开口正好对着仲夏日出的方位。

这处平原"巨石阵"是17世纪时被发现的。据英国考古学家考证，"巨石阵"于公元前2800年左右的新石器时代晚期开始建造，这比建造埃及最古老的金字塔还要早。史前"巨石阵"的建造大概经历了三个阶段。据估算，以当时的生产力水平，建造完成它，至少需要3000万小时的人工，也就是说，至少需要1万人连续工作1年。

在对"巨石阵"的发掘中，始终没有发现用轮载工具或是牲畜的痕迹。建造者们是如何从远方把大批巨石运来、安置，不得而知。但有理由相信，建造者们绝对不会是一个未开化的民族。

研究人员对建造"巨石阵"的用处进行分析。有人认为，这里是刑场，因为从石阵周围曾挖出人的头颅等遗骸。但这种说法过于偏激，因为犯不上为处死个把人而大费周折。但不能排除它是用来祭祀的宗教活动场所。

对"巨石阵"较为流行的说法是：它有天文观测的功用。它的主轴线指向夏至时日出的方位，而石阵中标记为93、94号的两石连线，正好指向冬至时日落的方向。有天文学家指出，在建造"巨石阵"的时代，人们已经把一年分成8个节令了，即立春、春分、立夏、夏至、立秋、秋分、立冬、冬至。"巨石阵"大概是远古时代的人为观测天象而建造，它是一座非常古老的"天文台"。

也有天文学家考察了石阵里56个围成圈的坑穴，发掘出一些骨灰、骨针和燧石等物件，认为古人是以巨石和坑穴来预告月食和日食的发生。果真如此的话，"巨石阵"的建造者在天文学、数学方面的造诣远比希腊人、哥白尼，甚至牛顿还高，因为他们已经在探讨太阳系的运行了。

"巨石阵"究竟是墓葬和宗教活动场所还是天文台，多年来一直在争议中。不管怎样，这一远古祖先留给后人的谜团，一直如同一块强力磁铁，吸引着人们的目光。

32. 难解的"麦田怪圈"

20 世纪 70 年代末,英国威尔特郡的农民在成熟的小麦地里收割庄稼时,发现一些庄稼地里出现异常。从高处看,有些庄稼呈倒伏状,并显现有规则的对称和圆圈现象。

接着,一些麦田里又出现了包括三角形在内的其他几何图案。在汉普郡的麦田里,人们再次发现了两个神奇的图案,一个形同电影里虚拟的外星人形象的脸形,另一个是向太空球状星云发射的信息修改后的图案。自此以后,每年都有"麦田怪圈"在世界各地被发现,形状逐年趋向复杂。

2000 年 6 月,俄罗斯一家电视台插播了一组画面,显示南部斯塔夫罗波尔地区一块成熟的麦田里,出现了 4 个有规则的对称圆圈,圆圈中的庄稼齐刷刷被削平。圆圈中直径最大的达 20 米,其他三个为 3~5 米。位于最大圆圈的中心处,有一个深 20 厘米的土洞,洞面光滑。当地安全官员勘查现场后,排除了人力所为的可能。

对于"麦田怪圈"的出现,众说纷纭,一类认为是大自然的杰作。考古学家、物理学家、地质学家、农学家等都持这种说法。考古学家认为,怪圈生成的地下可能埋藏有石器时代的圆形巨石建筑,或是青铜时代的埋藏品呈圆形分布。这些地下的埋藏品和建筑可能影响到土壤结构,使农作物也产生特定的反应。一些地质学家提出了"球形闪电说",球形闪电及其一些因素即"等离子体旋流"会共同形成怪圈。此外,太阳表面黑子活动增强,亦与怪圈有一定的关系。还有些学者提出小型龙卷风裹挟着尘埃、地球核心发出的大地射线、泥土中某种有毒的蛋白质、霉菌病及白蚁等也都会造成农作物成片倒伏,不足为奇。但另一类坚持说"麦田怪圈"是外星人留下的。当这些天外来客乘坐飞碟光临地球时,飞碟选降在麦田上,是旋转的强烈气流造出了一个个怪圈。此外,对"麦田怪圈"的产生,有人宣布是恶作剧,有人承认自己曾在麦田弄圈搞怪。但他们说的也不一定属实。在发生怪圈的周围也难找到有人活动的足迹。一些人也曾守候在麦田边,希望当场捉住搞恶作剧者,却捉了一个空。由此看来,"麦田怪圈"并没有人们想象的那么简单。

"麦田怪圈"被谈论得沸沸扬扬,一段时间后,已不再新鲜。这时在英国牛津郡的一块麦田竟出现了一个立体感十足的"三维"怪圈。这是一名飞机驾驶员发现的,怪圈直径达 110 米,乍看上去仿佛是从中央的十二角形中伸出长短不等的立体柱子。从空中往下看,就像是一个广场旁边围着 12 座高楼。这一"三维"怪圈的出现,使"麦田怪圈"的话题再成热议。

33. 罗布泊的位移

罗布泊位于我国新疆塔里木盆地东部,面积约 3000 平方公里,湖面海拔 780 米,是中国的第二大咸水湖。长久以来,由于河流改道,入湖水量变低,湖面逐渐缩小。周边盐滩、荒漠广布,罗布泊的准确位置一直难以确认。

罗布泊地区自古酷热、干旱,多陡崖、盐滩、风沙,被称为"死亡之路"。曾有一些中外学者,冲破层层阻碍进入罗布泊进行考察,并取得大量成果,但在罗布泊位置的认知上产生了分歧。

1876 年,俄国探险家普热瓦尔斯基来到塔里木河口的喀拉和顺境内,他所见到的湖泊是一片淡水湖,大片沼泽里芦苇丛生,聚集了成千上万的鸟类。而北部罗布泊的水都已干涸,成为荒凉的盐滩。为此普热瓦尔斯基认为罗布泊是游移湖,它的位置和形态是随着充水量的变化而南北变动的,有时偏北,有时偏南,位置难以固定。

另一位瑞典的旅行家斯文·赫定到罗布泊考察,也认为罗布泊是游移湖。他以为游移是由于进入湖中的河水夹带了大量泥沙,沉积在湖盆并逐渐抬高,导致湖水往较低的方向流动。过一段时期后,露出地面的湖底又遭风的吹蚀而降低,湖水又会流回到原来的湖盆中。罗布泊就像钟摆一样,南北游移不定,游移周期可能为1500 年。

国内早年也有一些学者考察了罗布泊地貌后认为罗布泊从来就不是游移湖。指出罗布泊由于受湖盆内部新构造运动和入湖水量的变化的影响,在历史上只是常出现积水轮廓大小的变动。这只是一种自然的历史演变过程,而算不上也不能称为游移湖。

新中国成立后,专家学者对罗布泊的勘察考证一直在持续进行。近年,中国科学院新疆综合考察队地貌组通过对罗布泊再做实地调查,结合卫星照片分析,证明罗布泊从第四纪以来始终没有离开过罗布泊洼地。虽然有各个历史时期气候条件的变化、古代水文条件的改变以及板块运动而导致其水量的涨缩,但它总是在湖盆内变动,湖水从未超越范围到湖盆以外去。

罗布泊是不是游移湖,该怎样认定罗布泊的准确位置,是地理问题,也属学术讨论。重要的一点是罗布泊湖的入水量变化总与河道相关,这里又有很大的人为因素。有关部门要从人与自然的相处上多进行探索,加以综合治理,从而改善罗布泊的大环境,这才是现实中应该抓紧做的。

34. 南极竟有"热水湖"

南极地带终年冰雪茫茫,冰层覆盖着95%的陆地,厚度达到2000米,平均气温为零下几十摄氏度。然而就是这世界上最寒冷的地方,却有着一个叫作"范达湖"的热水湖。

这个热水湖最早是由美国人发现的。美国航天卫星探测到了它,它在冬季的时间常会显现,但又时隐时现。1960年,日本学者鸟居铁通过测量资料,也发现了这个热水湖。他对范达湖的水温和所含物质细加分析,了解到湖表面薄冰层下的水温为0摄氏度左右,随着深度向下,水温不断地增高。到15米深处,水温升至7.7摄氏度左右。在50米处,水温升高加剧。至68.8米湖底,水温竟高达25摄氏度。这与一般海域夏季表面水温不相上下。在极寒冷的南极竟然有这样的热水湖,令人感到惊讶。

南极的热水湖是真实存在的。当地冰层的年平均温度在-25摄氏度左右,范达湖下最高水温达到了25摄氏度,这将近50摄氏度的温差是怎样形成的呢? 科学家们从不同的角度加以分析说明,彼此争论不休。

一种"地热活动说"认为,南极大陆上有很多火山,至目前有的仍在喷发。火山喷发时地底岩浆活动比较剧烈,岩浆会猛烈上涌。受地热影响,湖水的温度就会出现上冷下热的现象。范达湖距离有两座活火山喷发的罗斯海仅50公里远,很可能就是火山的喷发影响到了范达湖水温的变化。这种解释似乎很容易被人们接受。但是国际南极干谷钻探计划实施后,人们了解到范达湖所在的干谷区中并没有地热活动,这对"地热活动说"是一种否定。

一种"太阳辐射说"得到了更多人的支持。持这种观点的人认为,南极地区夏季日照时间长,湖面接受太阳辐射能多,有助于水温的升高。范达湖所处的地区风力强劲,积雪会被吹走,岩石裸露,使得夏季地面、湖水吸热增多,气候较为温暖。长年累月,湖表层及以下冰层的温度便有所上升。由于湖底水的盐度较高,密度较大,底层的水又不会上升,就使高温的特性保留了下来。反对者则指出,夏季日照时间长,但光线阴沉,能够到达地面的太阳辐射有限。加之冰面也会反射太阳的辐射能,难以使底层的水温升高。这样的分析也合理,似乎让"太阳辐射说"有些说不通。

近年,考察人员观测到范达湖底层水温还有缓慢升高的趋势。此外人们还发现冰原上的氯化钙之类的盐类溶液能有效地蓄积太阳热。这样的新发现为"太阳辐射说"提供了有力的依据。

35. 难否的"大陆漂移说"

16 世纪末,荷兰学者麦卡托结合人类长期积累的历史资料,依据地理发现,绘制出人类第一张世界地图。由此,人们对地球表面的基本地理状况有了比较准确的了解。

1910 年,30 岁的德国气象学家、探险家魏格纳因病住院。病床对面挂有一幅世界地图,他在观看中突生灵感,发现南美洲巴西的一块突出部分和非洲喀麦隆海岸凹进去的部分形状相似,他想如果移动这两个大陆,使它们靠拢,不正好吻合吗?再细看,亚洲和欧洲,澳大利亚、南极之间,也有类似情况。魏格纳经过两年研究,大胆提出了"大陆漂移说"。指出地球的大陆原先是一整块,大约在距今 3 亿年前开始分裂,向四方移动,于是演化成如今的模样。

魏格纳的"大陆漂移说"公布后,在科学界引起了很大的轰动,但批评远大于支持,很多人指责魏格纳离经叛道。大陆漂移假说的关键弱点在于对漂移机制的合理解释。魏格纳认为,大陆漂移的驱动力来自地球的自转,但实际计算后发现,自转的力量远不足以推动大陆移动。另一方面,当时的主流观点认为地球内部已经完全凝固得"像铁一样",没有力量能使大陆断开漂移。1930 年魏格纳在考察格陵兰岛时不幸遇难,此后他的学说也一度几乎被人完全遗忘。

到了 20 世纪 60 年代,英国科学家依据沿大洋海岭对称分布有磁性条带这一发现,提出了地幔对流和海底扩张说,设想新地壳的诞生处是大洋的海岭,地幔中的物质不断从海岭的裂缝中涌流出来,并凝结在海岭两边,造成海岭不断向外扩张。这样的发现,可说是为"大陆漂移说"找到了直接的证据。随后,法国科学家又提出了板块构造理论,认为地球的外壳由二十几个大板块组成,其中最基本的是太平洋板块、印度洋板块、美洲板块、欧亚板块、非洲板块和南极洲板块这六大板块。这种理论指出,地壳在不断发生变化,载着大陆的板块在整个地质时代都在运动着。地球大陆在漫长的演化中实际上被"撕裂"多次。板块相互碰撞,也会互相粘接,原来海洋的地方会成为陆地,有的陆地又会撕裂为海洋。这一时期,通过人造卫星的精确测量,已经证实大西洋在以每年 1.5 厘米的速度扩展,太平洋上的夏威夷群岛与南北美洲大陆相互靠近的速度是年均 5.1 厘米。这些都使"大陆漂移说"在新的理论基础上复活。

尽管"大陆漂移说"难以否定,今天仍有不少人对它存有异议,争论还在继续,但新的学说在不断涌现,随着对这一问题探讨的深入,人类对它的认识必能日益接近事实。

36. 人类的年龄有多大

当人类诞生之后,自然而然会追问自己:人类是怎样起源的? 人类的年龄到底有多大?

根据在北京周口店"北京猿人"遗址发现的资料,国内外学者推测出"直立人"的诞生已经有 77 万年的历史。又有一些外国学者依据"爪哇猿人"的化石,认为人类已有 100 万年的历史。后来,随着东非地区坦桑尼亚"东非人"化石的发现,以及肯尼亚等地砾石工具的出土,学者们又认为人类的诞生已有 200 万年的历史。

测定人类的年龄,可信的方法是从发现的最古老的人类化石算起。1973 年,在非洲埃塞俄比亚的哈达一带 300 万年前的地层里出土了大批化石,有些被确认为人类化石,显示其生存年代应该在 400 万年左右。一年后,在峡谷的莱托里尔,出土了 13 块化石,都属于人的系统。其中一块下颌骨经用钾氩法测定,骨头主人生活的年代距今约 350 万年。国际科学考察队在埃塞俄比亚的奥莫盆地先后在 70 个地点发现人类化石,年代最古的在 400 万年以前。1982 年,美国加州大学的学者在埃塞俄比阿瓦什河谷发现了"露西人"完整的原始人类化石,其定年也在 400 万年之前。这表明东非一带 300 万—400 万年前已有了人类,人类的年龄已有 300 万—400 万年。

然而仅过了两年,非洲又出现了人类诞生更早的证据。1984 年,肯尼亚与美国专家合作,在肯尼亚发现了一块 500 万年前古人类腭骨化石。它的出土,将人类在地球的存在又提早了 100 万年。通过"化石形态"与"功能鉴别分析",已可以基本判定当时的"人"属于"人种"。按照"先木器论"的观点,他们就是通过木器制造而转变成了人。因此人类的年龄最少也有 300 万年之多,甚至有 400 万—500 万年的可能。

目前,世界上已经发现的最古老打制石器也不过有 250 万年的历史,"先木器论"和"先木器时代论"仍处于争论阶段,由此得出的结论也是推断来的,故而人类年龄的说法,尚难做出定论。如今持"300 万年说"的学者属于多数。但随着考古学资料的不断丰富,证据日益增多,人类的年龄究竟定位在多大,还需要学者做出更深入的研究。

37. 玛雅都市的消失

　　玛雅文化是世界重要的古文化之一。玛雅文明孕育、兴起、发展于今墨西哥的尤卡坦半岛、恰帕斯和塔帕斯科和中美洲的一部分，包括危地马拉、洪都拉斯、萨尔瓦多和伯利兹，总面积为 32.4 万平方公里。

　　考古学家研究认为，早在公元前 1500 年至公元 300 年，玛雅民族拥有和居住在这个地区。20 世纪 50 年代被发掘的蒂卡尔古城，位于危地马拉西北部密林深处，是迄今发现的年代最早、规模最大、保存最好的玛雅古城。整座城市占地面积为 130 平方公里，经查明，这里坐落着各种建筑物达 3000 座，出土石碑 200 块，大小劳动工具和生活用品 10 万件。研究表明，这座古城存在的年代是公元前 3 世纪到公元 9 世纪。按玛雅人的传统习俗，每隔 20 年竖一块碑，上刻象形文字铭文，注有年份，经破译文字便知。蒂卡尔城的发现，让印第安文明也有了重新评价的价值和地位。

　　奇琴伊察古城位于墨西哥中南部，也是古代玛雅文化的三大城市之一。整个遗址大约占地 6 平方公里，南北长约 3 公里，东西宽约 2 公里，坐落着各种建筑物数百座。其中的卡斯蒂略金字塔是一座巧妙的天文台，它高 24 米，有 9 层，四面对称，底边边长 75 米。四面各有 364 级台阶可以通到塔顶，加上台基共 365 级，恰好与一年的天数相吻合。塔顶是平顶庙宇，三面开门，南面有窗。正门的大门两侧，分别立有一座羽蛇像石柱，每年的春分和秋分时节，可一见"光影蛇形"之奇景。在距遗址约 1.5 公里之处，有两口石灰岩溶洞的天然井，由石径相连，通往神泉，奇琴伊察之名就来自神泉。在早神井中曾存放不少珠宝，发掘出遗址时井中的宝物早已被打捞殆尽。

　　考古发现，玛雅文明达到登峰造极的地步，是在 6—9 世纪，10 世纪时便急转直下，乃至湮没，都市消失。是什么原因造成了他们的灭亡呢？难道是气候的骤变、地震、瘟疫的自然灾害流行，或许是遭受了内乱、外族的入侵？剩余的玛雅人后来又去了哪里呢？在人类的文明史上再难找到有关他们的记载。

　　有关学者通过一些历史迹象研究认为，玛雅文明实际上是毁于他们自己之手。他们刀耕火种的生活方式，造成了林毁、水土流失、地力衰竭，同时人口快速增长，每隔几百年就翻一番，到公元 900 年已有 500 万人口，远超出土地的承载力，出现了社会崩溃的必然趋势。此外，玛雅人的文明有先进发达的一面，也有落后愚昧的一面，他们狂热地迷信鬼神，在身上胡乱取血，献给神灵，还用活人祭祀，结果导致人们体弱多病，一代不如一代，这也会成为民族灭亡的祸根。对于玛雅都市的消失，专家学者还会有深入的研究。

38. 庞贝古城的覆灭

1748 年,意大利人在那不勒斯西北部勘测挖掘一条引水隧道,挖到 6 米多深时,发现了一具手握金币的木乃伊和一些色彩鲜艳的绘画。经历史学家认定,隧道下方是已经失踪了 1600 多年的古罗马庞贝城。

从 1860 年开始,经过 100 多年系统的大规模发掘,庞贝古城得以重见天日。经学者加以历史复原可知,庞贝城是一个背山临海的城市,位于维苏威火山东南脚下。它建在面积约 0.63 平方公里的五边形台地上,有一堵长 3 公里的城墙。城里有"井"字形的纵横街道,由石板石块铺成。街道两旁有商店、饭馆、公共浴室、居民住宅,有能容纳上千人的剧院,还有竞技场、赌场、妓院等,是古罗马帝国时期一个热闹繁华之地。

维苏威火山海拔 1277 米,是一座位于欧洲大陆的活火山,纪元前曾有过多次喷发。公元 79 年 8 月 24 日这天一早,火山顶端的乌黑云团轰然而起,直冲云霄,在震耳欲聋的轰鸣声中,亿万吨熔岩、泥灰喷上数千米高空,又降落扑向周围地域,埋没一切,并持续了数日。这次的火山大喷发造成了庞贝和另一座城市赫库兰尼姆被厚厚的火山灰和浮石掩埋和消失。

伴随着火山熔岩、泥灰冲上而落的还有降雨。大雨混合灰渣形成满地泥流,干燥后就给毁坏的城市盖上了一层硬壳。这层"水熔岩"把庞贝城严严实实地密封了起来。在发掘重现的庞贝景观中,可以清楚地看到灾难到来,生活突然中断的情景:餐桌上放着没有吃完的带壳的熟鸡蛋;瓶罐中有栗子、橄榄、葡萄等水果。已经成为化石的蒙难者完好地保留了遇难时的表情,有头顶枕头乱跑的;有小女孩抱着母亲双膝大哭的;奴隶角斗士死在挣不开的铁链上⋯⋯整个庞贝城好像是一部电影定格在某一时间。庞贝古城当年有居民 3 万人,至今已挖出了 2000 多具尸骨。

庞贝古城毁于维苏威火山爆发基本是不存在疑问的。据记载,火山前后喷发了 8 天 8 夜,古城也不是一瞬间毁灭的。火山喷发的强度有轻有重,在第一层泥灰中并未发现有人丧生,看来这时可以从废墟中出逃。而人们多在大喷发时遇难,不少人怀揣财宝,据推测他们是逃出城又返回取宝时致死。庞贝古城灾变中还有一谜:那不勒斯城比庞贝城更靠近维苏威火山,它却未曾受损。仅仅是那不勒斯地势略高,又刮西北风,就绕过它了吗? 这一点还值得探讨。

39. 楼兰古城的不存

1979 年，一支由新疆考古研究所组成的考古队，进驻楼兰古城遗址考察。研究人员发掘出土了 4000 年前的楼兰女尸，还有大量的铜器、铁器、石器、饰物和文书等历史文物，力求多寻找到一些往昔楼兰的繁荣景象。

楼兰古城遗址东西长 335 米，总面积约 10 万平方米。城墙采用夯筑法建造，四面有城门。城区以古渠道为中轴线，分为东北和西南两大部分。东北部以佛塔作为标志，塔高约 10 米，是楼兰城中最高的建筑。西南部以"三间房"官衙为重点，周围散布着大小宅院和民居。民居由红柳、芦苇搭建，从残留的墙根可以看出当时的布局。

考古队在佛塔附近采集到了一些丝毛织物、两汉时期的五铢钱，另有来自异邦的贝壳、珊瑚，还发现了木雕坐佛像和长柄铜香炉等物件。这些物品表明，这里曾是"丝绸之路"上的中转站，繁盛一时。在用土垒砌的三间房遗址中，发现了织锦、棉布和陶灯等物，还找到了一件比较完整的汉代文书。在南侧宅院里则清理出了骨雕花押、木盘、木纺轮、门斗、木桶等物，都是楼兰昔日文明和历史沧桑的见证物。

在与楼兰城接壤的古老通道上，发现了一大批古墓，有的女尸存放完好。女尸脸庞不大，高鼻梁大眼睛，神态安详，具有白种人特征。尸身以毛织布毯裹住，脚穿短筒皮靴，头戴素色毡帽。墓中随葬的器物有木器、角器、骨器、石器、草编器等。这些女尸在这里长眠了几千年，为何能保存得如此之好，令人费解。

据史料记载，楼兰曾是塔克拉玛干沙漠罗布泊地区一个富庶繁荣的国家，位于"丝绸之路"的重要地段。当地水源充足，水土肥美，城中寺院林立，街市生意兴隆，还能制铁并打造工具和兵器。而王昌龄在《从军行》诗中所咏："黄沙百战穿金甲，不破楼兰终不还。"这里的"楼兰"只是西域的象征而已。

一个位置重要、繁华的城镇，为何成了一片被荒沙掩埋的废墟呢？学者从当地发掘出的文书等资料中了解到，公元 4 世纪时，楼兰所在的罗布泊地区生态失衡，水源日益减少，自然环境变得恶劣，楼兰人与其抗争过，但终回天乏术，只好将这里的家园放弃。那么楼兰人后来都迁居到了什么地方？虽有一些说法，但并不确切。

40. 三星堆遗址的发掘

三星堆遗址位于四川省广汉市南兴镇北,这里有一条"马牧河"古河道。河道北岸阶地形似月牙,有"月亮湾"之称。三星堆则得名于河道南岸的三个大土堆。

1929年冬末,月亮湾的燕氏父子在浇灌农田时,锄头锄到了一块石板,撬开发现了满坑的精美玉石器。当时在华西大学地质系任教的葛维汉教授见到了其中的玉器,认定是周代礼器。几年后葛维汉等3名教授组成了对三星堆遗址的考古发掘队,发掘出许多陶器、石器、玉器、玉圭等稀世珍品。发掘所获整理分析后写成报告,有关遗址文物被称为"广汉文化"。

20世纪50年代初、60年代初和80年代,考古学家又先后几次对三星堆遗址进行了规模较大的发掘。不仅出土了大量陶器、玉器、石器,并且发现了大批的房屋基址和4000多年前的墓葬。这些物品让人们了解了4000多年前古蜀人的生活方式和文化特点。

在发掘出的代表性文物中,一件戴黄金罩的青铜像横径16.7厘米,纵径21.4厘米,高48.5厘米,由铜头像和金面罩组成。面相为倒八字眉,丹凤眼,蒜头鼻,直鼻梁,阔口,闭唇,长条形耳郭,粗颈。将黄金制成面罩,作为青铜人头像的面部装饰,这是古代蜀人的杰作。1986年在一个器物坑里出土了439件青铜器,其中的青铜立人像身高将近3米,头戴羽毛装饰的发冠,身着饰有巨龙、云雷、人面花纹的衣服。从面部表情和身体动作,专家推断这可能是象征王者的"司巫",体现了浓厚的宗教色彩。

在三星堆遗址出土文物中,表现人"眼睛"的文物独具特色。有的大面具上,眼球极度夸张,瞳孔部分呈圆球状向外凸出,竟长达16.5厘米。还有众多"眼形铜饰件",包括菱形、勾云形、圆泡形等十多种形式,周边均有榫孔,可以组装或单独悬挂、举奉。有学者指出,古蜀人对眼睛的特有重视,与崇拜蜀王蚕丛有关。蜀地至近代一直严重缺碘,蜀王蚕丛很可能是一个严重的甲亢病患者,生前眼睛前突,这就是一些神像被刻画成"纵目"的原因。

三星堆遗址重现于世人面前,其社会影响和文物学术价值是十分重大的。专家学者虽然在研究殷墟卜辞时也曾看到有"征蜀""至蜀"的记载,但人们怀疑商王朝根本无力攻入像四川这样遥远的地域。至于商文化是如何从中原传入四川的,是怎样经由淮河流域,穿过洞庭湖,沿长江流域向南推进,发展到川蜀地区,这只能是种种推测了。

41. 金字塔的建造

在非洲埃及现存的金字塔有 107 座,大部分分布在首都开罗的吉萨区,其中有 3 座很大的金字塔,以胡夫金字塔最为著名,建筑水平最高,保存至今也最为完好。它大约建造于公元前 2670 年,是法老胡夫的陵墓。

胡夫金字塔的底面呈正方形,每边长 230 多米。原高 146.5 米,因年久风化,顶端有 10 米剥落。金字塔由 230 万块巨石垒砌建造,轻的 2.5 吨,最重的达 40 吨。塔身的石块之间,没有任何黏着物,而是一层石块叠在另一层石块上面的,每块石头表面都磨得极平,历经数千年,人们仍难以用很薄的刀片插入石块之间的缝隙。

这里的金字塔建造于 5000 年前,目前没发现任何记载建造它们的文字。但高高坐落的金字塔却在建筑学、数学、几何学、物理学等方面,给后人留下了种种神奇的暗示和难解之谜。

根据金字塔的建造规模,考古学家估计,建塔时埃及居民至少不能少于 5000 万,否则难以维持工程所需的粮食和劳力。而据历史资料统计,在那个时期世界总人口只有 2000 万人,这是一个无法解释的矛盾。更令人不解的是,建造金字塔的巨石都从很远的地方运至吉萨沙漠,当时埃及的科技水平和运载能力,都难以将上百万块庞大沉重的石块运输而来。因此有人大胆设想,是"宇宙来客"从空中运来石材,并建造了金字塔。

胡夫金字塔有 40 层楼高,东南角与西北角的高度误差仅为 1.27 厘米。如此低的误差率是如今许多现代建筑也达不到的。有研究人员发现,用 2 倍塔高除以塔底面积,恰等于圆周率,即 3.14159,而塔建好后过了几千年,人们才把圆周率算到了这个精确度。另外,塔的四边正对着东南西北四个方向;塔的自重乘以 10 的 15 次方正好是地球的重量。因此可以认为,无论是谁选定这个塔址,都应该对地球的球结构、陆地和海洋的分布有着充分的了解。在胡夫金字塔塔身的北侧离地面 13 米高处,有一个用 4 块巨石砌成的三角形出入口。学者研究指出,如果不用三角形而用别的形状,高塔本身的巨大压力就会把这个出入口压得塌毁,而用三角形就使巨大的压力被均匀地分散开。足见建造者的智慧和将力学原理应用之巧妙。

当然,金字塔建成于"宇宙来客"之手,也只是一种猜测。对于金字塔的建造虽众说不一,但一定是集中了当时古代埃及人的所有聪明才智。这也让金字塔在旅游者心目中变得更为神秘和崇高。

42."斯芬克斯"的诞生

埃及三大金字塔之一的哈夫拉金字塔,是法老胡夫儿子哈夫拉的塔墓。这座金字塔比胡夫塔低了 3 米,塔前建有著名的"斯芬克斯"狮身人面像。

"斯芬克斯"是传说中的恶魔,在阿拉伯文中被称为"恐惧之神",也是君主的威严与权力的象征。这座斯芬克斯雕像是世界上最大的狮身人面像。石像相面参照哈夫拉的相貌,身形雕为狮子,长 57 米,高 20 米,雕像的脸长达 5 米,一只耳朵就有 2 米高。它头戴奈姆斯皇冠,额头上刻着"库伯拉"圣蛇浮雕,下颌雕有象征帝王威严的长须。除狮爪外,雕像全部由一块岩石雕成。

这座狮身人面像的诞生时间,考古学家一直认为是在公元前 2500 年前后,处于古王国时代第四王朝的埃及法老哈夫拉统治时期。他要求按照自己的脸型雕刻,把狮身人面这一奇特而浩大的工程作为礼物传送给后人。然而科学家经考察发现,狮身人面像最初雕刻的时间比通常人们认为的要久远。因为这座石像裸露在外,比周围的石灰石床岩受风化和侵蚀的时间长得多。科学家利用先进的仪器和方法对石像进行研究,经过声波穿行速度等科技测试,他们惊奇地发现,石像的"尾部"是在哈夫拉当政时"贴"上去的,要比石像其他部位晚一半以上的时间。也就是说,早在哈夫拉修建石像前,狮身人面像头部等部位已存在了 1000 年。1919 年,地质学家还在美国地质年会上提交的研究报告中称,狮身人面像的实际修建时间是公元前 7000—前 5000 年。

持石像诞生于哈夫拉王朝的学者不能接受这种说法。他们认为这与他们所了解的古埃及的情况不符。狮身人面像的修建技术,比已经确定年代的其他建筑物的技术要先进很多,用仪器探测发现,狮身人面像之下也有类似于金字塔内的秘密通道和密室。在哈夫拉统治的上千年前,古埃及人根本不可能拥有建造这一巨型建筑物的技术,甚至不可能有这样的愿望产生。于是有人进而猜想,"斯芬克斯"是出自外星人之手,原本是作为宇航导向的标志,而后被法老发现为己所用。

斯芬克斯狮身人面像巍然壮观,它表情肃穆,凝视远方。它到底出自谁手,来自哪个久远的年代,人们期待着研究者能早日给出明确的答案。每日迎接着无数旅游爱好者前来观赏,在狮身人面像眼神中,或许也有着等待被真实理解的渴望。

43. 古巴比伦的"空中花园"

巴比伦古城遗址位于幼发拉底河右岸、伊拉克首都巴格达以南90公里处。巴比伦城始建于公元前3000年，巴比伦意即"神之门"。

巴比伦经五六个世纪的发展，逐渐兴旺，走向辉煌。古希腊有史书记载了巴比伦城的盛况：全城面积约1万公顷，双重城墙，城内街道宽广，街西坐落着南宫。被誉为古代世界七大奇迹之一的巴比伦"空中花园"就建于南宫里，并成为巴比伦城的标志。

南宫是国王的主要宫殿，长300米，宽190米，由5所庭院和殿堂组成。花园建于皇宫广场中央，阿拉伯语称其为"悬挂的天堂"。共有7层，每层平台都是一个花园，由拱顶石柱支撑着。台阶并铺上石板、铅板、砖石等材料，栽有芦草，植有各种盛开的鲜花和翠绿的草木。土丘土层深厚，足以使大树扎根。台阶式园田组成的整体土丘的高度超过了100米，相当于30层楼房高。

花园的植物离不开水。历史文字记载：有专门的旋转式螺旋桨把水送到屋顶，这些螺旋桨的功能就是不断地从幼发拉底河抽取水源，以播撒滋润整个花园。一套完善的供水设备建好后，由奴隶不停地推动着相连的齿轮，把水源送到最高层的储水池，然后灌溉花园的花木。

"空中花园"的传说一直对世人有着很大的吸引力。对于为什么要建造它，是谁人建造它，自古存在两种不同的说法。一种说法是，亚述女王塞米拉米丝使人大动土木，供自己观赏、玩乐所建。"空中花园"可说是名噪一时，但塞米拉米丝却无此人，她只是希腊传说中的亚述女王。这一说法不足为信。

另一种说法是，巴比伦国王去世，新巴比伦国王尼布甲尼撒二世即位后，以取悦他的妃子修建了花园。为解爱妃怀念绿水青山之闷，便模仿她家乡风光和当时盛行的宗教大神坛，营造了这座别具一格的建筑。园中还建有幽静的走廊和精致的楼阁。满园奇花异草远看好像长在空中，所以有了"空中花园"之称。除了对"空中花园"为何人所建其说不一，在很长时间里，有些古代著作对"空中花园"是否真的存在也有着怀疑。

19世纪末，被荒漠掩埋了两千多年的巴比伦古城被发掘出来。古城墙、城门及雕刻在上面的浮雕雄狮、雄牛、神龙等虽久经磨蚀，形态仍栩栩如生。人们期待着在以后的发掘中，对城中"空中花园"的景物也能有所发现，从而解开谜团。

44. 尼尼微城的浮雕

尼尼微城位于中东的美索不达米亚地区。它曾是亚述帝国的首都。国王辛那赫里布当政时,把大部分时间和精力都用在了尼尼微的建设方面,他兴建一座壮观的"盖世无双王宫",包括两座亚述风格的大殿,一幢椭圆形城堡,及植物园、凉亭等。王宫里放置众多大型的壁画、浮雕,长达3000米。尼尼微城的宫殿、壁画等巨型浮雕记载了人类神秘而辉煌的过去,它还是《圣经》中所说的先知约拿布道的城市,为人们所传诵多年。公元前612年,新巴比伦和米底联军攻占了尼尼微,一代名城尼尼微和亚述帝国就此不存,同时消失的还有王宫中引人注目的浮雕。

尼尼微城从17世纪初开始得到发掘。1616年,意大利人进入了美索不达米亚,带着第一批尼尼微的浮雕文物返回了欧洲。其中包括刻有楔形文字的陶碑。1802年,英国人来到这里也收集了陶碑、陶器、陶砖。接着又发现了一面百余米高的悬崖石刻,刻有大量的人物像,用3种楔形文字描述了古代波斯国的历史故事。同一时期,法国的探险家来到一个叫喀霍巴德的地方,看到了刻有巨大的人和怪兽的墙壁,浮雕有的是公牛像,有的是大胡子人像,还有的是带翅膀的狮身人面像。不久,又有英国人勒亚德按照《圣经·约拿书》中对尼尼微城址的描述,找到了两个宫殿的遗址,发掘出了象牙雕刻、楔形文字碑和记载交战场面的雕塑画板。

1847年,勒亚德经6年不懈的发掘,找到了辛那赫里布的王宫。王宫拥有71个房间,有多达27个出入口,每处都由巨大的牛、狮或狮身人面石雕卫士守卫。那些记载着亚述历史和神话的石雕壁画一眼望不到头。同时发掘出的巴尼拔王藏书室里,堆满了刻有亚述楔形文字的大大小小的泥板,大的长3米、宽2米多,最小的只几厘米,刻着一两行文字。这些泥板就是2500年前亚述人的图书,包揽了古亚述历史、法律、宗教及天文、医学、文学等内容,是研究当时历史的珍贵文献资料。几年后,伊拉克考古学家在库羊吉克考察,从土丘中发现了亚述巴尼拔王的王宫,又发现许多楔形文字泥板和浮雕。在一面王宫废墟的墙上,还发现了著名的浮雕《皇家狩猎图》。

到了近代,尼尼微城的泥板文书和壁画、浮雕仍时有发现。其中不少泥板上刻有亚述和古巴比伦的神话。一块表现神话史诗《吉尔伽美什》的泥板,描述了上帝派大雨和洪水惩罚邪恶有罪之人的情景。还有一块浮雕描绘了当时亚述奴隶劳动的场面。这两件作品现都收藏在大英博物馆。

尼尼微城还有多少没有发现和有待发掘的浮雕珍品,尚不可知。

45. 寻究"地下长廊"

人类在把目光投向深邃的太空进行探索的同时,对脚下的地表文明也做着不懈的探寻研究。20世纪40年代,英国科学家威尔金斯在《古代南美洲之谜》一书中断定,由史前文明人开辟建造的"地下长廊"首尾相接,可纵贯欧、亚、美、非各个洲域,埋藏着古代文明的秘密和无尽的宝藏。他的观点立足于世界各国考察的结果,尽管只是一种假说和推断,却说得有根有据,富有诱惑力。

1942年3月,美国卷入"二战"不久,在这非常时期,罗斯福总统却抽出宝贵的时间,会见了才从墨西哥的恰帕斯州考察归来的戴维·拉姆夫妇。拉姆夫妇道出了一个惊人的消息:他们率领的美国考察队在恰帕斯林带寻找到了"阿加尔塔",即"地下长廊"。在秘密入口处受到了皮肤呈蓝白色的印第安人盘查,了解到他们是玛雅人的后裔,叫拉坎顿人。他们严厉示意考察队立刻离开,拉坎顿人遵守祖训,不准外人进入他们的圣地。

"二战"后,对"阿加尔塔"的考察热,继续升温。1960年,秘鲁考察队在利马以东600公里的安第斯山脉的地下发现了一条"地下长廊",长约1000公里,通向智利和哥伦比亚。为等待掌握了足够的科学技术时再做开发,秘鲁政府封闭了这条隧道入口并严加把守。稍后,西班牙考察队在安第斯山脉靠近危地马拉的地方发现了一个长达50公里的"地下长廊",长廊有尖状的拱门,从地下一直通向墨西哥。1972年,英国考察队在墨西哥的马德雷山脉也找到了"地下长廊",其走向是通向危地马拉的,这与西班牙人发现的可能是同一条。

这些"地下长廊"遗迹的发现,似乎表明了远古时代曾有着高度发达的地内文明。1968年,美国一家石油勘探队在土耳其西方大洞穴地下270米深处发现一个岩盘隧道,洞壁洞顶光滑明亮,连接着蛛网似的横洞,俨然是一个扑朔迷离的迷宫,看来是人工所为。数年前一个夏夜,在我国贵州安顺县龙宫附近半山腰,一个山洞洞口突然射出一束强光,光柱呈桶形,直径足有4米,扫过500米田野,照得周围通亮,时间持续几分钟。那个山洞内空无一物,强光源从何而来,让人只能联想到地内的联通。

"地下长廊"是否存在,引发了地球或许在远古是一个世外桃源的"地下王国"和"地球空洞说"的争议。截至目前,大多数科学家认同地球是一个实心的天体,并认为"地球空洞说"是伪科学。

46. 有没有"大西洲"

很早就有传闻,说"大西洲"是一块神奇的陆地,那里生活着智慧超凡的人,产生过人类文明史上的奇迹。这一传闻吸引了很多人探寻和追踪它的由来。

最早对大西洲一事进行记录解说的,是古希腊哲学家柏拉图。他为证明其真实性,曾亲自到埃及去做实地考察,还访问了当地许多有名望的僧侣和祭司。柏拉图在《对话录》里介绍说:9000年前在大西洋有座孤岛,名叫亚特兰蒂斯。岛上土地肥沃,物产富饶,道路通畅,运河纵横交错。人们耕作、冶炼、建筑,对外贸易发达,凭借强大的船队向外扩张,曾一度征服了包括埃及在内的地中海沿岸地区。然而一场毁灭性的地震和海啸过后,整个岛屿包括都市、寺院、民居、道路等顷刻之间沉入海底,消失于茫茫浪涛中。

历史上真的出现过这样一个"大西洲"吗? 不少人认为,大西洲只是柏拉图等人带有诗意般的浪漫幻想,根本没有存在过。从时间上推算,大西洲沉没应是公元前9000多年,那时连最早的农耕也不会出现,更别说建筑和冶炼了。从地质学上说,一个大面积的岛屿顷刻整体沉没于海,也是难以置信的事。同时根据大陆漂移理论分析,原为一个整体的大陆,分裂成几大板块陆地,随着时间的推移形成了现今的模样。假如用剪刀把各个大陆板块剪下来,然后拼接在一起,就会发现所有的大陆板块都能够对接,而且吻合巧妙。唯独不会有"大西洲"的立足之地。

而支持有"大西洲"一派的人则认为,大陆拼接并非"天衣无缝",特别是大西洋部分就拼接得很不严密,显露的部分缝隙,正是由于大西洲向下陷落所导致。此外他们又找到了一个地质学上的证据:在大西洋海洋中心一些岛屿上生活有近海的海豹、野兔、山羊、牛、狗等。有一个道理能够解释得通,那就是有一座"陆桥"——大西洲,用来连接欧洲、美洲和非洲,方便动物进行迁移活动。

2010年6月,法国一个"海底研究"组织声称,他们在中美洲加勒比海底进行探测,并拍下大量照片。在对照片进行查看时,惊讶地发现在海底的海床上竟有一个巨大的矩形图案,看上去就像是一座古代城市的遗址。这座"海底古城"的几何轮廓清晰可见,其中遍布着纵横相间的"街道"和形态多样的"建筑"。这让人一下想到了传说中沉海的"大西洲",也让冷寂多时的"大西洲"谈论又有了热议。

47. 庐山经历过冰川吗

庐山坐落在我国江西省九江市鄱阳湖畔,方圆 302 平方公里。几千万年前的地壳运动,造就了这里叠嶂九重、崇岭万仞的地貌景观,自古就有"奇秀甲天下"之称。庐山经常云雾缭绕,一年中差不多有近 200 天被云雾所笼罩。唐诗有云:"不识庐山真面目,只缘身在此山中。"看眼前的庐山如此,对于远古时代庐山是否经历过冰川时代和冰川作用,在地质界更是一直存在着争议。

国际地质学界的一种流行观点认为,第三纪以来,中国气候过于干燥,缺乏足够的降水量,形成不了冰川。英籍学者根据第四纪地层的研究,认为中国中部地域只有暖寒、干湿的气候变化,没有发生过冰期。法籍学者也排除了庐山存在冰川的可能性。

1931 年,地质学家李四光带领北京大学学生去庐山考察,发现了冰斗、雪坡、粒雪盆地和堆积的大量泥石砾。李四光指出,庐山上下堆积的泥砾,显示了冰川作用的特征,这些沉积物只能用庐山在第四纪出现了冰川期来解释。在以后的几年时间,他也在寻找更多的冰川证据。对于泥砾的成因,他否定了风化残积、山崩、泥流等成因的可能性,再次肯定了泥砾的冰川成因。对雪线问题,他认为在更新世时期,雪线在东西有所降低,因此虽然庐山海拔较低,也能发生冰川。

20 世纪 60 年代,学者黄培华再次对庐山存在第四纪冰川提出质疑。提出所谓"冰碛物"不一定是冰川的堆积,其他地质作用如山洪、泥流等也可形成;另外庐山地区尚未发现喜寒动植物群,只有热带亚热带动植物。而支持冰川说的学者则从庐山的堆积物、地貌、气候及古生物方面反驳了黄培华的观点。到了 80 年代初,持非冰川论观点的人,又进一步从冰川侵蚀形态、冰川堆积和气候条件等方面,对庐山第四纪冰川说加以否定。持冰川论观点的人,又从地貌、堆积,特别是冰川时空的共性与个性等方面论证了庐山冰川存在的合理性。

在具有最新论据的争论中,研究人员对庐山堆积物做化学全量分析,对泥砾的砾石形状、组织进行统计、分析,以及电镜扫描所采石英表面形态与沉积物微结构特征等,力求得到驳倒对方的论证。庐山是否出现过冰川期的争论并未完结,远古时期庐山的真面目难识。这关系着我国第四纪地层的划分,有待学者们做更深入的探索。

48. 乐业天坑群的景象

在我国广西百色地区的乐业县,有一种岩溶地貌,即喀斯特漏斗群,又称乐业天坑群。坑群四周皆被刀削似的悬崖绝壁所围,占地面积约 20 平方公里,有大石围、白洞、风岩洞、穿洞等 20 多个天坑。

所谓"天坑",即具有巨大的容积、陡峭而圈闭的岩壁、深陷的井状或桶状轮廓等非凡的空间与形态特征,发育在厚度大、地下水位深的可溶性岩层中的喀斯特地形。20 世纪 90 年代,科研人员在乐业天坑群周边地区找到了蓝色石头,发现了大量二叠纪海洋动物的化石和一个大型的旧石器时期人类生存的遗迹。专家指出,这一遗址与北京周口店人类遗址的价值不相上下。

乐业天坑中的大石围天坑深达 613 米,东西长 600 米,南北宽 420 米,底部为面积几十平方公里的原始森林。学者入洞考察发现,底部生长着上千种古老的植物,大部分与天坑外的植物迥然有异,有些属于"恐龙时代的活化石"。洞内角落长有桫椤等远古时代的植物,还发现一种从未见到过的、羽脉排列十分奇异的蕨类,可与桫椤相媲美。此外,原始森林里还有冷杉、血泪藤、方形竹等珍贵植物,长有中药材和高大的乔木,一棵粗大的酸枣树干需 3 人才能合抱。大石围天坑内有与地下河相通的溶洞群,暗河水中生活着形似鲇鱼的盲鱼,在洞壁上还能看到一种猫科动物的脚印,当地人说这是一种像鼯鼠的"飞猫",能够滑翔,以捕捉蝙蝠为食。

白洞天坑也具有原始森林和暗河,暗河源头难以确认,但流出洞口会汇入地面河。白洞天坑不是陷地自存,它还与 1 公里外的天星冒气洞相通,这边洞口吸气,那边洞口出气。从天星洞口冒出的白色烟气,在方圆几百米周围都能看得到,成为自然界一个奇特的景观。

对于乐业天坑群形成的时间有的专家推测,大约形成于 300 万—400 万年前的新生代第四纪。也有学者认为时间更晚些,是遭遇了剧烈的地壳抬升运动而形成的。对于天坑是如何形成的,有专家认为,这可能是因为地下暗河长期侵蚀,造成了巨大的地下空洞,引起地表大面积坍塌所致。该地区降水量大,也为地下洞穴的发育提供了条件。也有专家认为,天坑成群出现,与周边的特殊地质构造、气候条件共同长时期作用有关。有关乐业天坑群的种种奇特之处,还有待科学家详加考察。

49. 古崖居的岩屋

在我国湖北当阳的青龙湖畔，与怀安县交界处，有一片典型的丹霞地貌，裸露的山体，赭红的砂岩，苍郁的林木，当地沮水河、漳河流经其间，组成了独特的崖岭风光。这片面积约 11 平方公里的山地，因建有击鼓寨、礼仪寨、偏马寨、杨门寨和 4 米高的寨墙而得名百宝寨。

百宝寨最为奇特的是凿在峭壁半腰的大量岩屋。这些岩屋分布在 50 公里长的沿河崖间，有的单个，有的三五成为一组，还有的数十个彼此相连，分为两层、三层甚至五层的阁楼，高低错落有致。单间小的面积为 10 来平方米，大的可达 20 平方米，岩屋内空高约 2—2.5 米。百宝寨著名的岩屋群有百家岩屋、朱家岩屋、傅家岩屋、洪家岩屋、鹭鸶寨岩屋等。

傅家岩屋建于红砂岩岩质的绝壁半腰，共两排 15 间，上六下九，每间一个洞口。洞壁厚 70 厘米，高 1.6 米，宽 80 厘米，洞口离地面最高为 8 米，需攀缘进洞。岩屋洞洞连通，洞内宽敞，凿有石井、石池、石床、石天窗等。在上层岩屋内还建有厨间，凿有石灶，灶膛用于走烟，凿的出烟孔十分精巧。一些岩屋石壁上凿有对应的孔，有的是圆洞，有的是斜长洞，便于安装木梁木枋，架起木板，既可睡觉，又可放置物品，增加了空间的利用率。岩屋中还有令人称奇的如厕处，地面凿有一个深坑，上方凿有两个洞孔，大的是排气孔，小的是进水孔。小孔中安有粗竹筒，截流山上的水流入便池，再通过池下一孔将秽物冲到屋外。这样的设置已相当于如今的"环保厕所"。

据考察，百宝寨的古岩屋多达 1700 余个，它们洞连洞，洞叠洞，成群成片，是我国十分罕见的大型古崖居群。除了这许多岩屋，百宝寨还有夜长山、中武当、玉乳峰、白虎头、虎皮岩、南北寨门、百步云梯、古兵寨、古岩屋栈道、棋盘洞、大雷音洞等奇特景致，自古就吸引四方游客观赏。

相传古崖居距今至少有 2000 年的历史，由春秋战国时期鬼谷子师生相授而凿；也有人说这是三国时期蜀汉大将关羽退至此地凿窟屯兵等；还有人在此地发现了东汉末绿林军的寨墙、寨库、寨旗等。然而这里的崖居岩屋究竟是何时，由何人因何故而为，又用何物凿成，如此浩大的工程却难见有文字记载，仅仅是口口相传，扑朔迷离，故而难得真相，毕竟是件憾事。

50. 莫高窟千年不没

　　莫高窟位于我国甘肃西部河西走廊最西端、敦煌城东南三危山下。坐落在那里的佛窟鳞次栉比,南北长约 1600 米。据碑文记载,前秦建元二年(366),有位法号叫乐僔的僧人来到敦煌三危山,看到河岸边的山上忽然显现万道金光,光中似有千万尊佛像,于是便在这片崖壁上开凿了第一个佛窟。以后佛窟越建越多,唐代时已达到 1000 余龛,俗称"千佛洞"。放有彩塑 2400 余身,珍存壁画 45000 多平方米,是世界上现存规模最大、保存最完好的佛教艺术宝库。

　　地处荒漠之中的莫高窟,历经了 1600 多年的历史与大自然的变迁、洗礼,并没有被风沙所吞噬,一直以雄奇的面貌示人,长期以来为世人所不解。它的千年不被埋没有什么不为人知的秘密吗?

　　有关专家认为,前秦时开山鼻祖乐僔选择在三危山的石壁上开凿佛窟,体现了佛教与世俗生活隔离,与大自然融合的思想。石窟依山面水,窟前的宕泉滋润着周围的草木,形成了独特的荒原绿洲,从而有效阻隔了太阳光对洞窟的辐射,对里面文物有很好的保护作用。

　　有专家指出,这里地处荒漠戈壁腹地,呈蜂窝状排列的洞窟最高处不超过 40 米。冬季风沙主要从洞窟背面的西方刮过来,呈 45 度向下吹送,与洞窟之间正好形成"死水区",因此风沙吹不到洞窟。夏季东风强盛,洞窟对面的三危山又成为天然屏障,风沙同样无法直接威胁到洞窟。一年到头莫高窟都是干燥区域里一个最安全的地带,不会受到风沙的侵蚀。

　　近年有研究人员还通过理论计算、动态监测和航拍照片等,对莫高窟一带的风沙运动规律进行分析,认为莫高窟顶部平坦的戈壁,为阻止鸣沙山风沙向窟顶移动创造了条件。这片戈壁平坦、突出,且质地坚硬,是一个良好的天然"扬沙场"。这里风向多变、风速大,流沙难以堆积停留,即便有少量积沙,也很快会被偏东风吹回鸣沙山,这就完全能阻止鸣沙山东移。据测算,鸣沙山每年实际向石窟移动的距离不会多于 0.31 米,按这个速度,即使再过千年,莫高窟也不会让鸣沙山荒沙埋上来。

　　不管是专家谈到的哪一个方面发挥了重要的作用,总之是大自然为莫高窟的不没创造了良好的条件。莫高窟是古代先民借用自然之力创造神奇的典范,更是中华文明与大自然的绝佳结合。

51. 绝壁上的悬棺

在我国四川南部的珙县境内,从春秋时期生活着僰人。明代神宗年间爆发了战争后,这个部落从此销声匿迹了,留给这个世界的只有高悬在离地上百米绝壁上的 265 具棺木。

这些高高在上的"僰人悬棺",都是用质地坚硬的整木雕凿而成,其外形主要有船形和长方形两种。有的选择险峻崖石凿台安放,棺木裸露在外;有的在绝壁上凿孔,插入木梁,将棺木架在上面。这些悬棺在高空处已悬放了几百年,历经风风雨雨的剥蚀,至今仍牢牢地迎风而立。

悬放棺木较为集中的主要有两处。洛表乡的麻塘坝亦称僰人沟,南北狭长,东西两侧奇峰岩穴之间存放有悬棺 160 多具,半悬于山崖,距地面三五十米的居多,最高的有 100 多米。曹营乡的苏麻湾距麻塘坝 10 多公里,这里陡峭的岩壁上分布着 40 多具悬棺。沿着浩荡的江流,游客乘船就可以看到这悬棺之景。

僰人为何要把棺木高悬于千仞绝壁之上呢?学者认为,按古僰人的意思,悬棺入云,可吸收日月之精气。也有专家研究指出,西南地区的少数民族长期居住在山水之间,对山水产生了崇高的感情,死后葬在靠山临水的地方表明了对山水的依恋之情。也有人认为,把棺木升高悬放,可以防潮保尸,也可避免受人兽侵扰。

可是放置悬棺的石壁高而陡峭,僰人是怎样将棺木放上去的呢?对此众说纷纭,"栈道说"认为僰人是通过搭架子、修栈道,将棺木一步步递放到岩穴位置。"吊装说"认为,棺木在峰顶就地制成,装殓死者后吊坠而下至洞壁;但僰人使用了什么样的机械,又难以说得清楚。此外还有"隧道说""洪水说",甚至还有"天外来客说"等,悬棺因此被蒙上了一层异常神秘的面纱。

前往僰人悬棺地考察的人员发现,在悬棺地周围还有许多僰人岩画,仅麻塘坝就看到了近 400 幅。这些僰人岩画极富神奇色彩,画面、色泽清晰可辨,饱经风雨而不褪色。岩画多为砂彩绘,使用较原始的平涂技法,线条粗犷,富于变化和动感,既有狩猎、征战、车轮、兵器等图案,也有一些不知名的怪兽和不规则的几何图形。对于僰人绘制岩画的目的,也有各种推测,有的认为是反映僰人的宗教信仰和精神世界;有的认为是安慰死者,借死者声望以慑服生者;也有的认为一些图案是死者所属的世族、部落的徽志。总之,有关僰人的悬棺及其岩画都有着难解的困惑,期待着研究人员做出合理的解答。

52. 悬空寺设计精巧

悬空寺位于我国山西大同浑源县翠屏峰的峭壁间,因整座寺院如同悬挂在悬崖峭壁之上而得名。这座寺院建于北魏太和十五年(491),为一院两楼式布局,总长 32 米,有楼阁殿宇 40 间。两座三檐歇山顶殿楼凌空相望,悬挂在刀削般的峭壁上。三面环廊合抱,六座殿阁相互交叉。全寺看上去只有十几根碗口粗的木柱支撑,最高处距地面约 50 米。悬空寺落成至今已有 1500 多年,它是怎样建造的,保存完好的原因又是什么呢?

建筑学家考察发现,悬空寺的地基与一般建筑物垂直深置于地面不同,它的地基是横向插入山体的。一根根打入山体的横梁,称作"铁扁担",用桐油浸过,防虫防腐,铺好木板后就挑起了至少有数十吨重的楼体。寺院靠山体内分布着一排排石窟石孔,石孔外观为方,但里面是尖尖的锐角,当楔柱打入石孔,便会撑开,卡在石孔缝里。这和今天的膨胀螺栓原理相同,打得越深,咬合得越紧,把横梁牢牢钉进山崖中,承受住殿体的重心重量。这使悬空寺成为一个"险""巧""奇"的壮观构筑。

悬空寺立于峭壁,历经风雨沧桑,因何又能千年不毁呢? 有人指出,以前这里暴雨成灾,只好把寺建在悬崖上。悬空寺处于深山峡谷中一个小盆地内,全身悬挂于石崖中间,而崖顶峰突出部分恰如同一把"伞",使古寺免受雨水冲刷;因其悬空也不会被泛滥的洪水所淹。还有人提到,这里的山势好像一口挂起来的"锅",中间凹了进去,悬空寺就建在底部,避免了塞外大风的吹袭;而寺前的山峰又起了遮挡烈日的作用,在夏天时,悬空寺每天接受日照也只有 3 个小时的时间。这也正是悬空寺历经千年风吹日晒仍能安在的重要原因。

近年一些研究人员指出,悬空寺保存完好也归功于它的建造。除一进寺门有一条长不及 10 米、宽不到 3 米的长方形寺院,可容数十人以外,其余楼台殿阁尽由狭窄的廊道和悬梯相连,游人只能鱼贯缓行,不会造成拥堵,也就减轻了廊道、悬梯的承重压力。此外,这里是佛、道、儒三教合一的独特庙宇,历代朝野臣民对其都倍加爱护,这也是悬空寺完好无损的一个重要原因。

总之,悬空寺以其独特的建筑风格和文化内涵,吸引着古往今来的人们一睹神奇,那尚未被世人解答清楚之谜也让悬空寺多了几分神秘。

53. 比萨斜塔之"斜"

比萨斜塔位于意大利托斯卡纳省,坐落在比萨城奇迹广场上。这座塔以大理石砌筑,共 8 层,从地基到塔顶 58.36 米,圆形地基面积 285 平方米,塔体总重约 14453 吨。塔内楼梯有将近 300 级台阶。

比萨斜塔建造于 1173 年。由著名建筑设计师那诺·皮萨诺主持修建。这座塔开始的塔高设计是 100 米左右,动工 5 年后,塔身从 3 层出现倾斜,直至完工向东南的倾斜一直持续。塔的重心在地基上方 22.6 米处,倾斜角度 3.99 度,偏离地基外沿 2.5 米,顶层处突出 4.5 米。

有人曾提出,比萨斜塔是故意被设计成倾斜的。施工记载表明并非如此。完全是建塔者总体把握和不放弃,才歪打正着,有了这座比萨城的标志式建筑。研究认为,建造塔身的每一块石砖都是石雕佳品,材质坚硬,石砖之间的黏合极为巧妙,能有效防止塔身倾斜引起的断裂,这也是斜塔矗立于世近千年歪而不倒的主要原因。

施工中建筑主体倾斜,本是败笔,而这座斜塔却因祸得福,成为每日吸引各国游客前来赏游的奇观,形成当地的主要经济支柱。20 世纪 90 年代初,有关科研人员发现比萨斜塔倾斜加剧,经测定,塔顶已偏离中心垂直线 4.25 米,并且以每年加大 1.25 毫米的速度继续倾斜。有专家根据研究推测,250 年后斜塔会因塔身重心超出塔基外缘而倾倒。这种观点一经推出,便有人提出反驳,认为只按数学公式推算是不可靠的,比萨斜塔是一个"由多种事实交织成的综合体",不是说倒就会倒的。另有一些研究者通过调查说明,比萨斜塔塔身曾一度向东倾斜,而后又向南倾斜,同样认为不能局限于简单的假想说塔会倒掉。当地人虽然也对斜塔倾斜加大感到担忧,但他们更是坚信比萨斜塔会一直强壮不倒,尤其对那些想把斜塔纠正竖直的建议深恶痛绝。当地人难忘,1934 年相关部门在塔基四周喷入 90 吨水泥,本想做好对塔的基础防水,反而造成塔身不稳,向周围移动、倾斜得更快。

虽然有研究认为不会发生倒塌,政府部门还是认识到了比萨斜塔的危机。关闭了斜塔后,采用抽取土层、调整重心重力作用等方法,让塔的倾斜角度回到安全范围之内,并于 2001 年重新开放。至于 250 年后比萨斜塔会不会倒下,好在这时间并不太远,这几代人看不到,以后的人一定能见证。

54. 特洛伊宝藏的传说

读过《荷马史诗》的人，都会对环绕故事中心土耳其的特洛伊古城留有深刻的印象。据史料记载，在特洛伊战争发生500多年后，希腊人在特洛伊城旧址上建起了伊利昂城，公元前480年，波斯国王曾在此城为智慧女神雅典娜举行过百牲大祭。而到了公元初年，这里又是满目荒芜。在罗马时代，一座新城崛起却又毁于地震。从此特洛伊逐渐从人们的记忆中淡去。

19世纪中叶，德国商人海因里希·施里曼在读过《荷马史诗》后，产生了寻找特洛伊古城及其宝藏的愿望。1870年，他再次研读了《荷马史诗》，带助手来到西萨尔利克破土开挖。在剖开了厚厚的土层后，挖到了特洛伊古城墙遗址。又过了3年，他在一处遗址之下挖出了一个巨大的铜坛子，打开一看，险些被里面的金银珠宝晃花了眼睛。坛子里满是冠饰、金手镯、金项链、酒杯、盘、碗等金器，以及青金石斧、红玛瑙、水晶饰件等，共有8000多件。最珍贵的纯金头饰是用金线将1.6万件小金板缀连而成，四周垂下来的流苏短链长的16根，短的70根，都是以心形金片结成，佩戴在头上后，脸庞会完全镶嵌在黄金之中，设计绝妙。施里曼将珠宝全数献给了德国政府。"二战"期间，为避免被炸毁，德国大批艺术珍品包括在特洛伊发掘的宝藏都运进了地下防空洞，德国战败后去向不明。后有人在莫斯科普希金博物馆看到了部分特洛伊宝藏，其中就有精美的金冠饰，及金手镯、高脚金杯、金扣子、玉斧、青铜兵器等。

距施里曼发掘特洛伊城一个多世纪过去了。如今考古人员经艰苦的挖掘，已将特洛伊城的全貌展现出来。人们在30米深的地下看到了特洛伊城各个不同时期的遗址，分属9个不同的历史时期。这充分证明特洛伊文化是真实的，而且历史久远。经鉴定，特洛伊城是在公元前1300—前900年间被彻底烧毁，这也证明了《荷马史诗》对历史的描述是真实无误的。

以前人们对特洛伊城藏有大量宝藏将信将疑。施里曼挖掘出的大量金银珠宝，证实了宝藏的存在。对于这些宝藏属于普里阿摩斯或《伊利亚特》中的任何人，学者们则说法不一。另外，施里曼挖到的珍宝仅是特洛伊宝藏的一小部分吗？还会有多少珍宝被埋藏，以及如何发掘它们呢？这也是学者们热议的话题。从当地出土的古代文献里，至今未能破译特洛伊文字。要想解开特洛伊城的藏宝等秘密，还需做更多的考察和研究。

55. 所罗门财宝的下落

公元前 11 世纪,犹太人部落首领大卫攻占了耶路撒冷,建立了以色列-犹太王国。大卫死后,他的儿子所罗门即位。所罗门以智慧和才能治国,使以色列的手工业、商业、对外贸易都达到了鼎盛时期。据记载,邻国每年都会派遣使臣向犹太王国进贡,每年带来的黄金贡品重达上百吨。所罗门王花了 7 年的时间修建了一座壮观的神庙,是教徒们的朝觐和献祭之地。神殿内的柱子和器物全部用黄金重塑一遍。神殿下方修有暗殿和秘密隧道,存放了大批金银珠宝,被称为"所罗门财宝"。

公元前 5 世纪后,犹太王国衰落。公元前 586 年,新巴比伦国王尼布甲尼撒二世率兵攻陷了耶路撒冷,命令手下寻找"所罗门财宝"。由于地下暗室和隧道曲折复杂,如同迷宫,使他一无所获,恼怒之下放火将整座神庙付之一炬。另有记载说,公元 70 年,罗马帝国攻取了耶路撒冷后,曾得到一部分"所罗门财宝"。公元 455 年,从日耳曼分支部落崛起的阿兰王国,洗劫了罗马城,将犹太圣殿的财宝全部抢走。而后阿兰王国又被拜占庭帝国所灭,拜占庭军队在那批财宝押运中沉没于地中海。

在犹太王国覆灭后的两千多年以来,人们从未怀疑过"所罗门财宝"的真实性,寻找财宝的活动也一直在进行,但财宝会置于何处呢? 有人猜测,财宝可能藏在结构复杂、难被人发现的地下迷宫某个角落隐匿不露。也有人认为财宝并未藏在神庙地下,早就转移到别处去了。在众多猜测中,最有影响的一种说法是,财宝一开始就被所罗门王藏往海外。因为在他统治时期,他常派船只出海远航,并且总是载有珠宝。由此人们认定海外应该有一座岛屿,是所罗门王储藏珠宝的地方。

一些相信这个说法的人,纷纷出海去加以寻找。1568 年,西班牙航海家门德纳带领船队登上太平洋一个海岛,见当地土著居民个个佩戴金饰,欣喜若狂,以为找到了"所罗门财宝"的落脚地,经在岛上一番搜索,结果发现这里与"所罗门财宝"无关。虽然如此,门德纳还是将岛屿以"所罗门群岛"命名。所罗门群岛没有"所罗门财宝",是不是真的没有宝藏呢? 几百年来,前来登岛寻宝的人一直络绎不绝,只是他们都会两手空空离去。"所罗门财宝"是在以色列境内某个角落埋藏着,还是转移到了大海中某个偏僻的岛屿上,时至今日仍被人们所猜测,并让寻宝者困扰不已。

56. 传国玉玺流落何方

以和氏璧雕成的传国玉玺是皇权的象征,自它诞生后一直被刀光剑影所笼罩。说到传国玉玺的原材和氏璧,本身就充满了传奇色彩。相传,春秋时楚人卞和在山中看到有凤凰栖落,在山中找到一块玉璞。卞和先后将它献给了楚厉王和武王,都被认为是石头,卞和以欺君罪失去了左右脚。及文王即位,卞和抱玉哭于荆山之下,以至满眼溢血。文王令玉匠打磨,里面异光闪烁夺目,果是稀世珍宝。经良工雕琢成璧,取名"和氏璧"。

"和氏璧"成为楚国王室的重器,后流传到了赵国,这块璧还引出了著名的历史剧和"完璧归赵"的成语。秦灭赵国后,"和氏璧"最终还是落在了秦始皇手里。他把"和氏璧"定制成传国玉玺,上刻"受命于天,既寿永昌",希望代代相传。秦末战乱,二世死后子婴把传国玉玺献给刘邦。刘邦建汉登基后,玉玺藏放在长乐宫。到了东汉末年,玉玺在乱军中失踪。各路诸侯在讨伐董卓时,孙坚率军攻入洛阳,从井中打捞出一宫女尸体,在身旁锦囊中发现了传国玉玺。不久传国玉玺被袁术夺得,他称帝失败后,玉玺被送至许昌汉献帝御案,又归汉室。三国鼎立时,玉玺属魏;三国一统,玉玺归晋。隋朝统一中国后,传国玉玺入了隋宫。隋亡玉玺曾随萧后遁入漠北,唐贞观年间萧后返归中原,玉玺为唐太宗所得。到了后唐时,战乱纷纷,末帝李从珂携玉玺自焚而死,可是大火过后,从灰烬中却不见玉玺的踪影,传国玉玺就此令世人再难谋其面。

以后的宋、元、明、清几朝都有发现所谓传国玉玺的记载。宋代绍圣年间,有人称在农田耕作时发现了传国玉玺,送至朝廷。经学士、大臣一番考证,却难辨真伪。靖康年间,金兵破汴梁,徽钦二帝被掠,"传国玉玺"也被金国掠去,其后便销声匿迹。到了明朝弘治年间,又有人称找到"传国玉玺"献给皇帝,孝宗皇帝认为是假的。清乾隆年间,这块玉玺又被认为是"和氏璧",拿给皇帝看,乾隆钦定证明它是假的。至末代皇帝溥仪被逐出故宫,"传国玉玺"也再无踪迹。

历经 2000 多年风雨沧桑、朝代更替,"传国玉玺"时隐时现,真真假假,扑朔迷离,令人挂念而扼腕叹息。"传国玉玺"也许在频繁的战火硝烟中被焚毁不存,也许在不断易主后完好放置于某个不为人知的角落,直到有一天会突然出现在人们的面前,都是说不准的。

57. 佛光的呈现

在我国四川盆地,以雄奇秀丽著称的峨眉山海拔 3000 多米,四周山峦起伏,云海缥缈,景色极佳。当上午 9 时前、下午 3 时后,阳光斜射,透过云海的云滴和雾粒,有时会形成一个巨大的彩色光环,这就是"佛光"的产生。佛光直径一两米,中央虚明如镜。午后登山者背向偏西的阳光,有时还会发现光环中出现自己的身影。即使很多人同时在场观看,观者也能自见自影。

在南京的栖霞山,自 2009 年发现三圣殿呈现佛光后,每年从 11 月底后两个月常会出现。只要阳光充足,下午 3 时许,一道亮亮的细线便会照射在三圣殿无量寿佛的右脸颊上,然后缓慢上移,形状变圆,继而光圈移向佛像眉心,再不偏不倚照射在佛像眉心之间。从佛光闪现到五彩光芒消失,历时约 30 分钟。

佛光在国外也有出现。西方最早发现有佛光的,是在德国境内的哈尔茨山脉的布罗肯峰上。天际上照射的巨大光影,使那里的人惊恐不安,又不得其解,遂称其为"布罗肯幽灵",认为是妖魔在作祟。

对于佛光出现的原因,气象学家研究认为,它要有特定的环境。国内外产生佛光之地,皆为刺破云层的高峰,并且山峰周围常有茫茫云海缭绕。人能看到佛光,也与阳光的斜射、人的逆光而立缺一不可。有些山峰虽高,但云雾稀薄;有些山云雾多,而山峰低矮,都不是形成佛光的环境,也就难以呈现佛光。

学者指出,佛光是大气中的一种光学现象。当浓密的云雾在前面形成"屏幕",阳光从身后射来,就会把人的身影投放在云雾上。当阳光射在微小的水滴上,会因折射分光作用而改变原来的方向,分解成不同的有色光线。无数的小水滴犹如一面面小球面镜,把行进途中的各色光线进行连续折射,便形成了彩色的光环。由于各光线偏折角度的不同,光环按赤、橙、黄、绿、青、蓝、紫的次序排列,越向外色彩越淡。光环的大小与云雾滴的大小有关;佛光出现时间的长短,则取决于阳光是否会被云雾遮掩。至于光环中出现了人物,是因为太阳、云雾、观者正好同在一条直线上,观者遮住了背后射来的阳光,投射在光环中,产生的光学效果使然。而南京栖霞山的佛光,能照射在佛像眉心间,足以让人们为古人掌握了高超的气象学、光学、建筑学等学识并综合加以利用感到惊叹。

58. 龙卷风的成因

　　龙卷风是积雨云底部下垂的漏斗状的云柱及其伴随的非常强烈的旋风,它的范围不大,也被认为是一种强力气流涡旋。旋风直径数米至数百米,移动距离一般为数百米至数公里,个别可达数十公里。

　　龙卷风有生成于海面的"水龙卷"和产生于陆地的"陆龙卷"两种。它们的风速和上升速度都很大,中心附近的风速可达 100—200 米每秒,甚至更高。龙卷风所到之处吼声如雷,气流涡旋的某些风速能超过音速;旋流产生的功率可达 3 万兆瓦,相当于 10 座大型水电站的总发电量。生存时间一般只有几分钟,最长也不超过几小时的龙卷风,作用时间虽短,但它挟带雷雨,所产生的破坏力极强。强大的气流能把上千吨的轮船由海面抛到岸上,也能把上万吨的整节大车厢卷入空中。美国在 1925 年 3 月出现的一次强龙卷风,造成了 680 人丧生。全球每年发生龙卷风上千次,其中美国出现的龙卷风占一半以上。亚欧与大洋洲也是龙卷风的多发地区。龙卷风每年都要夺走数万人的生命。那么,这威力巨大的龙卷风是怎样形成的呢?

　　有学者提出了"内引力导致热过程"的理论。认为局部地区受热,引起上下空气对流,进而就会产生"真空抽水泵"效应的龙卷风。当一处大量变暖而湿润的热空气向上快速移动,附近区域的气流便会迅速下降,由此就会形成很大的旋涡。在旋涡里,湿热的气流沿着螺旋线向上飞升,在冷空间冷凝成冰晶,随着冷凝冰晶的增多、厚重,笼罩着沉沉雾气的旋转云柱状龙卷风威力变得强大。这一说法虽然有说服力,但另有学者指出,冬季和夜间没有强对流气温变化也会出现龙卷风,就难以解释了。

　　与龙卷风的成因不无关系,龙卷风过境席卷一切后出现的奇怪现象也让人难以捉摸。龙卷风肆虐一方后,地面的设施往往荡然无存,狼藉一片,而也有时在它的中心范围内的东西完好无损。也有的一片树木只有一棵被连根吹断。在美国出现的龙卷风,一根草茎竟刺穿了一块厚木板,另有一根松木棍把一块 1 厘米厚的钢板穿透。还有的地方龙卷风将房屋摧毁,把橱柜从一处刮到另外一处,而橱柜内所有碗盘却摆放完好。也有人被龙卷风卷上高空,又平安送回地面,并无损伤。还有更奇怪的,龙卷风扫过,将一只鸡一侧的毛拔光,却留下另一侧的。如此等等,龙卷风所表现出的"怪诞不经",让学者们也是一头雾水。

59. "厄尔尼诺" 的发生

在南美洲西海岸,自南向北流动着的一股秘鲁寒流变暖,被称为"厄尔尼诺",是太平洋上一种反常的自然现象。20 世纪 70 年代后,科学家发现,全世界出现的一系列异常天气中,一种作为海洋与大气系统重要现象之一的"厄尔尼诺"潮流起着重要作用。

"厄尔尼诺",每次都发生在圣诞节前后,大约每隔 2—7 年出现一次,使人类蒙受了重大灾难。一旦发生,会持续几个月,甚至一年以上。它会使一些地区高温、干旱,土壤龟裂,蝗灾加重,频发山火等,它又会造成另一些地区暴风雪加剧,发生洪涝灾害,严重危害农业、畜牧业及水产业。1982 年发生的一次严重的"厄尔尼诺",让世界的 1/4 地区受灾,全世界经济损失估计达 80 亿美元。

为减少"厄尔尼诺"带来的危害,对了解"厄尔尼诺"的发生和进行预报自然非常重要。有专家认为,太平洋东部秘鲁沿海流动着较冷的洋流,有的年份由于南半球的东南信风变弱,太平洋东部上升的冷水减少,而更多的暖水随赤道暖流涌向太平洋东部,这样就会造成海面的水温"翘板"东高西低,出现"厄尔尼诺"现象。

另有学者认为,自 20 世纪 60 年代以来,5 次"厄尔尼诺"发生的时间,都与地球两个移动板块之间的边界上发生地震这一周期现象相吻合。它们之间有没有因果关系,还有待做出探讨。还有的专家提出,"厄尔尼诺"与一种叫"南部振荡"的全球性气候变化体系有关,从而影响了南半球的信风强弱,进而使气流变暖。

我国科学家提出了一种假设,认为"厄尔尼诺"可能与地球自转速度变化有关。他们对照了近几十年以来地球自转速度变化的资料发现,只要地球自转年变量减慢持续两年,而且数值较大,就会使赤道附近的海水和大气获得每秒 0.5 厘米和每秒 1 米的相对速度,导致太平洋东西岸水温的变化,发生"厄尔尼诺"现象。

目前,对"厄尔尼诺"的研究已广泛使用气象卫星、海洋考察船、浮标机器人等先进手段。还有的科学家转向了地质研究,从一些沿海河口淤泥堆积现象来分析过去发生"厄尔尼诺"的遗迹。有关专家表示,"厄尔尼诺"现象影响世界气候的原因很快将能够找到。

60. 恐龙是否还有存活

　　世界上很多学者认为,大约在距今6500万年的中生代白垩纪和新生代第三纪交替时期,恐龙在地球上消失匿迹了。也有一种观点认为,是一颗小行星撞击了地球,造成了恐龙的灭绝。恐龙真的只属于远古历史吗? 国际学术界一直存在着争议。

　　西方一些科学家在对非洲刚果东北部偏僻的利科勒进行了考察,这里有大片未开垦的热带雨林与几乎无人勘探过的沼泽水域,认为这里可能存在着"活恐龙"。这一带的地理条件和生态环境,同"恐龙时代"较为相似。据当地土著人介绍,曾多次看到类似恐龙的动物:身长十几米,体重十几吨,外形呈灰色,有一个长而灵活的脖子和一条长而粗的尾巴。21世纪初,刚果政府组织了一支本国考察队,携带进口的先进仪器进入泰莱湖区,探测怪兽情况。队员乘船在离岸300米的地方观测到一只巨型怪兽,它的头很小,脖子细长,背脊宽阔,露出水面的部分有4米长。船只凑近它时,它的头扬在空中,东张西望,额头呈棕褐色,肤色油黑,身上无毛。当它发现船在向它驶近,便钻入湖底,再难见其踪影。好在考察人员拍到了它的一些影像,为恐龙还有存活提供了某些依据。

　　在印度洋上,有一座长13公里的科莫多岛,岛上生活着一种"科莫多龙"。这种动物属于肉食性爬行动物中的巨蜥类。成年的科莫多龙体长约3米,体重约60公斤,一般以腐烂的动物尸体为食。它们嗅觉灵敏,有动物死去,能从8公里以外嗅到尸体气味,并找上前去。科莫多龙长有50颗牙齿,前面的牙呈圆锥状,短而直;两边的牙和后槽牙只有几毫米厚,紧贴在一起,侧面带有锋利的凹槽。头和颈能像蛇头一样变形,从而能将大块的肉吞咽下去。一只科莫多龙可以一口吞下一个野猪的头,甚至能下一整只幼鹿。这样的食肉习性自然让人联想到远古时期恐龙的进食方法。有人大胆假设,这科莫多龙就是恐龙的后裔或变种。

　　对恐龙还有存活的假说,虽然难做定论,但这实际上是对迄今为止的生物进化史和动物分类学的严峻挑战。由于恐龙生存与繁殖的年代极为久远,人类不可能亲眼看到6500万年前恐龙生活的真相,科学家只能以大量的化石来研究和推论恐龙的特征、生活习性和演化的历史。究竟生活于远古的恐龙是否全部灭绝,原因到底是什么,地球上是否还有恐龙存活,尚需考古人员做出更多的探索研究。

61. 流传久远的水怪

尼斯湖是英国苏格兰大峡谷中的一个淡水湖泊,湖长近40公里,宽约2公里,水深200多米。关于尼斯湖存在水怪的传说由来已久。

最早的尼斯湖水怪的目击者是一位名叫麦克唐纳的农夫。1802年入夏,这位农夫在尼斯湖畔劳作时,看到湖水上浮起一个水怪,它身上长着短而粗的鳍,能划水行进。当时麦克唐纳距水怪约40米,感觉看得真真的。此后看到尼斯湖水怪的消息就多起来。1933年,报纸上有了尼斯湖水怪的报道后,更是引起了轰动。据说先后已有3000多人见到了这种水怪。目击者称,水怪黑色,也有说灰黑色,身长12—15米,脖子细而长,小脑袋,背部有驼峰,皮肤并不光滑。有的目击者还拍下了水怪的照片。

英国成立的尼斯湖现象调查协会曾出赏金100万英镑,捉拿尼斯湖水怪,很多人摩拳擦掌搜寻,但一无所获。因此不少人对尼斯湖水怪的存在表示怀疑,有人对所拍水怪的照片真实性也存在疑问。有人认为,所谓水怪,是一种错觉。有人认为,水怪就是一种形似长蛇的大鱼。还有人说看上去像水怪,其实就是漂浮在水浪中的一段糟木桩。虽然对水怪之说有种种不屑,但很多人对尼斯湖存在水怪仍然深信不疑。

自尼斯湖水怪的传说流传后,美国、加拿大、中国、苏联等国,也有出现水怪的传闻。在我国吉林长白山天池湖,自1962年以来屡次有人说看到水怪,头有牛头大,颈1米多长,身上长有黑褐色毛,能在水面快速游动。有人则认为不可能,因为这样的物种难以在天池内生存。有人在阿根廷看到一种水怪,是一种巨大的水蛇状动物,头颈细长前探,背部能高高隆起,与发现的尼斯湖水怪外貌相像,为此美国一家报纸称,苏格兰的尼斯湖水怪游到阿根廷了,该报甚至还刊登了尼斯湖水怪迁移阿根廷的路线图。

在美国佛蒙特州的恰普兰湖内,一直以来也被认为水中存在着水怪。1883年,当地的治安官穆尼宣称,他看到距他50米的湖内,一条巨蛇掀起水花,它长八九米,张开的嘴巴内呈白色。穆尼所说的巨蛇与尼斯湖水怪外形也很相似,但比看到尼斯湖水怪要早50年。有学者认为,恰普兰湖与尼斯湖的环境相差不大,都形成于1万年前,水深并拥有大量鱼类,足以满足巨大生物的需求。虽然恰普兰水怪也吸引了人们大量的关注,但与各地流传的水怪一样,没有确切的证据能证明它存在。

62. 非鱼非鲨的海中怪兽

1977年4月的一天,日本一艘名叫"瑞洋丸"的远洋拖网船,在新西兰以东海面捕捞到一个庞然大物。这是一个类似爬虫类的尸体,身长约10米,颈长1.5米,尾部长2米,重量近2吨。估计它死去已久,发出腐臭的气味。船长忙令船员把怪物丢到海里。所幸船上有随行者在怪物抛下大海前,拍摄了几张照片,并保留了一些怪兽的鳍须。

消息传到日本后,引起很大轰动。动物学家、古生物学家尤为兴奋,他们在对照片进行了分析后认为,这不是鱼类,是物种方面惊人的发现。各国报刊争相转载了照片,做了报道,引起了广泛关注。许多学者专家纷纷发表见解。

有人认为,从照片来看,它的头部甚小,与现存的所有鲸鱼类头骨不同,而且颈部奇长,长有4个对称的大鳍,这就说明它是区别于鱼类和其他海洋动物的另类了。

有人怀疑它是7000万年前便已灭绝了的"蛇颈龙"的子孙,依据是它的长颈。从照片推算,颈的骨骼粗约20厘米,是爬行类动物的特征。与蛇颈龙体态较一致,可以认为是发现了蛇颈龙的活化石。

不久,日本东京水产大学对怪物的须条进行了蛋白质分析,发现它的成分酷似鲨鱼的鳍须。于是怪兽又转向了"鲨鱼说"。有人指出,鲨鱼是一种软骨鱼,它们没有硬骨架,死后尸体腐烂,头和鳃部先从躯体脱垂,会形成小小的头和细长的颈。海洋动物被错认身份的事例是很容易发生的。

一些学者对照鲨鱼再对怪物考究,很快又对它是鲨鱼做出否定。指出,鲨鱼的肉是白的,而怪兽的肉是赤红色的。鲨鱼没有排尿器,是利用海水的浸透压力排出的,因此鲨鱼的肉有尿特有的臭味。"瑞洋丸"上有经验的船员却未从怪兽尸体上闻到。怪兽有较厚的脂肪层,包裹在肌肉上,而鲨鱼只在肝脏里才有脂肪。另外还有很重要的一点,具有软骨架的鲨鱼,死后尸体腐烂,软骨也会糟腐,绝对经受不住大约两吨的自重,被吊到船上。这是许多鱼类学权威都认可的否定怪兽是鲨鱼的重要论据。

于是,怪兽又转回到爬行类动物说。证明怪兽是爬行动物还有一个要点,即怪兽的头部呈三角形,这是爬行类动物独具的特点。

怪兽被打捞发现,已近半个世纪。科学家一直在议论,发表见解。人们盼望着有一天会再有怪兽现身,以解开心中这困扰已久的谜团。

63. 红发巨人木乃伊

19 世纪是人类考古的全盛时期,在希腊、意大利、中东和美国等地,都有很多人挥动铁铲,寻找遗迹。通过挖掘出的一些巨大的木乃伊化石和骨骼,学者认为,地球上曾有巨人族存在。

早在古希腊和罗马的传说中,就有天国降血落在大地女神盖雅的膝上,她于是怀孕,产下泰坦族,也就是传说中的巨人族。巨人族身材高大,力量无穷,但性情暴躁。其中最著名的巨人是歌利亚,他能征善战,有关他的故事广为流传。

在美国,有关巨人族的传说也有很多。1883 年,一本名为《派尤特族的生活》的书,描述了居住在湖畔洞穴的红发巨人的活动。1912 年,内华达州洛弗拉克市牧场工人来到一处湖岸洞穴,向下挖掘取蝙蝠粪时,竟挖出了多具红色巨人木乃伊。这些木乃伊身形高大,有长至肩膀的红色长发,很像埃及出土的木乃伊。考古学家调查发现,遗骸身高都超过 2 米,而且他们大多数是两排牙齿。有的有 6 根手指或 6 个脚趾。不久,又有人在加州的一个瀑布旁发现一个墓穴,里面也有两具木乃伊,是一位妇女抱着孩子,身形也很高大,身上覆盖着毛皮。

巨人一定是传说中的嗜血巨人"奥德赛",或是童话中的食人族吗?有没有温和的巨人?现代科学研究认为,有两种人可被视为巨人,一种是因为基因的关系,正常长得高;另一种是机能失常,可能因为生长的荷尔蒙过多,带有病症。都与远古人类带有隐性基因不无关系。有学者认为,远古环境适于制造"大生物"。化石揭示有些物种,比如恐龙,比现在的动物要大许多倍。化石显示美国加州的红杉在古代也比现在大好多。现代 3 米长的生物,古代能长到 5—6 米。今天的蜻蜓翼展10 厘米,化石记录的古蜻蜓翼展长达 1.5 米。学者认为,远古时代大气环境条件好,地球的臭氧层较厚,是今天的 7 倍,有利于生物的生长和繁衍。

有的学者提出,红发巨人也许很早就居住生活在我们这个世界上,他们留下了无数传说,制造了巨雕、神庙和难以复制的手工艺品。中东地区在 6000 年前的苏美尔人,拥有先进的文化。柏林博物馆中的苏美尔人圆筒玺章上面记载了九大行星外有另一颗星,苏美尔人称之为"内伯鲁"星,他们认为那是天上巨人"安纳那奇"的家。这就让人想到,红发巨人或许来自外星球。科学家在对外太空探索中,的确发现一神秘天体靠近苏美尔人画中的内伯鲁星位置。但这是否能与"红发巨人"扯上关系,尚需加深探索。

64. 罗马帝国灭亡之因

罗马帝国建于公元前 27 年,公元 1453 年灭亡,是以地中海为中心,横跨欧、亚、非三大洲的大帝国。在公元 2 世纪的安敦尼王朝时期,罗马帝国达到极盛,经济空前繁荣,帝国疆域扩展最大。西起西班牙、高卢与不列颠,东到幼发拉底河上游,南至非洲北部,北达莱茵河与多瑙河一带,地中海成为帝国的内海。全盛时期控制了约 500 万平方公里的土地,是世界古代史上国土面积最大的君主国之一。

公元 410 年,哥特人首领阿拉里克率领日耳曼大军,一举攻占了有"永恒之城"称呼的罗马城,罗马帝国自此逐步走向灭亡。日耳曼军队强悍,这只是罗马城被攻陷的表面原因。守城的罗马士兵很多是用钱找来的雇佣兵,不具备很强的战斗力,此外罗马城内之前不久爆发了饥荒和瘟疫,也是造成缺少有效抵抗的原因。然而研究发现,哥特人不费吹灰之力,一举就攻占了罗马城,引起罗马帝国覆灭,还有着一个深层次的原因。

20 世纪 60 年代末,英国南部赛伦塞斯特展开发掘工作,在一座公元 4 世纪末 5 世纪初的罗马人的墓群里,找到了 450 具骸骨,多数骨头中的含铅量是正常人的 80 倍之多,儿童骸骨的含铅量则更高,这些人显然是死于铅中毒。考古学家发现,罗马人对他们的优良供水系统一直引以为傲,通常都以铅管输送饮用水,用铅杯喝水,用铅锅煮食,甚至用氧化铅代替糖调酒。吃下如此多的铅,就会造成慢性中毒,出现身体乏力、无力。此外,服用铅过量,还会产生一个恶果,即丧失生育能力。即使吸收微量的铅,也会造成妇女不孕。一个民族整体身体素质下降,离国家的覆灭当然也就不远了。

罗马人受铅的危害,虽说只是考古资料的一种推测,但从后来东罗马帝国的演变也能得到一些证实。东罗马帝国在西罗马帝国灭亡后继续存在了近 1000 年,原因很多:边境不长,较容易抵御,发展经济、文化,朝政纷争少,治安维持好。另外还有很重要的一点是,境内铅矿稀少,民众大多使用自认为低劣的瓦锅和陶盆、陶杯。正因为这样也少吃进了铅元素,减少了铅中毒。

罗马帝国的灭亡之因,与铅污染有没有直接的关系,有多大的关系,还有待专家学者做出进一步探讨,找出事情的真相。

65. 马王堆古尸千年不腐

1972 年,在中国湖南长沙市东郊马王堆古墓中,出土了一具汉代女尸。据考古人员认定,其为长沙国丞相利苍之妻,下葬年代为西汉文帝年间。古尸距今已有 2000 多年,但出土时尸身外形完整,面色鲜活,发色黑亮。解剖发现,其内脏器官完好无损,骨质、血管结构如常,甚至腹内还有食物未消解。这一消息震惊了世界。为什么古尸历经千年而不腐呢?

一般来说,尸体下葬后处于空气、水分和细菌的环境,过一段时间,棺木就会腐朽,尸体就会烂掉。在特别干燥或空气稀薄的地方,当尸体迅速脱水,也会成为"干尸"。而马王堆的古尸却是"湿尸",专家研究认为"她"千年不腐,原因是多方面的。

首先,古尸进行了完善的防腐处理。经鉴定,它的棺液沉淀物中含有大量的乙醇、硫化汞和乙酸等物。这表明女尸经过了汞或其他浸泡处理。硫化汞对尸体防腐的作用是很大的。

其次,棺椁中使用了具防腐作用的棺液。据查,棺内的液体深约 20 厘米,椁外的液体深约 40 厘米。但它们不是防腐水溶性液体,而是由白膏泥、木炭、木料中的少量水分和水蒸气凝聚而成的。而内棺中的液体是女尸体内形成的"尸解水"。这种自然形成的棺液,能有效防止尸体腐败,并能使尸体的软组织保持弹性,肤色如初。

古尸下葬的墓室深,对防腐至关重要。整座墓地建造在 16 米以下的地方,上面还有高 20 多米、底径近 60 米的大封土堆。既不透气也不透光,这就基本隔绝了地表物理和化学因素对古尸的影响。

墓地封闭严也是防腐的关键所在。墓室周壁均用可塑性大、黏性强、密封性好的白膏泥筑成,泥层厚约 1 米,内衬为半米厚的木炭层。墓室筑好后,再用五花土夯实。这样,地面大气就与墓室完全隔绝了,并能保持 18 摄氏度左右的相对恒温,而且不会受到地下水的侵蚀。由于密封好,墓室中接近了真空,具备了缺氧的条件。椁室中存放的漆器、竹简、中草药材等物品还会挥发出沼气,能够杀菌,使腐败菌在高压下难以存活。

马王堆汉墓古尸完善的防腐技术被揭示出来。人们在惊叹之时,对于远在两千多年前,古人如何能发明和掌握这些高超的防腐技术,仍感到费解。

66. 秦始皇陵墓工程

秦始皇陵墓位于我国西安市临潼区城东。据《史记》记载，秦始皇即位就开始建造自己的陵园。为造秦陵，当时征发了"罪人"有72万之多。建成的秦陵气势雄伟，面积57平方公里，分为内外两城。内城周长2.5公里，外城周长6公里。东侧1.5公里处是大型兵马俑坑。陵墓内挖地极深，用铜液浇灌加固，放置棺椁和珍宝极品。点燃长明灯，久不熄灭。为防盗墓，内设弩机暗器，在地底灌注了水银。秦始皇陵存世两千多年以来，并未得到完全发掘，围绕着它的工程建造有着太多的不解之谜。

秦陵工程是庞大的，它的封土堆呈覆斗形。由于封土经过烧炒，所以土层寸草不生。据测，封土堆高76米，长和宽各约350米。这如山般的大规模封土取自何处呢？流传的一说法是，封土自咸阳运来。《史记》上说"复土骊山"，即把原来从墓穴挖出的土，再用到墓上。《水经·渭水注》则记载："始皇造陵取土，其地深，水积成池，谓之鱼池。"在今秦陵东北2.5公里之处，确有一个大水池，面积百万平方米。取土于此的说法也得到众多学者的认可。

古籍《汉阳仪》记载建造秦皇陵工程，下挖到一定深度，秦始皇下令"旁行三百丈"。这是出了什么事呢？有专家认为，是地宫初挖点比原计划向北移出太多，出现了重力异常现象，由于土质存在差异，就要调整方向。也有人推测，秦陵紧挨骊山，由于山间冲积扇的原因，可能遇到了大块砾石，难以通过，不得不顺着砾石层改道挖掘，于是有了"旁行三百丈"。

古代帝王在世时专用的道路叫"御道"，死后为其专修的道路称"神道"。神道一般为帝王陵墓的中轴线，具有重要的考古意义。秦始皇陵的神道是南北走向还是东西走向，专家们的说法并不一致。另外，在对秦始皇陵的发掘中，专家发现陵区有大面积的火烧土分布。有学者提出了项羽火烧秦陵的悬案，也验证了项羽火烧阿房宫的记载。但也有学者提出，如果是项羽火烧了秦陵，那么为什么不把陪葬坑里的珍宝运走？放有珍禽异兽藏品的坑被焚烧，坑内却保存着完好的铜鹤、铜鹅、铜鸭等，让人不可思议。所以"火烧秦陵"，可能只是当时的一种"燎祭"方式。

有关秦始皇陵墓的种种说法，只是人们根据已有材料做出的推测。人们期待着考古人员对秦始皇陵有进一步的发掘，从而得出秦陵工程建造的更多真相。

67. 埃及艳后之死

埃及女王克里奥帕特拉生活在公元前 69—前 30 年。她以惊人的美貌与智慧闻名于世。而她不到 40 岁便自杀香消玉殒,其传奇的经历笼罩着极其神秘的色彩。

克里奥帕特拉是埃及国王托勒密十二世和克里奥帕特拉五世的女儿,她从小生长于宫廷,身上有马其顿人的血统,聪明伶俐,貌美如花。国王托勒密十二世去世后,21 岁的克里奥帕特拉按遗诏和法律的规定,嫁给了比她小 6 岁的异母兄弟,夫妻二人掌管朝政。3 年后,她在与其弟夺权的宫廷之斗中失败,被迫离开了亚历山大城。这时罗马国家元首恺撒率兵来到埃及,调停埃及的王位之争。相传克里奥帕特拉将自己包裹在地毯里,进入恺撒行馆。恺撒见到这曼妙妩媚、风姿绰约的美女,大为倾心,而克里奥帕特拉也为恺撒的气度着迷。二人离奇香艳的故事,也成为国际政治联姻的佳话。当然,接下来的就是恺撒率领大军帮助克里奥帕特拉击败了她的弟弟,成为埃及女王。

公元前 44 年,恺撒被刺身亡,跟随着他的克里奥帕特拉黯然离开了罗马。恺撒死后,安东尼称雄罗马。埃及女王以自己的美艳又赢得了安东尼的欢心。安东尼放下权势,乘坐克里奥帕特拉的游艇来到女王的国度,在亚历山大王宫与女王度过了恩爱的 5 年。安东尼为讨好女王,宣布把罗马帝国在东方的大片殖民地送给她。这损害了罗马的国家利益,罗马贵族屋大维起兵声讨安东尼。交战中安东尼竟乘一只小船追随女王而去,大军溃败。安东尼退至埃及应战,后见大势已去,举佩剑自杀。女王也被擒获。

罗马执政者决定将克里奥帕特拉作为战利品带到罗马游街示众。得到这个消息后,克里奥帕特拉提出要为去世的安东尼祭奠。她沐浴更衣后享用了最后的晚餐,进入到自己的卧室,平静地躺到床上,再也没有醒来。

克里奥帕特拉是怎样死的,说法不一。传统的观点认为,女王早有准备。她事先安排人把一条名叫"阿斯普"的小毒蛇,放在一个篮子里,再装满无花果。带入墓堡后,让毒蛇咬伤手臂,中蛇毒死去。另一种说法是,女王早已把毒蛇喂养在花瓶里,自杀时,她用头上的金簪刺伤蛇,蛇负痛报复,缠住咬伤了她,使她中毒致死。还有人认为,女王并非是被毒蛇咬死,而是用一支空心锥子刺入自己的头部毙命。据有关记载表明,女王尸体上找不到刺伤和咬伤的痕迹,而且在墓堡中也未发现任何有毒的小蛇和什么空心锥子。女王系自杀之死是确认无疑的,至于是何种手法,千百年来让人难以猜透。

68. 茜茜公主的"童话"

茜茜公主的经历曾像浪漫的童话故事一样,广为流传。

茜茜公主生于 1837 年,她的母亲是奥地利公国索菲皇太后的妹妹。茜茜公主从小受到家人的宠爱,她经常跟随父亲爬山、骑马、打猎,养成了非常活泼开朗的性格。

索菲皇太后的儿子弗兰茨虽只有 23 岁,已是奥国的皇帝。1853 年,他来到巴伐利亚探望未婚妻,即茜茜的姐姐海伦,却在见到茜茜时被她健康、美丽,充满朝气与活力所倾倒。弗兰茨不顾母亲的反对,放弃了与海伦的婚约,转而向茜茜求婚。8 个月后,年仅 16 岁的茜茜带着一身孩子气,站到了维也纳的圣坛上,成了"皇后陛下"。

然而,这桩皇族婚姻一开始就充满了隐患。一方面,皇帝的母亲素以严肃著称,她不喜欢活泼而不拘小节的茜茜。另一方面,生性天真烂漫的茜茜对维也纳宫廷生活的繁文缛节也不适应。茜茜与弗兰茨难以磨合的性格更成为他们婚姻的最大绊脚石。在豪华奢美的宫廷里,茜茜发觉她毫无自由的权力,一切都由婆母安排,她只是被当作一种门面,一个传宗接代的工具。她先后生下 3 个孩子,却都以茜茜的性格不适合教育孩子为由,将她与孩子隔离开来,让她难享为人之母的喜悦。

这种毫无欢乐可言的生活给茜茜的健康带来了危机,她开始剧烈咳嗽。以后病情加重,又患了贫血和肺病。医生劝她去疗养,她便离开了宫廷来到马德里。这里的好风光和没有拘束的生活,使茜茜受压抑的心得到放松,病情大有好转。而当她重返维也纳,病情又复发。于是茜茜便寻找各种理由离开维也纳,回到巴伐利亚,和家人待在一起,并避免公开露面。人们对她的各种议论也多了起来。

茜茜在家乡田园生活中自在如意,40 岁以后仍然貌美如昔。她热爱各种健身活动,还寻求各种各样可以保持青春的秘方,施用在自己身上。1866 年,茜茜随丈夫前往匈牙利访问。她的第四个孩子玛丽出世后,在布达佩斯接受洗礼,以后被她带在身边,自己养育。美貌的茜茜仍然得不到丈夫的关爱,广为流传的是,茜茜一度陷入了与匈牙利立宪首相安德烈伯爵的热烈爱情中。这时期,丈夫与一个女演员的暧昧关系被公开,茜茜对此事并不介意,相反还很高兴,认为自己外出旅行将不会再受到阻挠。随后茜茜漫游了整个欧洲和非洲。

1898 年 9 月,茜茜在日内瓦的湖边遭人刺杀,香消玉殒。是何人所为,由谁指使,留给人们的也只有猜测。

69. "铁面人"的传奇

法国启蒙思想家伏尔泰在其名著《路易十四时代》中记述:1661 年,圣玛格丽特岛的一座城堡迎来了一位客人,他的头上被罩了一个特制的铁皮面罩,面罩在下颌部装有弹簧,吃饭、喝水不受妨碍。不久,这位"铁面人"又被押送到巴士底狱,受到特殊的优待,住得舒适,吃得讲究,衣着得体,还有专门医生为他定期检查身体。狱警和他聊天,感觉他举止高雅,谈吐也很风趣,但他对自己的身世却守口如瓶。1703 年,"铁面人"在狱中度过 40 多年后死去,被埋葬在圣保罗教区。伏尔泰对"铁面人"的描述也到此为止。

这个"铁面人"是谁?为什么一直被关押?为什么又能得到特别优待?几个世纪以来,这些疑问一直困扰着欧洲历史学家,他们很想解开其中的谜团。

有人认为,这个戴面罩的囚犯是当时法国国王路易十四的长兄,他为人忠厚老实。而他的凶狠的弟弟以阴谋手段篡夺了王位,还将长兄判处了终身监禁,用铁面罩掩盖了他的真实面目。反驳这种说法的人认为,皇室的权势之争异常残酷,以凶残著称的路易十四取得王位,为什么不用毒药和秘密处死的方式来彻底解决问题,反而大发善心,留下"祸根",这不合情合理。

另一种流传很广的说法是,"铁面人"是路易十四的生父多热。有史料记载,路易十三和王后安娜不和,长期分居后才重归于好。有人猜测当时王后已怀上了与贵族多热的孩子,又投入了路易十三的怀抱,后来就生下了路易十四。多热为掩人耳目曾远走他乡,路易十四登基后,多热悄悄返回,向路易十四说明了真相。但路易十四害怕丑闻败露,又不好对生父下毒手,便给他戴了面罩,送入监狱,给予最好的照顾,也算是对生父的"报答"。

路易十四时代的国务秘书马基欧里也被怀疑为"铁面人"。他在割让意大利领土给法国的秘密交易中,起了关键作用,在路易十四那儿得到了奖赏后,却又把这个秘密卖给了西班牙。恼怒的路易十四对他的背叛大为光火,将他终身监禁,并赐戴了铁面罩。还有人提出,戴铁面罩的人是英国国王查理一世。当查理一世被送上断头台,他的一位忠实追随者买通了刽子手,顶替国王死了。为了守住这个秘密,查理一世只好罩上铁面具,终身隐居在巴士底狱中。

"铁面人"之谜之所以难解,在于当年路易十四答应要保住这个秘密。有关材料和物证都被毁坏和掩盖,留下的记载互相矛盾,漏洞百出,让人难以认定罩在铁面具里其人的真面目。

70. 马可·波罗的中国行

《马可·波罗游记》是一部在历史上很有影响的学术文献。但从它问世后,就不断有人质疑它的真实性,并怀疑马可·波罗是否真的到过中国。

有史料记载,马可·波罗是威尼斯商人,1271 年随父亲与叔父来到中国,在元朝以客卿的身份供职长达 17 年。归国后,他在本邦威尼斯与热那亚人的战争中成了俘虏。在狱中,他向同狱的比萨文学家鲁思蒂谦口述,完成了留传后世的《马可·波罗游记》,亦名《东方见闻录》。

在游记中以第二卷记载的中国部分最为具体,诸如元代政事、战争、城市、宫殿、朝仪、商业、民俗文化及北京等名都大邑的繁华景象,都有非常翔实而生动的描述。他把许多被当时欧洲视为奇异的东西和知识介绍了过去,为欧洲知识界打开了一扇了解东方的窗口。

根据书中的记载,很多学者确认了马可·波罗来到中国的可能性。英美学者在研究了游记一书后指出,马可·波罗来到元大都(北京)是肯定的。他所介绍的元大都城池、街道、集市乃至一些街巷庙宇、景致等,都与当时的境况相符,不是随便就能杜撰出来的。

但是,对马可·波罗到过中国持怀疑态度的人也为数不少。认为马可·波罗是凭借波斯的一些"导游手册"和个人主观想象编撰成书。因为书中没有茶、汉字及发明印刷术的记载,这些是中国元代最具特色的东西。另外,在中国可供参考的史籍中,没有一条关于马可·波罗的资料可供考证。由此认为《马可·波罗游记》只是冒充为游记,实为一部编排拙劣的传奇故事,它的创作目的是为了传教士和商人的利益,以利于到中国传教和通商。

我国学者在这一学术研究中,对马可·波罗来到中国持肯定的态度。北京大学史学系杨志玖教授早在 1941 年就在文献中找到证据,他在《永乐大典》中看到:元至元二十七年八月十七日,尚书阿难答等人的奏折中提到"今年三月奉旨,遣兀鲁、阿必失呵、火者取道马八儿,往阿鲁浑大王位下",这个记载与《马可·波罗游记》中所载的情况完全吻合,从而确认马可·波罗一行离开中国的时间为 1291 年。这一发现受到中外很多学者的推崇。1991 年 10 月,中国学者蔡美彪在北京召开的马可·波罗国际学术讨论会上,宣读了《试论马可·波罗在中国》的一篇论文,阐述了马可·波罗对中国的热爱和与各地各族民众友好的感情。文章延续和发展了杨志玖教授早年的观点,也对马可·波罗的中国之行给出了新的说明。

71. 牛顿晚年精神失常

艾萨克·牛顿(1642—1727)是英国著名物理学家、力学奠基人。牛顿在家乡林肯郡疗养,一天坐在一棵苹果树下看书,忽然有一只熟透的苹果掉落。这引起了牛顿的思考,这个问题最终促成了一个伟大的原理——万有引力定律的产生。可以说牛顿的一生充满了智慧和创造性。就是这样一位伟人,却在他50岁以后精神失常。在以后的很长时间,一些科学家试图找出他出现问题的原因,但难以达成共识。

有人认为,牛顿的精神失常,是由于劳累和用脑过度导致的。相传,一天牛顿在家请朋友吃饭,他却进入实验室忙得忘了时间。饿得朋友只好吃了一只鸡。很久后牛顿完成了工作,想到吃饭,看到桌上的鸡骨头,恍然想到自己吃过饭了,就又回到实验室去忙他的。为完成他的《自然哲学的数学原理》一书,他把自己关在实验室里,夜以继日,有时常要工作到五六点。这一著作问世后,他又立即转入了光学的研究。如此高强度的工作,使他不到30岁就须发皆白。长期的用脑过度,极端紧张的工作,造成了他植物性神经功能紊乱,最终使他患上了精神失常的疾病。

也有人认为,牛顿精神失常是受到强烈的精神刺激所致。牛顿18岁便进入剑桥大学学习,很快在科学界崭露头角。但在1677年,他的恩师巴罗和一向关怀栽培他的皇家协会干事巴格相继去世,这令他极度悲伤,使他的研究一度停顿。快50岁时,他的母亲离世,他在相当长的时间里情绪低落。就在他办完母亲的丧事不久,他的住处失火,燃尽的蜡烛将他有关研究光学和化学的手稿化为灰烬。对此,牛顿懊恼不已,他不得不重新整理《光学》手稿,至于化学他再也没有精力去做了。这些精神刺激,无疑都带给他巨大的精神创伤。

还有一种看法是,牛顿精神失常是由于汞中毒所致。有研究人员对牛顿遗留下来的头发通过现代中子活化、中子衍射等先进手段进行分析,发现牛顿头发中所含的有毒微量元素的浓度是正常人的好几倍,尤其汞的含量更高得惊人。因此有人认为牛顿长期待在实验室里,经常接触有毒的金属蒸气,特别是汞,这极易导致中毒,造成精神失常。

这几种看法都有道理,但也都缺少令人信服的证据和说服力。时至今日,对于牛顿晚年精神失常的原因,仍然难以找到一个合理的解释。

72. 贝多芬猝死病因

　　路德维希·凡·贝多芬出生于罗马帝国科隆选侯国的波恩。他是欧洲古典主义时期的作曲家、维也纳古典乐派代表人物之一。贝多芬一生创作题材广泛，主要作品包括9部交响曲、1部歌剧、32首钢琴奏鸣曲、5首钢琴协奏曲等，他的《第三交响乐》标志着其创作进入成熟阶段，此后20余年间，他数量众多的音乐作品通过强烈的艺术感染力和宏伟的气魄，将古典主义音乐推向了高峰。他也因此有了"交响乐之王"的赞誉。1827年3月26日，贝多芬在维也纳猝死，年仅57岁。这颗音乐巨星的陨落，给世人留下了无限遗憾。

　　有关贝多芬的死因，研究者指出了诸多方面。他一生饱受疾病和生活的折磨，尤其是耳朵失聪，几乎断送了他的音乐前程。他的精神支柱面临坍塌，使他一度绝望得企图自杀。有医师认为折磨这位作曲家的疾病是由一种少见的风湿病引起的，这种风湿病会使身体的多个器官发炎，并逐渐侵袭全身。疼痛加剧常会使人不堪忍受，贝多芬就是被这种风湿病折磨致死。另有人认为，贝多芬的死是由于严重酗酒引起肝病所致，他在55岁时被发现患有严重肝病。还有人说，是他的耳聋和他在爱情上的失意，使他身心受创，抑郁而终。

　　法国名作家阿尔方斯是贝多芬的同时代人，他的《在椴树下》一书为贝多芬的死因提供了新的线索。书中披露，贝多芬死前的一天，他的侄子卡尔给他写信说自己在维也纳被牵连麻烦事件，只有伯父出面才能帮他脱离困境。贝多芬接信后立即上路，途中在野外受凉。后被送医救治，医生确诊为肺积水，生命危在旦夕。好友去探望他已难与他交谈，在听音筒听到友人大声喊叫后，贝多芬顿觉畅然，问道："我果真是个天才吗？"他看到友人点头和肯定的语式，溘然长逝。

　　中国学者赵鑫珊在《贝多芬之魂》一文中也认为，是贝多芬的侄子卡尔的长期烦扰，给贝多芬的精神带来莫大的痛苦，损害了贝多芬的健康，导致他过早地离开了人世。他的侄子在别人面前称呼贝多芬"老傻瓜"，极不尊重。只要贝多芬对他的管教稍加严格，言语过重，这个无赖就会用自杀来威胁。尽管如此，贝多芬对他慈父般的爱还是有增无减，并且一再容忍他。贝多芬死前，卡尔不听贝多芬的劝告，硬要去军队服役，贝多芬只好陪他上路。正是沿途贝多芬受了严重风寒，就此一病不起。伯父重病卧床的消息传到卡尔耳朵后，这侄儿竟无动于衷，依然我行我素。贝多芬在患肺炎后，接着便是肝硬化，引起脓肿不治。可以说，贝多芬在很大程度上是被侄儿气死或逼死的。

　　贝多芬的死因或许是多方面的。人们希望了解到真相，但更多的是想表达对这位音乐大师的崇敬和景仰。

73. 凡·高的开枪自杀

文森特·威廉·凡·高,出生于荷兰乡村一个新教牧师家庭。他早年做过职员、商行经纪人、传教士等,投身绘画后,他的画风写实。在巴黎,他受印象派、新印象派和日本浮士绘作品的影响,视野的扩展使其画风大变,成为后印象派画家代表人物,代表作有《星月夜》、自画像系列、向日葵系列等。他的一生命运多舛,贫困、疾病、饥饿,以及天才的不得意一直困扰着他。他的绘画作品在他死后才被世人视为珍品。在生活凄惨的境遇中,凡·高于1890年7月29日开枪自杀,死时年仅37岁。

随着对凡·高印象派画作评价的提高和对凡·高生平的关注研究,人们对画家选择以自杀结束生命的原因,也进行了探讨。学者们从不同的角度,提出了不同的见解。有学者认为,导致凡·高失去控制,与他的不良生活习惯密切相关。凡·高生前爱喝艾酒,这种酒液含有对动物神经组织极为有害的岩柏酮,这严重地损害了他的神经系统,造成他最后精神失常。也有人认为,凡·高患有癫痫病,为了治疗这种病,他长期使用对神经系统有麻痹作用的药物洋地黄,最终因这种药物中毒而使神经受到损害。

另一种观点认为,是健康的原因造成了凡·高精神失常。他的精神崩溃是由于对心理疾病和自身生理感到恐惧和羞愧。凡·高生前患有严重的青光眼,他深知视力对一个画家的重要性,一旦看不到东西对他意味着什么。

还有学者从社会层面探寻凡·高自杀的原因。凡·高的一生短暂,但却经受了太多的磨难。他干过多种职业,经常四处颠沛流离,饱尝了生活的艰辛和世道的不公。他渴望去理解和拯救那些劳苦大众,然而现实却把他的心愿碰得粉碎。作为画家,绘画是他的生命。他有极高的天分,极强的创造力,他从事绘画不过7年,却创作了大量水平极高的作品。可当时并不被认可,作品没有销路,以至于他不得不依靠弟弟的不断资助来维持生活。他本就脆弱的神经被无情的现实反复撞击着,他终因不堪重负,才选择了用自杀的方式逃避这个不能给他带来温暖和快乐的世界。

如果从某个角度去分析凡·高离世的原因,或许都有道理,但也会有失偏颇。这只能期待学者们再做考察,取得证物,以揭示画家非理智行为的真相。

74. 拿破仑兵败滑铁卢

　　1815年春,被放逐到厄尔巴岛的法国皇帝拿破仑回到巴黎,重掌法国政权。英、俄、奥、普等欧洲各国君主闻讯如临大敌,立即组织了第七次反法同盟,力图在最短的时间内将他绞杀。拿破仑也迅速组织部队宣战,希望将反法联军彻底击溃。

　　爆发于比利时小镇滑铁卢的大战是世界战争史上令人瞩目的一役。6月18日中午,三声炮响后战争帷幕拉开,法国骑兵呼啸冲锋,防守的英军顽强抵抗,战斗很快进入了胶着状态。当时双方参战的军队各有7万人左右,可谓势均力敌。谁的援军先到,谁将占据优势。就在这个时刻,英国的援军赶来了,形势急转直下。英军一改防守,向法军发起总攻。法军溃败后撤,尸横遍野。这时奥地利和俄国的几十万大军也合围而来,使法军陷入绝境。拿破仑脸色惨白,泪流满颊,不得不宣布退位。这位"战神"再次兵败,被放逐到圣赫勒拿岛。

　　拿破仑兵败滑铁卢,其失败的原因是多方面的,这一直以来是史学家和军事评论家探讨的话题。有人认为,在两军相持的最关键阶段,是法军的格鲁希元帅迟迟不到打乱了拿破仑的用兵计划,招至溃败。另外,受命占领布鲁塞尔重要阵地以牵制英军的内伊元帅行动迟缓,使这一行动未能如期完成。内伊下属的戴尔隆军团开向英军后方,英军在他的大炮射程之内,本有机会全歼英军,却机械地执行了内伊的命令调开,使法军在临胜之际功亏一篑。

　　也有人分析,在滑铁卢会战的前一天,拿破仑指挥军队追击英军时,眼看两军就要相接,天上突然降下瓢泼大雨。视线不明,脚下难行,军队行动受阻,这也给了英军更多的喘息机会。

　　另有人指出,造成拿破仑在滑铁卢用兵失误,与他当时身边缺少能攻善战、与他配合默契的将领大有关系。他所器重的良将,有的在西班牙征战,有的在汉堡缠斗,有的在赶来的路上。虽然都是可用的将才,关键时刻却不能为己所用,这无疑是一场悲剧。对自己失败的原因,他无奈地解释说:"这是命中注定的!因为,就算有了这一切原因,那场战争本来也是该我赢的。"

　　一直以来,专家学者不遗余力地探讨拿破仑兵败滑铁卢的原因,但每种说法都有不足和漏洞,谁都难说服谁。也许,是这些微妙的因素结合在一起发生作用的。当然,这也要说出事实依据。

75. 放弃王位的温莎公爵

　　影视剧中常有"不爱江山爱美人"的动人情节。然而在现实社会,英王爱德华八世在 20 世纪 30 年代也做出了这一惊世之举。

　　爱德华八世生于 1894 年,他是乔治五世的长子。他在"一战"中应征入伍,随军到过意大利、北非等国家。1918 年退伍返回伦敦后,为躲避德国飞机轰炸进入防空洞,在此结识了一位自由党议员的妻子沃德夫人,和她保持了很长一段时间的密切关系。1931 年,通过沃德夫人爱德华结交了一位结过两次婚的美国女子华里丝。华里丝比爱德华小两岁,她既没有漂亮的容貌也没有超人的才华,可是王子在伦敦第一次遇到华里丝时,就被她通晓事理、举止潇洒的风度所倾倒。虽然华里丝已近中年,但她窈窕如初,体形娇柔。爱德华被她迷住,先后悄悄从王室珠宝库中拿出多种钻石、玉器、首饰,甚至把一颗价值连城的祖母绿宝石也弄到手,送给了华里丝。

　　1936 年,英王乔治五世"驾崩"。王储按继承法继承王位,封号爱德华八世。年轻的国王文武兼备,成为君临天下的理想人选。可是爱德华八世登基不到一年,提出要与华里丝结为秦晋之好。这让英国王室、议会两院大惊,首相代表王室、议会提出:英国不能接受她为王后,国王只能在王位和华里丝二者中选一。爱德华经过几天考虑,做出决断:坚辞王位,与华里丝结婚!

　　1936 年 12 月 11 日,爱德华八世向全国民众宣告退位。他在逊位讲话中说:"没有我所爱的那个女人的帮助和支持,我感到不可能承担我肩负的重任。"乔治六世继位后,封爱德华八世为温莎公爵。就这样,世上少了一个国王,温莎公爵却成了纯美爱情的象征。

　　温莎公爵其后参与英国政事,曾被任命为英国驻法军事代表团成员,参与军机。还被任命为大英帝国巴哈马总督。温莎公爵与华里丝相爱终生,他们作为"历史上伟大爱情之一例"被人们所津津乐道。对于爱德华八世放弃王位之举,有人认为,王子是受"现代派思潮"影响,他是以此来冲击没落的君主制度;也有人认为,王子就是为了追求真挚的爱情;还有人认为,王子是经受不住华里丝的诱惑。面对很多人的质疑,华里丝从不对温莎公爵进行评价,也不为自己做出辩解。人们尽可以从他们公布的 80 多封情书中发现些什么,见仁见智,得出自己对这场爱情的理解。

76. 建文帝的去向

　　明代洪武三十一年（1398），太祖皇帝朱元璋"驾崩"。临终前他立遗诏，把皇位传给皇太孙朱允炆，史称"建文帝"。翌年，建文帝的四叔朱棣以"清君侧"为由，在北平起兵。3年苦战后，朱棣攻占南京。这时后宫着起大火，建文帝就在火起后下落不明。建文帝去了哪里，遂成为一大悬案。

　　据《太宗实录》等古籍记载，眼见南京城被攻破，建文帝自焚。朱棣进南京城后，四处寻找建文帝，后在一片灰烬中找到一具面目全非的尸体，有人说这就是建文帝，于是朱棣令人以皇帝的礼仪将其埋葬。明永乐年间的实录坚持了这种说法。清代的《明史稿·史例议》中也有大量篇幅专门论述建文帝是焚死之说。

　　但是，有很多人认为建文帝焚死之说不可信。《明史·恭闵帝本纪》载："都城陷，宫中起火，帝不知所终，燕王遣中使出帝后尸于火中，越八日壬申葬之。"有人以此为发端，指出既然"不知所终"，又怎能发现帝尸，这是自相矛盾的。还有人认为"帝后尸于火中"，话语含混，似乎可以理解为仅仅得到了皇后的尸体。清康熙年间补纂的《明史本纪》称："棣遣中使出后尸于火，诡言帝尸"，更是明确地道出，当时根本没有找到建文帝的尸体，不过是"诡言"而已。

　　于是，另外一种说法出现了：南京破城后，建文帝本想拔剑自刎，被身边亲信救下，又搀扶他从地道御沟中逃出。后藏匿于某处寺院，削发假扮成和尚。建文帝在朱棣死后回归的故事在明代王鏊《震泽纪闻》中有传奇般的记载，这个流浪多年的"老僧"，在宫内安然地度过了最后的时光，死后葬在北京西山，未加封号。王鏊生于1450年，同"老僧"出现的时间相近，后为户部尚书、文渊阁大学士高官，人们认为其说可信。

　　建文帝的生死、下落，对于朱棣来说关系重大，对他的帝位是一个极大的威胁。有人说，为了安定人心，他一方面煞有介事地发布建文帝已死的诏书，另一方面又根据传闻中的蛛丝马迹，寻找建文帝可能存在的去处。他曾遣人以寻访仙人张三丰为名，遍访建文帝的下落。相传"三宝太监"郑和下西洋，主要目的之一也是查访建文帝出走海外的踪迹。

　　随着时间的推移，建文帝的遗迹屡有发现，但伴随而来的又有新的难解的疑问和谜团，至今仍是史学家探讨和一些人感兴趣的话题。

77. 李自成的最后归宿

李自成生于明万历三十四年（1606），23岁时率众起义，成为明末起义军高迎祥部下的勇将。高迎祥牺牲后，李自成自称"闯王"，提出了"均田免赋"口号，即民歌之"迎闯王，不纳粮"。队伍发展到百万之众，成为起义军中的主力军。进占西安后，李自成于1644年建立了大顺政权。不久攻克北京，推翻了明王朝。后镇守山海关的明将吴三桂与清军勾结，引其入关。李自成部与清军交战，兵败退出北京，后转战河南、陕西、湖北等地。对李自成的生死、最后归宿，其说不一。

一种观点认为，李自成在兵败后在湖北通山遇害。清前线指挥官阿济格亲王在奏疏中称："贼兵力穷，窜入九宫山"，李自成"为村民所困，不能脱，遂自缢死"。南明五省军务兵部尚书何腾蛟在奏报中也说，李自成在九宫山"被杀于乱刃之下"。其内容来源于原农民军将领刘体仁等"众口同辞"。从清政府与南明两个敌对政权几乎同时都有奏报看，排除了他们互通消息的可能。清摄政王多尔衮亲自审批的一份文件中更有明确的语言写道："英王谋勇兼济，立剪渠魁，李自成授首于兴国八公山，无噍类矣。"确信李自成已死。明末著名学者王夫之在其所著《永历实录》卷十三中写道："五月，自成至九宫山，食绝，自率轻骑野掠，为土人所杀。"尽管这些材料中自杀、他杀存在不同，死亡的地点有异，但在兵败身亡这一点上是完全一致的。

另有一说是李自成在夹山寺隐居。清乾隆年间，《澧州志林》记载，夹山灵泉禅院旁有石塔，塔面大书"奉天玉和尚"。寺中还藏有奉天玉画像，找到观之，其"高颧深颔，鸱目曷鼻，状貌狰狞"。比照《明史·流贼传》中描绘的李自成状貌，认为两者相同。于是形成了李自成"禅隐"夹山寺的说法。"禅隐"说还有个重要的证据是，"奉天"不能为和尚所称。其把"奉天"当成法号，这让有人联想到李自成曾自称"奉天倡义大元帅"，于是石门夹山寺的奉天和尚便被认为是李自成。有人还考证说，李自成禅隐庙门，秘密指挥大顺军联明抗清，长达20年。

无论是李自成在湖北通山"遇害说"，还是走入夹山寺"禅隐说"，两者都能列出不少资料，但又都存在疑点，难以自圆其说。看来，要想明了李自成的最后归宿，学者们还要进行更深入的探讨研究。

78. 顺治帝出家否

　　顺治帝即清世祖爱新觉罗·福临,他是清朝的第三位皇帝,是清朝定都北京的第一位皇帝。他6岁登基,亲政后勤于学习,注重革除明朝末年宫廷的许多弊政,澄清吏治,从而缓和了民族矛盾,实现了除台湾以外中国领土的统一,是清朝开国时期的关键君主,在中国历史上起到了进步作用。

　　在顺治短暂的一生中,他先后娶了19房妻妾。但是最受他宠爱的,只有董鄂妃一人。董鄂氏被册封为"贤妃"后,仅一月有余,又以"敏慧端良,未有出董鄂氏之上者"为理由,晋封为皇贵妃。这样的升迁,在历史上十分罕见。表明了顺治对她不同寻常的喜爱。董鄂妃原本体弱多病,生下的皇四子又百日而殇,一病不起,后逝于承乾宫。顺治哀痛至极。传谕亲王以下、四品以上官员、王妃、公主等"俱于景运门外齐集哭临",并将董鄂妃以皇后礼葬。

　　在《清宫演义》《清宫十三朝》和众多的现代影视剧中,都将董鄂妃与秦淮八艳董小宛扯到一起。其实二者风马牛不相及。有人认为,可能她们俩姓中都有一个"董"字,一些文人在编写野史时,为使情节离奇,或出于对清朝皇帝的中伤,便采用了这移花接木之术。

　　《清史演义》有载:"顺治帝经此惨事,亦看破世情,遂于次年正月,脱离尘世,只留重诏一张,传出宫去。"《清稗类钞》等书中也有关于顺治帝因董鄂妃去世而削发出家的描述。顺治帝的离宫出走,令清宫上下慌乱失措。为不引起世人非议,只得向外宣布皇帝驾崩。但大清皇帝为了一个女子削发为僧的事还是广为流传。

　　顺治帝一向好佛,宫中奉有木降、玉琳二禅师,印章上刻有"尘隐道人""痴道人"的称号。他曾对木降说:"愿老和尚勿以天子视朕,当如门弟子旋庵相待。"他早就有削发为僧的念头。董鄂妃一死,他又与孝惠皇后不合,便出宫去山西五台山皈依了净土。相传清圣祖康熙亲政后,曾以进香为名,多次到五台山看望顺治帝,希望顺治帝能重回宫中,但顺治帝不为所动。为此康熙有诗哀曰:"膏语随芳节,寒霜惜大时。文殊色相在,惟愿鬼神知。"语气很是悲恸。又有传说称,康熙年间,两宫西狩,经过晋北,地方上无法准备御用器具,却在五台山上找到了内廷器物,这似乎又是一个顺治帝出家的佐证。

　　不过,民国时期明清史学家孟森在《世祖出家事考实》一书中,以《东华录》等史书为依据,认为顺治帝死于痘疹,没有离宫出家。所以对顺治帝是否出家,至今尚难以做出定论。

79. 雍正帝登基之谜

清康熙帝"驾崩"以后,四皇子胤禛在激烈的皇位争夺中登上了皇帝的宝座,成为雍正皇帝。他的嗣位有不同的说法,至今仍然是一个难解之谜。

据史料记载,康熙六十一年(1722)十一月,康熙帝患病住在畅春园。他在感觉病情加重恶化时,宣布:"皇四子胤禛人品极好,令人敬重,与朕很相似,因此他肯定能继承大统。"当奉命代祀南郊的胤禛来到康熙面前时,康熙神志清醒,但当夜便"归天"了。隆科多即向胤禛宣布了遗诏,就在胤禛悲痛之际,胤祉等其他兄弟齐向胤禛叩头,劝他节哀顺变。胤禛就此履行了新皇帝的职权,主持了康熙帝的丧葬事宜。为证明自己是"名正言顺"当的皇帝,他曾特别强调:当日"朕之诸兄弟及宫人内侍与内廷行走之大小臣工所共知共见者"。

依照史料所载,雍正帝的即位是在父亲康熙帝寿终正寝后开始的,合乎法理。清代官书也是众口一词。后世有人根据雍正在品格、才干、气质上的特点,以及他在宫中深藏不露、暗自修炼多年的秉性,完全有能力得到康熙的信任,认为他的合法即位是真实可信的。

而在民间却流传着雍正帝即位是非法的,是篡位夺权。社会上盛传,康熙帝要将皇位传给十四子胤禵,并称在他患病的最后几日,曾经下旨召胤禵回京,但胤禵的死党隆科多却隐瞒了谕旨,致使康熙去世当日,胤禵不能赶到。隆科多便假传圣旨,拥立胤禛为皇帝。这也就是"矫诏篡立说"的由来。

还有一种说法,康熙帝原已写了手书,写明"传位十四子"胤禵。胤禛探明了藏手书之地,把"十"字改成了"于"字。本来是传位于胤禵,却变为传位于胤禛。这是"盗改遗诏说"。是谁下手盗改的呢?有说是雍正本人改的,有说是隆科多干的,还有人说是雍正收养的武林高手探查到手书所为。

总之,胤禛和胤禵是康熙去世后最主要的皇位竞争对手,康熙原本也是要在这二人中选立皇储。于是又有一种说法称,临终时康熙本想让胤禵继承皇位,但他远在边疆,若将他召回后再宣布诏书,在空位阶段必定会引发皇位纠纷,无奈之下只好传位于胤禛。

雍正帝坐上宝座是否合法,在没有获得新的可靠的史料之前,仍然是一个谜。

80. 同治帝的死因

　　同治皇帝即爱新觉罗·载淳,清朝的第十位皇帝。为慈禧太后所生,是咸丰皇帝的独子。同治帝6岁登基,17岁亲政,但亲政后不到两年"驾崩"。对于他的死,有着两种说法。

　　据宫廷档案记载,同治帝于同治十三年十月底患病卧床。御医诊断:"系风瘟闭来,阴气不足,不能外透之症,以致发热头眩,胸满烦闷,身酸腰软,皮肤发出疹形未透,有时气堵作厥。"由此诊断为"天花"。御医开出了用生地、元参、牛蒡子、芦根等十二味药配制的"益阴清解饮",进行避风调理。服药很有效果,两天后同治帝身上的痘颗开始表发。但由于瘟热毒滞过盛,以致头面、颈项发出的痘粒稠密,且痘颗颜色紫滞,继而咽痛作呕,口干身颤,便秘溺赤,表明痘粒透出后过盛的毒滞并没有完全表发出来。最终因用药无效,以致身亡。这便是同治帝死于天花的宫廷记载。

　　而另有《清代通史》等一些学术著作和民间传闻中,却认为同治帝是死于梅毒。据记载,同治帝与文静的皇后阿鲁特氏相亲相爱,而慈禧太后不喜欢阿鲁特氏,对于她不愿陪同自己看戏等多次责备仍我行我素,更看不惯她对同治帝总是笑脸相迎,认为她狐媚惑主。于是限制同治宠爱皇后,强令其移爱别的妃子。同治帝偏偏讨厌慈禧所喜爱的妃子。在这种逆反心理下,他便微服出宫四处寻花问柳,享受自己的"快活"。他怕被臣下看见,不敢去京中大的妓院名楼,而去拜访隐蔽的小妓院、暗娼处,这就很容易传染上性病。相传,同治帝从烟花柳巷染上梅毒,开始时毫无觉察,后来脸面、背部显出多个斑点,才召御医诊治。御医一见大惊,不知如何是好,只好请命于慈禧太后。慈禧太后传旨,向外宣布说皇上只是染上天花。于是御医们便按照出痘的医法开药,自然无效。同治帝大怒,责问为何不按他的病医治,听到的回答是"太后命之"。这让同治帝愤恨不已。梅毒在当时是绝症,以天花治之,显然是为了掩盖丑闻,以免丢皇家脸面。所以同治帝的病情日渐加重,最后导致身体溃烂而死。

　　同治帝究竟是死于天花,还是死于梅毒,两种说法各有其来源和依据,但又都存在疑点,其事实真相让人难以辨明。

81. 慈安东太后的暴卒

在清朝历史上,作为两宫皇太后之一的东太后慈安,与西太后慈禧,都是举足轻重的人物。然而光绪七年(1881)三月初十日,一向健康无病的慈安太后竟突然发病暴卒,实在出人意料。她的死因说法不一,成为清宫的一桩疑案。

慈安太后钮祜禄氏,为满洲镶黄旗人。咸丰即位后封她为贞嫔、贞贵妃,又册立为皇后。咸丰帝死后,她被尊为母后皇太后。因居住在东宫,众人称她为"东太后",与慈禧太后共同"垂帘听政"。慈安出身于官宦之家,从小受到良好的教育。在清朝遭遇内忧外患时,增长了阅历,她优于德,但在掌控权力方面也很有一套办法。这样一位德高望重的好皇后"暴崩",人们在痛惜之际,对她的死产生了怀疑。

据有关记载,慈安太后在暴卒当日还曾经视朝,诸大臣觐见慈安太后,并不曾见她有病态。午后内廷忽传她驾崩,让诸大臣惊诧不已。入至慈安太后宫,见慈禧太后坐椅,目视慈安太后小殓,神态镇静。诸臣皆顿首慰藉,均不敢问其症状。最后草草办了丧事。根据慈禧太后的为人及表现,不少人认为是慈禧太后害死了慈安太后。有人还听说,是西宫慈禧的人给慈安太后送去了点心,慈安太后吃下被毒死。另有传说,咸丰帝知慈安忠厚老实,怕她被慈禧加害,便留给慈安一道密诏,要她在必要时除掉慈禧。慈禧知道后,哄骗慈安焚毁了密诏,然后便有恃无恐地害死了慈安太后,从而独揽大权。

不过,也有学者认为慈安太后是"自然死亡"。徐彻在《慈禧大传》一著中指出,慈安太后不善理政,召见臣子时说话也分量不足。所以她根本不会妨碍慈禧太后在政治上的权力,慈禧太后也没必要害死她。徐彻还列举了《翁文恭公日记》中关于慈安太后发病的两则记载为证。一则是慈安太后26岁时曾经患了"有类肝厥",疾病长达24天,甚至到了"不能言语"的程度。另一则是同治年间,慈安太后"旧疾发作,厥逆半时许"。"厥症"主要表现为突然昏迷,四肢厥冷,不省人事,轻者昏厥时间较短,重者或许会一厥不醒,导致死亡。当然,慈安太后患急症"自然而亡"也只是一种说法。

民间从慈禧太后善用心计、心狠手辣,揣测是她毒害了慈安太后的人有很多,但要确定这个事实,还是要拿出足够的证据。

82. 光绪帝中毒致死

　　光绪即爱新觉罗·载湉皇帝的年号,他是清朝的第11位皇帝。这位皇帝的一生,始终受到慈禧太后的挟制,被她掌控在手中,在她的阴影下小心翼翼地生活。慈禧太后虽想废掉光绪的皇位,但权衡各方势力关系,也不得不放弃这个打算。"戊戌变法"后,慈禧太后将光绪囚禁于瀛台10年。

　　光绪三十四年十月,光绪"驾崩"。据宫廷内档记载,光绪多年备受肺结核、肝病、心脏病和慢性风湿病困扰,造成身体免疫力低下,最终因心肺功能衰竭而死。内档虽写他死于疾病,非常蹊跷的是,他的去世与慈禧太后死去前后相差不到一天。据起居官在《崇陵传信录》中记载,光绪三十四年十月初四,是慈禧太后的生日。有人向慈禧太后报告:"皇帝听说太后泄泻多日,面有喜色。"慈禧太后怒道:"我不能先尔死!"从这则记载看,慈禧太后的确有杀害光绪的动机。

　　埋葬光绪帝的清西陵崇陵曾被打开过,后经清理封闭,留下了若干头发、遗骨、衣物等。2003年,清西陵文物管理处、中国原子能科学研究所、北京市公安局法医检验测定中心等单位组成了一个专门研究小组,以解开"光绪死因之谜"。研究人员将光绪两绺头发洗净晾干,剪成小段检测,结果从头发中检测出高浓度的砷。后在遗骨中也检出了高含量的砷。据研究,正常人口服三氧化二砷,即砒霜60毫克以上就会身亡,光绪的腐败尸体仅沾染到头发和衣物上的砒霜量,已超过200毫克,可知光绪体内砒霜摄入量明显大于致死量。经多项科学分析化验,最后得出结论:光绪系"砒霜中毒而死"。

　　据"末代皇帝"溥仪在《我的前半生》一书中描述,有位老太监曾说,光绪在死前一天还好好的,只是用了一剂药就坏了。那药是袁世凯派人送来的。这里将光绪中毒的原因说成是袁世凯下毒,有学者认为可信度不高。凭袁世凯当时的地位,他还没有公开给皇帝下毒的胆量。再说光绪对他痛恨,他送药来,光绪也不会随便就吃。

　　当代书法家启功在一则回忆录中写道:据他当时任礼部尚书的曾祖父溥良说,曾看到一个太监端着一碗"塌喇"(酸奶),说是太后赏给皇帝喝的。在这不久,就传出光绪帝"驾崩"了。事实是不是这样,还是另有下毒之人,用了其他什么手段,都让人难以了解到真相。

83. 太监李莲英身首异处

在晚清史页上,宫廷大总管太监李莲英的名字是经常浮现的。李莲英 13 岁净身进宫当了太监,他乖巧圆滑,工于心计,知道如何讨主子的欢心,很快受到慈禧太后的赏识,成为太后面前的红人。李莲英就这样得宠、荣升,成为宫中大总管,特许他头戴二品红顶,身居要职,显赫一时。一些官吏看到李莲英在宫中的权势和特殊地位,纷纷向他送礼,以图晋升。袁世凯就曾一次向李莲英送上 20 万两的银票。李莲英不失时机地大肆搜刮,在京城各银号存储了白银 1000 多万两,开有古玩店、金店、银号、绸缎庄等多处大买卖,成为京城首富。

慈禧太后死后,李莲英失去靠山。他向掌政的隆裕太后提出出宫养老,获准,带着他在宫中搜罗的稀世珍宝,住进护国寺棉花胡同的一所豪宅,准备颐养天年。然而有人却不想放过他。1911 年 3 月 4 日,李莲英接到步军统领衙门正堂江朝宗的请柬,请他到什刹海前海北河沿的会贤堂吃饭。李莲英准时赴宴,散席后乘马车经后海湖岸回家,遭到了劫杀。相传,李家继子家人见老爷深夜不归,听到噩耗派人去后海出事地点寻找尸首。直到天蒙蒙亮,才寻到李莲英的人头,尸身却遍寻不见。李家怕事情闹得满城风雨于家不利,对外以李莲英病死发出讣闻。家人举办了丧事后,将李莲英葬在了阜成门外距京城 8 里的恩济庄。

李莲英之死成了人们茶余饭后的谈资。他到底是怎样死的?他的尸身找到了吗?棺椁中的李莲英是怎样安葬的呢?1966 年"文革"爆发不久,李莲英的墓被挖掘。棺椁启开,只见死者衣袍齐整地放置在里面。但是掀开头颅下的衣袍,却发现下面没有尸身,而是码放着珍珠玛瑙、金银财宝。衣袍只是个填满了珠宝的空架子。检点一下,棺内有镶钻戒指、翡翠扳指、镇棺珠、金烟碟、金珐琅怀表等大小文物 50 多件。

随着棺内珠宝登记造册上交,长期以来李莲英死于非命,安葬时有头无尸的结局,也画上了一个句号。然而是谁设局要了李莲英的命,却还存着不同的说法。一种说法是,李莲英死后巨额财产重返宫中,是隆裕太后把李莲英处死的。另一种说法是,宫中接替总管一职的太监小德张与李莲英结有仇怨,是他与江朝宗联手,设计将李莲英劫杀。还有说法是,李莲英在慈禧太后面前呼风唤雨,曾得罪伤害了不少人,仇家一直在寻机报复,得知他赴宴行踪,半路杀出将其身首异处。李莲英命丧谁手,至今仍难以知晓真相。

84. 梦露死因难解

　　玛丽莲·梦露是 20 世纪 50 年代美国电影界最具魅力的女星,被称为好莱坞"性感女神"。她塑造了众多光彩夺目的女性形象,金钱、荣誉和风流韵事伴随着成功而来。然而这一切止于 1962 年 8 月 5 日,这一天梦露死于家中。她的死存在什么隐秘吗?

　　经调查,当日一早,女管家推不开她的卧室门。私人医生破窗而入后,看到梦露身裹被单僵卧于床上,经检查后,判定梦露吞服了大量安眠药巴比妥酸盐身亡。很快在梦露的尸体解剖报告上就发现了可疑之处。她一次吞服了大量安眠药,胃内却几乎没有残留,令人费解。而她的尸检报告开始为 723 页,最后不知何故删减为 54 页。

　　据梦露的邻居透露,事发前一天,有架直升机一直在梦露家上方低飞。根据出租飞机公司的记录簿查验推论,使用直升机的极有可能是美国总统肯尼迪的弟弟罗伯特·肯尼迪。有熟悉梦露家事的亲属还发现,梦露出事后,她的一本红色日记也失踪了。那上面记载了梦露与肯尼迪弟兄密切交往的重要细节。

　　好莱坞影星劳福德是肯尼迪的妹夫,据他说,1954 年他就介绍梦露与肯尼迪相识。肯尼迪登上总统宝座后,梦露为其 45 岁生日庆祝会演唱《祝你生日快乐》和《谢谢你记住我》。肯尼迪曾公开说"可以为那么甜美的声音和完美的技巧放弃我的总统职位"。可是不久,黑手党声称掌握了他与梦露的关系,并对他提出威胁。肯尼迪只好无奈地以断绝与梦露的关系回击黑手党。梦露却不甘心这种结局,一直在联系肯尼迪,甚至以公开他们的关系做威胁。肯尼迪只好请弟弟罗伯特前去劝说。而罗伯特与梦露又一见钟情。梦露还向外宣称要与罗伯特结婚。然而好景不长,他二人的关系也出现了裂痕,有时彼此还会拳脚相加。

　　知名私家侦探史毕葛罗认定梦露是他杀,而非自杀。他追查梦露死亡真相的历程长达二十几年,著有 3 本描述梦露之死的书。他在书中有定论说,凶手正是肯尼迪家族的人,碍于梦露知道了太多国家的机密,而命令芝加哥的黑帮分子"做掉"了她。而做过梦露宣传人的萨斯曼则认为,梦露为人傲慢,脾气很坏。美国传媒对于肯尼迪兄弟与梦露的关系无人不知,但肯尼迪兄弟不可能因为梦露披露此事而深感威胁,也没有理由买通凶手杀她。

　　自杀还是他杀,夺去的都是梦露美丽的生命。时至今日,仍然难解梦露死亡的真相。

85. 人死亡的感觉

生活在世界上的人,随时都会有人死亡。但是在他们心脏停止跳动的瞬间,又会有什么样的感觉呢? 科学家在对这个问题的长期探索研究过程中,曾寻找到一些"死而复生"的人。他们曾抵达死亡的边缘,但经过一场生与死的搏斗,最终战胜了"死神",从而获得了"第二次生命"。在他们醒来的时候,特别感谢把他们从死亡边缘拉回来的医务人员和使他们重获新生的医疗技术。还有更让他们难忘的,就是"临死前"的感受。

美国一位名叫弗吉尼娅的妇女,她在做扁桃体切除手术的时候,心脏意外地停止跳动。经医生全力抢救,濒临死亡的她又"活"了过来。她在回忆"临死"前的感觉时说:"突然,我觉得自己从一团白色的烟雾中升起,然后就进入一片黑暗。我并不觉得害怕,却有些好奇。黑暗中我又看到了闪烁的亮光,四周环境很安静。这让我想到了两个孩子,他们需要我,我又回来了。"

卡罗文是法国一名精神科医生,他曾经因心脏病发作,险些告别人世。他在回忆走到"死亡边缘"时说:"我感觉陷入了一个漫漫的长夜,空荡荡的,突然我又见到一道亮光,这让我产生了一种难以言喻的美好感觉。我能选择是进入另一个世界,还是返回人间。我挑选了后者。"

1900 年 5 月,法国的让·埃尔遭遇车祸,险些丧命。他在医院的病床上躺了 4 个多月,在生死之间经历了多次挣扎。他在康复之后回忆说:"每一次面临死亡,我都陷入一片黑暗之中。我又能看到远处出现一道亮光,那光亮让人感到平静安逸,感觉身上的痛苦消失。这时我可以选择,是朝那光亮而去,还是返回人世。我想到我的家庭,最终战胜了死亡。"

1987 年,美国纽约的盖洛普研究所做了一次大范围调查,有 800 万美国人声称他们经历过"地狱之行",并且清楚地记得在"死亡边缘"的奇特经历。这样的濒死经历大致的感觉有 5 类:1. 安详和轻松的感受;2. "自己"与肉体脱离;3. 通过一片黑暗;4. 见到光亮;5. 感觉自己与宇宙结合了。另外还有人的感觉是:与世隔绝了;太阳熄灭了;时间停顿了。

人死亡的感觉,至今尚未研究到家。对于这一人体的奥秘,有待科学家做出更多的探索和探讨,能够早日加以揭示。

86. 有魔力的催眠术

根据科学家的解释,催眠是以人为的诱导,如使用放松、单调刺激、集中注意力、想象等,引起一种特殊的类似睡眠又非睡眠的心理状态。在催眠过程中,被催眠者遵从催眠者的暗示或指示,并做出反应。人被催眠,仿佛被灌了"迷魂汤",可以将一块泥巴当巧克力津津有味地吃下去,还能搬动平时难以搬动的重物,出现种种神奇而难以解释的现象。

催眠术起源于18世纪。一位德国医生梅斯梅尔发明了一种疗法,宣称可以治愈各种怪病。在昏暗的灯光和轻柔的音乐声中,他向病人灌输一种"催眠气流"。经过这样的催眠,很多病人的疾病得到治愈。梅斯梅尔也成为世界上第一个发现思想被暗示控制而影响身体的人。

另一位英国医生布莱德,使用了用眼睛死死盯住人的方法,让他们进入昏睡状态。在那以后,催眠术士、魔术师也掌握了这个方法,用摇摆的手表等物品将人引入催眠状态,让他们唱歌、跳舞,进行摆布。催眠术就这样打开了通向潜意识的大门。

自20世纪50年代起,医学领域开始使用催眠止痛。近年催眠术已广泛应用于治疗焦虑症、抑郁症、精神创伤、过敏性肠胃综合征等。然而,催眠术如同一把双刃剑,它可以为人类造福,也会给社会带来危害。有人将一位已婚妇女催眠,控制指令她去做危害社会的事。经对嫌犯调查,破解了他的催眠术指令系统,才侦破此案。案犯虽受到了应有的惩罚,但他所运用的催眠术仍让人不寒而栗。

科学家在最新对催眠术的研究中发现,有10%—15%的成人容易受到催眠。人在12岁之前,大脑信息传递途径尚未成熟,80%以上的儿童极易接受催眠。被催眠的表象有10余种,主要表现为昏睡、感觉异常、僵立、产生错觉和幻觉、感觉记忆超常、意识分离等,对于这些现象的产生原因,有人认为,它是类似睡眠的大脑的广泛抑制过程,被催眠也是一种局部性睡眠。一些心理学家认为,催眠是一种人为的通过单调刺激引起的意识分离的状态。也有的心理学家认为,催眠现象是社会心理变因的结果,并不存在所谓的催眠状态。不过,这些观点也只是对于催眠现象在理论上做出的初步解释。然而催眠究竟是为了服从催眠师,还是精神高度集中而陷入沉思,以致完全忘了周围环境的一种自然状态呢?至今仍难以找到结论。

87. 人体智慧的大脑

人类被称为"万物之灵",灵就灵在人有发达的大脑。大脑指挥着复杂而精细的人体器官协调、高效、有条不紊地运转,是人体的最高"司令部"。脑位于人体头部的颅腔内,大脑占据了脑的大部分,外形有些像核桃仁。大脑是思维和意识活动的器官,是人类历经上百万年同大自然斗争,通过劳动和不断对各种刺激做出反应,逐渐进化和发展起来的。

在近代科学史上,生理学家都认为,大脑皮层是智力和意识活动的中枢,并且认为大脑的发达程度和智力的高低与脑子的大小有密切的关系。通过解剖得出结论,正常成年男子的脑重 1.42 千克左右,女子的脑重比男子要轻 10%。如果男子脑重轻于 1 千克,女子轻于 0.9 千克,人的智力就会受到影响。医学家还解剖过一些杰出人物的脑子,俄国作家屠格涅夫脑重 2.012 千克,而法国作家佛朗哥脑重仅 1.017 千克。伟大的物理学家爱因斯坦的脑子也是偏小的。可见脑子的大小与智商之间的联系微乎其微,大脑的质而非量才是关键。

随着科学的发展,往往可以得出一些与定论相悖的结论。英国一位神经科专家就指出,人类的智力可能与脑完全无关,一个没有脑子的人一样可以有极好的智力。他提出的理论根据是,英国的谢菲尔德大学数学系有一名学生,每次考试成绩都名列前茅。可是在对他的脑部进行检测时发现,这个学生的大脑皮层的厚度仅有 1 毫米,而正常人的厚度是 45 毫米。他的脑部空间充满了脑脊液。另外这位专家还发现了医院有位女工作人员,她也属于大脑"缺少",而她的智商却高达 120。有些人不是无脑,而是不及正常人的 1/4,既然如此,对于他们的超常智力就很难做出令人信服的解释了。

人类在世界历史上创造了许多伟大的奇迹,这都要归功于人类有一个与众不同的大脑。然而,直至今日,人们对自身大脑的认识和了解仍然肤浅。如大脑的工作机理和它的微观的机制是怎样的,都知之甚少。此外,人脑是如何处理信息的?是序列式处理,还是并列式处理?人脑中信息的表象有哪些?怎样对化学密码做出阐释?也都缺乏明确的认识。有关脑功能和结构异常引起的各类精神病、癫痫病、老年痴呆症等发病的原因,与先天及后天生活环境的关系,也都需要有更加深入的探索研究,以科学的论证,揭示出一个个人脑之谜。

88. 人的梦境

俗话说:日有所思,夜有所梦。梦的内容都是自己所看、所听、所说、所想过的事物。人人睡眠中都会出现梦境,做梦是人的生活的一部分。梦的内容可谓林林总总,五花八门。美国"心理中心网"曾调查统计,世界各地不论从事何种职业,在哪里生活,最容易做的梦有 12 种,即被追或攻击、受伤或死亡、遇到自然或人为灾难、遇交通工具故障、物品损坏、财物丢失、跌落或溺水、考试、上班迟到、裸体或穿着不得体、迷路等。

奥地利心理学家西格蒙德·弗洛伊德从心理学的角度解释梦的原因。他认为,梦是一种愿望的满足,是有意义的精神现象,是一种清醒的精神活动的延续。借助梦可以洞察到人们心灵的秘密。梦是无意识活动的表现,人在睡眠时意识活动减弱,于是无意识乘机表现为梦境的种种活动。

以后,弗洛伊德的学生发展了他的学说,研究认为,梦和人的生活息息相关,梦是人类心灵创造活动的一部分,人们可以从对梦的期待中,看出梦的目的。梦是在个人生活样式和面临的问题之间建立的一种联系,梦常常可以应验,因为做梦者会在梦中演习他的角色,以此对事情的发生做出准备。另外还认为,梦具有某种暗示性,梦所暗示的属于目前的事物,诸如婚姻或社会地位,这通常是问题与冲突的根源所在。梦暗示着某种可能的解释。同时,梦还能指点迷津。这些对梦的成因以及对梦的作用的观点,都有着很独到的见解。

生理学家巴甫洛夫则从生理机制方面阐释了梦境的成因。他认为,梦是睡眠时脑的一种兴奋活动。人入睡后,大脑皮层会出现弥漫性抑制,当人熟睡时,弥漫性抑制占据了大脑皮层的整个区域及皮层较深部分后,这时不会做梦。在浅睡时,大脑皮层的抑制程度较弱,且不均衡,这就为做梦创造了条件。

在科学快速发展的当下,科学家已能通过实验分析来揭开睡眠的秘密。有专家认为,梦是快速的眼球运动中"意象"的集合,人在快速眼球运动状态下的睡眠便会产生梦境。此时脑电波振幅低,呼吸和心跳不规则,周身肌肉张力下降。此时如不断打扰睡者,可引起其不快,因为这会破坏人的心理平衡。正是有梦境才能做成好梦,它的完成对心理平衡大有益处。时至今日,对梦境的成因和作用,研究解释仍不够全面,只能期待生理学家深入探讨,对梦境加以更准确、更完善的说明。

89. 神奇的踏火者

赤脚在火上行走,是一项令人惊异的表演。1998 年,英国人大卫·韦利在燃烧的煤上行走了 50 米,创下了人在火上行走最长的世界纪录。当时测量到他脚下的温度达到了 704 摄氏度,这么高的温度足以让青铜等金属熔化。让人感到奇怪的是,有这种踏火本领的人并不在少数。在保加利亚传统的踏火舞会上,男女老少都能赤脚在炭火上翩翩起舞。太平洋上斐济岛上的人,也能在夜色笼罩下,赤脚在炭火上舞个不停。

踏火者的脚在燃烧的火堆上为何不怕火烤,不会受伤? 这一神奇的现象令人不解。经向踏火者询问,一些人只是说出了必须锻炼和运用的技巧,对为什么不被烧伤却讲不清楚。20 世纪初有物理学家调查发现,赤脚踏炭火的一刹那,脚底会排出一些汗水,汗与热气接触时便形成了一层水蒸气之类的保护层;另一方面,炭在燃烧的过程中,灰烬也附着在炭火上,实际温度也有所降低;而且踏火者一直在不停地跳跃,脚在炭火上停留的时间并不长。这样的解释并不是很让人信服。

以后,又有研究认为,踏火不伤是人体应激反应的一种表现。科学研究证实,人体在对付突发事件时,会由神经、腺体和激素三个系统共同发挥作用应对。当人面对脚下燃烧的炭火后,会受一种刺激,使得踏火成了突发的必须应对的事件。当人把身体的全部潜能汇聚到双脚上后,双脚就对燃烧的炭火有了本能的抗拒反应,于是脚在火上不但不会被烧痛,也不会灼伤。但有人质疑这种说法,炭火引发的应激反应维持时间不会太长,踏火者都会在火上跳上一阵子,所以"应激反应"说不通。还有人以遗传基因来解释踏火的秘密。发现有人完全没有痛感,所以在火上没有灼痛的感觉。这基因变异的说法也让人很快找到了漏洞,不知痛不怕痛和皮肤不被烧伤是两码事。世界各地的踏火者人数众多,他们不会都因基因变异而丧失痛觉,所以不存在这种可能性。

近年,还有人认为,是意念让踏火者汇聚了"神力"。一种解说指出,意念能够发挥神奇的镇痛作用,当意念发出"不怕火"的指令后,首先会产生麻醉作用,使人痛觉降低,并使脚掌皮肤产生变化,能抗拒火烧、火烤;同时,人体潜能在"不怕火"的意念导引下,会提高人体降温系统的工作效率,从而使脚掌快速散热。这些因素加在一起,就使得脚掌能耐受高温考验了。但这个解说也缺乏说服力,意念能使人脚的皮肤不怕火,这缺少实验证据。

科学家指出,要揭开踏火者脚下的秘密,还须进行多角度的探索,以求找到准确的答案。

90. 动物的集群自杀

千方百计维护生存,是动物的天性。但在世界一些地方,长期以来却接连不断发生动物集群走向死亡的事件。

在印度东部阿萨姆邦一个叫贾廷加的村落,每逢秋季夜晚,风雨交加的时刻,便会有大群大群的鸟儿迎着发光的物体飞撞而来,撞向电杆、电灯、树干、火把等,许多鸟当即撞死。有些被撞昏,跌落在地,但它们不再飞去,而是卧着不动等死。有人统计,两个星期内撞死在这里的鸟儿有上千只,平均每天达100多只。鸟的种类并不单一,有的来自森林,有的来自水泽,包括啄木鸟、水鸟、翠鸟、牛背鹭等。

在北欧的挪威山区,每隔几年的春季,就会有成千上万只旅鼠向挪威西海岸进发。遇到河流,打先锋的会奋不顾身跳入水中,为后面的旅鼠搭起"鼠桥";迎着陡壁,大批旅鼠会抱在一起滚去,活着的继续向前奔。它们以夜行50公里的时速抵达海岸,又纷纷投入大海,向前游去,直至全部沉溺。

在美国阿拉斯加南部的布里斯托湾,有一片玛吉海滩,近年来每到夏秋季节,都会发生公海象爬上几十米高的崖壁,集群跳崖的惨剧。1994年有172头公海象坠崖而死。1995年有17头公海象丧生崖下。1996年,生物学家发现成群的公海象爬上悬崖,设法将它们赶回海滩,但仍有70头公海象攀崖寻死。1997年跳崖自杀的公海象为63头。

鲸鱼的冲滩搁浅致死,也是世界许多地方至今仍经常发生的事件。1974年,挪威的松恩峡海湾有12头露背鲸搁浅死去。1976年,美国佛罗里达州海滩上有250头逆戟鲸丧生。1989年,24头剑吻鲸冲上南美洲加那利群岛沿岸的一处浅滩身亡。据统计,近年来鲸鱼冲滩搁浅自杀的案例已有几百起,最多的一次鲸鱼搁浅死亡数高达835头。

对于动物的种种集群自杀行为,各国科学家一直在探讨原因。有人认为,鸟儿撞死与天气和亮光有关;旅鼠投海是数量过剩使然;公海象坠崖有失去方向感、从众等原因;鲸鱼搁浅为回波定位系统受到干扰、意识发生紊乱造成。在这些说法中,有着一些道理,但对有些现象尚解释不清,难对动物的集群自杀行为做出结论。迄今为止,大部分科学家还只能将动物集群自杀的发生称为"不寻常的死亡事件"。为此,国际野生动物保护组织呼吁,人们必须高度重视野生动物的自杀现象,要找出它们自杀的动机,以便有效地制止它们集群自杀。

91. 动物的神秘死亡

在世界一些地方,大批动物蹊跷死亡的事是时有发生的。然而当进入 2011 年,在很短一段时间内,有多个物种动物在不同的地区集群神秘死亡,则引起了众人的不安和关注。

就在 2011 年新年钟声敲响前后,美国阿肯色州比比镇发生了群鸟坠亡事件。大约有 3000 只红翼鸫鸟从天而降,如同下了"鸟雨",地面、房顶铺上了一层鸟尸。3 天后,又有 500 多只飞鸟选择了在路易斯安那州坠地而亡。同一天,肯塔基州西部地区也发现了约 450 只鸟尸。

2011 年 1 月 5 日午夜时分,瑞典西南部一个小镇上的人看到,上百只寒鸦飞来,纷纷惊恐地乱撞后死在了街头。1 月 7 日,在意大利北部小城法恩莎,一只只斑鸠极速赶来,如同皮球一般砸向地面,撞地后断气的斑鸠密密麻麻,数量多达 8000 只。

美国阿肯色州比比镇坠鸟后没几天,该镇以西的阿肯色河又出了河鱼暴毙事件。突然漂浮的死鱼达 10 万条,鱼尸绵延了 30 多公里河面。1 月 6 日,佛罗里达州斯普鲁斯河有成千上万条死鱼翻上水面,包括鲱鱼、海鲢和鲇鱼等。1 月中旬,据英国《每日邮报》报道,4 万多只死梭子蟹被冲上英国东部肯特郡海岸。同个时段,在巴西和新西兰的海岸也不断发现大量死鱼被冲上沙滩。巴西巴拉那瓜海滩的死鱼达 100 吨,主要是沙甸鱼。新西兰北岛东北部两个海湾也有大量死鱼堆积。在谷歌推出的一幅 2011 年动物死亡的地图上,死亡动物发生的国家,除美国、巴西、瑞典、英国、意大利、新西兰,还有澳大利亚、菲律宾、日本、越南等。

在一个短时期,全球多处出现动物集体死亡,引发了各种议论和猜测。尤其发生在被传 2012"世界末日"之前,造成了一些人的恐慌。有人还将其称为"种群末世启示",宣扬为末世浩劫的前兆,这当然不足为训。而将各国集中发生的多起动物群死都归结为天气变化、受惊、中毒等,解释也太牵强。对于动物集体神秘死亡,国外流行一种地磁极变化说,认为地球北极正在以每年 40 公里的速度向俄罗斯地区快速移动。这种运动直接影响了鸟类、鱼类等动物的导航系统,使它们对方向感到困惑,影响到了它们的迁徙活动。但这对群死而不需要迁徙的动物则说不通。也有专家指出,近年来全球变暖、冬季极寒等气象,也会给动物造成错觉,高温而不想南飞,骤冷又急于迁徙,匆忙中容易惶恐绝望而选择自杀。也有专家将美洲发生的动物群死指向了墨西哥湾的石油泄漏事件。联合国环境规划署已敦促相关方面,加快研究动物群死背后的原因。

92. 龟的长寿

龟是长寿动物的象征,很多龟能长寿百岁,也有"老寿星"之誉。

1971年,在长江里曾抓到一只大头龟,龟甲上刻有"道光二十年"(1840)字样,表明这只龟至少有132年的寿命。1983年,一只海龟在中国人民革命军事博物馆展览,龟重120千克。在展览期间它还生了30个蛋。据鉴定,这只海龟已经生活了3个世纪。韩国渔民曾抓到一只海龟,体长1.5米,重90千克,其背甲附生了许多牡蛎和苔藓,据测算,这只海龟已有700岁的高龄。我国安徽宿县村民在水塘内发现一只栖息的巨龟,体重68千克。专家闻讯前去探测,从龟背上的锈色花斑以及龟壳厚度判断,这只巨龟的寿命将近千年。

龟堪称动物世界的"长寿冠军",在对龟的长寿原因进行调查中,科学家认为,龟的寿命跟龟的大小存在关联。有记录表明,龟类家族的大个子像海龟和象龟,都是长寿龟。但也有人不认同这个观点,长江抓到的大头龟个头不大,却也活了100多年,这是事实。

也有动物学家认为,龟的食素有利于它们长寿。生活在印度洋和太平洋热带岛屿上的象龟,它们以吃青草、仙人掌和野果为生,是世界上最大的陆生龟,它们之中有不少寿命长达300岁。也有一些研究者不这样认为,他们指出以鱼、蛇、蠕虫为食的大头龟和一些杂食性的龟,寿命超过100岁的也不少见。

近年,一些科学家从细胞学、生理学、解剖学等方面去研究龟的长寿秘密。在一项两组寿命长短不同的龟的对比实验中发现,那组寿命较短的龟细胞繁殖代数一般较少,由此得出结论,龟细胞的繁殖代数多少,与龟的寿命长短有密切的关系。有的解剖学家对龟的心脏进行了检查,他们把龟的心脏取出后,放置了整整两天,龟的心脏仍在跳动。这表明龟的心脏机能很强健,与龟的长寿也有直接联系。还有的科学家认为,龟的新陈代谢较低,行动迟缓,具有耐旱耐饥的生理机能,以及身体上覆盖着保护性龟壳"装备",这都有利于它的长寿。

总之,科学家从不同的方面对龟的长寿原因进行探索和研究。为找到更多的事实依据,还须进行更为深入的调查和论证。

93. 动物预测地震

1976年唐山大地震前三天,有人发现成百只黄鼠狼从一堵旧城墙里倾巢而出,嚎叫着向野外转移。地震前一天,又有人在棉花地里看到有大老鼠叼着小老鼠,排成一串跑走。这种地震前动物反常的举动,在其他国家也发生过。1948年,阿什哈巴德发生地震的前两天,大批爬行动物蜂拥而出,堵塞道路,可是未能引起人们注意,以致酿成灾难。1978年,中亚阿赖地区发生地震,时值冬季,一些已进入冬眠的蛇、蜥蜴却在地震发生前醒来乱爬,结果冻死在雪地里。

科学家对动物能预知地震的现象极感兴趣,因为一旦把动物预知地震的原理弄明白了,那对预报地震是大有好处的。对于动物为什么能预测地震,有人认为,某些动物具有比人类高超得多的感觉地震征兆的能力,当地震快要到来时,一些动物就会变得不安分,行动异常,这也是它们躲避灾难的本能。有人对蛇和蜥蜴进行研究,发现蛇的低音波振动接收力很强,而蜥蜴的超声波听力范围可达到100千赫,足以听到地球内部不寻常的"声响"。有人还发现,鲇鱼有超强的预知地震能力。根据检测,在14次有感地震中,记录到鲇鱼反常活动的就有10次,其中9次与地震仪所预测的结果是一致的。

研究人员还发现,震前动物异常的地区分布也是有规律的,一般是沿着发震的地质构造线两侧分布。如1975年海城地震前,动物异常集中分布在北面的两条断裂带的两侧。一年后的内蒙古林格尔地震前,动物异常集中在与长城走向一致的断裂带上,形成了长达十几公里的动物异常带。动物异常反应一般分布在断裂带的交叉点和两端处。

对于动物能预测地震,人们并无异议。但地震源是以什么信号刺激到动物的,动物又是以什么感官接收这些信号的,等等,还存在着不少争议。

有些动物有预测地震的能力,有些植物也有预测地震的能力。1975年,营口、海城发生地震,震前两个多月,不少杏树在初冬纷纷扬花枝头。1976年,四川松潘地区发生大地震,震前附近出现了竹子大面积开花、死亡,玉兰花二度开放,桐树枯萎等异常现象。植物在地震前出现的异常现象,是由于地域周围哪些物理或化学因素引起的,怎样引起的,也是人们关注和感兴趣的话题。有人认为,在地震形成的过程中,由于地球深层的巨大压力,石英岩层产生电流,生成一种带电粒子,被挤向地面,遇到植物引发反应,就会造成生长异常,出现形态怪变。这样的怪异反常,对预测地震的确有一定的参考价值。

94. 蝴蝶翅膀的符号

据统计,全世界有迁徙习性的蝴蝶达200多种。每到秋季,北美洲黑脉金斑的君王蝶就会聚集起来,从加拿大飞往墨西哥马德雷山区过冬。蝴蝶数量多达上百亿只,遮天蔽日,迁飞近3000公里。研究发现,在长途迁飞时,蝴蝶看似纤薄的翅膀,却采用了"喷气发动机原理",对节能有着巧妙的利用。用高速摄像机追踪拍摄一种墨星黄粉蝶可看到,这种蝴蝶在飞行中竟有三分之一的时间翅膀是贴合在一起的。它们巧妙地利用翅膀的张合,使前面一对翅膀形成一个空气收集器,后面一对翅膀形成一个漏斗状的喷气通道。蝴蝶在每次扇动翅膀时,喷气通道的大小,进气口与出气口的形状和长度,以及收缩程度,都有序地变化着。蝴蝶就是以这样的方式振翅飞行,很大地节省了体力的消耗,直至漂洋过海抵达目的地。

蝴蝶属鳞翅目昆虫,它的翅膀上有一层粉末,也就是鳞片。蝴蝶翅膀的颜色是由色素色和构造色所组成,与变化多端的鳞片相结合,在光线的作用下,便构成了五颜六色的斑纹。艳丽悦目的蝴蝶翅膀堪称一件件工艺品,一直受到人们的喜爱。因为色素色和构造色的结构不同,便构成了不同颜色不同种类的蝴蝶。在蝴蝶的家族中,有的很是奇特,其翅膀不但颜色各异,有些上面还有奇怪的数字、字母、符号等图案。我国辽宁千山有一种蝴蝶,翅膀上的花纹呈现明显的"C"字。而碧凤蝶的双翅则像凤凰的尾巴,豹纹蝶的双翅又有着豹的豹纹。

美国的收藏家福斯特,一次偶然在一只蝴蝶翅膀上发现了书写工整的英文字母"F",由此便迷上了对奇特蝴蝶标本的收藏。在他收藏的蝴蝶标本中,能看到有大量的奇特"符号"。既有标准的阿拉伯数字1、2、3、4、5、6、7、8、9、0,也有26个英文字母。更让人惊奇的还有问号、逗号、感叹号、物理学符号和数学符号。甚至还有像人脸的、猫眼的、鸟的、鱼的、蜘蛛的、贝壳的、虎皮的、鹿角的,等等。

这些蝴蝶翅膀上的"符号"让科学家浮想联翩,不免想到人类的一些发明是受了蝴蝶上"符号"的启示,并直接使用了"符号"的名称。另外,形形色色的蝴蝶翅膀上的"符号"是如何形成的,与地域、气候、飞行、迁徙有着怎样的关系,都是值得研究的课题。

95. 蚂蚁的生活习性

蚂蚁是群居性极强的"社会化"昆虫。在蚂蚁社会里,能发动攻击、掠夺战役,能进行种植、畜牧生产,能开展清洁、殡仪活动。蚂蚁的职业分工相当细致,在工蚁中有负责觅食运输的,有分管繁殖哺育的,有承担建造蚁巢的,还有看门当保安的。甚至有专供贮蜜的,一种嗉囊发达的蜜壶蚁吊在蚁巢的顶部,贮蜜后身体胀得溜圆,一生以为其他工蚁贮蜜用蜜为天职。

往蚁巢贮运食物是蚂蚁的工作大项,最能体现蚁群的组织协调能力。英国一位昆虫学家在实验中将一只死蚂蚱以体长 1∶2∶4 的比例,放置在蚂蚁出没的地方,侦察蚁发现后马上召集蚂蚁搬运,缚上蚂蚱块推拉的蚂蚁数目为 28∶44∶84,与三块蚂蚱的大小基本相符,其配置"员工"的能力可见一斑。

群居的蚂蚁在紧急关头,能够以一种大无畏的精神"牺牲"自己。生活在非洲的一种白蚁,在外敌入侵时,会冲入敌群缠斗,身体还会爆裂,体内的黄色胶状物能将周围的敌人包裹住,与敌同归于尽。巴西的一种蚂蚁,遇到危险会有一批"敢死战士"夜晚守在洞口外,将前后两边的洞口封住,不为自己留后路,最后闷死。第二天蚁巢中的蚂蚁会清理通道,警惕把守,夜晚又会有一批"敢死战士"守洞赴死。南美洲的行军蚁渡河时,几百万、上千万只聚成一个大球,滚入水中,浮动向前,附在蚁球表面的蚂蚁被淹"牺牲"了,却使蚁球顺利抵达彼岸。一次,有位猎人把野猪架篝火上烤时,蚂蚁大军竟然将篝火压灭,夺得了野猪肉。非洲的行军蚁个头大,叮咬凶狠。行进中敢于进攻身体强壮的胡蜂,能吃掉鸡、兔等家禽家畜,甚至能将大蜥蜴和两米长的蛇迅速肢解,在路途只留下一些骨骼。

蚂蚁是建造"地下宫殿"的能工巧匠。白蚁的巢穴有圆形、锥形、圆柱形、金字塔形等多种。有的高 7 米,占地 100 多平方米,充当保护层的外壳厚 50 厘米。由坚硬的土粒黏着在一起,硬如石头。蚁穴长达几百米,建有不同的洞室,露出地面的部分是中空的,便于空气上下流通。南美洲一种黑蚁的栖身之地面积达 50 平方米,向地下延伸至 8 米,其运输通道、流入和流出通风通道、菌培养基地和垃圾处理区都一一到位。据计算,建造这样一个蚁巢需要移除 40 吨泥土。以蚂蚁的身长,建造如此庞大的建筑,相当于人类要建造高 1300 米的摩天大楼。

小小蚂蚁为何会有如此之强的组织能力? 它们的指挥、协调是怎样维系的? 视死如归的"壮举"又是怎样一种本能? 这是不少人感兴趣又想知道的问题。

96. 白化动物何来

　　大自然的动物外观五彩缤纷,色泽多样。毛皮纯白的动物并不多,仅有白熊、白兔、小白鼠和几种白色羽毛的禽鸟。有些本来不是白色的动物偶然变为白色,称为白化。近百年来,各国不断有白化动物出现,受到人们的关注。

　　1924 年,在日本山口县的今津地区,不断出现一种全身雪白的无毒蛇,最多时聚集有 2000 多条。调查人员指出,这种白蛇是由色彩绚丽的锦蛇褪色而成的。这种白化蛇善爬树,以小鸟、鸟蛋为食,也捕食青蛙、蜥蜴和鼠类。当地建立了白化蛇自然保护区,在繁衍白化动物方面有所研究和突破。

　　世界各地的猫头鹰一般羽毛都呈深灰色,而英国的赫布里底群岛和苏格兰东北部的设得兰群岛,却陆续出现了一些白色的猫头鹰。自 1967 年以后的十几年间,两个群岛上共发现栖息的白色猫头鹰有 30 只以上。

　　俗话说,天下乌鸦一般黑。新加坡一位喜爱禽鸟的医师,筛选一对灰白毛色的乌鸦,居然培育出 7 只白乌鸦幼雏。其后医师再接再厉,又孵化出一对罕见的白斑鸠。在东南亚、非洲等地,还出现了白虎、白狮、白剑猪、白斑马、白臭鼬等。在澳大利亚则有白袋鼠现身。而当人们看到白色的鳄鱼、白色的海龟,更会感到诧异。

　　我国是出现白化动物较多的国家。台湾出现过极少见的白猕猴,人们在鸦群中也看到过羽毛雪白的白乌鸦。在高雄市,有市民在路边还曾捕获到一只小白刺猬。这小东西受到惊吓,被人捧在手上缩成一团,像个白色糯米饭团,看着好玩。

　　在我国湖南西部发现过白蛇和白眼镜蛇。在广西密林中曾捕获到白叶猴。被称为“白色动物之乡”的湖北西北部神农架地区,从 20 世纪 70 年代以来发现了多种白化动物,在当地野生动物展览室里,就陈列有白金丝猴、白熊、白狼、白蛇、白松鼠、白乌鸦、白龟、白鹭、白麝、白雕、白蜘蛛等 20 多种白色动物的标本。

　　白化动物因何而来? 是怎样产生的? 数量和种类为何又是如此之多? 这些一直是动物学家着力研究的课题。有人认为,白化动物是由于同种动物的遗传因子发生突变,体内缺乏酪氨酸酶或酶活性不足,黑色素缺失而产生的。也有人认为,白化动物仅是偶尔出现的变异现象,发生突变的遗传因子很难遗传下代,也就不会形成新的物种。而对于神农架的白化动物出现和种类之多,专家认为这与当地地貌奇特,原始森林、陡崖深谷横陈,不能说毫无关系。有关白化动物的产生及涉及物种进化、遗传工程等领域的诸多问题,中外专家学者正在深入研究中。

97. 植物有血型

人类有血型,主要的 4 种类型即 A 型、B 型、AB 型和 O 型。除了人类,猴子、猩猩、大象、狗等动物也存在血型,甚至乌龟、青蛙身上也能找到血型的痕迹。同为生物体的植物,它们虽然没有红色血液,但是也拥有着血型。

日本警察研究所的法医山本茂,是最早提出植物有血型的人。他对植物血型的发现源于一起凶杀案,在侦查案件中,他在一点血迹都没有的现场,发现枕头上有微弱的 AB 血型反应。他为弄清真相,对装在枕头里面的荞麦皮进行了血型鉴定,结果鉴定的结果让他大吃一惊:荞麦皮显示出 AB 血型的特征。这表明植物也是有血型的。山本茂由此产生兴趣,随后对 150 种蔬菜、水果以及几百种植物的种子进行了实验检测,结果显示有 79 种植物有血型反应。检测发现,苹果、葡萄、南瓜、海带等属于 O 型;桃叶珊瑚为 A 型;扶芳藤、黄杨、罗汉松等为 B 型;李树、地锦槭、单叶枫等为 AB 型。

在后来的研究中,科学家发现植物的血型物质是一种血型糖,它不仅决定着植物的血型,还有储藏能量、保护植物的作用。发现植物有血型之分,血型有利于植物的分类及细胞融合、品种杂交,这对培育农林花卉业优质、高产新品系、新品种将带来重大帮助。此外,利用植物的血型反应,也有助于协助警方侦破案件。如想调查死者临死前曾吃过什么东西,只需提取胃液,对残存的植物残留物进行血型分析,便能较容易地得到答案了。

20 世纪末,法国科学家克洛德·波亚德在研究中还发现,玉米、油菜、烟草等植物中,含有类似人体的血红蛋白基因。这表明有些植物是有着造血功能的。如果在其中加入铁原子,那就可以制造出人体需要的血红蛋白来。这项实验研究如果能取得成功,将会产生利用植物来制造人体的血液,植物将会成为人类社会的天然大血库。

对于植物存在着血型物质的原因和作用,科学家有着不同的说法。有人认为,植物中的血型物质,只是起一种信号作用。实验显示,植物的糖链合成达到一定长度时,在它的顶端形成血型物质,合成就停止了。另有科学家认为,植物的血型物质,主要功用在于贮藏能量。还有人说,植物血型物质黏性大,主要作用在于保护植物体。

近年来,一些国家组织科研人员加大了对植物血型的探索研究,希望能拓宽植物血型在一些领域的用途,但尚未取得突破性的进展。

98. 植物也贪杯

人饮酒后,酒中含有的乙醇成分能使人兴奋、欣快,有轻飘飘的感觉。不但很多人和动物喜欢饮酒,植物也能成为不折不扣的"绿色酒鬼"。

我国北方有一位喜欢养花的周先生,他精心培育的一盆君子兰却一直不开花。几番向人讨教,仍不得要领。这天他端着啤酒杯在花卉丛中信步赏花,不经意间被虎刺梅挂住了袖子,手中的大半杯啤酒一下都倒在了那株不开花的君子兰花盆中。看到啤酒渗入土里,周先生想到这盆花可能彻底报销了。意想不到的是,第二天这饮了啤酒的君子兰花序开始抽箭,几天后花序在叶丛花茎顶端抽得又大又粗,接着便开花,十几朵漏斗形橙红色大花簇拥盛开,经久不谢。

在日本东京一佛寺内,长有一棵瑞龙松。树高 10 多米,树围达 1 米多。相传这株老松已有 370 岁的树龄。老松每年春天进行修剪,负责修剪维护老树的当地居民米山春宗还会在树下土地周围挖 6 个深坑,向每个坑内倒入 10 瓶米酒,每瓶 1.8 公升,总共向老松奉酒 100 余公升。在过去 100 多年中,米山春宗几代人每年都会让老松过一回"酒瘾"。据米山春宗介绍,米酒中含有糖、氨基酸、磷酸盐及其他营养物质,能促进松树枝叶繁茂,常年翠绿。如果到时不灌美酒,这松便垂枝耷叶,缺少生气了。

酒液能使植物的长势更好。近年来有试验显示,啤酒是很好的芳香肥料,用其浇灌,可使花卉生长旺盛,叶绿花鲜。花卉将啤酒"一饮而尽"后,能又快又充分地吸收到酒中的营养。美国加州生化学家研究后指出,已找到一种增加农作物产量的办法,即在作物上喷洒一种酒精。试验中将木醇稀释喷洒在叶菜的叶面,结果作物成熟后平均产量增加了一倍,而水和杀虫剂的使用量均大幅减少。

人在饮酒时,酒精随血液循环进入各个器官组织,大脑和神经受到酒精刺激,产生快乐、兴奋、满足感,时间长了还会出现酒精依赖。而植物没有大脑、神经器官,酒精又是如何作用于它们,让它们贪饮成性,这让人们疑惑不解。

在英国牛津大学莫德林学院的地窖里贮存着一桶上好的波尔图葡萄酒。当人们打开酒桶取酒时,却看到酒桶空空,滴酒不存。查来查去后,发现窃酒的"小偷"竟是一株生长在地窖上几米外的常春藤。原来,这株长在院墙外的常春藤嗅到酒香后,它的根便不辞辛苦地伸展探寻,穿过院墙后进入地窖,又经不懈的努力扎进酒桶,然后将满满一桶美酒喝个精光。这常春藤不是什么"精灵",它怎么会有那样强的"嗅觉",又怎么会有着利器般锥进木桶的根系,让人在惊叹中也感到难以置信。

99. 世间有多少种力

人们面对着的世界,是一个充满了力的世界。人迈步走动,肌肉要产生动力,然后要克服空气阻力和地面的摩擦力。鱼儿水中游泳,会有重力、浮力和水流的阻力。人们经常感受到的力有重力、弹力、压力、浮力、阻力、电力、磁力、摩擦力、爆炸力等。物理学家认为,面对宇宙中的力做出归类,最终可归为四大基本力,即引力、电磁力、强力和弱力。

引力的发现较早些。牛顿在 1665 年就开始考虑万有引力的问题,他联想行星的运动和潮汐的涨落,希望用万有引力来统一认识。但他直到 20 年后才将万有引力正确的表达式公诸于世。万有引力定律几经沧桑,即使到了普朗克的量子学说和爱因斯坦的相对论的建立,在宏观上仍然没有否认万有引力定律的正确。

电磁力包括电力和磁力。对于磁力,中国对其认识很早,指南针就是磁力的最早应用。静电力的研究要归功于法国物理学家库仑,他在 1777 年发明了一种用细金属丝制成的扭秤,以此测定静电力。把电与磁结合起来的人是英国物理学家麦克斯韦,他通过方程客观地描述了电磁波的传播规律,同时也使人认识到光线也是电磁波的一种。

强力是指原子核内部的核力。原子核中的质子都带有正电荷,它们不产生斥力,紧密聚在一起,这就是原子内部的核力在起作用。现代军事应用的核武器,全有赖于核力的释放。四大基本力中还有一种弱力,它不同于引力、电磁力那些宏观可见的力,感知它是比较困难的。

自然基本力是不是仅有这四种呢? 1986 年,美国物理学家菲茨巴赫声称他发现了宇宙第五种力,称"超电荷力",或"超负载力"。菲茨巴赫指出,不同物质和不同化学结构的物体,其重力加速度是不同的,在物体下落实验中造成重力加速度偏小的原因,是因为有一种微小的排斥力存在。通俗说,这种力可以认为是"万有斥力"。随后,另一位美国物理学家蒂贝格做一个实验,他将密度与水一样的空心铜球浮放水中,再推到峭壁的水面附近。按照牛顿的万有引力定律,水和铜球同样被峭壁吸引,球应该是静止不动的。然而,球却在移动,说明由于物性引起的斥力在起作用。

对菲茨巴赫提出的第五种力,尽管有人看法并不一致,但认可了它的存在。有了第五种力,又预示着是否有第六种力、第七种力呢?

100. 物质有多少种形态

物质形态是指物质存在的具体形式和状态。实物与场是现在所知的两种基本物质形态。实物指自然界中以分立的聚集状态存在的物质,通常有物质的固态、液态、气态、等离子态、中子态,还有超流态、超导态等。从微观的基本粒子到宇宙的星体等,均属于此。场指自然界中以连续分布状态存在的物质,通常有引力电磁场、真空场及各种量子场等。

物质的气、液、固三态是宏观下最明显的状态。一种物质就能具备其中的三种状态。以水为例,在 0—100 摄氏度之间,水为液态;低于 0 摄氏度,水就成为固态的冰;高于 100 摄氏度,水又变为气态的水蒸气。说到氢,它常温下是气态;当温度降至 -253 摄氏度,会变为液态氢;温度再低至 -259 摄氏度时,则变为固态氢。

等离子态是指气体温度升高到几千至几万度以后,分子或原子失去电子成为带正电的离子,是脱离了原子核束缚的自由电子。这种电离气体就是等离子体。在自然界有天然的等离子层,有保护地球上生物不受宇宙中带电粒子侵害的功能。如今利用科技也能制造人工等离子体,进行等离子体切割、喷涂,开展等离子状态下的辉光放电等作业。

超流态是指在极低温下,液态氦所具备的一种特殊的性能,它的黏滞性完全消失,从而可以沿管壁或容器壁向上流动以至流到外面,这就是奇特的超流态。晶态是指物质呈结晶形状出现,每种结晶态物质都有固定的结晶结构,如水晶呈棱锥形、方解石呈平行六面体形、雪花呈六角形等。有的物质如玻璃、沥青等,内部结构更像液体,称玻璃态。还有些物质介于液态和晶态之间,尤其具有晶体的光学性质,称液晶态。

科学家在对宇宙观测中,发现一种质量很大,体积又很小的恒星,称白矮星。研究认为,当物质在高温高压下,可以使原子核高度紧密地挤在一起,呈现出很大的密度,这时物质的状态称超固态。如果继续加大温度、压力,使原子核外部的电子挤进质子,使质子不带电荷,物质全部成为中子的状态,这时的物质又称为中子态。若是再加大压力,又会出现超子态、黑洞等。

相反,高密度物质的相反状态,低密度低到真空的状态,又会形成相关联的场。场概念源于英国物理学家法拉第的电磁力线思想,经麦克斯韦发展,电磁波的发现与光压的测定,确定了场是一种客观独立的物质存在。场产生于实物的激发,实物与场既相互区别,又能互相转化,在微观领域表现得最为显著。

截至目前,人们了解到的物质形态已有很多种。随着科技的发展,相信还会有新的物质形态被发现和展示出来。

101.《荷马史诗》的作者

《荷马史诗》是产生于公元前 9 世纪至前 8 世纪左右古希腊的一部史诗巨著。《荷马史诗》是《伊利亚特》与《奥德赛》的合称，被称为欧洲文学的始祖。这部史诗写的是公元前 12 世纪时，希腊攻打特洛伊城以及战后的故事。史诗的形成和记录，几乎经历了奴隶制形成的全过程。

《荷马史诗》影响了众多的文学家、艺术家。从柏拉图、亚里士多德开始，它让无数文学爱好者从中受益。但就是这样一部文学巨著，长期以来对它的作者却说法不一。

一般认为，《荷马史诗》的作者是盲诗人荷马。但对于这位盲诗人的出生地，有着多种说法。《荷马史诗》影响巨大，一个城邦如果被看作是荷马的故乡便有着巨大的荣耀，因此多个城邦都争先恐后地宣称是荷马的故乡。在古希腊，虽然人们不知道荷马的具体资料，但是并不否认盲诗人荷马的存在。直到 18 世纪，这种看法在欧洲一直占主流。

到了 1725 年，意大利史学家维柯以《发现真正的荷马》为题，认为荷马这个人根本不存在，争论荷马的故乡更是毫无意义。他指出，《伊利亚特》和《奥德赛》之间的间隔达百年之久，怎么可能是同一作家所为呢？他提出的看法是:《荷马史诗》像大多数民间文学作品一样，是古希腊民众共同创造的，荷马不过是希腊各民族民间神话故事的总代表罢了。

在那 70 年后，德国学者沃尔夫再作论证。他指出，《荷马史诗》从公元前 10 世纪开始形成，经过长时间的口头流传，又经流传中不断修改，直到公元前 6 世纪才用文字记录下来。他的理由是，两部史诗都可以分为若干独立的部分，每一部分又都曾分为独立的篇章被歌手演唱，经过反反复复的修改才成为后来的样子。因此他认为《荷马史诗》是由众多民间诗歌汇编而成的。

在争议中还有一种折中的看法，认为《荷马史诗》刚开始是一部短诗，可认定是荷马创作。但是随着以后的流传，一些其他诗人对其进行了再创作，不断充实它的内容，就成了后来的经典长诗。这种看法的理由是，《伊利亚特》是以阿喀琉斯的愤怒为核心，《奥德赛》是以奥德修斯的漂流为中心，两者都有一个核心部分，这个核心部分很可能就是荷马所创作的短篇的原型，而其他部分则是后来添加上去的。正因为如此，《荷马史诗》才一方面具有统一的风格，而另一方面也存在着诸多前后矛盾的地方。

荷马究竟是一个诗人的名字，还是很多个诗人的名字，时至今日仍难有定论，但其所创作的英雄史诗却与世长存。

102. "泰坦尼克号"的沉没

1912年,"泰坦尼克号"英国豪华邮轮撞冰山沉没,曾是震动世界的大事件。

"泰坦尼克号"全长269米,宽28米,所设舞厅、酒吧、吸烟室、游戏厅、游泳池等均为世界一流,在人们的心目中堪称"海上皇宫"。这年4月14日,"泰坦尼克号"从英国南安普敦港首航出发,前往美国纽约。船上共有乘客2224人。入夜后邮轮以23海里的时速行进在大西洋上,与一座巨大的冰山相撞,船体裂出大洞,海水很快就涌进船舱。凌晨2时许,一些人跳上救生艇得以逃生,"泰坦尼克号"连同1500多名乘客和船员葬身大西洋海底。

灾难发生后,对于沉船的原因说法多样。有一种"木乃伊诅咒"充满了传奇色彩。说是事发前十几年,考古学家在埃及古墓中发掘出一具石棺,上而刻有咒语曰:"凡是碰到石棺的人,都会遭难。"人们并未理会,打开石棺看到了一具木乃伊。以后便把石棺放入大英博物馆展览。不久参加石棺发掘的考古人员接二连三蹊跷死去,一时间木乃伊显灵的说法四处传扬,博物馆也把展览取消了。一位富有的美国人想方设法将石棺和木乃伊买到手,运上"泰坦尼克号",准备带回美国。结果,又让木乃伊的咒语成真,邮轮遭难。这种说法当然是缺乏科学依据的。

邮轮与冰山相撞沉没是事实,但邮轮是怎样损毁的,它的部件坚固程度等,也是重要的沉船因素。1985年,"泰坦尼克号"的残骸被海洋地质学家找到,他们发现,沉没的船体被分裂成船头和船尾两大块。潜水员将一块船壳钢板打捞上来,看到钢板碎块的边缘很不整齐。经对钢板检测,发现钢板的质地有很大的易碎性。这让人们有理由相信,冶炼技术是沉船事故的重要祸根。调查人员指出,那时的造船技术超前了,但冶金技术没有跟上。

一些船舶设计人员也参与了调查、分析。他们推断有的船舱施工建造不符合要求,以致遇到冰山后船体内的钢板被撞严重解体,铆钉松动,使船体从接缝处撕裂。此外,邮轮的设计和使用人员盲目迷信船体的坚固,不按船载客人的基数配备救生设备,收到航程有浮冰活动的报告也未重视,最终酿成惨剧。

尽管对"泰坦尼克号"沉没的原因难以一一理清,但它的沉没作为世界航海史上的一个沉痛教训,足以给世人以警醒。

103. 失踪的"北京人"化石

　　"北京人"遗址位于北京西南约 50 公里的房山区周口店村西部的龙骨山上。远在 60 万年前,古人类就生活在这里,他们创造了旧石器文化,至今能找到他们使用过的工具。1929 年 12 月,考古工作者在此发掘,得到了一个完好的古人类头盖骨化石,这是一个震惊中外的发现。以后又经发掘得到 5 个头骨、肢骨及牙齿等,还掘出大量打制石器。通过对化石的研究,证明了生活在这里的北京猿人属直立人种,他们过着以狩猎为主的洞穴生活,能够制造和使用粗糙的石制工具,并已学会以火取暖和吃熟食。"北京人"的发现意义重大,它明确了人类的发展序列,为"从猿到人"的学说提供了有力的证据。

　　"北京人"头骨化石发掘出来后,存放于北京协和医院的地下冷藏库中。1937 年日本发动全面侵华战争,国内外考古学家呼吁决不能让"北京人"化石落入日本人之手。于是当时的国民政府和美国达成了一个协议,把化石运往美国保存,战争结束后再返还中国。此事一直拖延到珍珠港事件前期,"北京人"化石才由美国大使馆人员从协和医院调出,运往秦皇岛。然而,担当此任的美国军舰在来华途中却撞上了暗礁,沉没于海底。后来日军在秦皇岛找到了运送存放化石的箱子,打开看到箱子居然是空的。"北京人"化石就此下落不明。

　　人类极其珍贵的"北京人"化石去了哪里? 有人说是被日本人夺去并运回国藏匿起来。有人多次到日本探查化石,但一无所获。战后美国控制了日本,也对"北京人"化石多方寻找,仍然无果而终。化石藏于日本的可能性是有的,但却一直毫无消息。化石会被日本人长埋于地下吗?

　　另一种说法是"北京人"化石被美国人窃取了。他们了解到日本人对化石有非分之想,利用运送化石之便,动手脚偷梁换柱,抢先一步弄走了化石,然后用一个空箱子诱惑日本人去抢,栽赃日本人。还有与美国有关的一种说法是,美国人得到化石,暗暗装进"哈里逊号"游船,驶往美国。而此船也没有成功抵达,在太平洋中遭袭遇难,船和化石都沉入海底。

　　还有一种说法,"北京人"化石不是落入哪个政府之手,而是被个人得到了。它藏于某个私密空间,所以才会一直杳无音信。这价值连城的"国宝",也许会在某一天突然出现,也许再也难以与之谋面,都是有可能的。

104. "007"原型是谁

"007"是特工詹姆斯·邦德的代号,是根据间谍经历拍摄的英国系列谍战片。自1962年第一部公映后,风靡全球,历经50余年长盛不衰。很多人看了电影,都想知道,"007"的原型是谁?

"007"系列小说的作者伊恩·弗莱明曾在《泰晤士报》上透露:"詹姆斯·邦德是一位真实间谍的传奇版本,那个人也许就是威廉·史蒂芬森。"1896年,史蒂芬森出生在加拿大,"一战"中他志愿加入了加拿大陆军,作战勇敢,在多个国家结交了朋友,这些人脉成为他日后情报的重要来源。"二战"打响后,史蒂芬森受命于英国政府,丘吉尔将其派往纽约,秘密建立"英国安全协调局"。战争期间,他在加拿大成立了"X训练营",这是北美地区第一所培训战时秘密行动人员的学校。几年中约有2000名英、美、加拿大等国的特工在此接受培训,他们活跃在敌后战场,为盟军最终取得胜利立下了赫赫战功。系列小说《金手指》中一个抢劫诺克斯堡金库的情节,其灵感就是来自史蒂芬森的一个大胆计划:派遣特工潜入法属马提尼克岛,以盗取法国傀儡政府储存在那里的巨额黄金储备。"二战"结束,史蒂芬森受到英国、美国的嘉奖,加拿大许多街道还以他的名字命名。

另外的一位英国间谍达斯科·波波夫也被认为是"007"的原型。波波夫是"二战"中纳粹德国最信任的间谍之一,又是英国军情五处最成功的"双面间谍"。一方面他向德国人提供了大量由军情五处精心编造的有真有假、天关紧要的情报,另一方面他将德国发展火箭、德军战略部署以及国内防御等方面的重要情报源源不断地报送给英国人。1941年7月,德国人派波波夫前往美国建立一个间谍小组,搜集的情报目标之一就是珍珠港海军基地的港口布局、设施以及兵力部署的调查报告。波波夫结合自己发现的种种迹象,判定日本人很有可能袭击珍珠港。于是想亲自把这个情报交给美国联邦调查局的局长胡佛,不料反遭到冷遇。几个月后,日本偷袭珍珠港得手,波波夫的情报得到了验证。"二战"中,波波夫向盟军提供了大量有价值的情报,也向德军提供了众多虚假情报,导致德军在战略上连连失误,可谓居功至伟。"二战"结束,波波夫被授予大英帝国勋章。

"007"系列谍战片是文学艺术创作作品,从主人公詹姆斯·邦德身上,可以看到多位间谍的影子,他有多位间谍的原型,也是杰出间谍的一位代表人物。

105. 敦刻尔克的成功撤退

敦刻尔克本是一个极普通的法国港口城市,在第二次世界大战中,它却以一次成功的大撤退的发生地闻名于世。1939年9月初"二战"爆发后,英国和法国被迫对德宣战。西欧开战后,英法军队一溃千里。德军直扑布列塔尼半岛,将几十万英法联军包围在敦刻尔克。就在德军三面包围,装甲军距敦刻尔克只有16公里处时,收到了希特勒亲自下达的停止进攻的命令。直到48小时后,希特勒才令德军重新前进。

48小时,给了英法联军绝好的逃生机会。为筹集更多的运兵船,强渡76海里海峡,英国人顾不上保守秘密,在无线电广播里大声向全国呼吁,号召拥有船只的人都来加入撤运联军的船队。数以千计的民众闻讯驾驶着各式各样的船只赶来,参加营运。至两天后大撤退结束,从敦刻尔克共撤出33.8万名联军官兵。这为后来的联军大反攻保存了有生力量。

在对英法联军作战的节节胜利中,希特勒为什么会下停止攻击的命令?军事专家分析认为,希特勒有他的考虑,后果也不能归结为他一个人的责任。有专家指出,当时法国北部的战事已趋明朗,德军需要为下一步的行动保存装甲部队实力。开战后装甲军进攻的速度之快,不仅打乱了英法联军的作战部署,而且打乱了德国人自己的作战时间表。希特勒在视察了装甲部队后,认为有必要让突前的装甲军停留休整,并阻挡敌军突围。装甲部队是德国陆军的精华,敦刻尔克地势多沼泽和低洼湿地,他担心装甲部队车辆陷入阵地战会遭受重大损失,下令停止前进是好理解的。

导致希特勒错误之举的另一个因素,是他过于信赖纳粹德国空军总司令戈林。戈林怂恿希特勒相信空军力量的强大,可以一举消灭包围圈里的英法联军。于是希特勒同意把战事交给空军完成。后来证明,由于天气因素等,德国空军在敦刻尔克海滩上发挥的威力十分有限。

还有研究认为,希特勒下达停止进攻命令,是有他政治上的打算。希特勒一直想诱降英国,让一部分英军撤回英国,保留英国一部分有生力量。这样在政治上有助于与英国媾和,在侵入苏联后,可避免德国两线作战。

不管希特勒怎样想,怎样做,英法联军从敦刻尔克的成功撤退,都是希特勒犯下的一个不可逆转的错误。因此有军事历史学家指出,欧洲的光复和德国的失败,就是从敦刻尔克开始的。

106. 伦敦遭受大雾劫难

1952年12月初,在英国伦敦,舒适的风从北海吹来,中午时气温为5摄氏度左右,相对湿度约为70%,是难得的可爱冬日。然而到了4日,一个巨大的高气压反气压旋移动过来,其中心在伦敦以西几百公里处。上午风速变小,云层遮向伦敦上空。又过一天,这个高压中心全部移到了伦敦上空。一个人们意料不到的事情发生了:伦敦气象台的风速表显示"静止",也就是说空气悬浮在伦敦上空停滞不动。

无风状态下的伦敦到处是浓浓的大雾。站在泰晤士河桥上向四面望去,恍如置身于白茫茫的云端。浓雾中行人走路感到困难,一些地方的能见度不足1米。有医生要出诊,居然雇佣盲人做向导。12月6日这天,空气中相对湿度升到了100%,达到了完全饱和的状态。飞机航线全部取消。店铺都要掌灯。街上除少辆汽车爬行,步行的人沿着人行道只能像盲人似的摸索着走动。即便是这样,走出不远也会迷失方向。

在不断加重的大雾下,工厂并未停工,居民也要取暖,城市成千上万个烟囱仍然一刻不停地冒着黑烟,烟气与浓雾混合一起,犹如黑云压城,侵袭着一切有生命的东西。走在路上的行人被硫黄和烟味呛到,鼻子、咽喉、眼睛受到辛辣的刺激,都会涕泪交流。凡有人群聚集的地方到处响起咳嗽和哮喘声。烟雾弥漫而且见缝就钻,即使房门、窗户关得很严,也能钻进去,把污染的烟气带进室内。这让无数居民感到胸口憋闷,并伴有咳嗽、喉痛、心慌、恶心等症状。从伦敦烟雾发生的第一天起,到医院就医和死亡的人数就急剧上升。伦敦中心医院的救护人员曾痛心地回忆道:"简直是一场噩梦,受烟雾毒害的病人接连不断地被推进病房,咳嗽和呻吟声日夜充塞着整个医院,经救治还是有大批尸体被拉走……"大雾期间,1周内有4700多人因呼吸道疾病而死亡,雾散之后又有8000多人因烟雾死于非命。直到两个月后,恐怖气氛仍然笼罩着伦敦。

伦敦遭受如此大雾劫难,专家在调查研究后指出,气象部门在一个冷锋过后,缺少对大雾的预警,以至灾难来临毫无准备。这是一场自然灾害,但也有着重大而难以忽略的非自然因素,工业生产因燃煤产生的高污染绝对是疯狂夺人性命的凶险杀手。由此也可以说,这场灾难是天气和工业污染共同作用的结果,至于哪一方面作用更大,则难以分得十分清楚。

107. "白色死神"降临秘鲁

秘鲁位于南美洲西部,山地面积占到全国面积的一半。安第斯山脉的瓦斯卡兰山峰,海拔6000多米,山体坡度大,峭壁陡峻,山上常年积雪。1960年1月,瓦斯卡兰山峰发生了一次大雪崩,冰雪巨流以140公里的时速翻滚而下,雪崩总量达500万立方米,毁坏了山下的6个村庄。

10年后,这个冰雪"白色死神"再次袭来。1970年5月31日晚间,瓦斯卡兰山周围的人家正准备入睡,突然传来山崩地裂般的响声,接着房屋东倒西歪,纷纷坍塌。地震降临了。惊慌失措的人们正在哭喊、呼救,又一阵惊雷似的响声由远及近,从瓦斯卡兰山峰方向传来,原来,由地震诱发了大规模雪崩。

地震把瓦斯卡兰山峰上的岩石和坚硬的冰雪震裂、震松,瞬间,冰雪和碎石犹如巨大的瀑布一样,紧贴着悬崖峭壁倾泻而下,几乎以自由落体的速度向下砸去。瓦斯卡兰山峰下,是一片冰川粒雪盆,聚积了厚厚的冰雪。在落下的冰雪碎石猛烈冲击和巨大气浪作用下,蘑菇似的雪云升到数百米高,大有遮天蔽日之势。接着,由峰顶纷纷掉落下来的冰雪碎石,在粒雪盆里汇成了非常庞大的冰雪体,并以极快的速度溢出了粒雪盆口,形成一股强大的冰雪流。它犹如一条巨大的"冰雪巨龙",以时速几百公里的速度,挟带着强大的气浪,喷着白惨惨的烟雾,疯狂地向山下冲去。

在强大气浪即"雪崩风"的震动和冲击下,沿途的冰雪纷纷涌来,跟随着呼啸而去。汇成的"冰雪巨龙"越来越大,所过之处岩石被击碎,树木被拦腰折断或连根拔掉,房屋被冲得七零八落。这体积庞大的冰雪流携带着数以百万立方米的岩石碎屑,形成了高达近百米的"龙头",一路呼啸着向山下的河谷、城镇冲去,所过之处尽被冰雪碎石埋没。

在瓦斯卡兰山下有一座容加依城,雪崩发生时,人们遭受了地震厄运正忙着抢救自己的亲人。当雪崩带着强大的冲击力扑来,人们都被推倒在地,冰雪体压在身体上,使许多人窒息而死。这场大雪崩将容加依城全部摧毁,造成两万多居民死亡,受灾面积达23平方公里。这是迄今为止,世界上最大最悲惨的雪崩灾祸。

灾难发生后,专家学者探寻灾难发生的原因。从天气变化、地形地势、地震预报、城市选址等方面找出发生大雪崩的种种隐患,给其他多雪山、易发生雪崩地区的人们以警醒。

图书在版编目（CIP）数据

百科集趣. 第五辑 / 于永昌编著. -- 北京：中国
文史出版社，2023.1
ISBN 978-7-5205-3978-4

Ⅰ. ①百… Ⅱ. ①于… Ⅲ. ①科学知识-普及读物
Ⅳ. ①Z228

中国版本图书馆 CIP 数据核字（2022）第 234756 号

责任编辑：薛未未

出版发行：**中国文史出版社**

社　　址：北京市海淀区西八里庄路 69 号院　邮编：100142
电　　话：010-81136606　81136602　81136603（发行部）
传　　真：010-81136655
印　　装：廊坊市海涛印刷有限公司
经　　销：全国新华书店
开　　本：720×1020　1/16
印　　张：22　　　　　字数：407 千字
版　　次：2023 年 1 月第 1 版
印　　次：2023 年 1 月第 1 次印刷
定　　价：68.00 元